PODER PÚBLICO
em juízo
para concursos

Guilherme Freire de Melo Barros

PODER PÚBLICO em juízo

para concursos

9ª edição
revista, ampliada
e atualizada

2019

EDITORA *Jus*PODIVM
www.editorajuspodivm.com.br

EDITORA
*Jus*PODIVM
www.editorajuspodivm.com.br

Rua Território Rio Branco, 87 - Pituba - Salvador/BA. CEP: 41830-530
Tel: (71) 3045.9051
• Contato: https://www.editorajuspodivm.com.br/sac

Capa: Maitê Coelho *(maitescoelho@yahoo.com.br)*

Diagramação: Ana Paula Lopes Corrêa (*aninha_lopescorrea@hotmail.com*)

B277p Barros, Guilherme Freire de Melo.
Poder Público em Juízo para concursos / Guilherme Freire de Melo Barros – 9. ed., rev., atual. e ampl.– Salvador: JusPODIVM, 2019.
464 p.

Bibliografia.
ISBN 978-85-442-2726-8.

1. Direito Processual Civil. 2. Poder Público. I. Barros, Guilherme Freire de Melo. II. Título.

CDD 341.46

Dedico este livro a meu pai, Juarez (Judá),
um grande homem de família,
que viveu duas vidas completas e plenas de emoções.

Dedico este livro também à minha esposa, Marcelle,
minha grande companheira,
a quem digo, com as palavras do Rei:
"Tanto tempo longe de você/Quero ao menos te falar/
A distância não vai impedir/Meu amor de te encontrar...".

Por fim, dedico às nossas Helena e Maria Alice.

HOMENAGEM

Faço deste livro uma homenagem e um agradecimento à
Procuradoria Geral do Estado do Paraná,
que me recebeu de braços abertos.

Agradeço, especialmente, aos membros da minha especializada,
a Procuradoria da Região Metropolitana-PRM,
que se tornaram minha família no Paraná
(Lori, Moisés, Iza, Rafa e Ana Elisa).

Apresentação à 9ª edição

A cada ano, um novo desafio, um novo objetivo. A nova edição deste livro chega ao público leitor com aperfeiçoamentos e modificações. Ano a ano, a atualização passa sempre por três frentes de trabalho: a atualização legislativa, a inclusão de novas questões de concursos (com eventuais descartes de questões antigas) e a análise da jurisprudência, notadamente do STJ.

Quanto à atualização legislativa, tivemos a edição da Lei n. 13.728/2018, que alterou a contagem de prazos nos Juizados Especiais. Foi editada também a Lei n. 13.676/2018, que trata da sustentação oral em mandado de segurança. Ambas estão comentadas e analisadas no livro.

Outro ponto importante foi a inclusão de novas questões de concursos para rechear o conteúdo do livro. Assim, o leitor pode testar mais seus conhecimentos ao final de cada capítulo.

Também como de costume, esmiuçamos a jurisprudência do STJ em busca de julgados para manter o livro sempre atualizado.

Nesta edição o leitor encontrará um livro mais leve, de leitura mais dinâmica. Optamos pela seguinte sistemática: no caso de entendimentos jurisprudenciais mais antigos, substituímos a ementa pela simples referência do julgado em nota de rodapé. Dessa forma, o leitor fará a leitura de forma mais escorreita. Foram mantidas as ementas apenas de julgados mais importantes e os de 2018.

Tivemos também a contribuição dos leitores, que enviam críticas e comentários sobre o livro. Nosso canal de diálogo está sempre aberto. A cada edição releio o livro inteiro, mas os olhos viciados pela leitura reiterada deixam escapar alguns erros de digitação ou concordância. Felizmente, conto com os alertas valiosos dos leitores que os apontam a cada edição. Agradeço a todos na pessoa da Giliana Florido – que se identificou no email como *concurseira e minha futura colega de trabalho*. Que assim seja a todos que buscam seus sonhos!

Esperamos que a acolhida seja tão boa quanto as anteriores.

Curitiba, fevereiro de 2019.

Guilherme Freire de Melo Barros

barrosguilherme@yahoo.com.br

Apresentação

Este livro tem por objetivo analisar os institutos de direito processual ligados aos litígios que envolvem o Poder Público. O tema é de grande relevância por duas razões claras: primeira, porque o Estado, em suas mais diversas manifestações (União, Estados, Distrito Federal, Municípios, autarquias e fundações de direito público), é o maior litigante brasileiro, ou seja, aquele que mais figura em processos no Poder Judiciário; segunda, pela constatação de que há inúmeras regras próprias para os processos que envolvem o Poder Público, que os afastam da sistemática ordinária do processo civil.

Disso resulta a necessidade de se estudar – para além das lições tradicionais dos manuais de direito processual civil – especificamente o processo que envolve o Estado. É o que hoje já se consolida como o direito processual público, precisamente a proposta de estudo da presente obra.

Pretende-se que o livro tenha amplo alcance no meio jurídico, que seja útil ao estudante universitário, ao profissional que trabalhe com o assunto e àquele que busca a aprovação no concurso público. Para isso, traçamos as seguintes diretrizes de trabalho.

Cada capítulo foi elaborado através do exame das principais posições doutrinárias a respeito do tema, mormente daqueles autores que se dedicam com mais vagar ao direito processual público.

Quanto à jurisprudência, tendo em vista que a matéria envolve precipuamente a norma infraconstitucional, nossa busca exaustiva se deu junto às posições adotadas pelo Superior Tribunal de Justiça – logicamente com a necessária consulta à jurisprudência do Supremo Tribunal Federal nos temas com reflexo constitucional.

Em relação às questões de concurso, optamos por agrupá-las de acordo com o assunto tratado em cada capítulo. Para isso fizemos a seguinte adaptação: as questões de múltipla escolha (a, b, c, d, e) que tratavam de temas variados foram separadas em assertivas para escolha entre "certo" e "errado". Dessa forma, o estudante poderá verificar seu aprendizado ao final de cada capítulo com questões que versam apenas daquela matéria. Além disso, ao lado do gabarito de cada questão, inserimos um breve comentário (indicação de súmula, jurisprudência, dispositivo legal ou do item onde o tema foi abordado no capítulo do livro). Acrescentamos também questões discursivas, de segunda fase dos concursos. Nesse caso, fizemos a indicação dos pontos que nos pareceram mais importantes de serem abordados pelo candidato, do ponto de vista do direito processual.

A despeito do grande esforço empreendido na elaboração desta obra, a experiência de escrever livros anteriores nos traz uma certeza: a de que este não é um livro pronto e acabado. É um livro a ser construído, em parceria com o leitor. São as dúvidas da sala de aula, os percalços do cotidiano forense, as modificações de entendimentos jurisprudenciais e as novas questões de concursos que permitirão que a obra seja aprimorada, redesenhada, tornada mais clara, mais completa e mais abrangente, enfim, que a obra fique cada vez melhor.

Por isso, espero que este seja apenas o início de um profícuo debate acerca do direito processual público. O canal está aberto.

Curitiba, dezembro de 2010.

Guilherme Freire de Melo Barros
barrosguilherme@yahoo.com.br

SUMÁRIO

CAPÍTULO I

DIREITO PROCESSUAL PÚBLICO

1. AS PECULIARIDADES DO ESTUDO DO DIREITO PROCESSUAL EM LITÍGIOS COM O PODER PÚBLICO

O exercício de poder pelo Estado se divide em três funções bastante conhecidas, a legislativa, a administrativa e a jurisdicional. Direito processual é o ramo do direito público que estuda e regulamenta o exercício do poder através da função jurisdicional pelo Estado – aqui denominada de Estado-Juiz. Seu instrumento é o processo, vale dizer, é através do processo que o Estado exerce seu poder de tutelar a vida em sociedade.

Historicamente, o direito processual é dividido em três fases: imanentista, em que o direito processual era um desdobramento do direito material; científica, na qual houve a separação entre direito material e direito processual, dando-se a este autonomia científica; e instrumentalista, cujo escopo principal é dar maior efetividade à prestação jurisdicional, é ver o processo como meio de realização do direito material. Atualmente, fala-se ainda de uma nova fase, a do neoprocessualismo ou do formalismo valorativo.[1] Trata-se de uma nova leitura do direito processual a partir do pós-positivismo, vivido desde a segunda metade do século XX. Esse movimento tem como premissas metodológicas: **(i)** o reconhecimento da força normativa da Constituição; **(ii)** o desenvolvimento da teoria dos princípios; **(iii)** a transformação da hermenêutica jurídica; e **(iv)** a consagração dos direitos fundamentais. Esse arcabouço teórico se expande para todos os demais ramos do direito, inclusive o processo civil.[2] Daí a indicação doutrinária de que se está diante de uma quarta fase do direito processual, em que o processo passa a ter mais foco nos princípios, nos direitos fundamentais e na Constituição.

---

1. MITIDIERO, Daniel. *Colaboração no processo civil: pressupostos sociais, lógicos e éticos.* 3ª ed. São Paulo: RT, 2015.
2. DIDIER JR., Fredie. *Curso de direito processual civil: introdução ao direito processual civil, parte geral e processo de conhecimento*, vol. 1. 17ª edição. Salvador: Juspodivm, 2015, p. 39-46.

O direito processual sempre foi estudado e disciplinado para reger litígios privados, entre dois particulares, entre pessoas físicas e pessoas jurídicas de direito privado – daí se utilizar tão comumente as expressões *direito processual civil* e *processo civil*.

Entretanto, ao longo das últimas décadas, a prática forense demonstrou que os maiores litigantes no Poder Judiciário são as pessoas jurídicas de direito público. E sua atuação em juízo é absolutamente peculiar – seja pela natureza indisponível do direito material, seja pelo impacto social causado por decisões que lhe envolvem, seja pelo volume de trabalho a cargo de seus procuradores, seja pela dificuldade para operacionalização de suas atividades. Em suma, o processo que envolve entes públicos tem um colorido diferenciado, com nuanças e meandros próprios, distintos do litígio entre dois particulares.

Tanto é assim que a produção legislativa sobre direito processual destina leis e dispositivos específicos para disciplinar a presença do ente público em juízo. São exemplos a Lei do Mandado de Segurança (Lei nº 12.016/2009), a Lei de Execuções Fiscais (Lei nº 6.830/80), a Lei de Ação Popular (Lei nº 4.717/65), a Lei do Mandado de Injunção (Lei nº 13.300/2016) etc. De igual modo, no Código de Processo Civil, há dispositivos específicos que regulam especificamente a situação processual do ente público (ex. artigos 183 e 534, dentre muitos outros). Por sua vez, a jurisprudência de nossos Tribunais, atenta à questão do ente público em juízo, interpreta e aplica os dispositivos legais de modo específico, comumente destacando as diferenças entre o litígio privado e aquele que envolve pessoas jurídicas de direito público.

Do ponto de vista doutrinário, o estudo dos institutos de direito processual ligados ao litígio público era feito de forma esparsa, isolada – uma monografia sobre Mandado de Segurança, um artigo de revista sobre uma prerrogativa processual, um manual de execução fiscal. Mais recentemente, começaram a surgir estudos que procuram sistematizar e analisar o direito processual com os olhos voltados exclusivamente ao litígio que envolve os entes públicos. Já se fala hoje – e essa é a linguagem adotada por este livro – em direito processual público, para denominar a parte da ciência processual que estuda e regula os processos em que figura como parte um ente público.[3]

Vamos, então, ao estudo do Poder Público em juízo, do direito processual público.

---

3. Na última década, foram publicadas diversas obras cuja proposta é tratar do direito processual público. Dentre outros, cite-se, por exemplo: BUENO, Cassio Scarpinella. *O Poder Público em juízo*. 5ª edição, rev., atual., ampl. São Paulo: Saraiva, 2009; PEREIRA, Hélio do Valle. *Manual da Fazenda Pública em juízo*. 3ª edição, rev., atual., ampl. Rio de Janeiro: Renovar, 2008; CUNHA, Leonardo José Carneiro da. *A Fazenda Pública em juízo*. 5ª edição, rev., atual., ampl. São Paulo: Dialética, 2007; SUNDFELD, Carlos Ari; BUENO, Cassio Scarpinella. (coord.) *Direito processual público: a Fazenda Pública em juízo*. São Paulo: Malheiros, 2003.

2. FAZENDA PÚBLICA OU PODER PÚBLICO?

O termo "Fazenda" nos remete a temas ligados ao direito financeiro e à economia – à ideia de finança, arrecadação, receita, despesa. Historicamente, a expressão *Fazenda Pública* foi consagrada para designar a presença do ente público em juízo. O Código de Processo Civil de 1939 já utilizava a expressão "Fazenda Pública" para se referir às situações processuais que envolviam o Poder Público (exemplos: artigos 24, 32, 918, p.ú.). O Código de Processo Civil, de 1973, mantinha a expressão que, de modo geral, é largamente utilizada por doutrina e jurisprudência. O Código de Processo Civil de 2015 tampouco trouxe alterações nesse sentido. O termo "Fazenda Pública" segue sendo utilizado na legislação atual.

Faço, porém, uma ressalva. Essa expressão largamente consagrada advém de uma era essencialmente patrimonialista do Direito – da época em que obrigações descumpridas eram sempre solucionadas em perdas e danos, de um tempo em que não se falava em litígios ambientais ou em proteção de patrimônio cultural de um povo. O momento que vivemos hoje é um tanto diferente, o paradigma se deslocou do patrimônio para a pessoa.[4] O direito constitucional vive o pós-positivismo, cujos estudos estão focados nos valores sociais, nos princípios, na tutela da vida e dos direitos da personalidade.[5]

Os litígios que envolvem o Poder Público, atualmente, não são meramente econômicos, não se resumem à cobrança de um crédito ou à defesa de um pleito indenizatório. Pelo contrário, cada vez mais frequentes são os litígios públicos referentes a deveres de prestação – como aquele sobre fornecimento de um medicamento, que envolve o direito à saúde e à vida, ou sobre questões ambientais, ligadas a direitos difusos.

Diante dessa realidade, a expressão Fazenda Pública ainda pode ser utilizada, pois, como dito, está consagrada secularmente, mas é preciso ter presente que os litígios que envolvem o Poder Público vão muito além das questões meramente financeiras. Bem por isso, ao longo da presente obra, utilizamos outras designações, como o Estado, o Poder Público, o ente público – todas com a mesma acepção dada à Fazenda Pública.

4. Os estudos de direito civil-constitucional consagram essa mudança de visão do direito. Dentre muitos, confira-se: NEGREIROS, Teresa. *Teoria do contrato: novos paradigmas*. Rio de Janeiro: Renovar, 2002, p. 1-23. Na doutrina processualista, a mudança de paradigma tampouco passa despercebido: MARINONI, Luiz Guilherme. *Técnica processual e tutela de direitos*. São Paulo: RT, 2004, p. 12-55.

5. Sobre o tema: BARROSO, Luís Roberto (coord.). *A nova interpretação constitucional: ponderação, direitos fundamentais e relações privadas*. Rio de Janeiro: Renovar: 2003.

2.1. Conceito e abrangência

Fazenda Pública é a expressão utilizada pela legislação para designar a presença em juízo de pessoa jurídica de direito público interno. Seu tratamento processual é distinto, pois goza de prerrogativas processuais, bem como há institutos processuais e procedimentos afetos apenas a si. Enfim, seu regime jurídico processual é próprio – este é o objeto de estudo do direito processual público. Cumpre, então, verificar quais entidades estão englobadas no conceito de Fazenda Pública.

Tradicionalmente, a classificação dos manuais de direito administrativo toma por base o DL 200/1967, que divide a Administração Pública em Direta e Indireta. A Administração Direta é composta por órgãos internos, sem personalidade jurídica própria. A Administração Indireta é composta por entes com personalidade jurídica própria: autarquias, fundações, empresas públicas e sociedades de economia mista – as duas primeiras, pessoas jurídicas de direito público, voltadas à atuação de funções típicas do Estado; as duas últimas, de direito privado, autorizadas por lei a atuarem em atividades econômicas, ao lado dos particulares.

O artigo 41 do Código Civil elenca quem são as pessoas jurídicas de direito público interno: União, Estados, Distrito Federal, Territórios, Municípios, autarquias e associações públicas, além de outras entidades de caráter público criadas por lei.

As fundações públicas, criadas pelo Poder Público, sob um regime de direito público, para prestação de atividade essencialmente pública, estão abrangidas pelo conceito de Fazenda Pública. A doutrina de direito administrativo, ao analisar a personalidade jurídica das fundações de direito público, classifica-a como semelhante à das autarquias.[6] O mesmo se passa com as agências reguladoras e executivas que, conquanto ostentem características especiais em sua forma de atuação, possuem natureza jurídica de autarquia, logo, são pessoas jurídicas de direito público.

As prerrogativas decorrem da personalidade jurídica de direito público, não sendo necessário qualquer ato processual para tanto.

Fora desse conceito estão as pessoas jurídicas de direito privado, ainda que haja a participação societária do Poder Público. Sociedade de economia mista e empresa pública são pessoas jurídicas de direito privado, criadas para exercer atividade econômica, ao lado dos particulares (CR, art. 173, § 2º). Não podem usufruir de prerrogativas processuais não extensíveis a seus pares no mercado. Cite-se, como exemplo, a Caixa Econômica Federal, que não pode gozar das

6. CARVALHO FILHO, José dos Santos. *Manual de direito administrativo*. 11ª ed. rev., ampl. e atual. Rio de Janeiro: Lumen Juris, p. 419.

prerrogativas da contagem em dobro dos prazos processuais e intimação pessoal (arts. 182 a 184 CPC).[7]

Há exceção. É a questão peculiar da Empresa Brasileira de Correios e Telégrafos (ECT). Seu diploma de regência é o Decreto-Lei nº 509/1969, cujo artigo 12 está assim redigido: "A ECT gozará de isenção de direitos de importação de materiais e equipamentos destinados aos seus serviços, dos privilégios concedidos à Fazenda Pública, quer em relação a imunidade tributária, direta ou indireta, impenhorabilidade de seus bens, rendas e serviços, quer no concernente a foro, prazos e custas processuais". Há um conflito entre essa previsão normativa e a norma constitucional que veda tratamento diferenciado a empresas públicas e sociedades de economia mista não extensíveis ao setor privado (CR, art. 173, § 2º).

Embora seja constituída como empresa pública, a jurisprudência considerou relevante o fato de ser entidade voltada à prestação de serviço público da União (art. 21, X CR) para incluí-la no conceito de Poder Público, de modo a atribuir-lhe o regime jurídico processual dos entes públicos. A matéria está pacificada na jurisprudência do Superior Tribunal de Justiça[8] e também do Supremo Tribunal Federal.[9]

Os Tribunais Superiores, STJ e STF, entendem que o Decreto-Lei nº 509/69 foi recepcionado pela Constituição de 1988, de modo que a Empresa Brasileira de Correios e Telégrafos, conquanto seja empresa pública, está inserida no conceito de pessoa jurídica de direito público.

No âmbito dos Estados e Municípios, verifica-se a repetição de situação semelhante à dos Correios, ou seja, a criação de empresa pública para prestação de serviço público essencial. Entretanto, não se pode afirmar aprioristicamente que tal pessoa jurídica esteja englobada no conceito de Fazenda Pública.

Em suma, para fins de fixação do regime jurídico processual, o conceito de Fazenda Pública abrange, como regra geral, os entes políticos e as entidades da Administração Indireta, cuja personalidade jurídica seja de direito público, autarquias e fundações de direito público.

7. Na jurisprudência do STJ: "(...) 2. Nos termos da jurisprudência deste STJ, as normas que criam privilégios ou prerrogativas especiais devem ser interpretadas restritivamente, não se encontrando as empresas públicas inseridas no conceito de Fazenda Pública previsto no Art. 188 do CPC, não possuindo prazo em quádruplo para contestar e em dobro para recorrer. (...)" (AgRg no REsp 1266098/RS, Rel. Min. Eliana Calmon, 2ª Turma, julgado em 23/10/2012, DJe 30/10/2012)
8. AgRg no REsp 1308820/DF, Rel. Min. Mauro Campbell Marques, 2ª Turma, julgado em 04/06/2013, DJe 10/06/2013.
9. ACO 765 QO, Rel. Min. Marco Aurélio, Relator para Acórdão: Min. Eros Grau, Tribunal Pleno, julgado em 01/06/2005, DJe-211 de 06/11/2008.

Fazenda Pública	União Estados Distrito Federal Municípios Autarquia Fundação pública
Não se incluem no conceito de Fazenda Pública →	Sociedade de economia mista e empresa pública
Exceção →	Empresa Brasileira de Correios e Telégrafos

2.2. Representação judicial

Os entes públicos são representados em juízo por seus procuradores, os advogados públicos, conforme previsão dos artigos 131 e 132 da Constituição da República. A assessoria jurídica, judicial e consultiva, da União é realizada pela Advocacia-Geral da União, regulada pela Lei Complementar nº 73/1993.

Nos Estados e no Distrito Federal, a prestação de serviços jurídicos é feita pela Procuradoria-Geral respectiva, que deve ser organizada em carreira, cujo ingresso depende de concurso de provas e títulos (CR, art. 132).

Dessa previsão constitucional decorre que a atuação da advocacia pública é privativa, pelo que inviável a criação de cargos de assessoramento jurídico em comissão. Veja-se, a esse respeito, julgado do Supremo Tribunal Federal:

> 2. A atividade de assessoramento jurídico do Poder Executivo dos Estados é de ser exercida por procuradores organizados em carreira, cujo ingresso depende de concurso público de provas e títulos, com a participação da Ordem dos Advogados do Brasil em todas as suas fases, nos termos do art. 132 da Constituição Federal. Preceito que se destina à configuração da necessária qualificação técnica e independência funcional desses especiais agentes públicos.
>
> 3. É inconstitucional norma estadual que autoriza a ocupante de cargo em comissão o desempenho das atribuições de assessoramento jurídico, no âmbito do Poder Executivo. Precedentes. 4. Ação que se julga procedente.
>
> (ADI 4261, Relator Min. Ayres Britto, Tribunal Pleno, julgado em 02/08/2010, DJe- 19-08-2010)

Como se vê, a posição do STF é a de impossibilidade de contratação sem concurso público de servidor para exercer função de assessoramento jurídico. Situação diversa é a de previsão em Constituição Estadual de carreira específica de procurador para atuação no Poder Legislativo ou no Tribunal de Contas. Nesse caso, sendo o cargo acessível mediante concurso público, o Supremo entende pela constitucionalidade.[10]

É possível a criação de carreira específica, mas não é permitido o aproveitamento de titulares de investidura anterior. Se o Estado já possui sua procuradoria organizada e opta por criar carreira específica de advogados públicos no Poder Legislativo, os membros originários da procuradoria não podem ser transferidos para a nova carreira, sob pena de caracterizar transposição de cargos sem a respectiva aprovação em concurso público.

Mais recentemente, em 2017, o STF voltou ao tema da existência de cargos jurídicos na estrutura do Estado, mais especificamente no que se refere a cargos no Tribunal de Contas. Na ADI 4070, a Corte sedimentou a possibilidade de existência de procuradoria no Tribunal de Contas, mas vedou a possibilidade de o órgão exercer a cobrança judicial das multas. Confira-se:

> AÇÃO DIRETA DE INCONSTITUCIONALIDADE. CONSTITUCIONAL. LEI COMPLEMENTAR RONDONIENSE Nº 399/2007, QUE CRIA E ORGANIZA A PROCURADORIA-GERAL DO TRIBUNAL DE CONTAS DO ESTADO. CONSONÂNCIA AO ART. 132 DA CONSTITUIÇÃO DA REPÚBLICA. AÇÃO DIRETA DE INCONSTITUCIONALIDADE Nº 94/RO. ART. 3º, INC. V, DA LEI COMPLEMENTAR Nº 399/2007. INCONSTITUCIONALIDADE DA NORMA AUTORIZADORA DA PROCURADORIA DO TRIBUNAL DE CONTAS ESTADUAL A COBRAR JUDICIALMENTE MULTAS APLICADAS EM DECISÕES DEFINITIVAS. RECURSO EXTRAORDINÁRIO Nº 223.037/SE. AÇÃO JULGADA PARCIALMENTE PROCEDENTE. (ADI 4070, Relatora Min. Cármen Lúcia, Tribunal Pleno, julgado em 19/12/2016, ACÓRDÃO ELETRÔNICO DJe-168 DIVULG 31-07-2017 PUBLIC 01-08-2017)

Assim, da jurisprudência do Supremo, é possível extrair as seguintes conclusões:

- é inconstitucional lei que preveja a contratação de cargos em comissão para assessoramento jurídico do Poder Público;
- é constitucional a existência de carreira de advocacia pública específica para o Poder Legislativo e o Tribunal de Contas, acessível mediante concurso público.

Os poderes de representação do ente público são estipulados em lei para aquele que exerce o cargo de procurador (estadual, distrital, federal, da Fazenda Nacional ou advogado da União). Portanto, não há necessidade de se juntar

10. ADI 94, Relator Min. Gilmar Mendes, Tribunal Pleno, julgado em 07/12/2011, DJe 16/12/2011.

procuração nos autos para exercer plena e validamente a defesa dos interesses do ente público pelo procurador.[11] Devidamente aprovado no concurso público e empossado, a investidura no cargo de procurador outorga os poderes de representação, sem necessidade de apresentação do instrumento de mandato. Tampouco se precisa juntar substabelecimento ou delegação de poderes para atuação em Juízo.

Normalmente, as Procuradorias-Gerais são divididas em setores específicos de atuação, voltados à otimização da prestação dos serviços (ex.: setor fiscal, trabalhista, recursal). Essa divisão interna, porém, não altera a representação judicial decorrente da lei. Um advogado público lotado no setor fiscal pode validamente acompanhar uma audiência na Justiça do Trabalho.

Além disso, o CPC prevê a possibilidade de estados e o DF celebrarem convênio para que uma procuradoria possa atuar em favor de outro ente político (art. 75, § 4º). O convênio autoriza a prática de atos processuais de um procurador de um Estado em favor de outro ente político, com o objetivo de evitar o desperdício de dinheiro público com gastos de deslocamentos, passagens, diárias etc.[12] Vale, entretanto, destacar que a informatização do processo judicial tende a esvaziar, ao menos parcialmente, a necessidade de convênios. Tome-se como exemplo o Estado do Paraná, cujo primeiro grau de jurisdição já tramita integralmente em meio virtual para processos ajuizados a partir de 2013. Nesse caso, o cumprimento de uma carta precatória pode ser realizado diretamente pelo advogado público do Estado de origem.

Na esfera municipal, não há previsão constitucional para a criação obrigatória de Procuradorias-Gerais. Em capitais de estado e municípios maiores, como Rio de Janeiro, Curitiba e São Paulo, foram criadas e estabelecidas carreiras organizadas de procuradores, a quem compete a prestação de assessoria jurídica do ente político. A grande maioria dos municípios brasileiros, porém, carece desse tipo de servidor.

O inciso III do artigo 75 do CPC estabelece que a representação judicial dos municípios pode ser feita pelo prefeito ou por procurador. Isso não significa que o CPC confira ao prefeito capacidade postulatória. A indicação do prefeito se deve em razão de não haver procuradores concursados em todos os municípios brasileiros. Nesses casos, o prefeito é citado e constitui advogado, a quem outorga procuração para representar o ente público na demanda judicial.

11. CUNHA, Leonardo José Carneiro da. op. cit., p. 20; PEREIRA, Hélio do Valle. op. cit., p. 84.

12. CUNHA, Leonardo Carneiro da. A Fazenda Pública em Juízo. 13ª ed. São Paulo: Forense, 2016, p. 25.

3. ADVOCACIA-GERAL DA UNIÃO

Historicamente, não havia uma carreira organizada e definida, voltada exclusivamente ao assessoramento jurídico da União. Esse papel era desempenhado pelo Ministério Público Federal. Com o advento da Constituição da República de 1988, o Ministério Público recebeu a função institucional de guardião da sociedade, da ordem jurídica e da democracia (art. 127). O assessoramento jurídico da União ficou a cargo da Advocacia-Geral da União (AGU). As carreiras, antes fundidas, foram separadas. Nesse período de transição, os procuradores da república puderam optar entre seguir no Ministério Público Federal ou integrar a Advocacia-Geral da União (ADCT, art. 29, § 2º).

De acordo com a previsão constitucional do artigo 131, que traça suas diretrizes fundamentais, compete à AGU a representação judicial e extrajudicial da União, diretamente ou através de órgão vinculado, sendo responsável pela consultoria e assessoramento do Poder Executivo. O advogado-geral da União, chefe da Instituição, não precisa pertencer aos quadros da carreira e pode ser escolhido livremente pelo presidente da República dentre cidadãos com mais de 35 anos de idade, notável saber jurídico e reputação ilibada (§ 1º). Em relação aos demais membros, o ingresso na carreira se dá por meio de concurso público de provas e títulos (§ 2º). Por fim, o dispositivo constitucional determina que a cobrança da dívida ativa de natureza tributária compete à Procuradoria-Geral da Fazenda Nacional (PGFN), na forma da lei (§ 3º). Embora seja papel institucional da PGFN a cobrança da dívida ativa, não se trata de atribuição exclusiva da carreira, ou seja, nada impede que sua lei regulamentadora preveja hipóteses de delegação da cobrança.

No plano infraconstitucional, a Advocacia-Geral da União está regulada por sua lei orgânica, a Lei Complementar nº 73/1993. Esse diploma legislativo é bastante abrangente na disciplina da carreira, pois contém matérias pertinentes a Lei Complementar e outras típicas de lei ordinária – essas sujeitas a posterior revogação por lei ordinária.

Ao seu lado, tem-se a Lei nº 10.480/2002, que disciplina a Procuradoria-Geral Federal, responsável pelo assessoramento jurídico, judicial e extrajudicial, das autarquias e fundações públicas federais. Sua relação é de vinculação, e não subordinação à AGU. O Banco Central do Brasil (Bacen), embora seja autarquia federal, possui legislação específica (Lei nº 9.650/98), que prevê carreira própria de procuradores, distinta da Procuradoria-Geral Federal.

Outros diplomas legais são bastante relevantes para a atuação da Advocacia-Geral da União, como a Lei nº 9.469/97, que disciplina a realização de acordos e transações pelo Poder Público, bem como prevê a intervenção do ente público em demandas entre particulares (objeto de nosso estudo no Capítulo VI).

4. RESPONSABILIDADE DO ADVOGADO PÚBLICO

No que se refere à atuação do advogado público, há uma questão interessante, que diz respeito à sua responsabilidade. Inclusive, quanto aos diferentes níveis de responsabilidade em razão do tipo de atuação, se consultiva ou contenciosa.

A responsabilidade em âmbito consultivo foi examinada pelo Supremo Tribunal Federal nos seguintes julgados:

> I – Advogado de empresa estatal que, chamado a opinar, oferece parecer sugerindo contratação direta, sem licitação, mediante interpretação da lei das licitações. Pretensão do Tribunal de Contas da União em responsabilizar o advogado solidariamente com o administrador que decidiu pela contratação direta: impossibilidade, dado que o parecer não é ato administrativo, sendo, quando muito, ato de administração consultiva, que visa a informar, elucidar, sugerir providências administrativas a serem estabelecidas nos atos de administração ativa. Celso Antônio Bandeira de Mello, "Curso de Direito Administrativo", Malheiros Ed., 13ª ed., p. 377.
>
> II. – O advogado somente será civilmente responsável pelos danos causados a seus clientes ou a terceiros, se decorrentes de erro grave, inescusável, ou de ato ou omissão praticado com culpa, em sentido largo: Cód. Civil, art. 159; Lei 8.906/94, art. 32.
>
> III. – Mandado de Segurança deferido.
>
> (MS 24073, Rel. Min. Carlos Velloso, Tribunal Pleno, julgado em 06/11/2002, DJ 31/10/2003).
>
> I. Repercussões da natureza jurídico-administrativa do parecer jurídico: (i) quando a consulta é facultativa, a autoridade não se vincula ao parecer proferido, sendo que seu poder de decisão não se altera pela manifestação do órgão consultivo; (ii) quando a consulta é obrigatória, a autoridade administrativa se vincula a emitir o ato tal como submetido à consultoria, com parecer favorável ou contrário, e se pretender praticar ato de forma diversa da apresentada à consultoria, deverá submetê-lo a novo parecer; (iii) quando a lei estabelece a obrigação de decidir à luz de parecer vinculante, essa manifestação de teor jurídico deixa de ser meramente opinativa e o administrador não poderá decidir senão nos termos da conclusão do parecer ou, então, não decidir.
>
> II. No caso de que cuidam os autos, o parecer emitido pelo impetrante não tinha caráter vinculante. Sua aprovação pelo superior hierárquico não desvirtua sua natureza opinativa, nem o torna parte de ato administrativo posterior do qual possa eventualmente decorrer dano ao erário, mas apenas incorpora sua fundamentação ao ato.

III. Controle externo: É lícito concluir que é abusiva a responsabilização do parecerista à luz de uma alargada relação de causalidade entre seu parecer e o ato administrativo do qual tenha resultado dano ao erário. Salvo demonstração de culpa ou erro grosseiro, submetida às instâncias administrativo-disciplinares ou jurisdicionais próprias, não cabe a responsabilização do advogado público pelo conteúdo de seu parecer de natureza meramente opinativa. Mandado de segurança deferido.

(MS 24631, Relator Min. Joaquim Barbosa, Tribunal Pleno, julgado em 09/08/2007, DJe-018 divulgado em 31/01/2008, publ. em 01/02/2008)

Acerca da elaboração do parecer, o STF distinguiu três situações, cujas consequências são diferentes:

a) no parecer facultativo, não há vinculação entre a opinião manifestada pelo parecerista e a conduta do administrador;

b) quando o parecer é obrigatório, há vinculação, sendo necessário que o administrador submeta a questão a novo parecer quando pretender atuar de modo distinto da primeira orientação;

c) por fim, caso a lei preveja a vinculação da conduta administrativa ao parecer, só restará ao administrador seguir a orientação ou não atuar.

No que toca à natureza jurídica, o parecer se caracteriza como opinião técnico-jurídica, sem caráter decisório. A decisão acerca da oportunidade e da conveniência é do administrador, que, após examinar o parecer, pratica o ato administrativo.

Quanto à responsabilização do parecerista, esta somente é possível em casos de dolo ou culpa grave, decorrente de erro inescusável. Além disso, quando se tratar de parecer vinculante, o parecerista divide com o administrador a responsabilidade pela emissão do ato administrativo e pode vir a ser responsabilizado.

Os pareceres normativos da Advocacia-Geral da União vinculam toda a Administração Pública federal (LC 73/93, arts. 39 a 44). Acerca desse assunto, o Superior Tribunal de Justiça examinou a hipótese em que o procurador da União proferira pareceres contrários à normatização da AGU, tendo contra si instaurado processo administrativo disciplinar:

1. A correição efetuada pela Corregedoria-Geral da Advocacia da União pode e deve adentrar na formação do mérito jurídico em pareceres emitidos por membros da Advocacia-Geral da União – AGU, para concluir pela existência de indícios de inobservância das leis e de orientações consolidadas no âmbito da Administração Pública.

2. O aprofundamento das questões de fato e de direito discutidas nos processos administrativos em que emitidos os pareceres jurídicos questionados

> deve se dar no curso do processo disciplinar. O que se requer da correição é a simples evidência de indícios, hábeis a fundamentar uma investigação mais aprofundada. Não se coaduna com essa fase preliminar o exaurimento da matéria debatida.
>
> 3. Constitui justa causa, ou motivo determinante, hábil a ensejar a abertura de processo administrativo disciplinar, a existência de indícios de manifestações jurídicas de membro da Advocacia-Geral da União que se apresentem, de forma sistemática, contrárias a pareceres normativos da AGU, aprovados pelo Presidente da República.
>
> 4. Segurança denegada.
>
> (MS 13.861/DF, Rel. Min. Arnaldo Esteves Lima, 3ª Seção, julgado em 09/12/2009, DJe 22/03/2010)

No entender do STJ, a conduta do advogado da União que emite pareceres contrários ao parecer vinculante da Instituição indica possível falta funcional (LC, nº 73/93, art. 28, inc. II), que pode ser examinada através de processo administrativo disciplinar.

É preciso compreender nos exatos termos a posição do STJ. No julgado acima transcrito, a Corte deu guarida à punição do advogado público em razão do descolamento de sua conduta frente às posições institucionais.

Fora dessa hipótese, a posição do Superior Tribunal de Justiça tem sido no sentido de legitimar e proteger o exercício legítimo da advocacia pública, inclusive com o trancamento de ações penais contra o causídico. Também em caso de ação civil pública, o STJ sacramenta a necessidade de comprovação efetiva de má-fé, da conduta dolosa destinada à realização de ato ímprobo. Confira-se manifestação de 2017 a esse respeito:

> 5. No julgamento do MS n. 24.631/DF, da relatoria do Exmo. Sr. Ministro Joaquim Barbosa, o Plenário do Supremo Tribunal Federal reconheceu a impossibilidade de responsabilização dos advogados públicos pelo conteúdo de pareceres técnico-jurídicos meramente opinativos, salvo se evidenciada a presença de culpa ou erro grosseiro.
>
> 6. Conforme o consolidado no âmbito deste Superior Tribunal de Justiça, a imunidade do advogado público não obsta a sua responsabilização por possíveis condutas criminosas praticadas no exercício de sua atividade profissional, desde que demonstrado que agiu imbuído de dolo.
>
> 7. A manifestação do Procurador Geral de Justiça integra a formação do ato administrativo, sendo, portanto, de natureza obrigatória. Entretanto, por refletir um juízo de valor, o ponto de vista do parecerista sobre a matéria submetida ao seu exame, não vincula a autoridade que possui competência para o exame da conveniência do ato. Decerto, a concordância do Governador do Estado com o conteúdo do parecer não consiste em mera formalidade, não havendo delegação, ainda que velada, do poder decisório sobre o ato administrativo ao

Procurador Geral do Estado. Na hipótese, forçoso destacar que o acordo foi homologado em juízo, após manifestação favorável do Ministério Público do Estado do Maranhão.

8. Nos dizeres de José dos Santos Carvalho Filho, "o agente que emite o parecer não pode ser considerado solidariamente responsável com o agente que produziu o ato administrativo final, decidindo pela aprovação do parecer. A responsabilidade do parecerista pelo fato de ter sugerido mal somente lhe pode ser atribuída se houve comprovação indiscutível de que agiu dolosamente, vale dizer, com intuito predeterminado de cometer improbidade administrativa. Semelhante comprovação, entretanto, não dimana do parecer em si, mas, ao revés, constitui ônus daquele que impugna a validade de ato em função da conduta de seu autor" (CARVALHO FILHO, José dos Santos. Manual de Direito Administrativo. 28ª ed. São Paulo: Atlas, 2015, p. 139-140).

9. Ainda que a jurisprudência atual desta Corte reconheça não ser possível a compensação tributária na ausência de lei estadual disciplinadora, a teor do disposto no art. 170 do Código Tributário Nacional, a autorização baseada na aplicação imediata do artigo 78, § 2º, do ADCT, acrescentado pela Emenda Constitucional 30/2000, não pode ser tida por manifestamente ilegal, não evidenciando erro grosseiro e, muito menos, que o parecerista agiu dolosamente com intuito de causar prejuízo ao erário.

10. Embora o Procurador Geral do Estado anterior tenha se manifestado desfavoravelmente aos pedidos de compensação tributária, por entendê-los contrários aos interesses da Fazenda estadual, a adoção de posicionamento diverso, de per si, não indica que o animus da parecerista de beneficiar interesse particular no exercício de suas atribuições. Decerto, a divergência de opinião na atividade consultiva não acarreta responsabilização pessoal, salvo, repita-se, se demonstrado que o parecerista agiu dolosamente ou cometeu erro grosseiro.

17. Evidenciada, de plano, a flagrante atipicidade das condutas e a inépcia da exordial no tocante ao recorrente, deve ser trancada a ação penal, ressaltando-se a possibilidade de oferta de nova denúncia, desde que atendidos os requisitos do art. 41 do CPP e com fundamento em fatos novos.

18. A manifesta atipicidade das condutas imputadas ao recorrente não conduz à conclusão de que os fatos reputadamente criminosos atribuídos aos corréus sejam igualmente atípicos, devendo, portanto, seja dado prosseguimento à persecução penal para que sejam esclarecidos os eventos descritos na peça acusatória.

19. Recurso provido para determinar o trancamento da Ação Penal nº 9880-63.2016.8.10.0001, em curso na 7ª Vara Criminal da Comarca de São Luis/MA, devendo, porém, ser mantida a persecução penal em relação ao demais réus.

(RHC 82.377/MA, Rel. Min. Ribeiro Dantas, 5ª Turma, julgado em 10/10/2017, DJe 18/10/2017)

É de se concluir, portanto, que a posição do Superior Tribunal de Justiça é a de que o advogado público que emite pareceres não pode ser responsabilizado, salvo quando atuar dolosamente.

No âmbito judicial, o CPC-2015 traz normativa inovadora, não existente no CPC-1973. Nos termos do artigo 184, o *"membro da Advocacia Pública será civil e regressivamente responsável quando agir com dolo ou fraude no exercício de suas funções"*. Como se vê do texto legal, não há punição a título de culpa.

Assim, o CPC traz uma responsabilização menos extensa do que o entendimento jurisprudencial sobre o parecerista. Cabe, então, questionar se fica suplantado o entendimento do STF a respeito da matéria. Para Marco Antonio Rodrigues, a resposta é positiva, pois o autor entende que a regra não pode ser limitada à atuação do advogado público no processo civil, senão estendida a todas as suas funções, sob pena de violação do princípio da igualdade.[13] No mesmo sentido, Roney Raimundo Leão Otilio, que argumenta se tratar o artigo 184 de norma heterotópica, ou seja, embora contida no CPC, tem natureza de norma de direito material pertinente à responsabilidade civil. Nesse contexto, o opção do legislador suplanta o entendimento do STF.[14] A nosso sentir, a resposta é negativa, ou seja, a jurisprudência do STF não fica suplantada pelo CPC-2015. Subsiste a diferenciação entre a atuação consultiva e a atuação contenciosa. Não há que se falar em violação do princípio da igualdade, pois o advogado está em um tipo de atuação diferente. O Código de Processo Civil estabelece regras de interação entre os atores em uma relação jurídica processual, que não se confunde com a atuação do advogado público do setor consultivo, que atua para órgãos administrativos na realização de políticas públicas. Nesse caso, prevalece o regramento do STF, largamente examinado acima.

5. FORO POR PRERROGATIVA DE FUNÇÃO

A Constituição da República não prevê o foro por prerrogativa de função para procuradores do estado para crimes comuns e de responsabilidade. No entanto, não há óbice que a Constituição Estadual estabeleça tal prerrogativa, conforme já esclareceu o STF[15], entendimento seguido também pelo STJ.[16]

Portanto, com base no entendimento das Cortes Superiores, conclui-se que a Constituição Estadual pode conceder foro por prerrogativa de função ao advogado público.

---

13. RODRIGUES, Marco Antonio. *A Fazenda Pública no processo civil*. São Paulo: Atlas, 2016, p. 32.
14. OTILIO, Roney Raimundo Leão. *A limitação da responsabilidade do advogado público aos casos de dolo ou fraude no Novo Código de Processo Civil e sua aplicação a processos administrativos*, Fórum Administrativo – FA, Belo Horizonte, ano 16, n. 179, p. 77-83, jan. 2016.
15. ADI 2587, Relator Min. Maurício Corrêa, Relator p/ Acórdão Min. Carlos Britto, Tribunal Pleno, julgado em 01/12/2004.
16. HC 86.001/RJ, Rel. Min. Og Fernandes, 6ª Turma, julgado em 28/06/2011, DJe 03/08/2011.

Questões de Concurso

▶ **01. (AGU/Adv. União – 2012 – CESPE)** Incumbe à AGU, diretamente ou mediante órgão vinculado, exercer a representação judicial e extrajudicial da União, assim como as atividades de consultoria e assessoramento jurídico dos Poderes Executivo, Legislativo e Judiciário, no âmbito federal.

▶ **02. (AGU/Adv. União – 2012 – CESPE)** A CF estabelece expressamente que a representação da União, na execução da dívida ativa de natureza tributária, cabe à Procuradoria-Geral da Fazenda Nacional, observado o disposto em lei.

▶ **03. (PFN – 2012 – ESAF)** Sobre a organização constitucional da Advocacia-Geral da União, é correto afirmar que

a) a Advocacia-Geral da União é a instituição que, diretamente ou através de órgão vinculado, representa a União extrajudicialmente, cabendo-lhe, nos termos da lei, as atividades de consultoria e assessoramento jurídico do Poder Legislativo.

b) na execução da dívida ativa de natureza tributária, a representação da União cabe à Procuradoria-Geral da Fazenda Nacional, observado o disposto em lei.

c) a Advocacia-Geral da União tem por chefe o Advogado-Geral da União, de livre nomeação pelo Presidente da República, após aprovação pelo Senado Federal, dentre cidadãos maiores de trinta e cinco anos, de notável saber jurídico e reputação ilibada.

d) o ingresso nas classes iniciais das carreiras da Advocacia-Geral da União far-se-á, salvo no caso de reaproveitamento de advogados integrantes dos quadros funcionais de autarquias ou fundações extintas, mediante concurso público de provas ou de provas e títulos.

e) a Advocacia-Geral da União é a instituição que representa judicialmente a União perante o Supremo Tribunal Federal, salvo na matéria tributária onde esta representação cabe à Procuradoria-Geral da Fazenda Nacional.

▶ **04. (AGU/Adv. União – 2013 – CESPE)** A Advocacia-Geral da União tem por chefe o advogado-geral da União, de livre nomeação pelo presidente da República entre os integrantes da carreira que tenham mais de trinta e cinco anos de idade, notável saber jurídico e reputação ilibada.

▶ **05. (AGU/Adv. União – 2013 – CESPE)** O Ato das Disposições Constitucionais Transitórias assegurou o direito de opção, nos termos de lei complementar, pela carreira da AGU aos procuradores da República que ingressaram nesse cargo antes da promulgação da atual CF.

▶ **06. (Procurador Porto Alegre-RS – 2016 – Fundatec)** No que diz respeito ao regime jurídico dos sujeitos do processo tratado no Código de Processo Civil (Lei nº 13.105/15), analise as assertivas abaixo:

I. Os Estados e o Distrito Federal poderão ajustar compromisso recíproco para prática de ato processual por seus procuradores em favor de outro ente federado, mediante convênio firmado pelas respectivas procuradorias.

II. Para a representação em juízo do Município, pelo prefeito, é indispensável a sua regular inscrição na Ordem dos Advogados do Brasil.

III. Os Municípios e suas respectivas autarquias e fundações de direito público gozarão de prazo em quádruplo para contestar e em dobro para recorrer, cuja contagem terá início a partir da intimação pessoal.

IV. O membro da Advocacia Pública será civil e regressivamente responsável quando agir com dolo ou fraude no exercício de suas funções.

Quais estão corretas?

a) Apenas I e II.

b) Apenas I e IV.

c) Apenas II e III.

d) Apenas III e IV.

e) I, II, III e IV.

Questão	Gabarito	Breves comentários
01	Errado	CR, art. 131; v. item 3.
02	Certo	CR, art. 131, § 3º; v. item 3.
03	B	CR, art. 131, § 3º; v. item 3.
04	Errado	CR, art. 131, § 1º; v. item 3.
05	Certo	ADCT, art. 29, § 3º; v. item 3.
06	B	v. itens 2 e 4.

Questão discursiva

► **1. (AGU-ADV – 2008 – CESPE)**

Determinada autarquia federal celebrou, sem a realização de procedimento licitatório, contrato de consultoria com empresa internacional. O ato foi precedido de parecer técnico-jurídico exarado por advogado público em exercício na respectiva unidade autárquica, o qual considerou possível a contratação direta.

O Tribunal de Contas da União, em inspeção realizada com a finalidade de investigar possíveis irregularidades em contratos firmados pela autarquia, concluiu pela impugnação da decisão dos administradores que realizaram o contrato, bem como pela responsabilidade subsidiária do advogado público, em razão do parecer favorável à referida contratação.

Considerando a situação hipotética acima apresentada e com base na estruturação da administração pública e na jurisprudência do Supremo Tribunal Federal, responda, de forma objetiva e fundamentada, às questões a seguir.

– O Tribunal de Contas da União tem competência constitucional para investigar o ato praticado pela autarquia federal?

– O parecer emitido pelo advogado público tem natureza de ato administrativo decisório?

– Em decorrência do parecer técnico-jurídico emitido, pode o advogado público ser responsabilizado, solidariamente com o administrador público, pela contratação?

– Tem caráter absoluto a inviolabilidade assegurada pela Carta da República ao advogado por atos e manifestações no exercício da profissão?

Fundamentos para resposta:
A questão foi formulada em razão do julgamento do Mandado de Segurança nº 24.073-3/DF, cujo relator foi o Ministro Carlos Velloso. A ementa consta do item 4 desde capítulo. A leitura cuidadosa do inteiro teor do acórdão permite responder todas as questões. No que se refere aos aspectos processuais, conforme frisamos anteriormente, a natureza jurídica do parecer não é de ato administrativo, mas sim de opinião técnica. O parecer não era vinculativo. Dessa forma, não há que se falar em responsabilização solidária do advogado com o administrador, salvo a hipótese de comprovada má-fé ou culpa grave (erro inescusável).

► **2. (PG-DF – 2013 – CESPE)**

Discorra sobre o tema Advocacia Pública no período pós-1988: perfil constitucional e jurisprudência do Supremo Tribunal Federal (STF). Ao elaborar seu texto, aborde, necessariamente, os seguintes aspectos: (i) A advocacia pública do Distrito Federal (DF) na Constituição de 1988 e na Lei Orgânica do DF: característica e competências centrais da Procuradoria-Geral do DF; (ii) Entendimento do STF acerca da: (ii.1) prerrogativa de foro dos procuradores estaduais e necessidade de apresentação de instrumento de mandato; (ii.2) criação de cargos de provimento em comissão para assessoramento jurídico; (ii.3) possibilidade de criação de procuradoria estadual especial no âmbito do Poder Legislativo/tribunal de contas.

Fundamentos para resposta:
– a resposta deve começar pela menção ao artigo 132 da Constituição da República; – no que toca especificamente ao Distrito Federal, a advocacia pública está prevista nos artigos 110 e 111 da Lei Orgânica do DF; – no que toca à prerrogativa de foro, é possível sua inclusão em Constituição Estadual (Lei Orgânica no caso do DF), como visto no item 5 deste Capítulo (ADI 2587-GO); – quanto à criação de cargos em comissão para assessoramento jurídico, o STF entende pela sua inconstitucionalidade (ADI 4261), conforme item 3 acima; – em relação à procuradoria específica para Poder Legislativo e Tribunal de Contas, o STF entende ser constitucional sua existência (ADI 94), conforme item 3 acima.

CAPÍTULO II

PRAZOS

1. INTRODUÇÃO

Os prazos processuais na esfera do direito processual público regem-se a partir do artigo 183 do CPC, que prevê: *"A União, os Estados, o Distrito Federal, os Municípios e suas respectivas autarquias e fundações de direito público gozarão de prazo em dobro para todas as suas manifestações processuais, cuja contagem terá início a partir da intimação pessoal"*. Esse dispositivo prevê o que a doutrina clássica chama de "benefício de prazo". No livro, preferimos utilizar o termo prerrogativa de prazo, uma vez que a palavra benefício induz à ideia de uma vantagem indevida.

O CPC uniformizou o tratamento dado à matéria, pois à luz do regramento anterior havia 3 prazos distintos, quádruplo para contestar, dobro para recorrer, simples para demais manifestações. A uniformidade de tratamento permite maior segurança do trato da matéria e na atuação do advogado público, como será demonstrado neste capítulo.

2. CONSTITUCIONALIDADE

A primeira questão que se coloca é a de uma possível inconstitucionalidade da prerrogativa de prazo por violação do princípio da isonomia. Vale indagar, o artigo 183 do CPC viola o *caput* do artigo 5º da Constituição?

A resposta é negativa. Como se sabe, o princípio da isonomia não significa o tratamento igual de todos, mas sim o tratamento diverso, na medida das diferenças, ou seja, isonomia é tratar igualmente os iguais e desigualmente os desiguais, na medida de sua desigualdade. O regime jurídico de direito público demanda, indubitavelmente, o tratamento desigual para a advocacia pública no que se refere ao cumprimento de seus prazos. Esse é o entendimento majoritário, quase unânime, da doutrina.[1] Dentre os argumentos favoráveis à constitucionalidade do dispositivo do CPC, elencam-se os seguintes.

Em primeiro lugar, é preciso observar a complexidade da estrutura administrativa dos entes públicos. O trânsito de informações entre as repartições públicas, a comunicação dos atos, as manifestações administrativas são naturalmente lentas. Para a elaboração da defesa do Estado, o advogado público encaminha pedidos de informações a outros órgãos e repartições públicas e, naturalmente, há certa demora para a resposta. Não se trata aqui de mero apego ao formalismo, tampouco de leniência com a burocracia pública. A Administração Pública, para atender ao preceito do artigo 37 da Constituição, deve ser eficiente, deve possuir uma estrutura dinâmica, interligada e enxuta, sem sobreposição de órgãos e repartições com funções idênticas. Ainda assim, não se pode perder de vista que a Administração Pública atua pautada pelo ato administrativo, que possui forma própria, que precisa atender a determinados requisitos. Há, na esfera pública, uma inescapável e necessária formalização dos atos administrativos, para fins de documentação e controle do serviço público – inclusive em benefício da sociedade, que deve poder fiscalizar a conduta administrativa. Portanto, a obtenção de informação administrativa para elaboração da defesa do Estado leva certo tempo para ocorrer. Em contrapartida, o particular, seja pessoa natural ou jurídica, ao se ver envolvido em um litígio, já comparece ao escritório de seu advogado munido de diversos documentos – ou prontamente os obtém para atender às necessidades de sua demanda. Dessa forma, é preciso reconhecer que advocacia pública precisa de mais tempo para coletar informações a fim de elaborar adequadamente sua defesa.[2]

Além disso, cumpre observar a formatação da banca de advogados postos à defesa do Estado em confronto com a situação do particular. A defesa jurídica do Estado é feita através de órgãos próprios (AGU, PFN, Procuradorias-Gerais), compostos por cargos cuja criação depende de lei, e cujo provimento se dá por concurso público de provas e títulos. Este corpo de advogados é responsável por toda a defesa do ente público respectivo, ou seja, compete à Procuradoria-Geral defender o Estado em todas as suas ações judiciais – para além de suas atribuições de advocacia consultiva. Não é possível à advocacia pública deixar de patrocinar determinadas causas por não ter condições de atender ao contingente existente, nem as pode repassar a outra banca de advogados. E mais, verificado o maior volume de trabalho, sendo necessário aumentar o número de advogados públicos, há a exigência constitucional de realização de concurso público, cujo trâmite é naturalmente lento.[3]

1. CÂMARA, Alexandre Freitas. *Lições de direito processual civil.* Vol. I. 19ª ed. inteiramente revista. Rio de Janeiro: Lumen Juris, 2009, p. 42.
2. PEREIRA, Hélio do Valle. op. cit., p. 107.
3. PEREIRA, Hélio do Valle. op. cit., p. 106.

Na esfera privada, a dinâmica é completamente diferente. O particular, ainda que se trate de litigante com muitas ações, pode procurar o escritório de advocacia que possua as melhores condições de lhe atender e, de igual modo, a sociedade de advogados pode rapidamente, para suprir suas necessidades, contratar novos profissionais. No âmbito privado, o escritório pode também recusar o patrocínio do cliente.

Em suma, a advocacia pública possui contornos próprios que não podem passar despercebidos por aquele que examina a constitucionalidade do artigo 183 do CPC.

Por fim, há ainda a questão do interesse público presente nos litígios que envolvem o Estado. Tanto o Ministério Público quanto a advocacia pública lidam com o interesse público – como dito no capítulo I, a distinção entre interesse público primário e secundário não nos faz sentido –, de modo que a deficiência de atuação desses órgãos reflete negativamente na sociedade toda.[4]

Com base nos argumentos acima, conclui-se que o prazo diferenciado, previsto no artigo 183 do CPC, é constitucional.[5] A rigor, não se trata de privilégio odioso, mas sim de prerrogativa, de instrumento que realiza o princípio da isonomia no sistema processual.

Superada a discussão sobre a possível inconstitucionalidade do dispositivo, podem-se examinar suas características e peculiaridades, bem como seu espaço de aplicação – e de não incidência. O artigo 183 apenas retrata a regra geral dos prazos que envolvem o Poder Público. Há diversos pontos a examinar.

3. ALCANCE E CARACTERÍSTICAS

O artigo 183 se aplica à advocacia pública, a quem incumbe a defesa dos entes que compõem o conceito de Poder Público, assim entendido como a Administração Direta – União, Estados, Distrito Federal e Municípios –, bem como suas autarquias e fundações públicas, cuja natureza é de pessoa jurídica de direito público. Também goza da prerrogativa de prazo a Empresa Brasileira de Correios e Telégrafos, conforme examinado anteriormente.

A aplicação do artigo 183 é ampla a englobar a atuação tanto como parte, quanto como assistente, como se extrai da expressão "*todas as suas manifestações processuais*". Quanto aos atos processuais que contempla, o dispositivo também é amplo, a

4. CÂMARA, Alexandre Freitas. op. cit., p. 42.
5. No mesmo sentido, embora tratando do CPC-1973. PEREIRA, Hélio do Valle. op. cit., 108.

englobar todos os prazos do Poder Público, ressalvada a hipótese em que a lei lhe estabelece prazo próprio (art. 183, § 2º).

3.1. Contagem em dias úteis

Um ponto importante do CPC é que os prazos são contados apenas em dias úteis, como prevê o artigo 219: "*Na contagem de prazo em dias, estabelecido por lei ou pelo juiz, computar-se-ão somente os dias úteis*".

3.2. Litisconsórcio

Questão importante a observar diz respeito ao litisconsórcio que envolve o ente público. O artigo 229 prevê o seguinte: "*Os litisconsortes que tiverem diferentes procuradores, de escritórios de advocacia distintos, terão prazos contados em dobro para todas as suas manifestações, em qualquer juízo ou tribunal, independentemente de requerimento*".

As regras dos artigos 183 e 229 não são aplicáveis cumulativamente, ou seja, a prerrogativa de prazo não é duplicada pela existência de litisconsórcio, entendimento este já firmado à luz do CPC-1973.[6] Proposta ação de conhecimento em face de dois réus, sendo um deles o Poder Público, o prazo de contestação é de 30 dias úteis para o ente público (art. 183 c/c art. 219) e de 30 dias úteis para o particular (art. 229 c/c art. 335 c/c art. 219).

Os dois dispositivos em questão, artigos 183 e 229, têm aplicação diversa. O artigo 183 é destinado à advocacia pública, ao passo em que o artigo 229 se aplica aos litisconsortes com advogados distintos, de escritórios de advocacia distintos. Inclusive, o prazo em dobro no litisconsórcio não se aplica às hipóteses em que o processo é eletrônico (art. 229, § 2º). Em ambos, o prazo é contado em dobro para todas as manifestações, mas apenas a advocacia pública tem direito à intimação pessoal (art. 183, § 1º).

Por fim, lembre-se que o CPC estabelece que o despacho liminar positivo, que recebe a petição inicial, não cita o réu para contestar, mas sim para participar de audiência de conciliação e mediação. Apenas inviabilizada a composição amigável ou dispensada expressamente a audiência é que se abre o prazo de contestação (art. 335).

3.3. Recesso

O CPC estabelece período de recesso nos tribunais brasileiros, ao prever que se suspende o curso dos prazos processuais entre 20 de dezembro e 20 de janeiro,

6. MARINONI, Luiz Guilherme; MITIDIERO, Daniel. *Código de Processo Civil: comentado artigo por artigo*. 2ª ed. rev., atual. e ampl. São Paulo: RT, 2010, item n. 2, p. 210.

inclusive (art. 220). O § 1º desse dispositivo traz ressalva que gera divergência na doutrina. Ao prever que juízes, MP, Defensoria, advocacia pública e auxiliares da Justiça exercem suas atribuições durante o recesso, surgiram duas interpretações a respeito da sua aplicação.

Para Daniel Amorim Assumpção Neves, atos que não dependam da participação das partes podem ser realizados durante o recesso, inclusive intimações, mas com a contagem de prazo fica postergada para o primeiro dia útil após o fim do recesso, em 20 de janeiro.[7] Em posição um pouco diversa, Leonardo da Cunha entende que, se o litígio envolver apenas os entes ressalvados no § 1º do artigo 220 – ação civil pública ajuizada pelo MP contra um Estado, por exemplo –, há não somente a prática de atos processuais, senão também o transcurso de prazo e a realização de audiências.[8]

Por fim, destaca-se que esse recesso alcança também os processos em trâmite nos Juizados Especiais, conforme entendimento do Fórum Permanente de Processualistas Civis:

> **En. 269. (art. 220)** A suspensão de prazos de 20 de dezembro a 20 de janeiro é aplicável aos Juizados Especiais.

4. HIPÓTESES DE NÃO APLICAÇÃO DO PRAZO EM DOBRO

Verificadas as características gerais da prerrogativa de prazo, cumpre elencar hipóteses em que não há sua aplicação.

4.1. Prazo próprio para o ente público

A prerrogativa de prazo se aplica aos prazos legais, ou seja, àqueles fixados em lei. O mesmo não se dá em relação aos prazos fixados especificamente para o ente público, como prevê o § 2º do artigo 183: "*Não se aplica o benefício da contagem em dobro quando a lei estabelecer, de forma expressa, prazo próprio para o ente público*".

Há exemplos de prazos próprios no CPC e fora dele. No Código, vejam-se as disposições pertinentes à defesa do Poder Público quando executado, seja por título judicial ou extrajudicial:

7. NEVES, Daniel Amorim Assumpção. *Novo Código de Processo Civil comentado artigo por artigo.* Salvador: Juspodivm, 2016, p. 350.
8. CUNHA, Leonardo Carneiro da. op. cit, 2016, p. 46.

> **Art. 535.** A Fazenda Pública será intimada na pessoa de seu representante judicial, por carga, remessa ou meio eletrônico, para, querendo, no prazo de 30 (trinta) dias e nos próprios autos, impugnar a execução, podendo arguir: [...]
>
> **Art. 910.** Na execução fundada em título extrajudicial, a Fazenda Pública será citada para opor embargos em 30 (trinta) dias.

Nesses casos, o dispositivo legal se refere especificamente ao ente público, pelo que não há que se falar em contagem em dobro de prazos.

Fora do CPC, podem-se citar como exemplos de prazos próprios aqueles previstos na Lei dos Juizados Especiais Federais (Lei nº 10.259/2001, art. 9º) e na dos Juizados Especiais da Fazenda Pública (Lei nº 12.153/2009, art. 7º).

4.2. Prazos judiciais

Os prazos judiciais são aqueles fixados pelo juízo para cumprimento de determinado ato ou para manifestação sobre algum fato processual. A esse respeito, parece necessário traçar uma distinção quanto aos prazos judiciais dirigidos a ambas as partes e aqueles específicos para o Poder Público.

Se o despacho do juiz é genérico e dirigido a ambas as partes (“*digam as partes em X dias*”), há a necessidade de contagem em dobro de prazo em razão da aplicação direta do artigo 183 do CPC. Já se o despacho for dirigido especificamente para o Poder Público (“*comprove o Estado em 5 dias o cumprimento da liminar*”), a hipótese dá margem para dúvidas. É que o § 2º afasta a prerrogativa de prazo apenas “*quando a lei estabelecer, de forma expressa, prazo próprio*”. Logo, em interpretação estrita, a intimação com prazo judicial apenas para o Poder Público teria a prerrogativa da contagem em dobro. De outro lado, é possível dar uma interpretação mais ampla para a redação do § 2º para se entender que, se o juízo fixa prazo específico para o Poder Público, então esse é o prazo de que dispõe o ente para manifestação. Essa nos parece a interpretação correta. Fixado prazo pelo juízo (“*diga o Estado*”), este deve ser respeitado. Esse entendimento, longe de afastar a prerrogativa da advocacia pública, procura verdadeiramente implementá-la. Entender em sentido contrário teria pouquíssimo impacto prático, pois seria contornado pela redução do prazo dado pelo juízo. Explica-se.

Se prevalecer o entendimento de que, mesmo quando o juízo fixa o prazo para o Poder Público a contagem deve ser feita em dobro, então o juiz que queira conceder prazo de 10 dias simplesmente fixará o prazo em 5 dias. O despacho será “*fixo em 5 dias*” para que sejam contados 10 dias. Ao invés de brigar contra essa lógica para defender a qualquer custo a prerrogativa do prazo em dobro – e gerar discussões, recursos e entendimentos diversos em juízos, instâncias e tribunais distintos –, a solução mais eficiente é a de considerar simples o prazo quando fixado especificamente pelo juízo para o ente público.[9]

4.3. Audiência de conciliação e mediação

O CPC estabelece que o procedimento comum se inicia com a audiência de conciliação ou mediação, a ser designada com antecedência mínima de 30 dias, conforme prevê o artigo 334. Para essa audiência, o réu deve ser citado com pelo menos 20 dias de antecedência. Não há uma regra específica para o Poder Público, o que leva à aplicação da regra geral de prazo em dobro; logo, a citação do Estado deve ser feita com pelo menos 40 dias de antecedência, sendo a audiência designada com antecedência mínima de 60 dias.[10]

Nessa audiência de conciliação e mediação, o réu não precisa apresentar sua contestação de imediato em caso de a conciliação ser frustrada. O prazo para apresentação da contestação se inicia da data da audiência quando não houver autocomposição ou a parte não comparecer (art. 335, I).

Na prática, é possível que essa audiência de conciliação tenha pouca aplicação em litígios com o Poder Público, em razão da ressalva do § 4º do artigo 334, que prevê a dispensa de sua realização quando o litígio não admitir autocomposição. As hipóteses em que o Poder Público pode celebrar acordos ainda são incipientes na prática da advocacia pública – a cultura do processo adversarial ainda está muito arraigada, não são todos os entes políticos que possuem lei própria que fixa parâmetros e autoriza o advogado público a conciliar, e as existentes não o permitem em larga escala. Talvez o CPC sinalize uma mudança no médio prazo que gere aumento de autocomposições em litígios com o Poder Público, mas atualmente, nos

9. Ao reduzir em certa medida a aplicação da prerrogativa, o posicionamento aqui resguarda a importância dessa conquista. Espraiar demais o benefício às vezes pode ser um mal que anula seu efeito. Um paralelo interessante é o do direito à meia-entrada em espetáculos culturais, shows etc. Esse foi um benefício dirigido inicialmente ao estudante, depois estendido ao idoso, depois estendido a outras categorias ao ponto em que os eventos chegaram a ter mais 80% de gratuidade. O resultado é a completa anulação do benefício, pois o responsável pelo espetáculo simplesmente dobra o valor cobrado. É possível afirmar que no Brasil não há meia-entrada, mas sim entrada de valor simples e de valor dobrado. Afinal, o empresário que organiza o show/evento não calcula seus custos e lucros a partir do valor da inteira, mas sim a partir da meia-entrada. É dizer, o empresário – para levar adiante seu empreendimento – contornou o benefício. Em suma, restringir minimamente a prerrogativa do prazo em dobro tem o objetivo de garantir sua aplicação a inúmeras outras situações.

10. O CPC-1973 possuía regra específica acerca da audiência de conciliação no procedimento sumário, em seu artigo 277: *"O juiz designará a audiência de conciliação a ser realizada no prazo de 30 (trinta) dias, citando-se o réu com a antecedência mínima de 10 (dez) dias e sob a advertência prevista no § 2º deste artigo, determinando o comparecimento das partes. Sendo ré a Fazenda Pública, os prazos contar-se-ão em dobro."*

primeiros anos de sua entrada em vigor, a tendência é a de dispensa da audiência de conciliação e mediação.

4.4. Prazos em ações de controle de constitucionalidade (ADI e ADC)

No âmbito do controle concentrado de constitucionalidade, a jurisprudência do Supremo Tribunal Federal havia estabelecido que o prazo do artigo 188 do CPC-1973 não era aplicável.[11] Acerca dessa questão, destaque-se que não havia previsão expressa de não aplicação da prerrogativa de prazo; tratava-se, tão somente, de construção jurisprudencial.

No entanto, é possível observar uma mudança de direção na posição da Corte, ao menos em relação a uma de suas Turmas. Em julgado proferido no dia 06 de maio de 2014, a 1ª Turma entendeu aplicável a prerrogativa de prazo para o Poder Público, mesmo em controle concentrado:

> 1. Aplica-se o prazo em dobro previsto no art. 188 do CPC aos recursos extraordinários interpostos em ações diretas de inconstitucionalidade no âmbito dos Tribunais de Justiça.
>
> (ARE 661288, Relator Min. Dias Toffoli, 1ª Turma, julgado em 06/05/2014)

Entretanto, no mesmo dia, a 2ª Turma do STF entendeu inaplicável o artigo 188 do CPC-1973:

> PROCESSUAL CIVIL. EMBARGOS DE DECLARAÇÃO RECEBIDOS COMO AGRAVO REGIMENTAL. INTEMPESTIVIDADE DO RECURSO EXTRAORDINÁRIO. **AÇÃO DE CONTROLE CONCENTRADO DE CONSTITUCIONALIDADE. NÃO INCIDÊNCIA DO ART. 188 DO CPC.** PRECEDENTES. AGRAVO REGIMENTAL A QUE SE NEGA PROVIMENTO.
>
> (ARE 753432 ED, Relator Min. Teori Zavascki, 2ª Turma, julgado em 06/05/2014)

Fica a crítica quanto à enorme insegurança jurídica que transmite a Corte Suprema ao proferir decisões diametralmente opostas no mesmo dia. Esse tipo de postura torna muito difícil o desenvolvimento de uma cultura de precedentes que leve a soluções uniformes para todos aqueles jurisdicionados que se encontram na mesma situação fática ou jurídica.

Como o CPC atual não tratou de regra específica sobre o controle concentrado, a divergência apontada acima não ficou superada.

11. ADI 2130 AgR, Relator Min. Celso de Mello, Tribunal Pleno, julgado em 03/10/2001.

4.5. Estado estrangeiro

Em relação ao Estado estrangeiro, o Código Civil lhe outorga a natureza jurídica de pessoa jurídica de direito público externo (art. 42). Diante dessa natureza pública, seria possível concluir pela aplicabilidade do regime jurídico de direito processual público – e, portanto, da prerrogativa de prazo.

Esse, porém, não foi o entendimento da jurisprudência do Superior Tribunal de Justiça. A Corte firmou posição de que o Estado estrangeiro não goza da prerrogativa dos prazos diferenciados, ou seja, não lhe era aplicável o artigo 188 do CPC-1973.[12]

Não identificamos julgados que tratem da matéria já sob a égide do CPC atual. Como não há tratamento específico na legislação processual, a tendência é que esse entendimento do STJ seja mantido à luz do Código de Processo atual, pois o artigo 183 não fez qualquer menção específica a respeito do Estado estrangeiro.

4.6. Ação rescisória

Sobre a ação rescisória, há dois pontos a examinar, o que se refere ao ajuizamento e aquele pertinente ao prazo de defesa.

4.6.1. Prazo para ajuizamento

O prazo de ajuizamento da ação rescisória é de 2 anos contados do trânsito em julgado da última decisão proferida no processo. A questão está em saber se o prazo para o Poder Público deve ser contado em dobro. A partir de uma interpretação histórica e sistemática, a resposta é negativa. O Poder Público já tentou ampliar esse prazo em seu benefício por meio de alterações legislativas anteriormente – vide, por exemplo, as MP's nº 1.577/1997 e 1.703-18/1998, que tiveram sua inconstitucionalidade declarada pelo STF (ADI nº1753 e nº 1910).[13] Na oportunidade, a interpretação dada pelo STF foi a de que não se pode estender a prerrogativa de prazo para a propositura da ação rescisória. Como o CPC manteve a mesma sistemática anterior, não parece haver razão para mudança de entendimento do STF. Assim, conclui-se que a prerrogativa de prazo não se aplica ao ajuizamento da ação rescisória (CPC, art. 975).

Há, porém, uma ressalva a respeito da ação rescisória de processo cuja causa de pedir envolve a transferência de terras públicas rurais. O artigo 8º-C da Lei nº 6.739/1979 prevê o prazo de 8 anos para ajuizamento da ação rescisória nesses casos. No entendimento de Leonardo da Cunha, a despeito das manifestações anteriores do STF, esse

12. Ag 297.723/SP, Rel. Min. Antônio de Pádua Ribeiro, 3ª Turma, julgado em 08/06/2000.
13. CUNHA, Leonardo Carneiro da. op. cit., 2016, p. 57.

dispositivo é constitucional, pois não amplia indiscriminadamente o prazo, senão que o restringe a casos de imóveis rurais, que sofrem com problemas de grilagem.[14]

4.6.2. Prazo para apresentação de defesa

O prazo da resposta é fixado pelo juiz entre 15 e 30 dias (CPC, art. 970). À luz do CPC-1973, cuja sistemática era a mesma do atual, havia divergência doutrinária sobre a aplicação do artigo 188. Para parte majoritária da doutrina, como cabia ao juízo fixar o prazo, sua natureza era de prazo judicial, de modo que não incidia o artigo 188 do CPC-1973.[15] Em contrapartida, outra parcela entendia que o prazo de resposta da ação rescisória sofria a incidência do prazo em quádruplo previsto no art. 188 do CPC.[16]

No Superior Tribunal de Justiça, a prerrogativa de dilação de prazo é aplicada à ação rescisória.[17]

Como o conteúdo do artigo 970 do CPC atual é semelhante ao do CPC-1973, parece-nos que a tendência é a manutenção do entendimento jurisprudencial do STJ. Em outras palavras, o entendimento do STJ é o de que o prazo de defesa deve ser contado em dobro para o ente público.

4.7. Mandado de Segurança

O mandado de segurança é disciplinado pela Lei nº 12.016/2009. Nessa sistemática, há previsão específica acerca do prazo para prestar informações pela autoridade coatora: 10 dias (art. 7º, inciso I). Aqui não há que se falar em aplicação do artigo 183 do CPC para dobrar esse prazo, pois se trata de regra dirigida especificamente ao ente público; logo, incide a exceção do artigo 183, § 2º. O regime específico do mandado de segurança tem um sentido próprio e que justifica a exiguidade do prazo. É que desde suas origens o mandado de segurança sempre se marcou justamente por sua celeridade como forma de proteção do direito líquido e certo individual (e hoje também coletivo). Nesse contexto, o prazo em dobro para apresentar resposta da autoridade coatora não se afina com o espírito do mandado de segurança. Além disso, há também quem argumente que as informações prestadas pela autoridade coatora não têm propriamente natureza de defesa, mas sim de meio de prova.[18]

14. CUNHA, Leonardo Carneiro da. op. cit., 2016, p. 57.
15. Nesse sentido: PEREIRA, Hélio Valle. op. cit., p. 112; CUNHA, Leonardo José Carneiro da. op. cit., p. 52; MARINONI, Luiz Guilherme; MITIDIERO, Daniel. op. cit., item n. 2,p. 504.
16. NERY JUNIOR, Nelson. op. cit., item n. 1, p. 696.
17. REsp 363.780/RS, Rel. Min. Paulo Gallotti, 6ª Turma, julgado em 27/08/2002.
18. CUNHA, Leonardo José Carneiro da. op. cit., p. 60.

Embora não tenha aplicação para o prazo de informações no mandado de segurança, o artigo 183 incide para a questão recursal. A Lei do Mandado de Segurança não prevê prazos diferenciados para interposição dos recursos cabíveis ao longo de seu procedimento (apelação, agravo, recurso ordinário, especial e extraordinário). Assim, tem plena aplicação o artigo 183, de modo que o ente público goza da prerrogativa da contagem em dobro dos prazos recursais no mandado de segurança.

4.8. Recurso em pedido de suspensão

O pedido de suspensão será tratado pormenorizadamente à frente, mas cumpre fazer já neste tópico destaque a respeito da contagem de prazos.

O pedido de suspensão está previsto de forma esparsa em diferentes diplomas legais – *v.g.* Lei de Ação Civil Pública, Lei do *Habeas Data*, Lei nº 8.437/92 etc.

A Lei nº 8.437/92, que trata da concessão de medidas cautelares contra o Poder Público, prevê o pedido de suspensão no artigo 4º, e a possibilidade de recurso em seu § 3º: *"Do despacho que conceder ou negar a suspensão, caberá agravo, no prazo de 5 (cinco) dias, que será levado a julgamento na sessão seguinte à sua interposição."*

Aqui é possível identificar como a jurisprudência de nossos tribunais oscila e cria um ambiente de grande insegurança jurídica. Inicialmente, destaca-se o entendimento do Supremo Tribunal Federal de que a prerrogativa do prazo em dobro não é aplicável:

> Agravo regimental. Inadmissibilidade. Intempestividade reconhecida. Pedido de suspensão de segurança pela Fazenda Pública. Contagem em dobro. Inadmissibilidade. Recurso não conhecido. Precedentes. Não se conhece de agravo regimental interposto a desoras em incidente de **suspensão de segurança, que não admite contagem em dobro do prazo recursal**.
>
> (SS 3740 AgR-segundo, Relator Min. Cezar Peluso (Presidente), Tribunal Pleno, j. 29/03/2012)

O Superior Tribunal de Justiça inicialmente seguiu a mesma linha de entendimento:

> 1. Discute-se a incidência do art. 188 do CPC, que confere prazo em dobro para recorrer quando a parte for a Fazenda Pública ou o Ministério Público, na hipótese de o recurso interposto ser o previsto no art. 4º, § 3º, da Lei 8.437/1992.
>
> 2. Em consonância com a jurisprudência pacífica do Pleno do STF, no incidente de Suspensão de Segurança ou de Liminar, **não se reconhece a prerrogativa da contagem de prazo em dobro para recorrer** (SS 3.740 AgR-segundo, Relator Min. Cezar Peluso, publicado em 2.5.2012; SS 4.119 AgR-ED-ED, Relator Min. Cezar Peluso, publicado em 5.8.2011;STA 172 AgR, Relator Min. Cezar Peluso, publicado em 2.12.2010).

> 3. Em precedente julgado pela Segunda Turma do Superior Tribunal de Justiça (REsp. 1.331.730/RS), adotou-se o entendimento pacificado no STF.
>
> 4. Agravo Regimental não provido.
>
> (AgRg no REsp 1408864/PR, Rel. Min. Herman Benjamin, 2ª Turma, julgado em 03/04/2014)

Posteriormente, o STJ julgou em sentido contrário em 2015:

> I – A jurisprudência já assentou entendimento no sentido de reconhecer legitimidade para a propositura de pedido suspensivo também às empresas públicas, sociedades de economia mista, concessionárias e permissionárias de serviço público, quando na defesa do interesse público primário. Dessa forma, o Poder Público legitimado tem um sentido lato sensu.
>
> II – Aplicável, portanto, o disposto no art. 188 do CPC no tocante ao prazo em dobro para recorrer, quando a parte for a Fazenda Pública ou o Ministério Público, no que o presente agravo, interposto pelo Estado de Goiás, é tempestivo.
>
> (AgRg no AgRg na SLS 1.955/DF, Rel. Min. Francisco Falcão, Corte Especial, julgado em 18/03/2015, DJe 29/04/2015)

Esse entendimento exarado pela Corte Especial STJ deveria ser respeitado e seguido, já que é função do tribunal constitucionalmente responsável dar interpretação final à legislação infraconstitucional (CF, art. 105, III, 'a' e 'c'). Ainda assim, tal entendimento não é respeitado nem mesmo dentro do próprio STJ. Em 2016, a 1ª Turma julgou em sentido diverso:

> 1. A jurisprudência das Turmas que compõem a Primeira Seção, em consonância com entendimento da Suprema Corte, vem afastando o prazo em dobro para o agravo no âmbito do pedido de suspensão (art. 4º, § 3º, da Lei n. 8.437/1992).
>
> 2. Agravo interno desprovido.
>
> (AgInt no AREsp 280.749/RN, Rel. Ministro Gurgel de Faria, 1ª Turma, julgado em 06/12/2016)

Enfim, do ponto de vista jurisprudencial o que se percebe é a enorme insegurança que o STJ transmite ao jurisdicionado e à advocacia.

E do ponto de vista teórico, entendemos que a posição do STF não parece consistente. Não há razão alguma para estabelecer o prazo simples para esse ato processual, cuja natureza é inegavelmente recursal – aspecto relevante na aplicação do prazo em dobro no CPC-1973. No CPC atual, o ato processual ser recurso ou não é indiferente, pois todas as manifestações da advocacia pública gozam do prazo em dobro. Assim, o STF e o STJ apresentam um entendimento típico do que se chama de 'jurisprudência defensiva', ao estabelecer requisitos para evitar julgar o mérito dos recursos que lhe chegam.

4.9. Contestação em ação popular

O prazo para a apresentação da defesa dos réus na ação popular não segue o regramento ordinário do CPC. A contestação deve ser ofertada no prazo de 20 dias, prorrogável por mais 20 dias a critério do juízo, em razão da dificuldade da produção de prova documental (Lei nº 4.717/65, art. 7º, inc. IV). Consta expressamente desse dispositivo que o prazo é comum a todos os interessados, de modo que não são aplicáveis o artigo 183 (prerrogativa de prazo para o Poder Público), nem o artigo 229 (contagem em dobro de prazos para litisconsortes).[19]

Questões de Concurso

► **01. (Professor substituto – SEE-DF – Quadrix 2017)** O novo Código de Processo Civil prevê a designação de audiências de conciliação ou de mediação que podem deixar de ser designadas pelo magistrado quando as partes manifestarem, expressamente, desinteresse na composição consensual.

► **02. (Técnico judiciário – TJM-SP – 2017 – Vunesp)** Quanto aos prazos processuais, é correto afirmar que

a) a Defensoria Pública terá prazo em dobro para todas as suas manifestações processuais.

b) as fundações de direito público terão prazo em quádruplo para contestar as ações.

c) a União terá prazo quádruplo para contestar e em dobro para recorrer.

d) os Estados terão prazo em dobro para recorrer e simples para responder a recursos.

e) o beneficiário da justiça gratuita terá prazo em dobro para contestar e recorrer.

Questão	Gabarito	Breves comentários
01	Certo	Art. 334, § 4º; v. item 4.3.
02	A	Art. 183; v. item 3.

19. CUNHA, Leonardo Carneiro da. op. cit., 2016, p. 47; BUENO, Cassio Scarpinella. *Curso...* Vol. 2, t. III, p. 150; MEDINA, José Miguel Garcia; *et. alli.* op. cit., p. 402.

CAPÍTULO III

PRESCRIÇÃO E DECADÊNCIA

1. INTRODUÇÃO

Ao longo de décadas, o instituto da prescrição foi objeto de intensas discussões doutrinárias, pois havia diferentes interpretações acerca de seu conteúdo e de seus efeitos. A prescrição já foi vista como perda do direito subjetivo e também como perda do direito de ação. Seu conteúdo por vezes se confundia com o instituto da decadência.[1]

A evolução da ciência jurídica alcançou a fase atual, em que prescrição e decadência possuem características e conteúdos distintos e bem definidos.

O Código Civil atual prevê em seu artigo 189 o seguinte: "*Violado o direito, nasce para o titular a pretensão, a qual se extingue pela prescrição, nos prazos a que aludem os arts. 205 e 206*".

Enquanto a decadência significa a perda do direito potestativo, a prescrição afeta a pretensão, ou seja, perde-se o direito de exigir em juízo a prestação inadimplida, perde-se o poder de reagir contra a violação do direito – e não o próprio direito subjetivo.[2]

No âmbito do direito processual público, o assunto tem relevância na medida em que a prescrição – notadamente seu prazo – possui contornos particulares.

2. PRESCRIÇÃO E DECADÊNCIA EM DEMANDAS MOVIDAS EM FACE DO PODER PÚBLICO

O Código Civil de 1916 previa prazos prescricionais bastante amplos, de até 20 anos. Tais prazos eram válidos para os particulares. Em relação aos sujeitos

1. Importante estudo histórico sobre prescrição e decadência é encontrado em: THEODORO JÚNIOR, Humberto. *Comentários ao novo Código Civil. Vol. III, tomo II.* Rio de Janeiro: Forense, 2003, p. 151-180.
2. THEODORO JÚNIOR, Humberto. op. cit., p. 158.

do direito processual público, a matéria sempre esteve regulada pelo Decreto nº 20.910/32, cujo artigo 1º estabelece: "as dívidas passivas da União, dos Estados e dos Municípios, bem assim todo e qualquer direito ou ação contra a Fazenda Federal, Estadual ou Municipal, seja qual for a sua natureza, prescrevem em cinco anos contados da data do ato ou fato do qual se originarem".

O dispositivo se refere aos entes políticos – dentre os quais deve ser incluído, naturalmente, o Distrito Federal. Os entes públicos da Administração Indireta, autarquias e fundações de direito público, também gozam desse prazo, por extensão dada pelo Decreto-Lei nº 4.597/42. Não gozam desse prazo diferenciado as sociedades de economia mista e as empresas públicas.

Tem-se aqui a previsão da prescrição quinquenal em favor do Estado. Como regra geral, demandas movidas em face do Poder Público são afetadas pela prescrição no prazo de cinco anos. A norma do Decreto nº 20.910/32 tem o objetivo de conceder ao ente público um regime prescricional mais favorável – com prazos menores do que aqueles previstos para os particulares.

Como dito na introdução, os institutos da prescrição e da decadência não possuíam contornos muito bem definidos, sendo comum a confusão entre seus conteúdos. É o que ocorre em relação ao Decreto nº 20.910/32. Sua redação se refere a "*qualquer direito ou ação contra a Fazenda*", o que significa que estão abrangidos aí prazos decadenciais e prescricionais. Em relação a demandas que tutelam direitos potestativos (ações constitutivas ou anulatórias), o prazo decadencial também é de 5 anos. Em relação às ações meramente declaratórias (arts. 19 e 20 CPC), não há que se falar em prazo prescricional ou decadencial.[3]

Quanto ao reconhecimento da ocorrência da prescrição, o artigo 487, II permite sua declaração de ofício pelo juiz, desde seja dado às partes a oportunidade de se manifestar a respeito (p.ú.), ressalvada a improcedência liminar (art. 332, § 1º). O mesmo se dá com a decadência legal, que também pode ser reconhecida independentemente de alegação das partes (CC, art. 210).

O marco interruptivo da prescrição é o despacho liminar positivo do juiz ("cite-se"), ainda que incompetente, na forma do art. 202, inc. I do Código Civil. Interrompida a prescrição, o novo prazo recomeça pela metade (Decreto nº 20.910/32, art. 9º)

Entretanto, o prazo prescricional total não pode ser inferior a 5 anos. Por exemplo, se a demanda foi proposta logo no primeiro ano do prazo prescricional, a contagem do novo prazo pela metade reduziria o prazo prescricional total para menos de 5 anos. Essa forma de contagem é expressamente rejeitada por súmula do Supremo Tribunal Federal:

3. CUNHA, Leonardo José Carneiro da. op. cit., p. 76.

Súmula 383. A prescrição em favor da Fazenda Pública recomeça a correr, por dois anos e meio, a partir do ato interruptivo, mas não fica reduzida aquém de cinco anos, embora o titular do direito a interrompa durante a primeira metade do prazo.

A súmula tem razão lógica. Aquele que propõe demanda logo no início do prazo prescricional está sendo diligente com seu direito e com seus interesses. Não se poderia penitenciar aquele que age de forma mais diligente com um prazo prescricional menor.[4]

Nesse sentido, confira-se a jurisprudência do STJ:

1. Tratando-se de causa interruptiva, advinda do ajuizamento de mandado de segurança, o prazo de prescrição para a ação de cobrança volta a correr pela metade a partir do último ato processual da causa interruptiva, qual seja, o trânsito em julgado da decisão no *mandamus*.

2. Consoante o enunciado da Súmula 383/STF, "A prescrição em favor da Fazenda Pública recomeça a correr, por dois anos e meio, a partir do ato interruptivo, mas não fica reduzida aquém de cinco anos, embora o titular do direito a interrompa durante a primeira metade do prazo".

3. No caso dos autos, o termo inicial do prazo prescricional iniciou-se em janeiro de 2004, ocorrendo a interrupção com a impetração do mandado de segurança em janeiro de 2007, após ter transcorrido a primeira metade do lapso quinquenal, e voltou a correr, pela metade, nos termos do art. 9º do Decreto nº 20.910/32, com o trânsito em julgado da decisão da ação mandamental em fevereiro de 2008, findando, assim, em 2010. Como a presente ação foi ajuizada apenas em fevereiro de 2012, indubitável a ocorrência da prescrição, não havendo falar em afronta à Súmula 383/STF.

Agravo regimental improvido.

(AgRg no REsp 1411438/RJ, Rel. Min. Humberto Martins 2ª Turma, julgado em 19/03/2015, DJe 25/03/2015)

2.1. Prescrição em reparação civil de danos

A previsão da prescrição quinquenal do Decreto nº 20.910/32 teve o objetivo de conceder ao ente público um regime prescricional mais favorável, pois o Código Civil de 1916 previa prazos mais amplos, de até 20 anos (arts. 177 a 179).

O Código Civil de 2002, além de traçar distinção clara entre prescrição e decadência, reduziu significativamente seus prazos. Em relação a pretensões pecuniárias, de reparação civil de danos, o prazo foi fixado em 3 anos (art. 206, § 3º, inc. V). Quando do advento do novo Código Civil, discutiu-se a aplicabilidade

4. CUNHA, Leonardo José Carneiro da. op. cit., p. 85.

desse prazo às ações indenizatórias movidas em face do Poder Público, uma vez que havia a regra especial da prescrição quinquenal. Indubitavelmente, deveria prevalecer o prazo menor, de 3 anos do Código Civil, por duas razões.

Primeiro, por haver disposição expressa no Decreto nº 20.910/32 acerca da existência de prazos inferiores a 5 anos. O artigo 10 do Decreto prevê: "*O disposto nos artigos anteriores não altera as prescrições de menor prazo, constantes das leis e regulamentos, as quais ficam subordinadas às mesmas regras*". Há norma específica que ressalva a existência de prazos prescricionais inferiores.

Segundo, a própria *ratio* da existência da prescrição quinquenal conduz a essa conclusão. O objetivo da norma do prazo quinquenal é conceder ao ente público regime jurídico mais favorável. Com o advento de norma geral que já contempla a todos prazos menores, logicamente tal previsão deve-se estender ao Poder Público.[5] Trata-se de verdadeira interpretação teleológica da norma jurídica, que busca revelar o valor ou bem jurídico a ser tutelado em dado preceito.

Portanto, o prazo de 3 anos do Código Civil deveria ser aplicado em ações indenizatórias movidas em face do Estado. Esse entendimento já recebeu acolhida da jurisprudência do Superior Tribunal de Justiça no passado.[6]

Entretanto, nos últimos anos, a Corte tem-se inclinado em sentido diverso e, em análise de recurso repetitivo, entendeu não aplicável o raciocínio acima. Confira-se:

> 1. A controvérsia do presente recurso especial, submetido à sistemática do art. 543-C do CPC e da Res. STJ n 8/2008, está limitada ao prazo prescricional em ação indenizatória ajuizada contra a Fazenda Pública, em face da aparente antinomia do prazo trienal (art. 206, § 3º, V, do Código Civil) e o prazo quinquenal (art. 1º do Decreto 20.910/32).
>
> 2. O tema analisado no presente caso não estava pacificado, visto que o prazo prescricional nas ações indenizatórias contra a Fazenda Pública era defendido de maneira antagônica nos âmbitos doutrinário e jurisprudencial. Efetivamente, as Turmas de Direito Público desta Corte Superior divergiam sobre o tema, pois existem julgados de ambos os órgãos julgadores no sentido da aplicação do prazo prescricional trienal previsto no Código Civil de 2002 nas ações indenizatórias ajuizadas contra a Fazenda Pública. Nesse sentido, os seguintes precedentes: REsp 1.238.260/PB, 2ª Turma, Rel.Min. Mauro Campbell Marques, DJe de 5.5.2011; [...]. A tese do prazo prescricional trienal também é defendida no âmbito doutrinário, dentre outros renomados doutrinadores: José dos Santos Carvalho Filho ("Manual de Direito Administrativo", 24ª Ed., Rio de Janeiro: Editora Lumen Júris, 2011, págs. 529/530) e Leonardo José Carneiro da Cunha ("A Fazenda Pública em Juízo", 8ª ed, São Paulo: Dialética, 2010, págs. 88/90).

5. Nesse sentido: CUNHA, Leonardo Carneiro da. op. cit., p. 80.
6. REsp 1137354/RJ, Rel. Min. Castro Meira, 2ª Turma, julgado em 08/09/2009.

3. Entretanto, não obstante os judiciosos entendimentos apontados, o atual e consolidado entendimento deste Tribunal Superior sobre o tema é no sentido da aplicação do prazo prescricional quinquenal – previsto do Decreto 20.910/32 – nas ações indenizatórias ajuizadas contra a Fazenda Pública, em detrimento do prazo trienal contido do Código Civil de 2002.

4. O principal fundamento que autoriza tal afirmação decorre da natureza especial do Decreto 20.910/32, que regula a prescrição, seja qual for a sua natureza, das pretensões formuladas contra a Fazenda Pública, ao contrário da disposição prevista no Código Civil, norma geral que regula o tema de maneira genérica, a qual não altera o caráter especial da legislação, muito menos é capaz de determinar a sua revogação. Sobre o tema: Rui Stoco ("Tratado de Responsabilidade Civil". Editora Revista dos Tribunais, 7ª Ed. – São Paulo, 2007; págs. 207/208) e Lucas Rocha Furtado ("Curso de Direito Administrativo". Editora Fórum, 2ª Ed. – Belo Horizonte, 2010; pág. 1042).

5. A previsão contida no art. 10 do Decreto 20.910/32, por si só, não autoriza a afirmação de que o prazo prescricional nas ações indenizatórias contra a Fazenda Pública foi reduzido pelo Código Civil de 2002, a qual deve ser interpretada pelos critérios histórico e hermenêutico. Nesse sentido: Marçal Justen Filho ("Curso de Direito Administrativo". Editora Saraiva, 5ª Ed. – São Paulo, 2010; págs. 1.296/1.299).

6. Sobre o tema, os recentes julgados desta Corte Superior: AgRg no AREsp 69.696/SE, 1ª Turma, Rel. Min. Benedito Gonçalves, DJe de 21.8.2012; [...]

7. No caso concreto, a Corte a quo, ao julgar recurso contra sentença que reconheceu prazo trienal em ação indenizatória ajuizada por particular em face do Município, corretamente reformou a sentença para aplicar a prescrição quinquenal prevista no Decreto 20.910/32, em manifesta sintonia com o entendimento desta Corte Superior sobre o tema.

8. Recurso especial não provido. Acórdão submetido ao regime do artigo 543-C, do CPC, e da Resolução STJ 08/2008.

(REsp 1251993/PR, Rel. Min. Mauro Campbell Marques, 1ª Seção, julgado em 12/12/2012, DJe 19/12/2012)

Esse entendimento se mantém hígido no STJ em 2018:

2. A Primeira Seção do STJ, por ocasião do julgamento do REsp 1.251.993/PR, submetido à sistemática do art. 543-C do CPC, assentou a orientação de que o prazo prescricional nas ações indenizatórias contra a Fazenda Pública é quinquenal, conforme previsto no art. 1º do Decreto 20.910/1932.

3. A recorrente trouxe a confronto julgados do mesmo Tribunal (TJ/GO), o que não configura a divergência exigida no permissivo constitucional, nos termos da Súmula 13/STJ: "A divergência entre julgados do mesmo tribunal não enseja recurso especial".

4. Recurso Especial parcialmente conhecido e, nessa parte, não provido.

(REsp 1755154/GO, Rel. Min. Herman Benjamin, 2ª Turma, julgado em 04/09/2018)

Como se vê, houve mudança no entendimento do STJ, ao argumento de que diversos diplomas legislativos que regulam as relações jurídicas do Poder Público fixam o prazo em cinco anos, de modo que não se pode aplicar a disciplina do direito privado à espécie.

Nesse tema, a posição da doutrina e da jurisprudência são divergentes.

2.2. Prescrição em relações de trato sucessivo

Diversas relações jurídicas mantidas pelo ente público contêm vínculos que se prolongam no tempo, se renovam constantemente. É o que ocorre, por exemplo, com a relação jurídica entre o Estado e seus servidores públicos.

Em relação a ações judiciais que discutam o pagamento de contraprestações financeiras devidas pelo Estado, a prescrição quinquenal é alcançada progressivamente, na forma do artigo 3º do Decreto nº 20.910/32: "*a prescrição atingirá progressivamente as prestações, à medida que completarem os prazos estabelecidos pelo presente decreto*".

Dessa forma, se o servidor deixa de receber determinada vantagem que entende devida mensalmente, a propositura da ação poderá alcançar os valores que deixaram de ser pagos nos últimos 5 anos – os demais são alcançados pela prescrição.

A matéria foi regulada pelo Superior Tribunal de Justiça através de súmula:

> **Súmula 85.** Nas relações de trato sucessivo em que a Fazenda Pública figure como devedor, quando não tiver sido negado o próprio direito reclamado, a prescrição atinge apenas as prestações vencidas antes do quinquênio anterior à propositura da ação.

Na linha do que prevê a súmula, é preciso distinguir a omissão do Estado em relações de trato sucessivo da negativa expressa do direito reclamado.

Se o servidor deixa de receber mensalmente valor previsto em lei por simples omissão ilegal do ente público, a prescrição é alcançada periodicamente, na forma descrita acima (súmula 85). Diferente é a situação em que o servidor entende devida uma vantagem, efetua pedido administrativo para tanto, mas recebe resposta negativa do ente público, que declara, por exemplo, que o servidor não se enquadra naquela hipótese legal de recebimento da vantagem. Nesse caso, a lesão não se renova mês a mês, é única e específica. O servidor tem prazo de 5 anos para buscar a modificação daquela decisão administrativa. Escoado esse prazo, está prescrita a possibilidade de se modificar a decisão administrativa que não lhe concedeu a vantagem pretendida.

Veja-se a jurisprudência do Superior Tribunal de Justiça sobre a matéria:

> 2. Nas relações jurídicas de trato sucessivo em que a Fazenda Pública figure como devedora, quando não tiver sido negado o próprio direito reclamado, a prescrição atinge apenas as prestações vencidas antes do quinquênio anterior à propositura da ação. Orientação reafirmada no julgamento do REsp.1.336.213/RS, sob o rito dos recursos repetitivos (art. 543-C do CPC).
>
> 3. Agravo Regimental não provido.
>
> (AgRg no AREsp 555.736/RJ, Rel. Min. Herman Benjamin, 2ª Turma, julgado em 16/10/2014, DJe 16/12/2014)

Situação semelhante ocorre em relação à lei de efeitos concretos que, por si só, gera a lesão a suposto direito do particular. A supressão legal de um benefício que era percebido pelo servidor, por exemplo, não se caracteriza como situação jurídica de trato sucessivo, com a renovação do prazo prescricional mensalmente. Há, especificamente, a suposta lesão ao direito do particular. A partir da edição da lei, inicia-se o prazo prescricional de 5 anos para exercício da pretensão, na forma do art. 1º do Decreto nº 20.910/32.

É pacífico o entendimento sobre o tema no STJ:

> 1. Cuida-se, na origem, de Mandado de Segurança contra ato do Prefeito do Município de Recife/PE e da Diretora Presidente da Autarquia Municipal de Previdência e Assistência à Saúde dos Servidores – RECIPREV, que anulou a Portaria 1.010/2007 –, que concedia aposentadoria à impetrante –, e publicou nova Portaria (776/2009) alterando os valores da aposentadoria da insurgente, com a supressão do pagamento de horas extras.
>
> 2. A recorrente obteve a concessão de aposentadoria em 2007, com recebimento de proventos integrais e incorporação de gratificação de horas extras, consoante Portaria 1.010/2007. Contudo, a referida portaria foi anulada pela Portaria 2.728/2009, tendo sido editado ato (Portaria 776/2009), que concedeu nova aposentadoria à impetrante, suprimindo a gratificação de horas extras.
>
> 3. Constata-se, de forma cristalina, que a impugnação se dirige contra o ato comisso e concreto de concessão de nova aposentadoria com a supressão do pagamento das horas extras, nos termos da Portaria 776/2009.
>
> 4. O STJ firmou o entendimento de que, tratando-se de ato de efeito concreto que suprimiu vantagem recebida pelo servidor, a contagem do prazo prescricional inicia-se a partir da sua publicação, não havendo falar em relação de trato sucessivo na espécie.
>
> 5. O *writ* foi ajuizado em 21 de junho de 2013, após transcurso do prazo decadencial de 120 dias, no que configurada a decadência do direito de impetrar Mandado de Segurança.

> 6. Agravo Regimental não provido.
>
> (AgRg no RMS 44.289/PE, Rel. Min. Herman Benjamin, 2ª Turma, julgado em 14/10/2014, DJe 28/11/2014)

Não há divergência entre doutrina e jurisprudência nesse tema. Se a lei suprime determinada vantagem do servidor, o prazo para buscar a alteração dessa situação é de 5 anos a contar da edição do ato normativo.

2.3. Ações reparatórias em razão da ditadura - imprescritibilidade

As pretensões movidas em face do Estado, cuja causa de pedir seja dano decorrente do período militar – como tortura e perseguição política –, não estão sujeitas a prazo prescricional. Nesses casos, o Decreto nº 20.910/32 não é aplicável, conforme entendimento sedimentado na jurisprudência do Superior Tribunal de Justiça:

> I. De acordo com a orientação jurisprudencial predominante no STJ, a prescrição quinquenal, prevista no art. 1º do Decreto 20.910/32, não se aplica às ações indenizatórias por danos morais, em face de perseguição política e tortura, ocorridos durante o regime militar, decorrentes de violação de direitos fundamentais, sendo, no caso, imprescritível a pretensão indenizatória. Precedentes do STJ [...]
>
> (AgRg no AREsp 816.972/SP, Rel. Min. Assusete Magalhães, 2ª Turma, julgado em 10/03/2016)

A posição do STJ consagra o entendimento de que as violações de direitos perpetradas no período militar fizeram parte de um momento histórico em que a ordem jurídica foi desconsiderada, em total desprezo pela dignidade da pessoa humana. É dever, pois, da ordem democrática vigente analisar e dar a devida proteção jurisdicional àqueles que sofreram lesões de seus direitos naquele tempo.

2.4. Prescrição da multa por infração ambiental

O Superior Tribunal de Justiça editou súmula para consolidar o entendimento sobre o prazo quinquenal para a cobrança da multa por infração ambiental. Trata-se do Enunciado nº 467:

> **Súmula 467.** Prescreve em cinco anos, contados do término do processo administrativo, a pretensão da Administração Pública de promover a execução da multa por infração ambiental.

2.5. Prescrição intercorrente em processo de execução contra o Poder Público

O Superior Tribunal de Justiça analisou hipótese em que o exequente faleceu no curso do processo de execução contra o Poder Público. O ente público pleiteou o reconhecimento de prescrição intercorrente em virtude da demora na habilitação dos sucessores da parte falecida. A Corte rejeitou o pedido, ao argumento de falta de previsão legal de prazo específico para habilitação dos sucessores.[7]

2.6. Prescrição para fase de cumprimento de sentença

O prazo para iniciar a fase de cumprimento de sentença também é de 5 anos, tendo como marco o trânsito em julgado da fase de conhecimento. Essa é a posição do STJ:

> 2. Tal entendimento encontra amparo na jurisprudência do STJ, segundo a qual é de cinco anos, contados a partir do trânsito em julgado da sentença condenatória, o prazo prescricional para a propositura da ação executiva contra a Fazenda Pública. Precedentes: [...]
>
> (AgInt no REsp 1606503/PE, Rel. Min. Napoleão Nunes Maia Filho, 1ª Turma, julgado em 13/12/2018)

3. PRAZO DECADENCIAL PARA ANULAR ACORDO FIRMADO COM O PODER PÚBLICO

O Superior Tribunal de Justiça teve oportunidade de analisar interessante caso em que o Poder Público celebrou acordo com o particular e levou o ajuste à homologação judicial. A questão estava em saber qual seria o prazo para impugnar o acordo, se valeria o prazo geral quinquenal do direito material ou se a hipótese seria a de contagem do prazo de rescisória.

A Corte esclareceu que a ação rescisória visa à desconstituição da relação jurídica processual, ao passo que, no caso analisado, não houve participação do Judiciário no acordo, senão apenas homologação. Assim, a hipótese é de contagem do prazo quinquenal para buscar sua anulação. Confira-se:

> 2. Em se tratando de ação anulatória proposta contra a Fazenda Pública, o prazo decadencial é regido pelo art. 1º do Decreto 20.910/32. Isso porque o preceito legal mencionado é aplicável em relação a todo e qualquer direito ou ação contra a Fazenda Pública (federal, estadual ou municipal), seja qual for a sua natureza, não sendo aplicável o prazo previsto no art. 178, § 9º, V, do CC/1916 (quatro anos) aplicável quando a Fazenda Pública não ocupa o polo passivo de ação anulatória. Ademais, no regime do CC/1916, havia regra própria no sentido de que o prazo era quinquenal em relação às "dívidas passivas da União, dos Estados

7. AgRg no REsp 1485127/AL, Rel. Min. Mauro Campbell Marques, 2ª Turma, julgado em 05/02/2015.

e dos Municípios, e bem assim toda e qualquer ação contra a Fazenda Federal, Estadual ou Municipal; devendo o prazo da prescrição correr da data do ato ou fato do qual se originar a mesma ação". (art. 178, § 10, VI).

3. Não se pode confundir a transação que enseja a extinção do processo com resolução de mérito, na forma do art. 269, III, do CPC, cujo desfazimento (ou anulação) deve ocorrer na forma do art. 486 do CPC, com a hipótese prevista no art. 485, VIII, do CPC existência de fundamento para invalidar confissão, desistência ou transação, em que se baseou a sentença, a qual se submete à ação rescisória.

4. Por outro lado, não se mostra lógico admitir que o meio adequado para o desfazimento do acordo é a ação anulatória (e não a ação rescisória) e tomar como termo inicial para o prazo decadencial a data em que foi proferida a decisão homologatória (como fez o Tribunal de origem). Em antigo precedente, o Supremo Tribunal Federal enfrentando a controvérsia sobre o cabimento da ação anulatória ou da ação rescisória para fins de anulação de transação homologada judicialmente pronunciou-se no sentido de que a ação que objetiva a anulação de transação "não é contra a sentença, que se restringe a homologar ato de vontade das partes, em que não há um conteúdo decisório do Juiz", ou seja, a ação é "contra o que foi objeto da manifestação de vontade das partes, a própria transação".

Nesta hipótese, "o que se objetiva rescindir, ou melhor, anular, não é a sentença homologatória, que não faz coisa julgada material, mas a transação celebrada pelos litigantes, a relação jurídico-material efetuada pelas partes", sendo que "apenas para efeito processual é que a homologação judicial se torna indispensável" (RE 100.466/SP, 2ª Turma, Rel. Min. Djaci Falcão, DJ de 28.2.1986). Desse modo, se durante o trâmite de um processo judicial os litigantes decidem transacionar sobre o objeto da lide e inserem nos autos o termo no qual constaram as declarações de vontade, a necessidade de manifestação judicial refere-se tão somente ao encerramento do processo, ou seja, a homologação judicial tem apenas o efeito de declarar extinto o processo, sem produzir nenhuma repercussão sobre as concessões mútuas efetuadas pelos litigantes. Nessa situação, o prazo decadencial para se anular a transação deve ser contado da data em que se aperfeiçoou a avença. Conforme entendimento doutrinário, o objeto da ação anulatória, nessa hipótese, não é o ato praticado pelo juízo (homologação), mas o próprio negócio firmado pelas partes. Esse mesmo critério foi adotado pelo legislador do Código Civil de 2002 (e também do Código Civil revogado), no que se refere à anulação do negócio jurídico em virtude da existência de defeito (erro, dolo, fraude contra credores, estado de perigo ou lesão), hipótese na qual o prazo decadencial é contado do dia em que se realizou o negócio jurídico (art. 178, II, do CC/2002; art. 178, § 9º, V, "b", do CC/1916).

5. No caso concreto, o pedido inicial é para "ser declarada a nulidade dos itens 1 e 2 do acordo firmado entre as partes" no processo originário, condenando-se o Estado do Rio Grande do Sul a devolver o valor levantado (50% dos valores depositados em juízo, durante o trâmite do processo originário). Como se percebe, a ora recorrente pretende a anulação da própria transação, em razão da

existência de supostos vícios. Contudo, o acordo firmado entre as partes não teve a participação judicial, no que se refere às concessões pactuadas, limitando-se a decisão a homologar a avença. A manifestação judicial foi necessária tão somente para que houvesse a extinção do processo, ou seja, para extinguir a relação jurídica processual, sem produzir efeitos sobre a relação de direito material existente entre as partes. Desse modo, na hipótese, o prazo decadencial para a anulação do acordo tem como termo inicial a data da sua celebração. Considerando que foi firmado em 4 de setembro de 1995 e a ação anulatória foi ajuizada apenas em 2 de outubro de 2000, impõe-se o reconhecimento da decadência. Com o reconhecimento da decadência, restam prejudicadas as demais questões aduzidas no recurso especial (relativas à legalidade/constitucionalidade da avença).

6. Recurso especial não provido.

(REsp 866.197/RS, Rel. Min. Mauro Campbell, 2ª Turma, julgado em 18/02/2016, DJe 13/04/2016)

O julgado transcrito acima faz referência ao artigo 486 do CPC-1973. Esse dispositivo encontra correspondência no CPC atual, cujo artigo 966, § 4º prevê: "*Os atos de disposição de direitos, praticados pelas partes ou por outros participantes do processo e homologados pelo juízo, bem como os atos homologatórios praticados no curso da execução, estão sujeitos à anulação, nos termos da lei*".

Vela destacar inclusive que, no julgado acima, o STJ precisou fazer uma interpretação extensiva da expressão lei civil do artigo 486, que se referia apenas a "lei civil". A redação do CPC-2015 supera essa dificuldade ao se referir apenas a "lei".

Questões discursivas

▶ **(PGM – Boa Vista-RR – 2010 – CESPE)**

Um servidor público, conduzindo um veículo a serviço da prefeitura do município de Boa Vista, atropelou, de forma culposa, Felipe – menor, com quinze anos de idade, oriundo de família de baixa renda, estudante –, que faleceu em virtude do acidente. Felipe deixou como familiares vivos apenas seus pais, sendo a mãe a curadora do pai, reconhecido judicialmente como absolutamente incapaz. Cinco anos após o acidente, os pais ajuizaram conjuntamente ação indenizatória contra o município de Boa Vista, pleiteando indenização por danos morais e materiais, em decorrência do óbito de Felipe.

Considerando a situação hipotética apresentada, redija texto que contenha análise fundamentada em jurisprudência e disposições do Código Civil e do Código de Processo Civil dos seguintes aspectos:

- prescrição da pretensão indenizatória dos genitores;
- cabimento de pedido de indenização por dano moral e por dano material cumulados na mesma ação;
- possibilidade de o município denunciar à lide o servidor que dirigia o veículo.

Fundamentos para resposta:
– em relação à prescrição, o candidato deve apresentar a divergência entre a doutrina e a jurisprudência, inclusive com destaque da modificação de entendimento do STJ a respeito da matéria. Confira-se o que consta do item 2.1. – convém ainda examinar a incidência da prescrição no caso do absolutamente incapaz, o pai, diante da previsão do art. 198 do Código Civil.

► **(PGE-PR – 2011)**

Discorra sobre a responsabilidade civil, enfrentando especificamente os seguintes temas:

- a responsabilidade civil objetiva no Código Civil;
- o abuso de direito como fonte de responsabilidade civil e sua conformação subjetiva ou objetiva;
- o prazo prescricional da pretensão de reparação de danos em face da Fazenda Pública (aplicação do art. 206, § 2º, V do Código Civil [3 anos] ou aplicação do art. 1º do Decreto nº 20.910/32 [5 anos]);
- o dano moral à pessoa jurídica.

Fundamentos para resposta:
– em relação à prescrição, o candidato deve apresentar a divergência entre a doutrina e a jurisprudência, inclusive com destaque da modificação de entendimento do STJ a respeito da matéria. Confira-se o que consta do item 2.1.

CAPÍTULO IV

VALORES EXIGIDOS DO PODER PÚBLICO NO CURSO DO PROCESSO

1. INTRODUÇÃO

O exercício da Jurisdição tem um elevado custo, por demandar uma enorme máquina administrativa – instalações públicas, funcionários, tecnologia. O custo de sua manutenção e melhoria recai sobre as partes que litigam em juízo. Essa matéria está regulada nos artigos 82 a 102 do Código de Processo Civil.

Como regra geral, cada parte é responsável por adiantar o pagamento do ato processual que lhe incumba, no momento de sua prática (art. 82). O custo do ato processual determinado pelo juiz ou pelo Ministério Público é adiantado pelo autor (§ 1º). Ao final, o vencedor é ressarcido das despesas que houver antecipado (§ 2º).

2. PAGAMENTO DE DESPESAS PROCESSUAIS PELO ENTE PÚBLICO

O regime jurídico de direito processual público é diferente. O artigo 91 estabelece o seguinte:

> **Art. 91.** As despesas dos atos processuais praticados a requerimento da Fazenda Pública, do Ministério Público ou da Defensoria Pública serão pagas ao final pelo vencido.
>
> § 1º As perícias requeridas pela Fazenda Pública, pelo Ministério Público ou pela Defensoria Pública poderão ser realizadas por entidade pública ou, havendo previsão orçamentária, ter os valores adiantados por aquele que requerer a prova.
>
> § 2º Não havendo previsão orçamentária no exercício financeiro para adiantamento dos honorários periciais, eles serão pagos no exercício seguinte ou ao final, pelo vencido, caso o processo se encerre antes do adiantamento a ser feito pelo ente público.

Em linha semelhante, a matéria está disciplinada, no âmbito da cobrança da dívida ativa, pelo artigo 39 da Lei de Execuções Fiscais (Lei nº 6.830/80):

> **Art. 39.** A Fazenda Pública não está sujeita ao pagamento de custas e emolumentos. A prática dos atos judiciais de seu interesse independerá de preparo ou de prévio depósito.

O conceito de despesas processuais abrange (i) custas: remuneração pela prestação da atividade jurisdicional; (ii) emolumentos: remuneração pelos serviços de cartórios e serventias não oficializados; e (iii) despesas em sentido estrito: remuneração de terceiros acionados para auxiliar a atividade jurisdicional.[1] Conforme entendimento do STF, custas e emolumentos têm natureza jurídica de taxa.[2] A isenção de despesas alcança, inclusive, os valores referentes à postagem das cartas de citação, como destacou o STJ.[3]

Já as despesas em sentido estrito não estão abrangidas pelo *caput* do artigo 91, pelo que se aplicam os seus dois parágrafos. Tais dispositivos deixam claro que a perícia requerida por Poder Público, MP ou Defensoria Pública não deve ser paga pela parte contrária.[4] Tais perícias podem ser realizadas em entidades públicas, sem necessidade de pagamento de custas. Do contrário, cabe ao ente público prever em seu orçamento recursos para custear tais despesas (§ 1º); se não houver previsão orçamentária respectiva, os honorários periciais devem ser pagos no exercício seguinte – ou pelo vencido se o processo se encerrar antes (§ 2º).

O adiantamento de pagamentos de despesas para realização de atos processuais já está consagrado na jurisprudência, como se vê no entendimento sumulado do STJ a respeito das despesas com o transporte dos oficiais de justiça nas execuções fiscais. Confira-se:

> **Súmula 190.** Na execução fiscal, processada perante a Justiça Estadual, cumpre à Fazenda Pública adiantar o numerário destinado ao custeio das despesas com o transporte dos oficiais de justiça.

As despesas são devidas em razão de recaírem sobre pessoas estranhas ao corpo de servidores do Poder Jurisdicional. A partir desse entendimento, é possível concluir que nada é devido se o Estado-Juiz provê o serviço, como, por exemplo, se disponibiliza carro oficial para o cumprimento das diligências do oficial de justiça.[5]

1. CUNHA, Leonardo Carneiro da. op. cit., 2016, p. 111.
2. ADI 3694, Relator Min. Sepúlveda Pertence, Tribunal Pleno, julgado em 20/09/2006.
3. REsp 1332428/RS, Rel. Min. Herman Benjamin, 2ª Turma, julgado em 28/08/2012.
4. NEVES, Daniel Amorim Assumpção. op. cit, o. 147.
5. PEREIRA, Hélio do Valle. op. cit., p. 167; CUNHA, Leonardo José Carneiro da. op. cit., p. 124.

A rigor, ao praticar atos processuais (propositura de ação, interposição de recurso), o Estado não paga custas processuais por haver confusão entre credor e devedor.[6] Afinal, é ele próprio quem custeia a atividade jurisdicional. Se o Estado-membro propõe uma demanda perante sua Justiça Estadual, não há que se falar em pagamento de custas.

Diferente é a situação em que o ente público estadual litiga na Justiça Federal ou quando o ente federal é parte em demanda na Justiça Estadual. Em regra, o pagamento é devido. Entre os entes públicos, não há imunidade recíproca, pois esta abrange tão somente impostos, e não taxas (CR, art. 150, inc. VI, al. "a").

A esse respeito, o artigo 24-A da Lei nº 9.028/95 deve ser analisado com ressalvas, ao prever o seguinte: "*A União, suas autarquias e fundações, são isentas de custas e emolumentos e demais taxas judiciárias, bem como de depósito prévio e multa em ação rescisória, em quaisquer foros e instâncias*". Na parte final ("*quaisquer foros e instâncias*"), a previsão de isenção merece interpretação restritiva, pois é inconstitucional em relação às Justiças Estaduais, uma vez que caracteriza isenção heterônoma.[7] Não o é em relação à Justiça do Distrito Federal, cujo custeio compete à própria União (CR, art. 21, inc. XIII).

Obrigada a pessoa jurídica de direito público ao pagamento de despesas em Justiça diversa, a dispensa somente pode decorrer de convênio entre os entes políticos ou de lei concessiva da isenção, editada por aquele a quem compete o tributo. É o que ocorre em relação à Justiça Federal. O art. 4º, inciso I da Lei nº 9.289/96 prevê a isenção do pagamento de custas na Justiça Federal para todas as pessoas jurídicas afetas ao regime jurídico de direito processual público: União, Estado, Distrito Federal, Municípios e suas respectivas autarquias e fundações.

No âmbito da Justiça Estadual, quando em exercício da jurisdição federal, o pagamento de custas e emolumentos é regido pela lei estadual, conforme § 1º, do art. 1º da Lei nº 9.289/96: "*Rege-se pela legislação estadual respectiva a cobrança de custas nas causas ajuizadas perante a Justiça Estadual, no exercício da jurisdição federal.*" Esses dispositivos da Lei nº 9.298/96 estão afinados com a Constituição da República, no que se refere à capacidade tributária dos entes políticos.

Em relação ao tema, o Superior Tribunal de Justiça já consolidou seu entendimento através de súmula:

> **Súmula 178.** O INSS não goza de isenção do pagamento de custas e emolumentos, nas ações acidentárias e de benefícios propostas na Justiça Estadual.

6. PEREIRA, Hélio do Valle. op. cit., p. 169; CUNHA, Leonardo José Carneiro da. op. cit., p. 124.
7. Em sentido semelhante, mencionando a interpretação restritiva, mas sem indicar expressamente a inconstitucionalidade: PEREIRA, Hélio do Valle. op. cit., p. 170.

O entendimento sumulado pelo Superior Tribunal de Justiça continua válido e aplicado pela Corte:

> 1. Hipótese em que o Tribunal local manifestou-se de forma clara no sentido de que o INSS não goza de isenção do pagamento de custas e emolumentos, nas ações acidentárias e de benefícios, propostas na Justiça Estadual.
>
> (REsp 1723271/SP, Rel. Min. Herman Benjamin, 2ª Turma, julgado em 03/04/2018)

Em suma, na ausência de lei específica ou convênio, é devido o pagamento de custas e emolumentos pela pessoa jurídica de direito público que litigue em Justiça diversa.

Isso não significa, porém, que o INSS esteja obrigado a efetuar o depósito prévio do preparo. Por gozar das prerrogativas do Poder Público, pode fazê-lo posteriormente, se sair vencido. A esse respeito, também há súmula do STJ:

> **Súmula 483.** O INSS não está obrigado a efetuar depósito prévio do preparo por gozar das prerrogativas e privilégios da Fazenda Pública.

2.1. Beneficiário de gratuidade de justiça e os honorários periciais

Como destacado acima, o Poder Público não está obrigado a adiantar o pagamento de custas. Entretanto, surgiu divergência jurisprudencial quanto à solução para o custeio de despesas, como honorários periciais, em casos de beneficiários de gratuidade de justiça. A questão jurídica estava em saber se era possível impor ao Poder Público o dever de adiantar os honorários periciais quando a parte autora fosse hipossuficiente e precisasse produzir prova.

O Superior Tribunal de Justiça havia consolidado a posição de que o Estado não estava obrigado a adiantar o pagamento de despesas processuais, ainda que litigasse contra parte beneficiária da justiça gratuita.[8]

O CPC atual prevê que o pagamento de perícia cuja responsabilidade seja de beneficiário de gratuidade de justiça deve ser feito com recursos do orçamento do ente público e realizada por servidor do Judiciário ou órgão público conveniado (art. 95, § 3º).

2.2. Despesas processuais em ação civil pública

A ação civil pública está regulamentada pela Lei nº 7.347/1985, que possui disposição específica que dispensa o recolhimento de despesas processuais:

8. REsp 935.470/MG, Rel. Min. Mauro Campbell Marques, 2ª Turma, julgado em 24/08/2010.

> **Art. 18.** Nas ações de que trata esta lei, não haverá adiantamento de custas, emolumentos, honorários periciais e quaisquer outras despesas, nem condenação da associação autora, salvo comprovada má-fé, em honorários de advogado, custas e despesas processuais.

O Superior Tribunal de Justiça tem jurisprudência pacífica quanto à aplicação desse dispositivo de modo a garantir à parte autora pleno acesso à Justiça pela via da ação civil pública.[9]

Essa disposição continua válida à luz do CPC atual.

3. HONORÁRIOS ADVOCATÍCIOS

O regime de pagamento de honorários advocatícios no direito processual público foi significativamente modificado no CPC-2015. À luz do sistema anterior, o pagamento de honorários advocatícios em causas que envolviam o Poder Público era feito por apreciação equitativa do juiz (CPC-1973, art. 20, § 4º).

O dispositivo tinha o objetivo de privilegiar o ente público com um regime mais favorável, pois, ao indicar a apreciação equitativa do juiz, a norma induzia à conclusão de que o valor de fixação dos honorários não deveria ser alto para não onerar demais os cofres públicos.[10] Em edições anteriores, já havíamos nos manifestado pela inconstitucionalidade dessa regra do CPC-1973.

O Estado goza de prerrogativas para bem defender o interesse público, mas a condenação de honorários não passa de um acessório à pretensão deduzida no processo. O Estado deve ser condenado e pagar o que é devido à outra parte e a seu advogado, nada mais, nada menos. A lógica do § 4º do artigo 20 do CPC-1973 não se sustentava: se o objetivo era permitir apreciação equitativa para condenação de honorários em baixo valor, para não onerar os cofres públicos, então seria igualmente razoável defender que a reparação de danos ao particular por responsabilidade civil do Estado também devesse ser fixada de forma equitativa. Pense-se em conduta ilegal do Estado que acarreta enormes prejuízos materiais ao particular. Este aciona o ente público para se ressarcir dos prejuízos. Não há quem defenda a possibilidade de o juiz determinar uma reparação abaixo dos prejuízos devidamente comprovados pelo particular, com base em juízo equitativo, para proteger o erário. Pois, de igual modo, não havia razão para a condenação em honorários seguir disciplina distinta. O particular tem direito a ser ressarcido integralmente dos prejuízos sofridos, tal e qual seu advogado tem direito aos honorários percentuais pelo bom trabalho desempenhado.

9. AgRg no REsp 1423654/RS, Rel. Min. Mauro Campbell Marques, 2ª Turma, julgado em 11/02/2014.
10. PEREIRA, Hélio do Valle. op. cit., p. 171; CUNHA, Leonardo José Carneiro da. op. cit., p. 130.

Invertida a situação, se é o Estado a buscar reparação por prejuízos causados por um particular, seu direito é o de obter reparação integral, e a condenação em honorários segue a regra geral percentual (10% a 20%).

Não havia justificativa para tratamento distinto. Nesse ponto, a distinção de regimes se caracterizava como privilégio odioso em favor do Poder Público. Todos os parâmetros de fixação da condenação em honorários advocatícios já estavam delimitados no § 3º do artigo 20. Quanto à necessidade de "apreciação equitativa" do juiz, esta deve estar presente sempre; afinal, apreciação equitativa é apreciação justa, correta, razoável – e não apreciação que empurre para baixo o valor da condenação em honorários contra o ente público. Por tais razões, havíamos concluído que o § 4º do artigo 20, no que se refere à previsão de causas em que for vencido o Poder Público, era inconstitucional por violação do art. 5º, *caput*, da Constituição da República.[11]

A despeito de nossa posição, a jurisprudência do Superior Tribunal de Justiça não seguia esse entendimento e declarara reiteradamente a validade do regime diferenciado em favor das pessoas jurídicas de direito público.

O Código de Processo Civil de 2015 corrigiu, em certa medida, as incongruências indicadas acima, pois aproximou – embora não tenha igualado totalmente – o regime de honorários contra o Poder Público do regime geral entre particulares.

3.1. Percentuais de honorários em demandas contra o Poder Público

A regra base de remuneração de honorários advocatícios está prevista no § 2º do artigo 85 e prevê sua fixação entre 10 e 20% sobre o valor da condenação, do proveito econômico ou, subsidiariamente, sobre o valor atualizado da causa. O valor percentual fixado pelo juízo deve levar em conta grau de zelo, local da prestação do serviço, natureza e importância da causa e trabalho realizado pelo advogado e tempo exigido (art. 85, § 2º).

Quando o Poder Público for parte, a fixação também é feita em percentuais, mas que decrescem conforme o montante da condenação se eleva. Confira-se:

> **Art. 85.** [...]
>
> § 3º Nas causas em que a Fazenda Pública for parte, a fixação dos honorários observará os critérios estabelecidos nos incisos I a IV do § 2º e os seguintes percentuais:
>
> I – mínimo de dez e máximo de vinte por cento sobre o valor da condenação ou do proveito econômico obtido até 200 (duzentos) salários-mínimos;

11. No mesmo sentido, entendendo que se pretendeu proteger o interesse meramente secundário do Estado: PEREIRA, Hélio do Valle. op. cit., p. 171.

> II – mínimo de oito e máximo de dez por cento sobre o valor da condenação ou do proveito econômico obtido acima de 200 (duzentos) salários-mínimos até 2.000 (dois mil) salários-mínimos;
>
> III – mínimo de cinco e máximo de oito por cento sobre o valor da condenação ou do proveito econômico obtido acima de 2.000 (dois mil) salários-mínimos até 20.000 (vinte mil) salários-mínimos;
>
> IV – mínimo de três e máximo de cinco por cento sobre o valor da condenação ou do proveito econômico obtido acima de 20.000 (vinte mil) salários-mínimos até 100.000 (cem mil) salários-mínimos;
>
> V – mínimo de um e máximo de três por cento sobre o valor da condenação ou do proveito econômico obtido acima de 100.000 (cem mil) salários-mínimos.

Como se vê, em caso de condenação ou proveito econômico de até 200 salários-mínimos, os honorários advocatícios serão fixados como o parâmetro geral, 10 a 20%. Em seguida, os valores percentuais vão-se reduzindo à medida que aumenta a condenação (art. 85, § 5º). Na condenação mais elevada, o juiz deve fixar os percentuais de acordo com as faixas do parágrafo 3º. Por exemplo, se a sentença condena o sucumbente ao pagamento de 1000 salários mínimos, o juiz estabelece o percentual de 10% a 20% para os primeiros 200 salários-mínimos e de 8% a 10% para os 800 salários-mínimos seguintes.

Essa sistemática é aplicada em qualquer hipótese de litígio com o Poder Público, inclusive casos de improcedência e sentença sem resolução de mérito (art. 85, § 6º), seja sucumbente o Estado ou o particular.[12]

Esses parâmetros também são aplicáveis nos casos de execuções de título extrajudicial propostas contra o Poder Público, conforme indica o Fórum Permanente de Processualistas Civis:

> **En. 240.** (arts. 85, § 3º, e 910) São devidos honorários nas execuções fundadas em título executivo extrajudicial contra a Fazenda Pública, a serem arbitrados na forma do § 3º do art. 85.

Além disso, fica superada a pecha de violação da isonomia, já que o particular sucumbente também estará sujeito ao pagamento de honorários segundo as faixas do § 3º. No sistema anterior, o particular sucumbente era condenado nos percentuais gerais (entre 10 e 20%), mas o vitorioso fazia jus tão somente em honorários por equidade. Pelo CPC-2015, embora o regime das demandas com o Poder Público seja diferente daquele para os particulares, o advogado público e o privado estão sujeitos ao mesmo regime escalonado. A despeito de não ser totalmente idêntico ao regime geral entre particulares, não há como negar que essa sistemática é muito

12. CUNHA, Leonardo Carneiro da. op. cit., 2016, p. 121.

mais consentânea com o exercício da advocacia em causas contra o Estado do que o sistema do CPC-1973.

3.2. Características gerais da condenação em honorários nas demandas contra o Poder Público

Os percentuais indicados no § 3º do artigo 85 devem ser aplicados quando a sentença for líquida. Sendo ilíquida, a definição do percentual é postergada para a fase de liquidação da sentença (§ 4º, inc. I). Se não houver condenação principal ou não for possível mensurar o proveito econômico, a condenação em honorários toma por base o valor atualizado da causa (§ 4º, inc. III). O marco temporal para identificação das faixas de condenação em honorários é o momento da prolação da sentença líquida ou o da decisão de liquidação (§ 4º, inc. IV).

Essas faixas devem ser obedecidas qualquer que seja a decisão, inclusive improcedência e sentença sem resolução de mérito (§ 6º). A única exceção do sistema atual que permite a fixação equitativa de honorários é para causas de valor inestimável, aquelas cujo proveito econômico seja irrisório ou quando o valor da causa for muito baixo (§ 8º).

3.3. Honorários advocatícios em grau recursal

O § 11 do artigo 85 trouxe uma nova faceta para os honorários advocatícios, que é o de tentar desestimular a interposição de recursos com intuito meramente protelatório ou cuja parte e seu advogado saibam ser de reduzidas chances de êxito.

O dispositivo prevê o seguinte:

> **Art. 85.** [...]
>
> § 11. O tribunal, ao julgar recurso, majorará os honorários fixados anteriormente levando em conta o trabalho adicional realizado em grau recursal, observando, conforme o caso, o disposto nos §§ 2º a 6º, sendo vedado ao tribunal, no cômputo geral da fixação de honorários devidos ao advogado do vencedor, ultrapassar os respectivos limites estabelecidos nos §§ 2º e 3º para a fase de conhecimento.

A partir da redação, é possível extrair importantes características. A primeira é a de que sua aplicação se refere a recurso, não a julgamento pelo tribunal. Vale dizer, se a demanda for proposta originalmente na segunda instância, a majoração de honorários terá cabimento somente no caso de recurso aos tribunais superiores.

Outro ponto importante é limitação do valor ao teto das condenações de honorários advocatícios, que é de 20% sobre o valor da condenação, do proveito econômico ou do valor da causa para a fase de conhecimento. Assim, o máximo de honorários a serem pagos é de 20% para a fase de conhecimento e 20% para a fase de cumprimento de sentença.[13] Se o juízo de primeiro grau condena a parte sucumbente a honorários de 10%, e há recurso, o tribunal poderá majorar para 15%, por exemplo. Interposto novo recurso aos tribunais superiores, STJ e STF, mais uma vez haverá majoração até o limite de 20%. Se o tribunal já majorar a condenação para 20% de honorários, não haverá nova majoração em caso de recursos aos tribunais superiores.[14] Vale observar que essa majoração de honorários deve respeitar as faixas de limites de honorários do § 3º do artigo 85 – confira-se o enunciado transcrito logo abaixo.

A regra do § 11 se aplica somente aos recursos interpostos posteriormente à entrada em vigor do CPC atual.

Dois pontos importantes a respeito desse sistema foram elucidados em doutrina. O primeiro é que a aplicação dos honorários sucumbenciais em grau de recurso ocorre tanto em julgamentos colegiados, quanto em monocráticos. O segundo é que, em caso de provimento da apelação, o tribunal deverá redistribuir os honorários e, ainda, arbitrar os honorários da sucumbência recursal.

Confiram-se os enunciados do Fórum Permanente de Processualistas Civis sobre esse tópico:

> **En. 241.** (art. 85, caput e § 11). Os honorários de sucumbência recursal serão somados aos honorários pela sucumbência em primeiro grau, observados os limites legais.
>
> **En. 242.** (art. 85, § 11). Os honorários de sucumbência recursal são devidos em decisão unipessoal ou colegiada.
>
> **En. 243.** (art. 85, § 11). No caso de provimento do recurso de apelação, o tribunal redistribuirá os honorários fixados em primeiro grau e arbitrará os honorários de sucumbência recursal.

3.4. Cumprimento de sentença não impugnado

A redação do § 1º do artigo 85 indica a cobrança de honorários no cumprimento de sentença. Em relação ao Poder Público, há regra específica, a do § 7º, que afasta a incidência dos honorários no cumprimento de sentença que enseje a expedição de precatório, desde que não impugnada.

Não se trata propriamente de inovação no sistema processual. À luz do regramento anterior, o artigo 1º-D da Lei nº 9.494/97 já afastava a cobrança de honorários advocatícios em execuções não embargadas.

13. CUNHA, Leonardo Carneiro da. op. cit., 2016, p. 124.
14. CUNHA, Leonardo Carneiro da. op. cit., 2016, p. 125

A determinação legal para não incidência de honorários em cumprimento de sentença não embargadas tem explicação no regime de pagamento de dívidas do Poder Público – os precatórios (vide cap. X). O ente público não pode pagar sua dívida de forma espontânea; é necessário seguir o rito dos artigos 534 e 535 do CPC. O particular deve iniciar o cumprimento e, caso este não apresente impugnação, o juiz requisita o pagamento ao presidente do Tribunal através de precatório.

Quer dizer, ainda que o Estado não ofereça resistência ao pleito do particular, há a necessidade de instauração da fase de cumprimento. Por se tratar de uma exigência do sistema processual, não deve haver a fixação de honorários advocatícios para essa fase (art. 85, § 7º). Logicamente, se o Estado apresenta impugnação, serão devidos honorários advocatícios, a serem fixados nos termos examinados acima (art. 85, § 3º).

Da mesma forma, se a hipótese não for de pagar quantia, mas sim de obrigação de fazer, não fazer e entregar coisa, é possível ao Poder Público voluntariamente cumprir os termos da decisão judicial. Logo, se não o faz e o particular precisa ingressar com o cumprimento da sentença, então há incidência de honorários, nos termos da regra geral do § 1º do artigo 85. Para essa fase, o CPC estabelece a cobrança de honorários no valor de 10% (art. 523, § 1º). Para Leonardo da Cunha, o Poder Público não se sujeita a esse percentual fixo, mas sim às faixas do § 3º do artigo 85.[15]

Além disso, a não incidência de honorários está restrita ao cumprimento de sentença, como expressamente prevê o § 7º do artigo 85. Isso significa que, na execução de título extrajudicial, há fixação de honorários.[16]

3.5. Execuções individuais decorrentes de sentença em ação coletiva

Situação diversa do cumprimento de sentença é o das execuções individuais. Nesse caso, alcançada a sentença transitada em ação coletiva, os indivíduos podem propor execuções individuais para receber seu crédito.

Nesses casos, há incidência de honorários advocatícios na ação de cobrança individual, conforme entendimento já sumulado pelo STJ:

> **Súmula 345.** São devidos honorários advocatícios pela Fazenda Pública nas execuções individuais de sentença proferida em ações coletivas, ainda que não embargadas.

Essa súmula é anterior ao CPC-2015. Com seu advento, houve rediscussão do assunto, ao argumento de que o art. 85, § 7º teria afastado a incidência de

15. CUNHA, Leonardo Carneiro da. op. cit., 2016, p. 130.
16. CUNHA, Leonardo Carneiro da. op. cit., 2016, p. 131

honorários advocatícios nas execuções individuais. Daí a necessidade de nova manifestação do STJ a respeito. O assunto foi levado a julgamento pela sistemática dos recursos repetitivos – tema n. 973. A matéria foi julgada em 2018, com a seguinte ementa:

> 1. O Supremo Tribunal Federal entendeu que a controvérsia relativa à condenação em honorários advocatícios na execução não embargada é de natureza infraconstitucional. 2. Sob a égide do CPC/1973, esta Corte de Justiça pacificou a orientação de que são devidos honorários advocatícios pela Fazenda Pública nas execuções individuais de sentença proferida em ações coletivas, ainda que não embargadas (Súmula 345), afastando, portanto, a aplicação do art. 1º-D da Lei n. 9.494/1997.
>
> 3. A exegese do art. 85, § 7º, do CPC/2015, se feita sem se ponderar o contexto que ensejou a instauração do procedimento de cumprimento de sentença, gerará as mesmas distorções então ocasionadas pela interpretação literal do art. 1º-D da Lei n. 9.494/1997 e que somente vieram a ser corrigidas com a edição da Súmula 345 do STJ.
>
> 4. A interpretação que deve ser dada ao referido dispositivo é a de que, nos casos de cumprimento de sentença contra a Fazenda Pública em que a relação jurídica existente entre as partes esteja concluída desde a ação ordinária, não caberá a condenação em honorários advocatícios se não houver a apresentação de impugnação, uma vez que o cumprimento de sentença é decorrência lógica do mesmo processo cognitivo.
>
> 5. O procedimento de cumprimento individual de sentença coletiva, ainda que ajuizado em litisconsórcio, quando almeja a satisfação de direito reconhecido em sentença condenatória genérica proferida em ação coletiva, não pode receber o mesmo tratamento pertinente a um procedimento de cumprimento comum, uma vez que traz consigo a discussão de nova relação jurídica, e a existência e a liquidez do direito dela decorrente serão objeto de juízo de valor a ser proferido como pressuposto para a satisfação do direito vindicado.
>
> 6. Hipótese em que o procedimento de cumprimento de sentença pressupõe cognição exauriente - a despeito do nome a ele dado, que induz à indevida compreensão de se estar diante de mera fase de execução -, sendo indispensável a contratação de advogado, uma vez que é necessária a identificação da titularidade do exequente em relação ao direito pleiteado, promovendo-se a liquidação do valor a ser pago e a individualização do crédito, o que torna induvidoso o conteúdo cognitivo dessa execução específica.
>
> 7. Não houve mudança no ordenamento jurídico, uma vez que o art. 85, § 7º, do CPC/2015 reproduz basicamente o teor normativo contido no art. 1º-D da Lei n. 9.494/1997, em relação ao qual o entendimento desta Corte, já consagrado, é no sentido de afastar a aplicação do aludido comando nas execuções individuais, ainda que promovidas em litisconsórcio, do julgado proferido em sede de ação coletiva lato sensu, ação civil pública ou ação de classe.

8. Para o fim preconizado no art. 1.039 do CPC/2015, firma-se a seguinte tese: "O art. 85, § 7º, do CPC/2015 não afasta a aplicação do entendimento consolidado na Súmula 345 do STJ, de modo que são devidos honorários advocatícios nos procedimentos individuais de cumprimento de sentença decorrente de ação coletiva, ainda que não impugnados e promovidos em litisconsórcio."

9. Recurso especial desprovido, com majoração da verba honorária.

(REsp 1648238/RS, Rel. Min. Gurgel de Faria, Corte Especial, julgado em 20/06/2018)

3.6. Concordância do ente público com o pedido e cumprimento espontâneo

Como visto acima, o CPC prevê expressamente a não incidência de honorários advocatícios em caso de cumprimento de sentença em que o ente público não oferece resistência (art. 85, § 7º). Esse tema pode ser aprofundado. A advocacia pública tem se consolidado como um órgão de Estado, e não apenas como um órgão de governo. Essa não é uma singela diferença semântica. O ponto nodal está em compreender que a advocacia pública não serve exclusivamente ao governante do momento, àqueles que ocupam os cargos de chefia do Executivo.

O papel da advocacia pública é atuar em favor do Estado, do ente público que serve ao povo. Isso não significa dizer que a advocacia pública possa se opor à pauta política do governante, pois este foi eleito e tem a legitimidade das urnas para perseguir aqueles objetivos apresentados em sua campanha. Não cabe à advocacia pública se opor a isso, mas sim dar as ferramentas jurídicas e exercer o controle de juridicidade interna da conduta pública. Cabe ao advogado público viabilizar juridicamente a vontade do governante legitimamente eleito.

Há casos, porém, em que a atuação do governante desagua em flagrante violação do direito do cidadão ou da sociedade. E é aqui que entra essa importante distinção entre a atuação para o Estado e para o governante. A advocacia pública não precisa defender a qualquer custo uma conduta governamental que reconheça ter sido ilegal.

Cada vez mais, os órgãos de advocacia pública têm-se tornado conscientes disso. Embora não tenha sido possível evitar a prática dos atos administrativos lesivos, uma vez judicializada a questão, a advocacia pública pode simplesmente reconhecer o pedido contra o Estado.

Isso produz, inclusive, um impacto financeiro importante para o Estado. Se a demanda se prolonga, há maior dispêndio de horas de trabalho da máquina pública – tanto da advocacia pública, quanto o Judiciário. Trata-se aqui de trabalho daqueles que recebem algumas das maiores remunerações da estrutura estatal. É preciso dar tratamento mais eficiente possível à hora de trabalho desses profissionais públicos. Além disso, o CPC-2015 prevê o incremento do custo do litígio em caso de interposição de recursos, com o objetivo de desestimular recursos meramente protelatórios.

Dentro de todo esse contexto, a atuação da advocacia pública tem sido repensada para combater atuações sub-ótimas.

A Lei nº 10.522/2002, por exemplo, permite que a Procuradoria Geral da Fazenda Nacional deixe de apresentar contestação, recurso e que também possa desistir de recursos já interpostos. No caso de reconhecimento do pedido, inclusive, há dispensa expressa quanto à incidência dos honorários advocatícios (art. 19, § 1º, I). Trata-se de regramento afinado com a busca de uma relação custo-benefício melhor para a atuação estatal.

Caso interessante julgado pelo STJ tratou de hipótese em que o procurador apresentou contestação e logo em seguida reconheceu a procedência do pedido, sem que tivesse havido qualquer manifestação judicial entre os dois atos. A Corte entendeu que a concordância com o pedido havia sido eficazmente apresentada. Confira-se:

> 1. As disposições do art. 19, § 1º, I, da Lei 10.522/2002 preveem o afastamento da condenação em honorários advocatícios quando a Fazenda Nacional reconhecer expressamente a procedência do pedido, no prazo para resposta.
>
> 2. No caso, verifica-se que a Fazenda Nacional apresentou contestação (fls. 97/119) em 29.12.2014, suscitando a defesa da constitucionalidade do artigo 22, IV, da Lei 8.212/1991 e requerendo a suspensão da ação até o julgamento definitivo do Recurso Extraordinário nº 595.838 pelo Supremo Tribunal Federal, no qual se questiona a validade da contribuição previdenciária cobrada em desfavor das empresas tomadoras de serviços prestados por cooperativas. Em ato contínuo, sem que houvesse pronunciamento nem da parte contrária nem do Juízo, a Fazenda Nacional apresentou, em 9.1.2015, petição reconhecendo a procedência do pedido e requerendo a desconsideração da peça contestatória.
>
> 3. Assim, impõe-se a interpretação extensiva do disposto no § 1º do art. 19 da Lei 10.522/2002 para abranger o presente caso, tendo em vista que o reconhecimento da procedência do pedido ocorreu em momento oportuno, a despeito da apresentação de contestação, a qual não foi capaz de gerar nenhum prejuízo para a parte contrária.
>
> 4. Recurso Especial provido.
>
> (REsp 1551780/SC, Rel. Min. Mauro Campbell Marques, 2ª Turma, julgado em 09/08/2016, DJe 19/08/2016)

Além disso, o CPC estimula a concordância e o cumprimento voluntário do comando judicial. O artigo 90, § 4º prevê que, se o réu reconhecer a procedência do pedido e cumprir voluntariamente a prestação reconhecida, os honorários advocatícios são reduzidos pela metade. Em relação ao Poder Público, essa é uma conduta que pode ser estimulada nos casos de obrigações de fazer, não fazer e entregar coisa. Em relação a obrigações de pagar quantia, o rito do precatório e da RPV prevalece.

Por exemplo, o servidor pretende um enquadramento funcional a que julga ter direito. Judicializada a questão, se a advocacia pública identifica que houve efetivamente falha da Administração Pública, é possível (e desejável) que se reconheça a procedência do pedido, com a expedição de orientação de cumprimento voluntário da decisão judicial. Ganham todos: o servidor público que vê seu pedido atendido; o Judiciário que promove uma prestação jurisdicional célere; e o Poder Público, que cumpre seu papel de implementador de direitos e economiza no custo da condenação.

3.7. Titularidade dos honorários

A jurisprudência já havia consolidado que os honorários advocatícios pertencem ao advogado e que seu caráter é de verba alimentar, cujo objetivo é remunerar o advogado da parte vencedora (REsp 1164543/SP).

Essa posição restou consagrada no CPC-2015, que prevê no § 14 do artigo 85 que os honorários constituem direito do advogado e tem natureza alimentar, o que lhes garante os mesmos privilégios dos créditos oriundos da legislação trabalhista.

A matéria foi objeto de súmula vinculante pelo STF:

> **Súmula Vinculante 47.** Os honorários advocatícios incluídos na condenação ou destacados do montante principal devido ao credor consubstanciam verba de natureza alimentar cuja satisfação ocorrerá com a expedição de precatório ou requisição de pequeno valor, observada ordem especial restrita aos créditos dessa natureza.

Se o titular é o advogado e não a parte, naturalmente não há que se falar em compensação de honorários nos casos de sucumbência recíproca – previsão que existia no CPC-1973 e foi expressamente afastada pela parte final do § 14 ("*sendo vedada a compensação em caso de sucumbência parcial*").

O CPC também prevê que os honorários podem ser pagos em favor da sociedade de advogados que atua na causa (§ 15). A regra tem clara vantagem tributária, pois permite o recolhimento de tributos por pessoa jurídica com posterior distribuição aos sócios na qualidade de participação nos lucros, rendimento isento de tributação.

O § 17 do artigo 85 garante a percepção dos honorários mesmo quando atuar em causa própria.

Por fim, o § 19 garante a titularidade dos honorários aos advogados públicos. É bem verdade que alguns estados e municípios já repassavam a seus advogados públicos os honorários sucumbenciais, mas agora esse tratamento se uniformizou para todas as esferas da advocacia pública. Trata-se de importante conquista para a carreira, pois valoriza o trabalho do advogado público e incentiva sua atuação mais eficiente.

O § 19 do artigo 85 faz menção à necessidade de lei regulamentadora dos honorários dos advogados públicos. O Fórum Permanente de Processualistas Civis destacou o entendimento de que tal lei não pode suprimir a titularidade e o direito à percepção dos honorários pelos advogados públicos:

> **En. 384.** (art. 85, § 19) A lei regulamentadora não poderá suprimir a titularidade e o direito à percepção dos honorários de sucumbência dos advogados públicos.

Vale destacar que a percepção de honorários advocatícios pelos advogados públicos não conflita com o regime de subsídios, pois os honorários não são verba paga pelo ente político ao qual o advogado público está vinculado. O Poder Público deve pagar a remuneração do advogado público na forma de subsídio em parcela única, o que não significa que a carreira não possa receber outras verbas de origem privada, pagas pelas partes derrotadas em litígios.

3.8. Fluência de juros

O § 16 do artigo 85 estabelece que os juros moratórios devem ser contados da data do trânsito em julgado, quando os honorários forem fixados em quantia certa.

3.9. Direito intertemporal – aplicação do regime de honorários do CPC-2015

Questão interessante está em saber a partir de quando devem ser aplicadas as regras do CPC-2015 no que se refere aos honorários. Há dois entendimentos possíveis. O primeiro é o de que essas regras só valem para processos iniciados após a entrada em vigor do CPC-2015, que ocorreu em 18 de março de 2016. O segundo é o de que o direito aos honorários nasce no momento da prolação da sentença, que é quando o juiz forma sua convicção e constitui o crédito da pretensão secundária (na expressão clássica de Dinamarco), os honorários. Por esse segundo entendimento, o regime do CPC-2015 deve ser aplicado quando a sentença ou o acórdão for proferido após sua entrada em vigor.

O STJ examinou a matéria. Confira-se:

> 4. Com efeito, a Corte Especial do Superior Tribunal de Justiça posicionou-se que o arbitramento dos honorários não configura questão meramente processual.
>
> 5. Outrossim, a jurisprudência do STJ é pacífica no sentido de que a sucumbência é regida pela lei vigente na data da sentença.
>
> 6. Esclarece-se que os honorários nascem contemporaneamente à sentença e não preexistem à propositura da demanda. Assim sendo, nos casos de sentença proferida a partir do dia 18.3.2016, aplicar-se-ão as normas do CPC/2015.
>
> 7. *In casu*, a sentença prolatada em 21.3.2016, com supedâneo no CPC/1973 (fls. 40-41, e-STJ), não está em sintonia com o atual entendimento deste Tribunal Superior, razão pela qual merece prosperar a irresignação.
>
> 9. Recurso Especial parcialmente provido, para fixar os honorários advocatícios em 10% do valor da condenação, nos termos do artigo 85, § 3º, I, do CPC/2015.
>
> (REsp 1636124/AL, Rel. Min. Herman Benjamin, 2ª Turma, julgado em 06/12/2016, DJe 27/04/2017)

Como se vê, a Corte acolheu o segundo entendimento apresentado acima, o que nos parece ter sido o mais correto.

4. RECURSO

Os entes afetos ao regime jurídico de direito processual público estão dispensados do pagamento de preparo nos recursos, bem como do porte de remessa e retorno por expressa previsão do § 1º do artigo 1.007 do CPC.

5. AÇÃO RESCISÓRIA

Para propositura de ação rescisória, exige-se o depósito de 5% sobre o valor da causa, até o limite de 1.000 salários mínimos, como pressuposto processual (art. 968, inc. II e § 2º). Em relação às pessoas jurídicas de direito público, o dispositivo não é aplicável por força da ressalva do § 1º do artigo 968, ou seja, para propositura de ação rescisória, o ente público não precisa efetuar o depósito prévio de 5% do valor da causa.

6. MULTAS

Todo aquele que participa do processo deve-se comportar segundo a boa-fé (art. 5º) e atender ao princípio da cooperação (art. 6º). O CPC possui mecanismos para punir e coibir comportamentos lesivos, danosos e prejudiciais ao regular desenvolvimento da marcha processual.

6.1. Multa por ato atentatório à dignidade da Justiça e litigância de má-fé

O artigo 77 lista exemplificativamente os deveres das partes, procuradores e todos aqueles que participam do processo. Confira-se:

> **Art. 77.** Além de outros previstos neste Código, são deveres das partes, de seus procuradores e de todos aqueles que de qualquer forma participem do processo:
>
> I – expor os fatos em juízo conforme a verdade;
>
> II – não formular pretensão ou de apresentar defesa quando cientes de que são destituídas de fundamento;
>
> III – não produzir provas e não praticar atos inúteis ou desnecessários à declaração ou à defesa do direito;
>
> IV – cumprir com exatidão as decisões jurisdicionais, de natureza provisória ou final, e não criar embaraços à sua efetivação;
>
> V – declinar, no primeiro momento que lhes couber falar nos autos, o endereço residencial ou profissional onde receberão intimações, atualizando essa informação sempre que ocorrer qualquer modificação temporária ou definitiva;
>
> VI – não praticar inovação ilegal no estado de fato de bem ou direito litigioso.

Os incisos IV e VI preveem hipóteses de ato atentatório à dignidade da Justiça. Nesses casos, a multa é revertida em favor do Poder Público. Se o ato processual tramita perante a Justiça Federal, constituirá dívida da União; se na Justiça Estadual, será dirigida ao ente estadual. Se não for paga no prazo assinalado pelo juízo, será inscrita em dívida ativa e cobrada por execução fiscal (art. 77, § 3º). Para imposição de multa por ato atentatório à dignidade da Justiça, o juiz deve antes advertir a parte; em caso de recalcitrância, incide a punição. O valor dessa multa é de até 20% do valor da causa, a ser fixado de acordo com a gravidade da conduta (§ 2º). Essa multa não se confunde com aquelas previstas para o não cumprimento voluntário da sentença (arts. 523, § 1º e 536, § 1º), pelo que podem ser impostas concomitantemente.

Não estão sujeitos à multa por ato atentatório à dignidade da Justiça os advogados públicos e privados, os membros do MP e da Defensoria. Nesses casos, o juiz deve oficiar o respectivo órgão de classe ou corregedoria (art. 77, § 6º).

Quanto à litigância de má-fé, esta encontra previsão nos artigos 79 e 80:

> **Art. 79.** Responde por perdas e danos aquele que litigar de má-fé como autor, réu ou interveniente.
>
> **Art. 80.** Considera-se litigante de má-fé aquele que:
>
> I – deduzir pretensão ou defesa contra texto expresso de lei ou fato incontroverso;
>
> II – alterar a verdade dos fatos;
>
> III – usar do processo para conseguir objetivo ilegal;
>
> IV – opuser resistência injustificada ao andamento do processo;
>
> V – proceder de modo temerário em qualquer incidente ou ato do processo;
>
> VI – provocar incidente manifestamente infundado;
>
> VII – interpuser recurso com intuito manifestamente protelatório.

Aquele que litiga de má-fé pode ser punido com a imposição de multa de 1 a 10% do valor da causa, além de arcar com honorários advocatícios e despesas efetuadas pela parte prejudicada (art. 81). Esses valores são destinados à parte contrária (art. 96) e são cobrados juntamente com a obrigação principal no mesmo processo. Além disso, se a conduta processual gerar também prejuízos fora do processo, a parte tem direito à propositura de ação autônoma, nos termos do regramento geral de responsabilidade civil (Cód. Civil, art. 927).[17]

A multa por litigância de má-fé e a responsabilidade por perdas e danos podem ser cobradas do ente público, pois não se trata de hipótese de irresponsabilidade processual. O particular e o ente público devem obedecer aos ditames da cooperação, lealdade e da boa-fé processuais, de modo a pautar sua conduta pelo respeito à parte contrária e ao Poder Jurisdicional. Assim, diante da ocorrência de violação desses deveres, o ente público pode ser condenado a pagar multa por litigância de má-fé. Tais valores devem ser cobrados ao final do processo e estão sujeitos ao regime pagamento de condenações, ou seja, por precatório ou requisição de pequeno valor.[18]

6.2. Embargos de declaração protelatórios e agravo interno inadmissível

O Código de Processo Civil traz duas previsões acerca da imposição de multas por recursos protelatórios ou inadmissíveis. A primeira se refere ao agravo interno e a segunda aos embargos de declaração:

17. CUNHA, Leonardo Carneiro da. op. cit, 2016, p. 136.
18. CUNHA, Leonardo Carneiro da. op. cit., 2016, p. 138.

> **Art. 1.021.** [...]
>
> § 4º Quando o agravo interno for declarado manifestamente inadmissível ou improcedente em votação unânime, o órgão colegiado, em decisão fundamentada, condenará o agravante a pagar ao agravado multa fixada entre um e cinco por cento do valor atualizado da causa.
>
> § 5º A interposição de qualquer outro recurso está condicionada ao depósito prévio do valor da multa prevista no § 4º, à exceção da Fazenda Pública e do beneficiário de gratuidade da justiça, que farão o pagamento ao final.
>
> **Art. 1.026.** [...]
>
> § 2º Quando manifestamente protelatórios os embargos de declaração, o juiz ou o tribunal, em decisão fundamentada, condenará o embargante a pagar ao embargado multa não excedente a dois por cento sobre o valor atualizado da causa.
>
> § 3º Na reiteração de embargos de declaração manifestamente protelatórios, a multa será elevada a até dez por cento sobre o valor atualizado da causa, e a interposição de qualquer recurso ficará condicionada ao depósito prévio do valor da multa, à exceção da Fazenda Pública e do beneficiário de gratuidade da justiça, que a recolherão ao final.
>
> § 4º Não serão admitidos novos embargos de declaração se os 2 (dois) anteriores houverem sido considerados protelatórios.

Essas multas funcionam como requisito de admissibilidade de qualquer outro recurso futuro, ou seja, sem seu pagamento, a parte fica obstada de recorrer novamente. Em ambos os casos, há ressalva expressa em relação ao Poder Público e ao beneficiário de gratuidade de justiça, que recolherão tais valores ao final.

6.3. Multa coercitiva

No cumprimento da sentença que impõe obrigação de fazer, não fazer e entregar coisa, uma das medidas de apoio à efetivação da tutela é a fixação de multa (art. 536, § 1º). A doutrina considera a multa uma medida coercitiva[19], um meio de execução indireta, cujo objetivo é influir sobre a vontade do devedor para levá-lo a cumprir a obrigação. O que se pretende com a fixação da multa é ameaçar o devedor com um mal maior para que opte pelo adimplemento de seu dever.

---

19. Dentre muitos: TALAMINI, Eduardo. *Tutela relativa aos deveres de fazer e de não fazer: e sua extensão aos deveres de entrega de coisa (CPC, arts. 461 e 461-A, CDC, art. 84)*. 2ª ed. revista, atualizada e ampliada. São Paulo: RT, 2003, p. 239; GUERRA, Marcelo Lima. *Execução indireta*. São Paulo: RT, p. 188; SPADONI, Joaquim Felipe. *A multa na atuação das ordens judiciais*. In: SHIMURA, Sérgio; WAMBIER, Teresa Arruda Alvim. (coord.) *Processo de execução*. Série Processo de execução e assuntos afins, vol. 2. São Paulo: RT, 2001, p. 486.

Do ponto de vista teórico, a multa pode ser aplicada ao Estado.[20] A jurisprudência do STJ também acolhe a posição de que é possível impor multa por descumprimento ao ente público. Essa discussão foi objeto do tema nº 98 do regime de recursos repetitivos. Confira-se:

> 1. Para os fins de aplicação do art. 543-C do CPC/1973, é mister delimitar o âmbito da tese a ser sufragada neste recurso especial representativo de controvérsia: possibilidade de imposição de multa diária (astreintes) a ente público, para compeli-lo a fornecer medicamento à pessoa desprovida de recursos financeiros.
>
> 2. A função das astreintes é justamente no sentido de superar a recalcitrância do devedor em cumprir a obrigação de fazer ou de não fazer que lhe foi imposta, incidindo esse ônus a partir da ciência do obrigado e da sua negativa de adimplir a obrigação voluntariamente.
>
> 3. A particularidade de impor obrigação de fazer ou de não fazer à Fazenda Pública não ostenta a propriedade de mitigar, em caso de descumprimento, a sanção de pagar multa diária, conforme prescreve o § 5º do art. 461 do CPC/1973. E, em se tratando do direito à saúde, com maior razão deve ser aplicado, em desfavor do ente público devedor, o preceito cominatório, sob pena de ser subvertida garantia fundamental. Em outras palavras, é o direito-meio que assegura o bem maior: a vida. Precedentes: [...]
>
> 4. À luz do § 5º do art. 461 do CPC/1973, a recalcitrância do devedor permite ao juiz que, diante do caso concreto, adote qualquer medida que se revele necessária à satisfação do bem da vida almejado pelo jurisdicionado. Trata-se do "poder geral de efetivação", concedido ao juiz para dotar de efetividade as suas decisões.
>
> 5. A eventual exorbitância na fixação do valor das astreintes aciona mecanismo de proteção ao devedor: como a cominação de multa para o cumprimento de obrigação de fazer ou de não fazer tão somente constitui método de coerção, obviamente não faz coisa julgada material, e pode, a requerimento da parte ou *ex officio* pelo magistrado, ser reduzida ou até mesmo suprimida, nesta última hipótese, caso a sua imposição não se mostrar mais necessária. Precedentes: [...].
>
> 7. Recurso especial conhecido e provido, para declarar a possibilidade de imposição de multa diária à Fazenda Pública. Acórdão submetido à sistemática do § 7º do artigo 543-C do Código de Processo Civil de 1973 e dos arts. 5º, II, e 6º, da Resolução STJ nº 08/2008.
>
> (REsp 1474665/RS, Rel. Min. Benedito Gonçalves, 1ª Seção, julgado em 26/04/2017, DJe 22/06/2017)

O julgado acima ainda faz menção aos dispositivos do CPC-1973, mas a lógica do raciocínio é a mesma à luz do CPC-2015. Ponto interessante a destacar

---

20. Nesse sentido: TALAMINI, Eduardo. op. cit., p. 246. CUNHA, Leonardo Carneiro da. op. cit, 2016, p. 138. Contra, entendendo inócuo o instrumento de pressão: GRECO FILHO, Vicente. *Direito processual civil brasileiro. Vol. I.* 21ª ed. São Paulo: Saraiva, 2009, p. 150.

no julgado é a que destaca não fazer coisa julgada material a fixação da multa, ou seja, permite-se o posterior ajuste caso o valor da multa por descumprimento tenha se tornado exorbitante.

A despeito do entendimento consolidado em doutrina e jurisprudência, o ponto central nos parece ser outro. Cabe indagar se tal imposição serve efetivamente para se alcançar o fim almejado. A efetividade do mecanismo coercitivo da multa está na possibilidade concreta de agressão ao patrimônio do devedor. Diante da ameaça, o réu optaria pelo cumprimento de seu dever. Em relação ao ente público, essa ameaça fica claramente mais distante e remota, na medida em que o servidor não responde – ao menos imediatamente – por aquele possível prejuízo ao erário. A propositura de ação de regresso em face do funcionário recalcitrante é eventual e incapaz de influenciar sua conduta. Os maiores prejudicados são o ente público, pelo desfalque patrimonial e, em última análise, a sociedade.

Além disso, o pagamento do valor da multa somente é possível em momento posterior, ao final do processo, já transitada em julgado a sentença, através do sistema de precatório – ou da requisição de pequeno valor.

Mais eficaz é a imposição da multa diretamente ao agente público responsável pelo cumprimento da obrigação.[21] A jurisprudência, porém, não segue em compasso com a doutrina. No Superior Tribunal de Justiça, a questão não é tratada de modo uniforme. Há entendimento de que não é possível a imposição de multa ao agente público. Confira-se:

> 1. Nos termos da jurisprudência pacífica desta Corte, em se tratando de obrigação de fazer, é permitido ao juiz, de ofício ou a requerimento da parte, a imposição de multa cominatória ao devedor (astreintes), mesmo contra a Fazenda Pública.
>
> 2. Não é possível, contudo, a extensão ao agente político de sanção coercitiva aplicada à Fazenda Pública em decorrência da sua não participação efetiva no processo. Entendimento contrário acabaria por violar os princípios do contraditório e da ampla defesa.
>
> Agravo regimental improvido.
>
> (AgRg no AREsp 196.946/SE, Rel. Min. Humberto Martins, 2ª Turma, julgado em 02/05/2013, DJe 16/05/2013)

Em sentido diverso, há também julgados do STJ – inclusive mais recentes – que entendem possível a aplicação de tal multa, desde que atendidos o contraditório e a ampla defesa:

21. Essa possibilidade é admitida em doutrina: TALAMINI, Eduardo. op. cit., p. 449-450; ARENHART, Sérgio Cruz. *Perfis da tutela inibitória coletiva.* São Paulo: RT, 2003, p. 357-358; CUNHA, Leonardo José Carneiro da. op. cit., p. 159.

1. É pacífica, no STJ, a possibilidade de aplicação, em mandado de segurança, da multa diária ou por tempo de atraso prevista no art. 461, §§ 4º e 5º do CPC. Precedentes.

2. Inexiste óbice, por outro lado, a que as astreintes possam também recair sobre a autoridade coatora recalcitrante que, sem justo motivo, cause embaraço ou deixe de dar cumprimento à decisão judicial proferida no curso da ação mandamental.

3. Parte sui generis na ação de segurança, a autoridade impetrada, que se revele refratária ao cumprimento dos comandos judiciais nela exarados, sujeita-se, não apenas às reprimendas da Lei nº 12.016/09 (art. 26), mas também aos mecanismos punitivos e coercitivos elencados no Código de Processo Civil (hipóteses dos arts. 14 e 461, §§ 4º e 5º).

4. Como refere a doutrina, "a desobediência injustificada de uma ordem judicial é um ato pessoal e desrespeitoso do administrador público; não está ele, em assim se comportando, agindo em nome do órgão estatal, mas sim, em nome próprio" (VARGAS, Jorge de Oliveira. As consequências da desobediência da ordem do juiz cível. Curitiba: Juruá, 2001, p. 125), por isso que, se "a pessoa jurídica exterioriza a sua vontade por meio da autoridade pública, é lógico que a multa somente pode lograr o seu objetivo se for imposta diretamente ao agente capaz de dar atendimento à decisão jurisdicional" (MARINONI, Luiz Guilherme. Técnica processual e tutela dos direitos. São Paulo: RT, 2004, p. 662).

5. Recurso especial a que se nega provimento.

(REsp 1399842/ES, Rel. Min. Sérgio Kukina, 1ª Turma, julgado em 25/11/2014, DJe 03/02/2015)

Em suma, a jurisprudência do STJ não é pacífica sobre o assunto, mas parece haver maior inclinação pelo entendimento de que é possível aplicar multa ao agente público.

Além disso, a imposição de multa diretamente ao agente público encontra também amparo no artigo 77, inciso IV, que exige o cumprimento com exatidão das decisões jurisdicionais, sem criar embaraços à sua efetivação. É preciso, porém, que o agente público seja intimado com a advertência de que sua conduta poderá ser punida como ato atentatório à dignidade da Justiça (art. 77, § 1º).

Questões de Concurso

▶ **01. (Procurador Porto Alegre-RS – 2016 – Fundatec)** Diante das disposições acerca dos honorários e despesas processuais presentes no Código de Processo Civil (Lei nº 13.105/15), assinale a alternativa INCORRETA.

a) Os procuradores municipais perceberão honorários de sucumbência, nos termos da lei.

b) Não sendo líquida a sentença, a definição do percentual dos honorários nas causas em que a Fazenda Pública for parte somente ocorrerá quando liquidado o julgado.

c) Os limites e critérios para a fixação de honorários nas causas em que a Fazenda Pública for parte aplicam-se inclusive aos casos de improcedência ou de sentença sem resolução de mérito.

d) Quando os honorários forem fixados em quantia certa, os juros moratórios incidirão a partir da data da citação da parte sucumbente.

e) São devidos honorários advocatícios no cumprimento provisório de sentença.

▶ **02. (Analista Judiciário – TRF 1ª Região – 2017 – Cespe)** Procurador estadual que crie embaraços à efetivação de decisão judicial estará sujeito à aplicação de multa pela prática de ato atentatório à dignidade da justiça.

▶ **03. (Juiz federal - TRF-5 - 2017 - Cespe)** No que concerne ao processo de execução contra a fazenda pública, à tutela provisória, ao direito processual intertemporal e aos deveres das partes, assinale a opção correta. [julgue o item]

B) Em caso de ação condenatória com pedido único de obrigação de fazer proposta em face da fazenda pública, se o ente público reconhecer a procedência do pedido e cumprir a obrigação, os honorários deverão ser reduzidos pela metade.

Questão	Gabarito	Breves comentários
01	D	Art. 86, § 16; v. item 3.7.
02	Errado	V. item 6.1.
03	Certo	CPC, art. 90, § 4º; v. item 3.6.

Questão discursiva

▶ **(PGE-GO – 2013)** Considerando a sistemática processual civil vigente no que concerne ao pagamento das despesas processuais, custas, emolumentos e honorários advocatícios, responda aos seguintes questionamentos, com a devida fundamentação:

(i) Em se tratando de feito no qual a Fazenda Pública figure como ré, estando a parte autora litigando sob o pálio da assistência judiciária gratuita e em havendo necessidade de produção de prova pericial por esta última requerida, pode o juiz impor à primeira o ônus pelo recolhimento antecipado dos honorários periciais?

(ii) Figurando a Fazenda Pública como autora de ação de indenização, na qual a parte ré foi citada por edital, sendo que o juiz nomeou-lhe curador à lide (advogado não integrante dos quadros da Defensoria Pública), nesta ocasião, pode o juiz impor à primeira o ônus pelo recolhimento antecipado dos honorários advocatícios?

(iii) Figurando a Fazenda Pública como autora em ação civil pública, as custas de locomoção do oficial de Justiça devem ser pagas de maneira antecipada por esta?

Fundamentos para resposta:
– **quando o litigante estiver sob** benefício da justiça gratuita, a perícia poderá ser custeada por servidor do Judiciário ou órgão público conveniado, com recursos do ente público; ou paga ao perito particular, conforme tabela do respectivo tribunal ou do CNJ, conforme art. 95, § 3º (vide item 2.1);
– a verba do curador especial tem natureza de honorários advocatícios, pelo que são pagas ao final pelo sucumbente; logo, não precisam ser adiantadas pelo Poder Público (vide item 2.1);
– não há obrigatoriedade de pagamento de tal despesa, em razão do artigo 18 da Lei de Ação Civil Pública (vide item 2.2).

CAPÍTULO V

PODER PÚBLICO COMO RÉU

1. INTRODUÇÃO

O processo é o instrumento através do qual se presta a função jurisdicional, sendo composto por dois elementos essenciais, a relação jurídica processual e o procedimento em contraditório. Do ponto de vista procedimental, o processo é uma sequência coordenada de atos, praticados fundamentalmente por seus três personagens essenciais (demandante, demandado e juiz), desenvolvidos para possibilitar a prestação da função jurisdicional.

Proposta uma demanda cognitiva em face do Poder Público, é preciso observar como se desenvolve o processo, notadamente no que se refere às peculiaridades do direito processual público.

2. COMUNICAÇÃO DE ATOS PROCESSUAIS

A prática dos atos processuais é comunicada às partes, para lhes permitir dar sequência ao procedimento em contraditório. As formas de comunicação dos atos processuais às partes são a citação e a intimação, reguladas no Código de Processo Civil nos artigos 238 a 275.

2.1. Citação

Citação é o ato processual que integra o demandado à relação jurídica processual deduzida no processo. Nos termos do artigo 238 do CPC, citação "*é o ato pelo qual são convocados o réu, o executado ou o interessado para integrar a relação processual*".

O artigo 133 da Constituição da República previu a criação das procuradorias em âmbito federal, estadual e distrital, a fim de prestar a assessoria jurídica aos entes públicos. Por sua vez, o artigo 75, inciso I do CPC determina que a representação ativa e passiva da União, do DF e dos estados deve ser feita por seus procuradores. O chefe do Poder Executivo não tem legitimidade para representar o ente político em juízo. Por isso, a citação do Estado para integrar a relação processual deve ser feita, em regra, na pessoa do chefe da advocacia pública ou de acordo com previsão legislativa específica. No âmbito federal, o regramento de citação está disciplinado nos artigos 35 e 36 da Lei Complementar nº 73/93:

> **Art. 35.** A União é citada nas causas em que seja interessada, na condição de autora, ré, assistente, oponente, recorrente ou recorrida, na pessoa:
>
> I – do Advogado-Geral da União, privativamente, nas hipóteses de competência do Supremo Tribunal Federal;
>
> II – do Procurador-Geral da União, nas hipóteses de competência dos tribunais superiores;
>
> III – do Procurador-Regional da União, nas hipóteses de competência dos demais tribunais;
>
> IV – do Procurador-Chefe ou do Procurador-Seccional da União, nas hipóteses de competência dos juízos de primeiro grau.
>
> **Art. 36.** Nas causas de que trata o art. 12, a União será citada na pessoa:
>
> I – (Vetado);
>
> II – do Procurador-Regional da Fazenda Nacional, nas hipóteses de competência dos demais tribunais;
>
> III – do Procurador-Chefe ou do Procurador-Seccional da Fazenda Nacional nas hipóteses de competência dos juízos de primeiro grau.

A disciplina da advocacia federal é peculiar, diante da extensão territorial do país. A União litiga em todo território nacional e seria inviável e inadequado que todas as citações estivessem concentradas na pessoa do Advogado-Geral da União, em Brasília. Por isso, outros membros da carreira também possuem poderes, estabelecidos em lei, para receber citação.

Na esfera estadual, a regra geral é a de que a citação deve ser feita na pessoa do Procurador-Geral do Estado.

No que se refere aos Municípios, a Constituição não previu expressamente a prestação de serviços jurídicos por Procuradorias organizadas em carreiras. No CPC, a previsão do artigo 75, inciso III é a de que a representação em juízo desse ente político pode ser realizada por seu prefeito ou procurador. Citado, o prefeito deve constituir advogado, mediante mandato, para defender os interesses do ente público. Nos municípios maiores, que possuem procuradorias organizadas (ou ao menos um procurador), a citação é feita na pessoa do Procurador-Geral do Município.

A citação da pessoa jurídica de direito público não pode ser feita pelo correio com aviso de recebimento (CPC, art. 247, inc. III); exige-se a realização do ato por oficial de justiça. Se o Judiciário já estiver trabalhando com o processo eletrônico, a citação deve ser feita preferencialmente por meio virtual (art. 246, § 1º). Inclusive, o Código estabelece o dever de se cadastrar nos sistemas do processo eletrônico. A exigência vale para o Poder Público e também para empresas públicas e privadas, ressalvadas apenas microempresas e empresas de pequeno porte.

2.2. Intimação

O artigo 269 bem define o conceito de intimação, como sendo "*o ato pelo qual se dá ciência a alguém dos atos e dos termos do processo*".

Após a citação, os demais atos processuais são comunicados às partes através de intimação. No regime jurídico processual comum, afeto aos litígios entre particulares, a intimação, em regra, é realizada através de Diário Oficial, e compete ao advogado acompanhar as publicações referentes aos processos de seus clientes.

No direito processual público, a questão é um pouco diversa. O CPC-2015 trouxe um regramento que uniformiza o regime jurídico da advocacia pública. Todas as intimações ao Poder Público devem ser pessoais, mediante carga dos autos, remessa ou encaminhamento eletrônico (art. 183, § 1º). À luz do sistema anterior, a prerrogativa da intimação pessoal existia de forma difusa, seja dirigida a um ente político, como no caso de advocacia federal (LC nº 73/93, art. 38); seja referente a um tipo de procedimento, como no caso das execuções fiscais (Lei nº 6.830/1980, art. 25). Trata-se, portanto, de uma importante evolução do sistema processual para promoção da defesa do interesse público em juízo.

Da mesma forma que a citação, o CPC dá preferência à realização das intimações por meio eletrônico (art. 270). Como o Poder Público já tem o dever de se cadastrar no sistema do processo eletrônico para receber citação (art. 246, §§ 1º e 2º), a comunicação dos atos processuais subsequentes por meio da intimação poderá seguir o mesmo caminho, a via eletrônica.

No caso dos processos eletrônicos, a intimação pessoal é contada pelo ingresso do processo na caixa de entrada do advogado público, e não pela publicação no diário oficial. Veja-se, a esse respeito, entendimento do Fórum Permanente de Processualistas Civis:

> **En. 400.** (art. 183) O art. 183 se aplica aos processos que tramitam em autos eletrônicos.
>
> **En. 401.** (art. 183, § 1º) Para fins de contagem de prazo da Fazenda Pública nos processos que tramitam em autos eletrônicos, não se considera como intimação pessoal a publicação pelo Diário da Justiça Eletrônico.

Outra inovação significativa do CPC-2015 no regramento da intimação é a possibilidade de um advogado promover a intimação do advogado da outra parte de forma particular. Como prevê o § 1º do artigo 269, o advogado pode "*promover a intimação do advogado da outra parte por meio do correio, juntando aos autos, a seguir, cópia do ofício de intimação e do aviso de recebimento*". No entender de Leonardo da Cunha, essa regra não é aplicável ao advogado público em razão da prerrogativa de intimação pessoal com carga dos autos ou remessa por meio eletrônico.[1]

Esse mesmo entendimento é compartilhado pelo Fórum Permanente de Processualistas Civis:

> **En. 578.** (art. 183, §1º) Em razão da previsão especial do § 1º do art. 183, estabelecendo a intimação pessoal da Fazenda Pública por carga, remessa ou meio eletrônico, a ela não se aplica o disposto no § 1º do art. 269.

3. RESPOSTA DO ENTE PÚBLICO E REVELIA

Regularmente citada, se não for realizada a audiência ou se esta for frustrada (art. 334), a pessoa jurídica de direito público terá prazo de 30 dias úteis para apresentar sua defesa (art. 335, c/c art. 183 e art. 219). Nesse período, o procurador responsável pelo acompanhamento do processo deverá oficiar ao órgão público com atribuição para tratar da matéria litigiosa no âmbito administrativo. Assim, por exemplo, em demanda que verse sobre fornecimento de medicamentos, a coleta de dados para elaboração da defesa do ente público deve ser realizada junto à Secretaria de Saúde; no mesmo sentido, se a demanda versa sobre responsabilidade civil por fuga de presos do sistema penitenciário, a Secretaria de Segurança Pública poderá ser oficiada para apresentar dados relativos à demanda.

Enfim, com base no material fático e probatório obtido junto à Administração Pública, o advogado público elabora sua contestação, sendo para tanto aplicáveis as diretrizes do Código de Processo Civil (artigos 335 a 342). A contestação não precisa estar acompanhada de procuração, pois a representação judicial do ente público pelo advogado público decorre da posse e exercício efetivo do cargo.

Os princípios da concentração e da eventualidade na defesa são plenamente aplicáveis em relação ao ente público. Quanto à regra da impugnação específica dos fatos, há divergência doutrinária. De um lado, Leonardo da Cunha entende que o ente público não tem o dever de impugnar especificamente os fatos, uma vez que a respeito de litígios com o Poder Público não se admite confissão (art.

1. CUNHA, Leonardo Carneiro da. op. cit., 2016, p. 60.

341, I).[2] Em posição diversa, Fredie Didier Jr. entende incidir tal ônus em relação ao Poder Público.[3]

A nosso ver, há que se levar em conta que nem todos os litígios que envolvem o ente público tratam de direitos indisponíveis. Mais ainda, modernas doutrinas de direito administrativo vêm dando novos contornos à questão do interesse público e seus dogmas de indisponibilidade e de sua supremacia.[4] Assim, parece claro que é dever do advogado público, no momento de elaborar a defesa do Estado, atentar para a regra da impugnação especificada dos fatos. Somente se o litígio versar sobre direitos indisponíveis é que o ônus da impugnação especificada está dispensado.

Em relação à revelia nas ações movidas em face do ente público, é preciso distinguir a ocorrência da revelia da produção dos efeitos da revelia. A revelia é nada mais que a não apresentação da contestação (art. 344, primeira parte: "*se o réu não contestar a ação, será considerado revel*"). Se o ente público não apresentar contestação – ou o fizer intempestivamente –, será revel. Diversa é a produção dos efeitos da revelia, notadamente no que se refere à presunção de veracidade dos fatos alegados. Conforme determina o inciso II do art. 345 do CPC, a revelia não induz a presunção de veracidade dos fatos alegados quando o litígio versa sobre direitos indisponíveis. Nesse caso, a procedência do pedido está necessariamente atrelada à efetiva produção de prova acerca dos fatos constitutivos do direito do autor.

Ponto importante que marca a resolução de litígios é a compreensão do Sistema Multiportas, que vê o Judiciário como um dos possíveis caminhos para pacificação social. O modelo adversarial – A x B e imposição de decisão pelo juiz estatal – já não é suficiente para se alcançar o objetivo de promover Justiça. É nesse contexto que meios alternativos (leia-se, adequados) de resolução de litígios ganham terreno, como a negociação, a mediação e a arbitragem.

Sob a perspectiva do litígio com o Poder Público, as soluções autocompositivas possuem ainda mais relevo. Afinal, o Estado existe para atender ao cidadão, para satisfazer direitos. E o reconhecimento espontâneo, o acordo, a consensualidade estão diretamente ligados a um papel do Estado implementador de direitos, e não usurpador ou sonegador.

2. CUNHA, Leonardo Carneiro da. op. cit., 2016, p. 99.

3. DIDIER JR., Fredie. *Curso de direito processual civil: teoria geral do processo e processo de conhecimento.* Vol. I. 11ª ed. rev., ampl. e atual. Salvador: Jus Podivm, 2009, p. 492.

4. O tema é instigante, mas foge do nosso objeto de estudo. A esse respeito, consultem-se: SARMENTO, Daniel. *Interesses públicos versus interesses privados: desconstruindo o princípio da supremacia do interesse público.* Rio de Janeiro: Lumen Juris, 2007; BINENBOJM, Gustavo. *Uma teoria do direito administrativo.* Rio de Janeiro: Renovar, 2008.

Nesse contexto, o Fórum Permanente de Processualistas Civis destacou a importância de o Poder Público indicar ao cidadão os casos em que é possível a solução autocompositiva. Confira-se:

> **En. 573.** (arts. 3º, §§2º e 3º; 334) As Fazendas Públicas devem dar publicidade às hipóteses em que seus órgãos de Advocacia Pública estão autorizados a aceitar autocomposição.

A proposta doutrinária é muito interessante. Que sirva de exortação aos órgãos de advocacia pública para que implementem essas informações.

CAPÍTULO VI

INTERVENÇÃO DO PODER PÚBLICO

1. INTRODUÇÃO

A Lei nº 9.469/97 dispõe sobre alguns aspectos da atuação da União em juízo, como a possibilidade de realização de acordos e transações e a regulação dos pagamentos de condenações. Chama a atenção o artigo 5º, cuja redação é a seguinte:

> **Art. 5º** A União poderá intervir nas causas em que figurarem, como autoras ou rés, autarquias, fundações públicas, sociedades de economia mista e empresas públicas federais.
>
> **Parágrafo único.** As pessoas jurídicas de direito público poderão, nas causas cuja decisão possa ter reflexos, ainda que indiretos, de natureza econômica, intervir, independentemente da demonstração de interesse jurídico, para esclarecer questões de fato e de direito, podendo juntar documentos e memoriais reputados úteis ao exame da matéria e, se for o caso, recorrer, hipótese em que, para fins de deslocamento de competência, serão consideradas partes.

Nesse dispositivo, está prevista uma forma de intervenção da União que não se assemelha propriamente às demais modalidades de intervenção de terceiro previstas no Código de Processo Civil. Embora o dispositivo legal faça referência à União, doutrina e jurisprudência já se consolidaram no sentido de que esse instituto é aplicável a todos os entes políticos (União, Estados, Distrito Federal e Municípios) e suas autarquias e fundações de direito público. Portanto, o dispositivo em exame permite o ingresso do ente público indiscriminadamente em qualquer processo, ainda que o litígio se dê entre particulares.

Trata-se, portanto, de mais um instituto de direito processual público, colocado à disposição exclusivamente do Poder Público.

2. CARACTERÍSTICAS E NATUREZA JURÍDICA

Conforme se depreende da leitura do artigo 5º, o que marca a diferença entre essa forma de intervenção e as demais modalidades ordinárias do CPC é a questão do interesse jurídico. Na intervenção da Lei nº 9.469/97, o parágrafo único do art. 5º expressamente permite a intervenção do ente público, independentemente da existência de interesse jurídico. Basta, aqui, a presença de interesse econômico, ou seja, é suficiente que o processo possa trazer ao ente público consequências patrimoniais, ainda que indiretas.[1]

A rigor, esse "*reflexo de natureza econômica*" a que se refere a norma não deixa de possuir conteúdo jurídico. É dizer, o interesse econômico é o requisito jurídico exigido pelo dispositivo para permitir a intervenção.[2] A questão é que, em relação à intervenção de terceiros, sempre se entendeu que o interesse econômico era distinto do interesse jurídico, este sim apto a permitir o ingresso em juízo (CPC, art. 119).[3] A previsão do art. 5º da Lei nº 9.469/97 simplesmente deu foro jurídico ao interesse econômico do ente público.

É preciso aprofundar a análise do que se compreende por interesse econômico a permitir a intervenção do ente público. Qualquer processo, ainda que se esteja a tutelar *v.g.* direitos da personalidade, envolve certo conteúdo econômico, quando menos no que tange a custas processuais e honorários advocatícios. Entretanto, não parece possível a intervenção do ente público em todo e qualquer processo.

É preciso qualificar o interesse econômico (ainda que reflexo) que possibilita a intervenção do artigo 5º. A norma deve ser compreendida na exata medida em que a consequência patrimonial afeta o interesse público – como, por exemplo, a possibilidade de se obstaculizar a consecução das finalidades do Estado. Disso resulta que a intervenção do ente estatal na forma do art. 5º deve estar ligada a uma questão econômica, cujo reflexo atinja o interesse público. Não basta – pelo contrário, rechaça-se – que o interesse reflexo seja moral ou político-ideológico. A intervenção do ente público no processo em que haja possível reflexo econômico, mas cuja finalidade última não seja a tutela do interesse público, deve ser rejeitada pelo Poder Judiciário, sob pena de se desvirtuar a aplicação do instituto.

Quanto à sua natureza jurídica, há divergência doutrinária. Há quem veja o instituto como uma nova modalidade de intervenção de terceiro no sistema

1. Para um panorama sobre as profundas críticas doutrinárias feitas ao instituto: ARAÚJO FILHO, Luiz Paulo da Silva. *Assistência e intervenção da União.* Rio de Janeiro: Forense, 2006, p. 167-204.
2. Nesse sentido: MEDINA, José Miguel Garcia; WAMBIER, Teresa Arruda Alvim. *Processo civil moderno: parte geral e processo de conhecimento.* Vol. 1.São Paulo: RT, 2009, p. 81.
3. NERY JR., Nelson. op. cit., item n. 3, p. 232.

processual[4] – em nomenclatura um pouco diversa, intervenção anômala[5] – e outros que defendem se tratar de modalidade de *amicus curiae*.[6]

O Superior Tribunal de Justiça se manifestou no sentido de considerar a intervenção da União como hipótese de assistência simples:

> 2. Nos termos do art. 5º, caput, da Lei nº 9.469/97, "a União poderá intervir nas causas em que figurarem, como autoras ou rés, autarquias, fundações públicas, sociedades de economia mista e empresas públicas federais". Por outro lado, o § único do mencionado artigo proclama que «as pessoas jurídicas de direito público poderão, nas causas cuja decisão possa ter reflexos, ainda que indiretos, de natureza econômica, intervir, independentemente da demonstração de interesse jurídico, para esclarecer questões de fato e de direito, podendo juntar documentos e memoriais reputados úteis ao exame da matéria e, se for o caso, recorrer, hipótese em que, para fins de deslocamento de competência, serão consideradas partes".
>
> 3. Portanto, não se está diante de hipótese de litisconsórcio necessário, nem mesmo de assistência litisconsorcial. O mencionado dispositivo, ao explicitar a finalidade da intervenção – para esclarecer questões de fato e de direito, podendo juntar documentos e memoriais reputados úteis ao exame da matéria e, se for o caso, recorrer –, por exegese lógica, também deixa claro que se trata de intervenção *ad coadjuvandum*, ou seja, está-se diante de **intervenção simples**. Com efeito, conquanto a Lei nº 9.469/97 autorize a intervenção da União em feitos dessa natureza, esta receberá o processo no estado em que se encontra (art. 50, § único, do CPC), não havendo cogitar-se em recurso contra decisões proferidas antes de sua participação.
>
> 4. Por outro lado, nos termos do caput, do art. 50, do CPC, para a admissão da intervenção de terceiros na modalidade assistência simples, é antecedente necessário a existência de causa pendente, vale dizer, causa cuja decisão não transitou em julgado, circunstância não verificada na espécie. Em realidade, a sentença contra a qual a União manejou apelação – sentença de liquidação por arbitramento –, há muito, transitara em julgado, inexistindo, com isso, o aludido requisito.
>
> 5. Vale dizer, portanto, que a União não pode recorrer em processo onde não havia sua intervenção regular, porquanto o acórdão proferido em sede de liquidação de sentença já transitara em julgado, ficando-lhe ressalvada, contudo, a discussão futura quanto à justiça da decisão.
>
> 6. As matérias concernentes ao mérito do recurso restam prejudicadas.

4. DIDIER JR., Fredie. *Curso de direito processual civil: teoria geral do processo e processo de conhecimento*. Vol. 1. 11ª ed. rev., ampl. e atual. Salvador: Jus Podivm, 2009, p. 384.
5. MARINONI, Luiz Guilherme; ARENHART, Sérgio Cruz. *Manual do processo de conhecimento*. 4ª ed. rev., atual. e ampl. São Paulo: RT, 2005, p. 190.
6. BUENO, Cassio Scarpinella. *Curso sistematizado de direito processual civil: procedimento comum: ordinário e sumário*. Vol. 2, t. I. 3ª ed. rev. e atual. São Paulo: Saraiva, p. 562.

> 7. Recurso especial não conhecido.
>
> (REsp 708.040/RJ, Rel. Min. Luis Felipe Salomão, 4ª Turma, julgado em 19/02/2009, DJe 09/03/2009)

Vale observar que essa intervenção é objeto de grandes divergências e controvérsias. Ao analisar a jurisprudência do STJ, é possível perceber que a Corte tem dado interpretação que procura limitar sua aplicação. Confira-se:

> 1. Na hipótese dos autos, o IBAMA interpôs agravo regimental contra a decisão que indeferiu pedido no qual requereu seu ingresso no processo na qualidade de assistente simples da União (art. 50 do Código de Processo Civil) ou interveniente (art. 5º, parágrafo único, da Lei 9.469/97), em razão do interesse na preservação do ato de demissão do impetrante determinada pela Ministra do Meio Ambiente.
>
> 2. É majoritário o entendimento dos Tribunais Superiores no sentido de que não cabe ingresso de terceiro na qualidade de assistência simples em mandado de segurança. Sobre o tema, os seguintes precedentes: [...]
>
> 3. O Superior Tribunal de Justiça também firmou orientação no sentido de que a assistência anômala, prevista no art. 5º, parágrafo único, da Lei 9.469/1997, não é cabível em mandado de segurança. Nesse sentido, os precedentes de ambas as Turmas de Direito Público deste Tribunal Superior: [...]
>
> 4. Agravo regimental não provido.
>
> (AgRg no MS 15.484/DF, Rel. Min. Mauro Campbell Marques, 1ª Seção, julgado em 12/12/2012, DJe 01/02/2013)

Do julgado acima transcrito, é possível concluir que a jurisprudência do STJ não admite a intervenção do Poder Público em processo de mandado de segurança.

Dentro da ideia apresentada acima – no sentido de que o interesse econômico deve estar ligado ao interesse público –, a intervenção do artigo 5º parece mesmo se tratar de *amicus curiae*, pois o ente público ingressa no processo para levar ao conhecimento do juízo "interesses institucionais" (o interesse público, ainda que secundário). O papel desempenhado pelo ente público é o de chamar a atenção do julgador para a importância e as consequências da decisão a ser proferida. A participação do Estado amplia e aprofunda o debate jurídico naquele litígio e reduz o déficit democrático da atuação do Poder Judiciário[7], ao conferir maior grau de legitimidade àquela decisão que, posteriormente, pode influenciar outros litígios ou a conduta administrativa com reflexos sociais significativos.

Embora a referência legal dispense a presença do interesse jurídico, a jurisprudência tem obstado determinadas hipóteses de intervenção da União, quando a

7. BUENO, Cassio Scarpinella. *Curso*... Vol. 2, t. I, p. 564.

causa não apresenta qualquer contorno relevante à participação do ente público. A esse respeito, confira-se:

> 3. A jurisprudência do STJ consigna que o mero interesse econômico da União – fundado no art. 5º, parágrafo único, da Lei nº 9.469/97 – não é suficiente para atrair a incidência do art. 109, I, da Constituição Federal. Há que ser demonstrado o evidente interesse jurídico. Precedentes: REsp 1.306.828/PI, Rel. Ministro Humberto Martins, Segunda Turma, DJe 13.10.2014; EDcl no AgRg no CC 89.783/RS, Rel. Min. Mauro Campbell Marques, Primeira Seção, DJe 18.6.2010; AgRg no REsp 1.045.692/DF, Rel. Min. Marco Buzzi, Quarta Turma, julgado em 21.6.2012, DJe 29.6.2012.
>
> Agravo regimental improvido.
>
> (AgRg na MC 23.856/SP, Rel. Min. Humberto Martins, 2ª Turma, julgado em 10/03/2015, DJe 13/03/2015)

Esse entendimento do STJ demonstra que a atuação legítima do ente público deve-se pautar pela preservação e persecução do interesse público – ainda que a previsão legal seja genérica quanto à sua participação no processo.

3. SISTEMÁTICA DE APLICAÇÃO

3.1. Admissibilidade

A intervenção do ente público é admitida, como regra geral, em qualquer processo – seja o procedimento comum, cumprimento de sentença, especiais, embargos à execução etc.

A ressalva é quanto à sua aplicação nos Juizados Especiais, uma vez que se veda a intervenção de terceiros.

Quanto ao processo de execução, há posição doutrinária de que não seria cabível[8], mas nesse ponto discordamos. É que o ente público pode apresentar exceção de pré-executividade para chamar a atenção do juízo acerca de determinada questão jurídica.

Quanto ao cabimento da intervenção no mandado de segurança, há divergência doutrinária. De um lado, entende-se que tal intervenção desnatura o trâmite processual célere da ação constitucional, razão por que não deve ser admitida.[9] Em contrapartida, há posicionamento no sentido de que a verificação sobre o

8. CUNHA, Leonardo José Carneiro da. op. cit., p. 185.
9. CUNHA, Leonardo José Carneiro da. op. cit., p. 186.

cabimento da intervenção somente pode ocorrer no caso concreto, para aferir se a participação do ente importará em indesejada dilação probatória ou se limitará à prestação de esclarecimentos.[10] A posição da jurisprudência foi exposta no item anterior – o STJ não admite a intervenção no mandado de segurança.

3.2. Modo de ingresso do ente público

A Lei nº 9.469/97 não traz a disciplina da forma de proceder para que se estabeleça a intervenção do ente público no processo – o art. 5º limita-se a prever tal possibilidade. Em doutrina, há divergência.

Uma parcela entende necessária a instauração de um procedimento, um incidente próprio, para permitir a participação do ente público no processo. De outro lado, há o entendimento de que a intervenção é informal, com apresentação de documentos provas e memoriais imediatamente pelo Poder Público.[11] De fato, parece-nos que não há necessidade de instauração de um incidente próprio, sendo suficiente a intimação das partes, em atendimento ao princípio do contraditório, para se manifestar sobre o ingresso do ente público no feito.

3.3. Modo de atuação em juízo

De acordo com a previsão legal, a pessoa jurídica de direito público pode ingressar no feito para "*esclarecer questões de fato e de direito, podendo juntar documentos e memoriais reputados úteis ao exame da matéria*" (art. 5º, p.ú.).

Assim, tem-se que o ente público pode contribuir com a resolução do litígio através da juntada de documentos e memoriais (a questão recursal será vista no próximo tópico). Não lhe é possível efetuar requerimentos no processo, como a oitiva de testemunhas ou a expedição de ofício a determinada entidade para obter informações, nem tampouco praticar atos inerentes aos direitos de ação e de defesa, ou seja, não pode apresentar reconvenção, nem contestar.[12]

3.4. Interposição de recurso

O instituto da intervenção do ente público com base no artigo 5º da Lei nº 9.469/97 já é objeto de severas críticas doutrinárias em razão de prever a possibilidade de intervenção sem interesse jurídico na causa. Maiores ainda são as

10. BUENO, Cassio Scarpinella. *Amicus curiae no processo civil brasileiro: um terceiro enigmático*. São Paulo: Saraiva, 2006, p. 599.
11. CUNHA, Leonardo Carneiro da. op. cit., 2016, p. 148.
12. CUNHA, Leonardo José Carneiro da. op. cit., p. 171.

críticas quanto à interposição de recurso pelo ente público. É que, conforme prevê a parte final do parágrafo único do art. 5º, as pessoas jurídicas de direito público podem "*recorrer, hipótese em que, para fins de deslocamento de competência, serão consideradas partes*".

Não há consenso sobre a interpretação que se deve dar ao dispositivo. Primeiro, extrai-se que, se a condição de parte só é adquirida através da interposição do recurso, então sua participação no primeiro grau, com a juntada de documentos e memoriais, não era nessa condição (de parte). Disso resulta correta a conclusão de que essa figura se aproxima do *amicus curiae*, que ingressa no processo tão somente para oferecer elementos de convicção ao juízo, referentes a seus interesses institucionais.

Por outro lado, adquirir a condição de parte significa passar a integrar a relação jurídica processual. Logo, o ente público passa a exercer direito de ação ou de defesa, conforme o caso, e está sujeito à condenação em ônus sucumbenciais e à formação da coisa julgada.

Causa polêmica também a possibilidade de deslocamento da causa da Justiça Estadual para a Justiça Federal em grau recursal. Pense-se o exemplo em litígio entre particulares ajuizado, dentro dos corretos critérios de competência, perante a Justiça Estadual. Sobrevindo sentença, a União pode intervir no processo e, de acordo com o parágrafo único do art. 5º da Lei nº 9.469/97, a causa é deslocada para a Justiça Federal.

Parcela da doutrina entende que tal deslocamento não é possível e o dispositivo deve ser desconsiderado, uma vez que o inciso II do artigo 108 da Constituição da República determina que compete à Justiça Federal julgar recursos de causas decididas por juízes federais ou por juízes estaduais no exercício de competência federal.[13] Por sua vez, a Constituição da República prevê, no artigo 109, inc. I, que compete à Justiça Federal processar e julgar causas em que a União e suas entidades públicas forem "*autoras, rés, assistentes ou opoentes*".

A crítica doutrinária se funda no fato de que a participação da União no primeiro grau não causa o deslocamento da competência, mas seu recurso, sim. Dentro desse contexto, surge um conflito entre qual dispositivo constitucional é aplicável, o art. 109, inc. I ou o art. 108, inc. II, o que influencia na conclusão e na atuação prática: ou a competência se desloca para a Justiça Federal, nos termos do art. 5º, p.ú., ou permanece na Justiça Estadual, ignorando-se a disposição legal.

---

13. Essa é a posição de: CUNHA, Leonardo José Carneiro da. op. cit., p. 177; ARAÚJO FILHO, Luiz Paulo da Silva. op. cit., p. 202. Este autor conclui pela impossibilidade do deslocamento, mas com o argumento de que a intervenção do art. 5º não se assemelha à noção constitucional de assistência (CR, art. 109, inc. I).

A nosso ver, é possível compatibilizar o dispositivo legal com a previsão constitucional. Para tanto, deve-se observar a intervenção da União como duas modalidades diferentes, com naturezas jurídicas distintas. Em sua atuação no primeiro grau, a União não é parte, é *amicus curiae*, motivo por que não exerce ação ou defesa, não se vincula à coisa julgada, não é sucumbente. Como bem observou a doutrina especializada no assunto, a atuação da União no primeiro grau é transitória; não se torna sujeito do contraditório, não é parte no processo.[14] No âmbito recursal, a atuação da União deve ser encarada como recurso do terceiro prejudicado (CPC, art. 996). Assim, ao recorrer, assume a condição de parte, o que atrai a competência da Justiça Federal, nos termos do artigo 109, inciso I. Disso não resulta violação ao artigo 108, inc. II; ao contrário, harmonizam-se as disposições constitucionais. A competência da Justiça Federal continua prevista no artigo 108, com o acréscimo da hipótese em que o processo tenha tramitado na Justiça Estadual, mas tenha se deslocado para a Justiça Federal por força da previsão, igualmente constitucional, do inciso I do artigo 109. É que a competência da Justiça Federal é *ratione personae*, ou seja, independentemente da natureza da controvérsia, a presença do ente federal como parte atrai a competência dessa Justiça.

Vale lembrar que o deslocamento do feito da Justiça Estadual para a Justiça Federal já ocorre, sem maiores dúvidas, nas hipóteses de chamamento ao processo e denunciação da lide. Sobre esse assunto, inclusive, há súmula do Superior Tribunal de Justiça:

> **Súmula 150.** Compete à Justiça Federal decidir sobre a existência de interesse jurídico que justifique a presença, no processo, da União, suas autarquias ou empresas públicas.

A verificação do interesse da participação da União no processo deve ser feita pela Justiça Federal. Nesse sentido, é possível afirmar que a verificação do reflexo econômico – dirigido, ressalte-se, sempre ao interesse público – deve ser feita pela Justiça Federal.

Ainda sobre o assunto, confira-se a jurisprudência do Superior Tribunal de Justiça:

> 4. No que tange aos demais vícios apontados, o acórdão embargado externou entendimento de que, nos termos da jurisprudência dessa Corte, a realização de pedido de intervenção feito pela União nas demandas referentes ao empréstimo compulsório sobre energia elétrica, após a prolação da sentença enseja apenas o deslocamento do processo para o Tribunal Regional Federal, de sorte que é esta a esfera competente para o exame a respeito da existência, ou não, de interesse que justifique tal intervenção. Daí porque se manteve a sentença proferida pelo

14. ARAÚJO FILHO, Luiz Paulo da Silva. op. cit., p. 198.

juízo estadual em momento anterior ao pedido de ingresso da União no feito. Da mesma forma, não há como se reconhecer a alegada contradição uma vez que não se discute nesses autos se há ou não interesse jurídico da União no feito, mas tão somente se se a apreciação de tal questão é de competência da justiça federal.

5. Verifica-se que, nesses pontos, a pretensão da embargante é meramente infringente, sendo incabível nesta sede, ante à finalidade estritamente integrativa dos embargos declaratórios.

6. Embargos de declaração rejeitados.

(EDcl no REsp 1111159/RJ, Rel. Min. Benedito Gonçalves, 1ª Seção, julgado em 24/03/2010, DJe 09/04/2010)

O que se extrai do acórdão é que a sentença de primeiro grau proferida na Justiça Estadual é válida, uma vez que esta Justiça era competente para a apreciação do feito à época. A jurisprudência consolidada da Corte Especial é no sentido de que há, excepcionalmente, situações em que a Justiça Federal julga, em grau de recurso, processos sentenciados pela Justiça Estadual – é o que ocorre na hipótese em que a União ingressa no feito na fase recursal.

Naturalmente, essa discussão só tem lugar quando a intervenção é da União em litígio processado na Justiça Estadual. Se o litígio já é da competência da Justiça Federal, a intervenção da União – ou de outro ente público estadual, distrital ou municipal – não modifica a competência. De igual modo, se a demanda corre na Justiça Estadual e a intervenção é feita por ente público estadual, não há modificação de competência.

3.5. Pedido de suspensão

A previsão do parágrafo único do artigo 5º da Lei nº 9.469/97 menciona a possibilidade de o ente público interpor recurso, mas é silente quanto à possibilidade de se ajuizar pedido de suspensão.

A partir dessa omissão é possível se pensar em duas soluções. Primeira, diante da interpretação restritiva que se deve dar ao dispositivo, por ausência de previsão legal, não é possível a propositura do pedido de suspensão. Segunda, a previsão que concede ao ente público o poder de ingressar no feito para recorrer traz implícita, em si, a possibilidade também de se propor o pedido de suspensão.

Essa segunda posição é a que prevalece em doutrina e jurisprudência.[15] De fato, parece-nos que seria despropositado se pensar na previsão legal que concede ao ente público a possibilidade de interposição de recurso, sem considerar aí incluída a possibilidade de apresentação do pedido de suspensão dos efeitos da decisão.

15. CUNHA, Leonardo Carneiro da. op. cit., 2016, p. 156.

Questões de Concurso

▶ **01. (Proc. Bacen – 2013 – CESPE)** A intervenção das pessoas jurídicas de direito público nas causas cuja decisão possa lhes trazer reflexos de natureza econômica depende da demonstração de interesse jurídico e, quando demonstrado, a admissão da intervenção poderá implicar descolamento de competência.

▶ **02. (PG-DF – 2013 – CESPE)** De acordo com a interpretação dada à legislação vigente, é facultada ao DF a possibilidade de intervir em demandas em que tiver interesse econômico, independentemente da demonstração de interesse jurídico.

▶ **03. (PGM – São Paulo – 2015 – Vunesp)** A respeito da intervenção das pessoas de direito público em causas cuja decisão possa lhes gerar efeitos, assinale a alternativa correta.

(A) É admitida a intervenção mesmo que se trate de efeitos reflexos indiretos e de natureza econômica.

(B) A intervenção só é admitida se demonstrado o interesse jurídico na vitória de uma das partes.

(C) A intervenção depende da anuência da parte cujos interesses coincidem com o da interveniente.

(D) Essa intervenção, afora as hipóteses de comprovado interesse jurídico, só pode se dar pela via do recurso de terceiro interessado.

(E) Não prescinde a pessoa jurídica de direito público interveniente da demonstração de que seria parte legítima para figurar como autora ou ré da demanda.

Questão	Gabarito	Breves comentários
01	Errado	Lei nº 9.469/97, art. 5º, p.ú.; v. item 2.
02	Certo	Lei nº 9.469/97, art. 5º, p.ú.; v. item 2.
03	A	Lei nº 9.469/97, art. 5º; v. item 2.

CAPÍTULO VII

TUTELA PROVISÓRIA CONTRA O PODER PÚBLICO

1. INTRODUÇÃO

O processo, como sequência de atos jurídicos, leva tempo para se desenvolver. Ainda que a prestação jurisdicional seja célere e eficiente, cada ato processual leva certo tempo para ser praticado. Em suma, mesmo que as partes, o juiz e os serventuários da Justiça pratiquem seus atos no prazo legalmente previsto, é natural que o processo se prolongue no tempo. Esse curso natural do processo pode acarretar prejuízos aos direitos das partes em litígio – ora é o direito do autor que se esvai por não obter o bem da vida rapidamente; ora são os interesses do réu que ficam prejudicados, pois a causa em trâmite lhe impede outras realizações pessoais, profissionais ou econômicas.

É para contornar as consequências negativas do tempo no processo que o sistema jurídico prevê a possibilidade de concessão de tutela provisória. Utiliza-se aqui a expressão que dá título ao Livro V do Código de Processo Civil – embora valha o alerta quanto à imprecisão terminológica, pois o legislador tratou de tutela de urgência cautelar, de tutela de urgência satisfativa e de tutela de evidência.[1]

No que se refere ao regime jurídico do direito processual público, há diversas ressalvas legais à concessão de tutelas provisórias em face do Estado.

2. LEGISLAÇÃO PERTINENTE

A legislação relativa ao direito processual público é bastante confusa, fruto tanto de má técnica legislativa, quanto – não há como negar – de açodamento político em contornar situações desfavoráveis ao Poder Público. O resultado é uma gama

1. CUNHA, Leonardo Carneiro da. op. cit., p. 293

de dispositivos legais que se sobrepõem e se fundem. Importante, então, saber quais são as normas jurídicas referentes a tutelas de urgência em relação ao ente público:

(i) Lei nº 8.437/92: disciplina a concessão de medidas cautelares contra o Poder Público

> **Art. 1º** Não será cabível medida liminar contra atos do Poder Público, no procedimento cautelar ou em quaisquer outras ações de natureza cautelar ou preventiva, toda vez que providência semelhante não puder ser concedida em ações de mandado de segurança, em virtude de vedação legal.
>
> § 1º Não será cabível, no juízo de primeiro grau, medida cautelar inominada ou a sua liminar, quando impugnado ato de autoridade sujeita, na via de mandado de segurança, à competência originária de tribunal.
>
> § 2º O disposto no parágrafo anterior não se aplica aos processos de ação popular e de ação civil pública.
>
> § 3º Não será cabível medida liminar que esgote, no todo ou em qualquer parte, o objeto da ação.
>
> [...]
>
> § 5º Não será cabível medida liminar que defira compensação de créditos tributários ou previdenciários.

(ii) Lei nº 9.494/97: disciplina a concessão de tutela antecipada contra o Poder Público

> **Art. 1º** Aplica-se à tutela antecipada prevista nos arts. 273 e 461 do Código de Processo Civil o disposto nos arts. 5º e seu parágrafo único e 7º da Lei nº 4.348, de 26 de junho de 1964, no art. 1º e seu § 4º da Lei nº 5.021, de 9 de junho de 1966, e nos arts. 1º, 3º e 4º da Lei nº 8.437, de 30 de junho de 1992.
>
> **Art. 2º-B.** A sentença que tenha por objeto a liberação de recurso, inclusão em folha de pagamento, reclassificação, equiparação, concessão de aumento ou extensão de vantagens a servidores da União, dos Estados, do Distrito Federal e dos Municípios, inclusive de suas autarquias e fundações, somente poderá ser executada após seu trânsito em julgado.

A Lei nº 4.348/64 foi revogada pela Lei nº 12.016/2009 (Lei do Mandado de Segurança), de modo que a referência do art. 1º, acima transcrito, deve ser o § 2º, art. 7º dessa nova lei.

(iii) Lei nº 12.016/2009: disciplina o mandado de segurança

> **Art. 7º** [...]
>
> § 2º Não será concedida medida liminar que tenha por objeto a compensação de créditos tributários, a entrega de mercadorias e bens provenientes do exterior, a

reclassificação ou equiparação de servidores públicos e a concessão de aumento ou a extensão de vantagens ou pagamento de qualquer natureza.

[...]

§ 5º As vedações relacionadas com a concessão de liminares previstas neste artigo se estendem à tutela antecipada a que se referem os arts. 273 e 461 da Lei nº 5.869, de 11 janeiro de 1973 – Código de Processo Civil.

Art. 14. [...]

§ 3º A sentença que conceder o mandado de segurança pode ser executada provisoriamente, salvo nos casos em que for vedada a concessão da medida liminar.

(iv) Lei nº 8.036/1990: liminares em mandado de segurança sobre FTGS

Art. 29-B. Não será cabível medida liminar em mandado de segurança, no procedimento cautelar ou em quaisquer outras ações de natureza cautelar ou preventiva, nem a tutela antecipada prevista nos arts. 273 e 461 do Código de Processo Civil que impliquem saque ou movimentação da conta vinculada do trabalhador no FGTS.

A partir dessa listagem, é possível verificar que as vedações legais pertinentes à tutela cautelar contra o Estado são aplicáveis indistintamente à tutela antecipada também. Ao final, alcançou-se um tratamento uniforme para toda a tutela de provisória de urgência.

Essa sistemática é anterior ao Código de Processo de Civil de 2015, mas foi acolhida pela nova legislação processual, expressamente no artigo 1.059: "À tutela provisória requerida contra a Fazenda Pública aplica-se o disposto nos arts. 1º a 4º da Lei nº 8.437, de 30 de junho de 1992, e no art. 7º, § 2º, da Lei nº 12.016, de 7 de agosto de 2009."

Questão importante acerca do regramento do CPC se refere à estabilização da tutela antecipada. O artigo 304 estabelece que a tutela antecipada se torna estável se a decisão não for impugnada por recurso. Houve debate doutrinário se esse regramento era aplicável ao Poder Público. No entender do Fórum Permanente de Processualistas Civis, a resposta é positiva:

En. 582. (arts. 304, caput; 5º, caput e inciso XXXV, CF) Cabe estabilização da tutela antecipada antecedente contra a Fazenda Pública.

3. CONSTITUCIONALIDADE

As vedações à concessão de tutelas de urgência contra o Poder Público naturalmente são fonte de grande polêmica. Há quem veja tais limitações como inconstitucionais, por violação do princípio da inafastabilidade do controle jurisdicional e da efetividade da prestação da tutela jurisdicional. Além disso, discute-se na doutrina a forma de compatibilização desse instituto com os regimes da remessa necessária e do pagamento por precatórios. Parece-nos possível conciliar todos esses institutos processuais.

No que toca à inconstitucionalidade, há boa doutrina que entende possível a existência de restrições à concessão de certas tutelas de urgência, sem que isso importe em violação do princípio constitucional. As limitações referidas pelo legislador apenas estampam situações em que já se verificou a ausência de risco de dano grave ou de difícil reparação ao direito do particular.[2] Em outras palavras, as vedações legais apenas explicitam hipóteses em que a medida de urgência não deveria ser concedida por falta de seus pressupostos autorizadores.

Por outro lado, não há qualquer incompatibilidade entre o regime do reexame necessário e a tutela de urgência. Essa é uma realidade visualizada claramente no âmbito do mandado de segurança: é comum a concessão de liminar contra o Poder Público e, posteriormente, a subida dos autos por força do reexame. Afinal, o reexame impede a formação da coisa julgada e a eficácia da sentença, mas a lei pode permitir a eficácia do provimento liminar, que não está sujeito à remessa necessária.[3]

Quanto ao obstáculo do regime de precatório (CR, art. 100), dois pontos devem ser destacados. Primeiro, o óbice decorre do próprio sistema jurídico, com assento constitucional. O pagamento de quantia certa, fruto de condenações do Estado, é feito mediante a expedição de precatório, e essa forma de proceder foi prevista pelo constituinte originário. Uma norma infraconstitucional que explicite a vedação lógica do sistema jurídico não pode ser taxada de inconstitucional. Outro ponto a destacar é que o impedimento causado pelo pagamento via precatório atinge apenas condenações judiciais ao pagamento de quantia pecuniária. Outras imposições de obrigações de fazer – ainda que possuam reflexo patrimonial – não ficam obstadas. Por exemplo, a ordem judicial para entrega de medicamento ou para reintegração do servidor pode ser objeto de tutela de urgência, não obstante haja a necessidade do pagamento de sua remuneração. As decisões judiciais de eficácia executiva e mandamental não se submetem ao regime dos precatórios, conforme entendimento do STJ.[4]

A divergência de posições alcançava também a jurisprudência. Especificamente quanto à vedação do art. 1º da Lei nº 9.494/97, o Supremo Tribunal Federal examinou sua compatibilidade com o ordenamento jurídico na Ação Declaratória

2. CUNHA, Leonardo José Carneiro da. op. cit., p. 234.
3. PEREIRA, Hélio do Valle. op. cit., p. 193.
4. AgRg no AREsp 230.482/RS, Rel. Min. Sérgio Kukina, 1ª Turma, julgado em 07/03/2013.

de Constitucionalidade nº 4. Primeiramente em caráter liminar e posteriormente em julgamento definitivo, a Corte entendeu constitucional o dispositivo que veda a concessão de liminares.

Portanto, a conclusão é a de que as vedações à concessão da tutela de urgência em face do Estado são compatíveis com o ordenamento jurídico. Isso não significa, porém, que situações ímpares não levem ao afastamento da vedação em determinados casos. Veremos abaixo que algumas vedações legais à concessão de medidas urgentes recebem interpretação mais restritiva da jurisprudência.

4. ANÁLISE DAS VEDAÇÕES LEGAIS À TUTELA DE URGÊNCIA CONTRA O PODER PÚBLICO

As hipóteses previstas na legislação sobre a vedação da concessão de tutela provisória de urgência sofrem diferentes interpretações doutrinárias e jurisprudências, ora para limitar sua aplicação, ora para estendê-la.

Vale destacar que as vedações a medidas de urgência previstas na legislação esparsa se referiam ora a providência de natureza cautelar, ora antecipada. Ainda assim, uma vedação legal a providência cautelar acabava estendida a providência de natureza antecipatória, como se verifica do art. 1º-B da Lei nº 9.4949/97.

À luz do CPC-2015, houve unificação quanto aos requisitos para concessão da tutela de urgência, seja cautelar ou antecipada, que demandam a presença de "*elementos que evidenciem a probabilidade do direito e o perigo de dano ou o risco ao resultado útil do processo*" (art. 300). Do ponto de vista legislativo, há menção expressa à fungibilidade da cautelar para a antecipada requerida de forma antecedente, como se verifica do parágrafo único do artigo 305: "*Caso entenda que o pedido a que se refere o caput tem natureza antecipada, o juiz observará o disposto no art. 303*". A doutrina tem-se consolidado para fungibilidade também da via inversa, ou seja, requerida tutela antecipada antecedente, o juiz pode converter em cautelar. É o que ficou consolidado pelo Fórum Permanente de Processualistas Civis:

> **En. 502.** (art. 305, parágrafo único) Caso o juiz entenda que o pedido de tutela antecipada em caráter antecedente tenha natureza cautelar, observará o disposto no art. 305 e seguintes.

4.1. Ato de autoridade com prerrogativa de foro

O § 1º do art. 1º da Lei nº 8.437/92 veda a concessão de "*medida cautelar inominada ou a sua liminar, quando impugnado ato de autoridade sujeita, na via do mandado de segurança, à competência originária do tribunal*".

Busca-se evitar burla às regras de competência por prerrogativa de foro previstas na Constituição da República. Por exemplo, o mandado de segurança contra ato do presidente da República somente pode ser impetrado perante o Supremo Tribunal Federal (CR, art. 102, inc. I, al. "d"). Por consequência, a autoridade que pode conceder provimentos de urgência – cautelares ou antecipados – é também o STF.

Se, ao invés de mandado de segurança, for proposta uma demanda ordinária em face da União para discutir o ato administrativo, a competência não será do Supremo, mas sim do juízo federal de primeira instância. Nesse caso, a concessão de tutela provisória significaria a imposição de obrigação ao Presidente da República através de juízo incompetente constitucionalmente.[5]

Por se tratar de regra restritiva do direito do particular, sua interpretação deve ser restritiva. O objetivo da norma é evitar a burla à competência originária de tribunal em mandado de segurança. Assim, nas hipóteses em que não for viável a impetração do *writ*, a propositura da cautelar antecedente e a concessão de tutela provisória são possíveis.

É preciso entender corretamente a aplicação do § 1º do art. 1º da Lei 8.437/92: se a hipótese comporta MS no Tribunal Superior, e a pessoa prefere a ação contra a União no primeiro grau, fica vedada a concessão de tutela de urgência. Repare, aqui cabe MS, mas a parte opta pelo juízo de primeiro grau; conclusão, veda-se a concessão de tutela de urgência no primeiro grau. Outra situação é: o caso NÃO comporta MS (não há direito líquido e certo, por exemplo). Desde sempre, o juízo originário competente é o de primeiro grau; logo, são possíveis as concessões de provimentos de urgência. Por quê? Porque não há tentativa de burla à competência do Tribunal Superior.

Além disso, há exceção na própria Lei nº 8.437/92, que permite a concessão de tutela de urgência em ação popular e ação civil pública (art. 1º, § 2º). Nessas ações, o provimento de urgência pode ser concedido ainda que o ato impugnado tenha sido praticado por autoridade com foro por prerrogativa de função – cuja competência em mandado de segurança seria de tribunal.

4.2. Irreversibilidade da medida

No § 3º do art. 1º da Lei nº 8.437/92, está prevista a vedação à tutela de urgência que esgote, no todo ou em parte, o objeto da ação. Essa vedação se refere ao caráter de reversibilidade de que deve ser dotado o provimento de urgência de tutela antecipada.

5. Exemplo e conclusão de: CUNHA, Leonardo José Carneiro da. op. cit., p. 236.

Trata-se de limitação comum a todo o regime da tutela de urgência, conforme previsão do artigo 300, § 3º do CPC: "*A tutela de urgência de natureza antecipada não será concedida quando houver perigo de irreversibilidade dos efeitos da decisão*".

A norma demanda interpretação atenta. Doutrina e jurisprudência já se consolidaram no sentido de que não se trata de um dogma inafastável.[6] Há situações em que a não concessão da medida de urgência para proteger o direito do réu pode levar ao perecimento do direito do autor, como costuma ocorrer nos casos das ações de medicamentos. Nesses casos, presentes os requisitos autorizadores, a medida deve ser concedida, ainda que irreversível.[7]

4.3. Compensação de créditos tributários e previdenciários

Outra vedação prevista na Lei nº 8.437/92 toca à compensação de créditos tributários e previdenciários. O § 5º do artigo 1º proíbe a concessão de medida de urgência para possibilitar ao particular a compensação de créditos tributários ou previdenciários. A norma protege o Estado de situações possivelmente irreversíveis. Uma vez efetuada a compensação de valores mediante provimento de urgência – liminar ou mediante contraditório –, caso posteriormente a pretensão seja rejeitada no mérito, pode ser difícil a recuperação dos valores junto ao particular, diante de sua possível insolvabilidade. No comum dos casos, o pleito de compensação decorre da aquisição de precatórios daquele ente público por empresas, cujo passivo tributário já é bastante grande. O provimento de urgência de compensação extingue, ainda que provisoriamente, o débito tributário da empresa – que acaba por contrair outras dívidas em sua atividade empresarial. Posteriormente, em caso de revogação da compensação, o crédito tributário volta a existir, e a dívida da empresa aumenta significativamente, conduzindo-a à insolvência.[8]

Além disso, a compensação demanda lei específica, conforme prevê o art. 170 do CTN. Não existe compensação tributária autoaplicável.[9] Por fim, o art. 170-A do CTN também veda a compensação: "*É vedada a compensação mediante o*

6. Dentro muitos: MARINONI, Luiz Guilherme; MITIDIERO, Daniel. op. cit., item n. 12, p. 272; NERY JÚNIOR, Nelson. op. cit., item n. 36, p. 458.
7. STJ: REsp 1078011/SC, Rel. Min. Herman Benjamin, 2ª Turma, julgado em 02/09/2010, DJe 24/09/2010.
8. Nesse particular, não concordamos com a posição doutrinária de que a liminar extingue o crédito tributário e, posteriormente, ainda que cassada, o crédito tributário não volta a existir. Essa é a posição de: CUNHA, Leonardo José Carneiro da. op. cit., p. 237. A nosso ver, como a sentença produz efeitos *ex tunc* e faz retornar as partes ao *status quo ante*, o crédito tributário volta a existir.
9. FERREIRA FILHO, Roberval Rocha; VIEIRA, Albino Carlos Martins. *Súmulas do Superior Tribunal de Justiça: organizadas por assunto, anotadas e comentadas*. Salvador: Jus Podivm, 2009, p. 560.

aproveitamento de tributo, objeto de contestação judicial pelo sujeito passivo, antes do trânsito em julgado da respectiva decisão judicial."

Sobre a vedação à compensação de crédito tributário, o Superior Tribunal de Justiça editou súmula:

> **Súmula 212.** A compensação de créditos tributários não pode ser deferida em ação cautelar ou por medida liminar cautelar ou antecipatória.

Embora com as expressões ainda do CPC-1973, a posição do STJ deve-se manter atual e plenamente aplicável à luz do novo sistema processual. Em suma, o direito positivo proíbe e a jurisprudência sumular do STJ acompanha, não é possível a concessão de tutela de urgência para compensação de crédito tributário.

4.4. Ações possessórias

As ações possessórias estão previstas nos artigos 554 e seguintes do Código de Processo Civil. A regra geral do regime de concessão de tutela provisória em ações possessórias permite a concessão do provimento de urgência de natureza antecipada sem a oitiva do réu (art. 562).

Em relação ao regime de direito processual público, há disciplina específica. Trata-se do parágrafo único do artigo 562, que estabelece a necessidade de prévia audiência do representante judicial (advogado público) do ente antes da concessão da liminar. Como o dispositivo não prevê prazo para manifestação do ente público, cabe ao juiz fixá-lo de acordo com a complexidade do caso.[10] A concessão da liminar sem a intimação prévia do Estado caracteriza *error in procedendo*, a permitir a anulação da decisão.[11]

5. TUTELA DE EVIDÊNCIA CONTRA O PODER PÚBLICO

O CPC trata de modo específico da tutela de evidência no artigo 311. Do ponto de vista do direito positivo, trata-se de uma modalidade de tutela provisória, mas sua colocação no Livro V ("da tutela de provisória") recebe críticas da doutrina, uma vez que pode ser concedida até mesmo na sentença, cujo juízo é de cognição exauriente, com ares de definitividade, tendo por objetivo evitar o efeito suspensivo automático da apelação (art. 1.012, § 2, V).

10. MARINONI, Luiz Guilherme; MITIDIERO, Daniel. op. cit., item n. 9, p. 854.

11. CUNHA, Leonardo José Carneiro da. op. cit., p. 240.

Como regra geral, a doutrina tem entendido que as vedações examinadas acima quanto à concessão da tutela provisória contra o Poder Público não se aplicam à tutela de evidência, como destaca o Fórum Permanente de Processualistas Civis:

> **Enunciado 35.** As vedações à concessão da tutela antecipada contra a Fazenda Pública não se aplicam aos casos de tutela de evidência.

À luz desse posicionamento, é possível conceder a tutela de evidência em qualquer hipótese em que, por exemplo, o Poder Público esteja abusando de seu direito de defesa (art. 311, inc. I) ou quando houver provas documentais e tese firmada em julgamento de repetitivos ou súmula vinculante (inc. II).

Especificamente no inciso IV do artigo 311, permite-se a concessão de tutela de evidência quando "*a petição inicial for instruída com prova documental suficiente dos fatos constitutivos do direito do autor, a que o réu não oponha prova capaz de gerar dúvida razoável.*" Essa hipótese legal tem como objetivo contornar a regra do recebimento com efeito suspensivo automático da apelação (art. 1.012, § 1º, V). Para Leonardo da Cunha, as vedações legais à concessão de tutela provisória devem ser aplicadas na hipótese do inciso IV do artigo 311, de modo a impedir, por exemplo, a expedição de precatório ou da requisição de pequeno valor antes do trânsito em julgado.[12]

6. MEIOS DE IMPUGNAÇÃO

Há três meios para impugnar a decisão que concede indevidamente a tutela provisória: o agravo de instrumento, o pedido de suspensão e a reclamação. É possível, inclusive, a utilização concomitante de todos esses instrumentos.

A decisão que, no curso do processo, concede a tutela provisória se caracteriza como decisão interlocutória (art. 203, § 2º), a desafiar o recurso de agravo de instrumento (art. 1.015, I).

O pedido de suspensão é dirigido à presidência do Tribunal respectivo e tem o objetivo de sustar a eficácia do provimento urgente.

Por fim, a reclamação está prevista no artigo 988 do CPC, sendo cabível para garantir a observância de enunciado de súmula vinculante ou decisão em controle concentrado (inc. III) e garantir a observância de acórdão de julgamento de incidente de resolução de demandas repetitivas ou de incidente de assunção de competência (inc. IV).

12. CUNHA, Leonardo Carneiro da. op. cit., 2016, p. 320.

Esses dois últimos mecanismos – o pedido de suspensão e a reclamação– são objeto de análise em capítulos específicos do livro, para os quais remetemos o leitor.

Questões de Concurso

▶ **01. (PGE-PR – 2015 – PUC-PR)** Acerca das medidas de urgência contra a Fazenda Pública, assinale a alternativa CORRETA.

a) Cláusulas restritivas nos preceitos legais disciplinadores da tutela antecipatória em processos contra a Fazenda Pública são inconstitucionais, pois vulneram a plenitude da jurisdição e a cláusula de proteção judicial efetiva.

b) O remédio constitucional da reclamação pode ser utilizado pela Fazenda Pública como um atalho processual destinado a permitir a submissão imediata do litígio ao exame direto do Supremo Tribunal Federal.

c) Liminar concedida em mandado de segurança que causa grave lesão à ordem pública não pode ser atacada simultaneamente pela Fazenda Pública através da via recursal e da suspensão de segurança.

d) É cabível medida liminar contra a Fazenda Pública, mesmo que ela esgote, no todo, o objeto da ação.

e) Da decisão judicial que contrariar enunciado de súmula vinculante caberá reclamação ao Supremo Tribunal Federal, sem prejuízo dos recursos ou outros meios admissíveis de impugnação.

▶ **02. (PGE-BA – 2014 – Cespe)** Julgue o item

Conforme entendimento pacificado do STJ, em se tratando de causas de natureza previdenciária, não cabe a antecipação dos efeitos da tutela contra a fazenda pública, dado o fato de causas dessa natureza inserirem-se no âmbito da liberação de recursos.

▶ **03. (PGM – São Paulo – 2015 – Vunesp)** A decisão liminar de antecipação de tutela, concedida em primeira instância, sem contraditório, no sentido de promover milhares de servidores e determinar o consequente aumento imediato de seus subsídios, considerando inconstitucionais as normas que restringem a concessão de tutela antecipada contra o poder público, pode ser impugnada por meio de

(A) reclamação constitucional ao STF, desde que não seja cabível a interposição de agravo de instrumento.

(B) agravo de instrumento e pedido de suspensão dirigido ao Presidente do respectivo Tribunal, vedada reclamação constitucional para o STF.

(C) agravo de instrumento, ou pedido de suspensão dirigido ao Presidente do respectivo Tribunal, ou reclamação constitucional ao STF, vedada a adoção simultânea dessas medidas.

(D) agravo de instrumento, pedido de suspensão dirigido ao Presidente do respectivo Tribunal e reclamação constitucional ao STF, podendo ser essas medidas adotadas de forma concorrente.

(E) reclamação constitucional ao STF, desde que não tenha havido pedido de suspensão dirigido ao Presidente do respectivo Tribunal, mas sem prejuízo da interposição de agravo de instrumento.

► **04. (Procurador do Estado MA – 2016 – FCC)** A disposição de lei que veda concessão de medidas liminares que esgotem, no todo ou em parte, o objeto da ação proposta contra o Estado, acha mitigação jurisprudencial

a) em qualquer circunstância, porque declarada inconstitucional pelo Supremo Tribunal Federal.

b) somente nos casos em que a impugnação, do mesmo ato de autoridade, nas vias do mandado de segurança, seja de competência originária de tribunal.

c) apenas em ação civil pública.

d) apenas em ações de interesses de pessoas idosas, por lhes ser garantida prioridade no trâmite processual.

e) em se tratando de aquisição de medicamento indispensável à sobrevivência da parte.

Questão	Gabarito	Breves comentários
01	E	V. item 5
02	Errado	V. item 4
03	D	v. item 6
04	E	v. item 4.3

Questão discursiva

► **(PGE-PR – 2011 – Cops-UEL)**

Em ação ordinária movida contra Estado do Paraná, foi deferida medida liminar, "inaudita altera parte", pela qual se determinou a aquisição e entrega de medicamento pleiteado pelo autor, no prazo de 48 horas, sob pena de multa diária por atraso no cumprimento da decisão, a incidir tanto contra o Estado do Paraná como, pessoalmente, contra o Secretário de Estado de Saúde. Na condição de Procurador responsável pela defesa do caso, exponha que tipo(s) de medida(s) intentaria, a quem seria(m) direcionada(s), assim como as defesas processuais que utilizaria em defesa do Estado do Paraná.

Fundamentos para resposta:
– no que toca aos mecanismos processuais, as medidas possíveis são o recurso de agravo de instrumento, o pedido de suspensão e a reclamação (vide item 6 e capítulo específicos sobre pedido de suspensão e reclamação). É possível cogitar, ainda, de Mandado de Segurança ao argumento de decisão teratológica, por ter imposto multa ao Secretário, que sequer faz parte da relação processual; – quanto ao direcionamento: o agravo é dirigido ao Tribunal de Justiça; o pedido de suspensão, ao Presidente do Tribunal; e a reclamação deve ser apresentada no STF; – observe-se que o examinador pede tão somente as defesas processuais; assim, deve ser apresentado o argumento a respeito do não cabimento da antecipação de tutela no presente caso.

CAPÍTULO VIII

PEDIDO DE SUSPENSÃO

1. INTRODUÇÃO

O pedido de suspensão é instituto típico do direito processual público, ou seja, está previsto e destinado apenas ao ente público, e não ao litigante comum. O instituto está voltado à proteção do interesse público quando ameaçado por um provimento jurisdicional. Não tem por objetivo a reforma de decisão, mas tão somente a suspensão de sua eficácia.

Quanto ao *nomen juris*, como tem origem em previsões referentes ao mandado de segurança, utiliza-se com frequência o termo "suspensão de segurança".[1] Atualmente, porém, o instituto está previsto para provimentos que violem o interesse público em qualquer tipo de ação, sejam decisões interlocutórias ou sentenças. Por isso, preferimos nominar o instituto de modo mais genérico, "pedido de suspensão".[2]

Além das pessoas jurídicas de direito público – União, Estados, Distrito Federal, Municípios e suas autarquias e fundações –, também o Ministério Público tem legitimidade para apresentar o pedido de suspensão. A jurisprudência tem admitido também o pedido de suspensão por concessionárias de serviço público, desde que para tutelar interesse público primário.[3]

Em relação à natureza jurídica, há divergência doutrinária, mas prevalece que se trata de um incidente processual.[4]

1. Esse é, por exemplo, o título de uma das principais obras de referência sobre o tema: RODRIGUES, Marcelo Abelha. *Suspensão de segurança*. 2ª edição. São Paulo: RT, 2005. Quanto à origem do instituto estar ligada ao mandado de segurança: PEREIRA, Hélio do Valle. op. cit., p. 311; CUNHA, Leonardo José Carneiro da. op. cit., p. 549.
2. O termo também está consagrado em doutrina autorizada de direito processual público: BUENO, Cassio Scarpinella. *Curso...* Vol. 2, t. III, p. 15.
3. Dentre muitos, confiram-se os julgados do STJ: AgRg nos EDcl no AgRg na SLS 1.044/DF, Rel. Min. Cesar Asfor Rocha, Corte Especial, julgado em 16/06/2010, DJe 03/08/2010; AgRg na SLS 1.002/CE, Rel. Min. Ari Pargendler, Corte Especial, julgado em 01/04/2009, DJe 07/05/2009.
4. Nesse sentido: CUNHA, Leonardo José Carneiro da. op. cit., p. 555. Contra, entendendo que o pedido de suspensão tem natureza jurídica de sucedâneo recursal: PEREIRA, Hélio do Valle. op. cit., p. 312.

2. LEGISLAÇÃO PERTINENTE

O pedido de suspensão não está previsto no ordenamento jurídico de forma sistemática; ao contrário, o legislador, ao tratar de determinada matéria referente ao direito processual público, mormente no que se refere aos provimentos de urgência, inseriu o instituto como ferramenta à disposição do Estado para combater a tutela jurisdicional contra si desfavorável.

As previsões são as seguintes:

(i) Lei nº 7.347/85 (Lei de Ação Civil Pública): no artigo 12, ao tratar da concessão de liminar, o § 1º prevê o pedido de suspensão.

> **Art. 12.** Poderá o juiz conceder mandado liminar, com ou sem justificação prévia, em decisão sujeita a agravo.
>
> § 1º A requerimento de pessoa jurídica de direito público interessada, e para evitar grave lesão à ordem, à saúde, à segurança e à economia pública, poderá o Presidente do Tribunal a que competir o conhecimento do respectivo recurso suspender a execução da liminar, em decisão fundamentada, da qual caberá agravo para uma das turmas julgadores, no prazo de 5 (cinco) dias a partir da publicação do ato.

(ii) Lei nº 8.437/92: ao disciplinar a concessão de medidas cautelares contra o Poder Público, o artigo 4º prevê o pedido de suspensão ao Tribunal respectivo.

O instituto é cabível também em relação à sentença em ação popular e ação civil pública. Além disso, diante do sistema unificado de vedações à tutela de urgência (art. 1º da Lei nº 9.494/97), o pedido de suspensão pode ser feito também em sede de tutela antecipada. Vale destacar que essas vedações se aplicam também à luz do CPC-2015, em razão da previsão do artigo 1.059: "À tutela provisória requerida contra a Fazenda Pública aplica-se o disposto nos arts. 1º a 4º da Lei nº 8.437, de 30 de junho de 1992, e no art. 7º, § 2º, da Lei nº 12.016, de 7 de agosto de 2009."

> **Art. 4º** Compete ao presidente do tribunal, ao qual couber o conhecimento do respectivo recurso, suspender, em despacho fundamentado, a execução da liminar nas ações movidas contra o Poder Público ou seus agentes, a requerimento do Ministério Público ou da pessoa jurídica de direito público interessada, em caso de manifesto interesse público ou de flagrante ilegitimidade, e para evitar grave lesão à ordem, à saúde, à segurança e à economia pública.
>
> § 1º Aplica-se o disposto neste artigo à sentença proferida em processo de ação cautelar inominada, no processo de ação popular e na ação civil pública, enquanto não transitada em julgado.

§ 2º O presidente do tribunal poderá ouvir o autor e o Ministério Público, em 72 (setenta e duas) horas.

§ 3º Do despacho que conceder ou negar a suspensão, caberá agravo, no prazo de 5 (cinco) dias, que será levado a julgamento na sessão seguinte à sua interposição.

§ 4º Se do julgamento do agravo de que trata o § 3º resultar a manutenção ou o restabelecimento da decisão que se pretende suspender, caberá novo pedido de suspensão ao Presidente do Tribunal competente para conhecer de eventual recurso especial ou extraordinário.

§ 5º É cabível também o pedido de suspensão a que se refere o § 4º, quando negado provimento a agravo de instrumento interposto contra a liminar a que se refere este artigo.

§ 6º A interposição do agravo de instrumento contra liminar concedida nas ações movidas contra o Poder Público e seus agentes não prejudica nem condiciona o julgamento do pedido de suspensão a que se refere este artigo.

§ 7º O Presidente do Tribunal poderá conferir ao pedido efeito suspensivo liminar, se constatar, em juízo prévio, a plausibilidade do direito invocado e a urgência na concessão da medida.

§ 8º As liminares cujo objeto seja idêntico poderão ser suspensas em uma única decisão, podendo o Presidente do Tribunal estender os efeitos da suspensão a liminares supervenientes, mediante simples aditamento do pedido original.

§ 9º A suspensão deferida pelo Presidente do Tribunal vigorará até o trânsito em julgado da decisão de mérito na ação principal

(iii) Lei nº 9.507/97 (Lei do *Habeas Data*): o artigo 16 prevê a suspensão da decisão concessiva da ordem de *habeas data*.

Art. 16. Quando o *habeas data* for concedido e o Presidente do Tribunal ao qual competir o conhecimento do recurso ordenar ao juiz a suspensão da execução da sentença, desse seu ato caberá agravo para o Tribunal a que presida.

(iv) Lei nº 12.016/2009 (Lei do Mandado de Segurança): também prevê o pedido de suspensão em seu artigo 15.

Art. 15. Quando, a requerimento de pessoa jurídica de direito público interessada ou do Ministério Público e para evitar grave lesão à ordem, à saúde, à segurança e à economia públicas, o presidente do tribunal ao qual couber o conhecimento do respectivo recurso suspender, em decisão fundamentada, a execução da liminar e da sentença, dessa decisão caberá agravo, sem efeito suspensivo, no prazo de 5 (cinco) dias, que será levado a julgamento na sessão seguinte à sua interposição.

§ 1º Indeferido o pedido de suspensão ou provido o agravo a que se refere o caput deste artigo, caberá novo pedido de suspensão ao presidente do tribunal competente para conhecer de eventual recurso especial ou extraordinário.

> § 2º É cabível também o pedido de suspensão a que se refere o § 1º deste artigo, quando negado provimento a agravo de instrumento interposto contra a liminar a que se refere este artigo.
>
> § 3º A interposição de agravo de instrumento contra liminar concedida nas ações movidas contra o poder público e seus agentes não prejudica nem condiciona o julgamento do pedido de suspensão a que se refere este artigo.
>
> § 4º O presidente do tribunal poderá conferir ao pedido efeito suspensivo liminar se constatar, em juízo prévio, a plausibilidade do direito invocado e a urgência na concessão da medida.
>
> § 5º As liminares cujo objeto seja idêntico poderão ser suspensas em uma única decisão, podendo o presidente do tribunal estender os efeitos da suspensão a liminares supervenientes, mediante simples aditamento do pedido original.

A disciplina dada ao pedido de suspensão pela Lei nº 8.437/92 é mais extensa e pormenorizada do que nos outros diplomas legais. Ali se tem, por exemplo, a previsão de oitiva do autor e do Ministério Público em 72 horas (art. 4º, § 2º), bem como a indicação de que a suspensão da eficácia da decisão deve durar até o trânsito em julgado da ação principal (§ 9º). Esse regramento é aplicável a qualquer pedido de suspensão, inclusive no âmbito do mandado de segurança. Daí se falar que a Lei nº 8.437/92 constitui o diploma geral sobre o pedido de suspensão.[5]

3. SISTEMÁTICA DE APLICAÇÃO

O pedido de suspensão está disciplinado, principalmente, nas Leis nº 8.437/92 (LMC), de onde vem seu regramento geral, e Lei nº 12.016/2009 (LMS), que o prevê no mandado de segurança. Além disso, as construções jurisprudenciais do STJ e do STF lhe deram contornos mais claros.

O pedido de suspensão deve ser elaborado em petição escrita, devidamente fundamentada, em que se demonstre a ameaça a um dos interesses públicos primários a serem tutelados – ordem, saúde, segurança e economia públicas (LMC, art. 4º; LMS, art. 15). Logicamente, a petição vai instruída com as cópias do processo aptas a demonstrar a procedência da medida suspensiva.

O pedido de suspensão é dirigido ao presidente do Tribunal competente para conhecer do respectivo recurso (LMC, art. 4º; LMS, art. 15). Essa disposição pode ser resumida nos seguintes termos:

---

5. CUNHA, Leonardo José Carneiro da. op. cit., p. 570. Há posição doutrinária em sentido contrário, entendendo que os regimes jurídicos do pedido de suspensão são efetivamente distintos no mandado de segurança e nas demais ações: BUENO, Cassio Scarpinella. *Curso*... vol. 2, t. III., p. 70-75.

- decisão de juiz de direito estadual: pedido de suspensão ao presidente do Tribunal de Justiça (TJ) respectivo;
- decisão de juiz federal: pedido de suspensão ao presidente do Tribunal Regional Federal (TRF) respectivo;
- decisão de juiz de direito estadual em exercício de jurisdição federal (CR, art. 109, § 3º): pedido de suspensão ao presidente do TRF;
- decisão de órgão fracionário de Tribunal (monocrática ou colegiada): pedido de suspensão ao STJ ou ao STF, conforme a matéria discutida seja infraconstitucional ou constitucional. Nesse ponto, é preciso esclarecer a questão referente à decisão monocrática tomada no âmbito do Tribunal. Contra essa decisão, indubitavelmente cabe agravo interno. No entanto, a referência do art. 4º da LMC ("compete ao presidente do tribunal, ao qual couber o conhecimento do respectivo recurso") não toca ao agravo interno, mas sim os recursos cabíveis contra a decisão colegiada, recurso especial e extraordinário. O pedido de suspensão da concessão de provimento de urgência por decisão monocrática de relator deve ser formulado ao STJ ou STF, e não ao presidente do próprio tribunal.[6]

O pedido de suspensão também pode ter origem no julgamento de agravo de instrumento interposto contra a tutela provisória (LMC, art. 4º, § 5º; LMS, art. 15, § 2º). Por exemplo, contra a decisão que concede ou indefere a tutela provisória, é cabível agravo de instrumento. A decisão desse recurso poderá conceder o pedido ou negá-lo. Contra essa decisão, é cabível o pedido de suspensão. O ente público pode-se utilizar do pedido de suspensão nas circunstâncias em que ficar ameaçado o interesse público, como por exemplo: (i) a tutela provisória fora indeferida no primeiro grau e provida em agravo de instrumento interposto pelo particular; ou (ii) a tutela provisória fora concedida em primeiro grau ao particular e mantida através do desprovimento do agravo de instrumento interposto pelo Estado.

Esse pedido de suspensão, por desafiar decisão de órgão fracionário (monocrático ou colegiado) de Tribunal, deve ser apresentado perante a presidência do STJ ou do STF, conforme o fundamento da matéria em questão.

Antes de decidir sobre o pedido de suspensão, o presidente do Tribunal pode intimar o autor ou o Ministério Público para se manifestar sobre a pretensão do Poder Público em 72 horas (LMC, art. 4º, § 2º). Qualquer que seja a decisão do presidente – concessão ou denegação do pedido de suspensão –, a parte vencida

6. Nesse sentido: CUNHA, Leonardo José Carneiro da. op. cit., p. 560. Em jurisprudência: EDcl no AgRg no AgRg na SL. 26/DF, Rel. Min. Barros Monteiro, Rel. p/acórdão Min. Nilson Naves, Corte Especial, julgado em 06/12/2006, DJ 02/04/2007 p. 206.

pode interpor agravo interno para levar a decisão para julgamento pelo Tribunal Pleno ou pelo Órgão Especial do Tribunal (LMC, art. 4º, § 3º).

A jurisprudência dos Tribunais Superiores já havia estabelecido que não se aplica a prerrogativa de prazo em dobro para o recurso interposto no incidente de suspensão (vide cap. II).[7] O regime de prazos do CPC-2015 não destoa desse entendimento, pois a prerrogativa do prazo em dobro não se aplica quando se tratar de prazo próprio para o Poder Público (art. 183, § 2º). É o que se tem no presente caso.

É necessário um esclarecimento sobre o mandado de segurança. A Lei nº 4.348/64 previa o cabimento de agravo apenas da decisão que deferia o pedido de suspensão; da decisão denegatória, não cabia agravo, mas sim novo pedido de suspensão. O tema foi sumulado por ambos os Tribunais Superiores que tratam da matéria:

> **STF**
>
> **Súmula 506.** O agravo a que se refere o art. 4º da Lei nº 4.348, de 26.6.64, cabe, somente, do despacho do Presidente do Supremo Tribunal Federal que defere a suspensão da liminar, em mandado de segurança; não do que a denega.
>
> **STJ**
>
> **Súmula 217.** Não cabe agravo de decisão que indefere o pedido de suspensão da execução da liminar, ou da sentença em mandado de segurança.

O entendimento do STF foi revisto, e a súmula, cancelada.[8]

Em resumo, a despeito da previsão da Lei nº 4.348/64, a Corte Suprema passou a admitir o cabimento do agravo interno contra a decisão do presidente no pedido de suspensão – seja concessiva ou denegatória. Na mesma linha, o STJ cancelou sua súmula 217.

Com o advento da Lei do Mandado de Segurança (Lei nº 12.016/2009), o pedido de suspensão passou a ser regulado no artigo 15. A confusa redação do *caput* prevê o cabimento do agravo interno contra a decisão que concede a suspensão – o que poderia levar à conclusão de que não seria cabível o agravo da decisão que rejeita a suspensão. Essa equivocada interpretação deve ser rechaçada. Prevalece o regime jurídico já afirmado anteriormente: qualquer que seja o conteúdo da decisão do presidente do Tribunal sobre o pedido de suspensão, cabe agravo interno para

7. Em jurisprudência: STF– STA 71 AgR-AgR, Relator Min. Cezar Peluso (Presidente), Tribunal Pleno, julgado em 29/03/2012; STJ – AgRg no REsp 1408864/PR, Rel. Min. Herman Benjamin, 2ª Turma, julgado em 03/04/2014.

8. AgR-AgR-AgR-QO, Relator Min. Marco Aurélio, Relator p/acórdão Min. Gilmar Mendes, Tribunal Pleno, julgado em 19/12/2002.

levar a discussão para o Pleno ou para o Órgão Especial (LMC, art. 4º, § 3º), inclusive no mandado de segurança.[9]

Sendo a decisão do Pleno ou Órgão Especial desfavorável ao ente público, caberá novo pedido de suspensão (LMC, art. 4º, § 4º; LMS, art. 15, § 1º).

No capítulo anterior, ao tratarmos dos meios de impugnação à tutela de urgência desfavorável ao Poder Público, indicamos a existência de três instrumentos: o agravo de instrumento, o pedido de suspensão e a reclamação. Voltamos agora ao tema para destacar a perfeita compatibilidade na utilização concomitante desses instrumentos.

A interposição de agravo de instrumento contra a tutela provisória não prejudica, nem condiciona a apreciação do pedido de suspensão (LMC, art. 4º, § 6º; LMS, art. 15, § 3º). É que cada instituto possui natureza jurídica distinta: o agravo tem natureza de recurso, ao passo em que o pedido de suspensão se classifica como incidente processual. Além disso, ambos têm escopo diferente. O agravo de instrumento busca a reforma ou anulação da decisão interlocutória através da demonstração de *error in judicando* ou *error in procedendo*. Já o pedido de suspensão se limita a sustar a eficácia da decisão, a impedir a produção de efeitos. Não se demonstra propriamente o desacerto quanto ao mérito do que foi decidido, quanto ao direito aplicado ao caso concreto. No pedido de suspensão, o que se analisa é a ameaça de violação do interesse público primário (ordem, saúde, segurança e economia públicas). Por fim, o agravo de instrumento se sujeita a prazo (30 dias úteis para o ente público, art. 1.003, § 5º c/c art. 183), ao passo em que o pedido de suspensão pode ser apresentado a qualquer momento, desde a prolação da decisão prejudicial ao interesse público até seu trânsito em julgado.

Portanto, o ente público pode-se valer de ambos os instrumentos jurídicos – além de eventual reclamação.

Ao receber o pedido de suspensão, antes de lhe decidir o mérito, é possível ao presidente do Tribunal conceder efeito suspensivo liminar (LMC, art. 4º, § 7º; LMS, art. 15, § 4º). O efeito suspensivo tem lugar, por exemplo, quando o presidente entender adequada a manifestação do Ministério Público e do autor antes de proferir decisão definitiva. Diante da urgência e da plausibilidade do direito apresentado pelo Estado, o presidente pode conferir o efeito suspensivo ao pedido de suspensão, determinar a manifestação do órgão ministerial e do autor, para posteriormente decidir em caráter definitivo acerca da suspensão da decisão atacada.

9. Nesse sentido: CUNHA, Leonardo José Carneiro da. op. cit., p. 581

Concedido o pedido de suspensão, fica sobrestada a eficácia da tutela de urgência concedida em desfavor do ente público. Os efeitos da decisão do pedido de suspensão vigoram até o trânsito em julgado da ação principal (LMC, art. 4º, § 9º). Embora não haja previsão similar na Lei do Mandado de Segurança, a jurisprudência se consolidou no sentido de que o pedido de suspensão no remédio constitucional segue a mesma solução, ou seja, os efeitos ficam sobrestados até o trânsito em julgado.

A matéria foi objeto de edição de súmula pelo Supremo Tribunal Federal:

> **Súmula 626.** A suspensão da liminar em mandado de segurança, salvo determinação em contrário da decisão que a deferir, vigorará até o trânsito em julgado da decisão definitiva de concessão da segurança ou, havendo recurso, até a sua manutenção pelo Supremo Tribunal Federal, desde que o objeto da liminar deferida coincida, total ou parcialmente, com o da impetração.

O entendimento do STF consolida a regra geral: o deferimento do pedido de suspensão suspende a eficácia da liminar até o trânsito em julgado da decisão definitiva. A exceção somente surge em caso de determinação expressa em contrário da presidência no momento da concessão do pedido de suspensão.[10] O Superior Tribunal de Justiça, por sua vez, não destoa do entendimento do Supremo.[11]

A última característica marcante do pedido de suspensão diz respeito à possibilidade de suspensão de várias decisões liminares dentro do mesmo pedido (LMC, art. 4º, § 8º; LMS, art. 15, § 5º). É comum que as demandas movidas em face do Poder Público se multipliquem em razão de suas inúmeras relações jurídicas com os particulares. Para evitar decisões distintas em relação a uma mesma situação jurídica, os efeitos da suspensão podem ser estendidos a outras decisões semelhantes.

Contra as decisões proferidas no bojo do pedido de suspensão, não cabe a interposição de recurso especial ou extraordinário.

Questões de Concurso

▶ **01. (AGU/Adv. União – 2012 – CESPE)** Caso determinado desembargador federal conceda tutela antecipada em agravo de instrumento, poderá a fazenda pública insurgir-se contra a decisão, mediante a interposição de suspensão de segurança dirigida ao presidente do STJ, sendo a matéria infraconstitucional.

10. Nesse ponto, encontramos entendimento doutrinário que limita a aplicação da súmula 626 do STF ao pedido de suspensão concedido por presidentes de Tribunais Superiores (STJ e STF), e não de Tribunais de 2ª Instância (TJ e TRF), ao argumento de que a suspensão concedida por estes últimos somente pode vigorar até a prolação do acórdão de seu respectivo órgão fracionário: CUNHA, Leonardo José Carneiro da. op. cit., p. 577-579.
11. AgRg na MC 22.070/DF, Rel. Min. Herman Benjamin, 2ª Turma, julgado em 04/02/2014.

▶ **02. (AGU/Adv. União – 2012 – CESPE)** Se determinado juiz, em ação civil pública, conceder liminar desfavorável à fazenda pública, esta poderá interpor pedido de suspensão de segurança, ainda que esteja pendente de julgamento agravo de instrumento interposto contra a mesma decisão.

▶ **03. (PGE-PA – 2012)** Analise as proposições a seguir:

I – A decisão do Ministro Presidente do Supremo Tribunal Federal que suspende a eficácia de liminar em mandado de segurança, salvo determinação em contrário no provimento que a deferir, produz efeitos até o trânsito em julgado da decisão de mérito a ser proferida no processo principal, não havendo razão para a reiteração de pedido de suspensão, enquanto houver recurso ainda pendente de apreciação.

II – Nos termos da Súmula 506 do Supremo Tribunal Federal, não cabe agravo contra a decisão do Ministro Presidente do STF que indefere pedido de suspensão de liminar em sede de mandado de segurança.

III – Havendo confirmação pelo Tribunal de Justiça Estadual, da decisão de seu Presidente que indeferir o pedido de suspensão de liminar formulado, caberá a renovação do requerimento ao Presidente do Superior Tribunal de Justiça, independentemente da natureza da matéria em debate.

IV – Existindo liminares com conteúdo idêntico, poderá o Presidente do Tribunal deferir a suspensão de maneira coletiva, em única decisão, bem ainda estender os efeitos da suspensão a liminares supervenientes, mediante aditamento ao pedido original.

De acordo com as proposições apresentadas, assinale a alternativa CORRETA:

a) todas estão corretas
b) II e III estão corretas
c) apenas a III está correta
d) I e IV estão corretas
e) todas estão incorretas

▶ **04. (CEF/Adv. – 2012 – Cesgranrio)** Da decisão emanada do presidente de tribunal que suspender os efeitos de medida liminar proferida em mandado de segurança, caberá o seguinte recurso:

a) apelação
b) agravo
c) embargos
d) reconsideração
e) inominado

Questão	Gabarito	Breves comentários
01	Certo	V. item 3.
02	Certo	V. item 3.
03	D	V. item 3.
04	B	LMS, art. 15; v. item 3.

Questão discursiva

► **(PGE-CE – 2007 – CESPE)**

Uma empresa pública estadual teve uma de suas obras embargadas por decisão administrativa do órgão de fiscalização ambiental, que alegou que as obras não haviam sido precedidas do competente estudo do impacto ambiental. A empresa impetrou mandado de segurança contra a ordem de paralisação das obras, alegando prejuízos incalculáveis com a suspensão. Entretanto, o juízo não concedeu liminar.

A propósito da situação hipotética acima, responda, de forma fundamentada, se é cabível, nesse caso, a suspensão de segurança.

Fundamentos para a resposta:
A legitimidade para o pedido de suspensão, em regra, é da pessoa jurídica de direito público, sendo excepcional a propositura por empresa pública (pessoa jurídica de direito privado), sendo limitada à tutela do interesse público (Ex.: STJ AgRg no AgRg nos EDcl na SLS 771/SC, rel. Min. Cesar Asfor Rocha) No entanto, a hipótese narrada na questão não comporta o pedido de suspensão de segurança, cujo objetivo é suspender a eficácia de uma decisão judicial. No caso concreto, como o juiz negou o pedido de liminar, o meio de impugnação cabível é o agravo de instrumento.

CAPÍTULO IX

REMESSA NECESSÁRIA

1. INTRODUÇÃO

A remessa necessária – também conhecida como reexame necessário, duplo grau de jurisdição obrigatório ou remessa *ex officio* – é um instituto típico e exclusivo do regime jurídico de direito processual público. Sua aplicação atualmente está relacionada diretamente à participação do ente público na demanda.

Sua origem remete ao direito português, onde originariamente o instituto recebia o *nomen juris* de recurso de ofício. Antes do Código de Processo Civil de 1939, sua previsão se deu em leis esparsas que impunham ao juiz o dever de apelar das sentenças por si proferidas em questões cíveis e nas causas julgadas contrariamente à Fazenda Nacional.[1]

Por sua vez, o CPC de 1939 previu a apelação necessária em 3 hipóteses: declaração de nulidade de casamento, homologação de desquite amigável e sentenças proferidas contra União, Estado ou Município. À luz do ordenamento jurídico daquela época, a apelação necessária figurava na sistemática recursal. Tal questão foi alvo de críticas doutrinárias, ao argumento de que a apelação necessária não continha voluntariedade – característica essencial ao conceito de recurso.[2]

Atento à crítica, o legislador do Código de Processo de 1973 não inseriu o dispositivo no Título pertinente aos recursos (Título X, arts. 496 a 565). Com a denominação de reexame necessário, o instituto estava disposto no capítulo do Código referente à sentença e à coisa julgada (arts. 458 a 475). A redação original do artigo 475 previa o reexame necessário também em três situações: **(i)** anulação de casamento, **(ii)** sentença contrária a União, Estado e Município

1. CUNHA, Leonardo José Carneiro da. op. cit., p. 174-175.

2. DIDIER JR., Fredie; CUNHA, Leonardo José Carneiro da. *Curso de direito processual civil: meios de impugnação às decisões de judiciais e processo nos tribunais*. Vol. 3. 7ª ed., rev., ampl. e atual. Salvador: Jus Podivm, 2009, p. 481.

e **(iii)** improcedência da execução de dívida ativa da Fazenda Pública. A Lei nº 10.352/2001 deu nova sistemática ao reexame ao reduzir seu âmbito de aplicação.

O CPC-2015 foi além e estabeleceu novas restrições, de modo a reduzir ainda mais o número de hipóteses que demandam revisão obrigatória do tribunal (art. 496).

A remessa necessária funciona como um instrumento de proteção do ente público. Vencido o Estado nas situações previstas no dispositivo, a sentença precisa ser submetida à revisão pelo tribunal respectivo. Sem tal revisão, o comando jurisdicional não é eficaz, não produz efeitos.

2. CONSTITUCIONALIDADE

Sua previsão suscita questões acerca de possível inconstitucionalidade por violação do princípio da isonomia – na medida em que não há instituto semelhante em favor do particular. Cumpre, então, examinar se há justificativa razoável para a existência desse tratamento diferenciado do ente público em juízo.

Ao tratarmos da questão dos prazos, os argumentos centrais para demonstrar a necessidade de tratamento diferenciado para o Estado em juízo eram a natureza da estrutura administrativa e o modo de formatação de sua advocacia. Em relação à remessa necessária, o que justifica sua existência é primordialmente o interesse público. A derrota do Estado em juízo pode trazer graves prejuízos para toda a coletividade, na medida em que o desfalque patrimonial significativo traz consequências na prestação de serviços essenciais – para além de impedir a realização de projetos de melhorias sociais.

A doutrina divide o interesse público em primário e secundário, sendo aquele (primário) o interesse da coletividade e este (secundário) o interesse do ente público individualmente. Apesar da distinção classificatória, os litígios que envolvem o Estado, ainda que *a priori* envolvam interesse público secundário, não deixam de desaguar no âmbito do interesse público primário. É dizer, quando o Estado faz a cobrança de sua dívida ativa na execução fiscal, por exemplo, o interesse público secundário é o que se afigura mais presente, mas não se pode deixar de observar que, *a fortiori*, o interesse primário também está sendo tutelado. Afinal, os valores obtidos com a cobrança da dívida tributária são revertidos para o custeio da máquina estatal, que desempenha funções essenciais à sociedade. As reparações pecuniárias que o ente público obtém, bem como o desfalque patrimonial que evita, têm indubitável reflexo no interesse primário da sociedade.

A questão deve ser entendida em seus devidos termos. Não se está a defender que o Estado não possa ser condenado ou derrotado em juízo – não se pretende advogar a volta aos tempos da irresponsabilidade estatal. Diante da atuação ilícita, da conduta equivocada, das transgressões aos direitos individuais e coletivos, o ente público pode e deve ser chamado a juízo para reparar seus danos, pois está inserido, como todos nós, no Estado Democrático de Direito, obediente à Constituição da República e aos deveres ali previstos.

O que se quer pontuar é exatamente a responsabilidade que o Estado tem frente à coletividade. O ente político é responsável por singulares deveres constitucionais; a ele cabe a prestação dos serviços públicos essenciais – segurança, saúde, iluminação pública, esgoto, moradia, educação. Em suma, compete ao Estado buscar a implementação do dogma constitucional da dignidade da pessoa humana, é ele o principal artífice da transformação social e da melhoria de vida da população.

Nesse contexto, a remessa necessária se afigura compatível com a Carta da República.[3] O instituto visa a evitar que o Estado venha a ser condenado equivocadamente e sofra prejuízos tais que lhe impeçam o adimplemento de seus deveres constitucionais.

3. NATUREZA JURÍDICA

A remessa necessária já foi considerada um recurso – mesmo porque originariamente recebia a denominação de recurso de ofício ou apelação necessária. A compreensão científica das características dos recursos serviu para afastar do reexame necessário essa classificação.

De fato, não se trata de mecanismo de revisão de decisões judiciais dotado de voluntariedade; tampouco está previsto no rol dos recursos constante no artigo 994 do CPC. Não é, pois, recurso.[4] A doutrina, de forma quase unânime, atribui-lhe a natureza jurídica de condição de eficácia da sentença.[5] Enquanto não houver a remessa necessária, a sentença não transita em julgado.

Esse obstáculo à formação de coisa julgada pela ausência de remessa necessária está sedimentado, inclusive, por antiga súmula do Supremo Tribunal Federal:

> **Súmula 423.** Não transita em julgado a sentença por haver omitido o recurso *ex officio*, que se considera interposto *ex lege*.

---

3. No sentido da constitucionalidade: PEREIRA, Hélio do Valle. op. cit., p. 142.
4. Por todos: CÂMARA, Alexandre Freitas. *Lições de direito processual civil*. Vol. II. 5ª ed. Rio de Janeiro: Lumen Juris, 2001, p. 47.
5. Nesse sentido: MARINONI, Luiz Guilherme; MITIDIERO, Daniel. op. cit., item n. 1, p, 452; NERY JÚNIOR, Nelson. op. cit., item 2, p. 622; DIDIER JR., Fredie. CUNHA, Leonardo José Carneiro da. *Curso... Vol. III*, p. 481; PEREIRA, Hélio do Valle. op. cit., p. 144.

O entendimento esposado pelo STF continua válido à luz do CPC-2015. A esse respeito, o Fórum Permanente de Processualistas Civis editou enunciado para destacar a necessidade de remessa necessária como condição para a formação da coisa julgada contra o Poder Público:

> **En. 439.** (art. 503, §§ 1º e 2º) Nas causas contra a Fazenda Pública, além do preenchimento dos pressupostos previstos no art. 503, §§ 1º e 2º, a coisa julgada sobre a questão prejudicial incidental depende de remessa necessária, quando for o caso.

4. APLICAÇÃO

Duas são as hipóteses de aplicação da remessa necessária, conforme previsão dos incisos do artigo 496. A primeira se refere a sentenças proferidas contra os entes públicos e a segunda trata da procedência de embargos à execução fiscal.

4.1. Sentenças contrárias ao Poder Público

A previsão do inciso I do artigo 496 estabelece a necessidade de remessa necessária quando o juízo proferir sentença contrária ao ente público. Alguns destaques são importantes.

4.1.1. Remessa necessária de decisão de mérito

A remessa necessária se destina a levar ao tribunal a sentença proferida no primeiro grau em desfavor do ente público. O artigo 496 prevê que a remessa tem cabimento na *"sentença proferida contra"*, o que afasta a hipótese de remessa necessária em decisão interlocutória. De fato, a decisão interlocutória (art. 203, §§ 1º e 2º) não está sujeita ao duplo grau de jurisdição obrigatório. Já se o juiz resolve parcialmente o mérito (art. 356), a decisão está sujeita à remessa necessária.[6]

Quanto à decisão verdadeiramente interlocutória, não há dúvida de que está afastada a remessa necessária. As decisões sobre tutela de urgência e as liminares em mandado de segurança não estão sujeitas ao instituto.

4.1.2. Sentença terminativa e sentença de mérito

Ainda em relação ao inciso I do artigo 496, doutrina e jurisprudência debatem a questão referente ao significado da expressão *"sentença proferida contra"*. Há os

6. CUNHA, Leonardo Carneiro da. op. cit., 2016, p. 186.

que extraem do dispositivo a conclusão de que somente estão sujeitas à remessa necessária as sentenças de mérito, e não as terminativas, ao argumento de que o interesse público primário, objeto de proteção do reexame, não está ameaçado.[7] A jurisprudência do Superior Tribunal de Justiça segue esse entendimento, ao estabelecer que não é cabível remessa necessária em sentença terminativa.[8]

4.1.3. *Não cabimento em decisão colegiada*

A referência legal a "sentença" não deve ser interpretada de forma genérica, como sinônimo de decisão emitida pelo Poder Judiciário. A menção a sentença feita pelo legislador é técnica, ou seja, alcança tão somente a decisão do magistrado singular de primeiro grau. Portanto, não estão sujeitas à remessa necessária as decisões proferidas no tribunal, seja por acórdão, seja por decisão monocrática do relator. Nas hipóteses de demandas cuja competência originária seja do Tribunal, a decisão colegiada, ainda que contrária ao Estado, não se sujeita à remessa necessária.[9]

4.1.4. *Não cabimento em sentença homologatória*

Não é qualquer sentença de mérito que envolve o ente público que deve ser revista pelo tribunal em remessa necessária. Sentenças de mérito homologatórias que envolvem o Estado não se sujeitam à remessa. É o caso do reconhecimento jurídico do pedido pelo próprio ente público e a transação entre as partes (art. 487, inc. III, al. 'a' e 'b').[10]

4.2. Procedência de embargos à execução fiscal

O inciso II do artigo 496 prevê a remessa necessária para a sentença que acolhe, no todo ou em parte, os embargos à execução fiscal. A cobrança do crédito baseado na dívida ativa do Estado é disciplinada pela Lei nº 6.830/80, da qual nos ocuparemos em capítulo próprio.

A previsão do inciso II, a rigor, já está abarcada pela hipótese prevista no inciso I. Afinal, a sentença de procedência de embargos à execução de dívida ativa é, sem dúvida, uma sentença contrária ao Poder Público. A questão que se discute é se, ao prever especificamente a remessa para a sentença em embargos à execução fiscal,

7. PEREIRA, Hélio do Valle. op. cit., p. 145. No mesmo sentido, com outros argumentos: NERY JÚNIOR, Nelson. op. cit., item 4, p. 622.
8. REsp 927.624/SP, Rel. Min. Luiz Fux, 1ª Turma, julgado em 02/10/2008, DJe 20/10/2008.
9. NERY JÚNIOR, Nelson. op. cit., item n. 4, p. 622.
10. MARINONI, Luiz Guilherme; MITIDIERO, Daniel. op. cit., item n. 2, p. 452.

estaria o dispositivo excluindo sua necessidade nos embargos à execução não fiscal, de natureza distinta. Há divergência sobre o tema entre doutrina e jurisprudência.

Em doutrina, há entendimento de que a referência do inciso II à execução fiscal é irrelevante, pois os demais embargos julgados em desfavor da Fazenda Pública já estão abrangidos pela hipótese do inciso I.[11] Assim, haveria remessa necessária mesmo em julgamento de embargos de natureza distinta (não fiscal).

Em posição diversa, a jurisprudência do Superior Tribunal de Justiça se posicionou contrária à remessa.[12] Dentre os argumentos utilizados pelo STJ para afastar a remessa necessária de embargos de natureza não fiscal está a interpretação necessariamente restritiva que deve ser dada ao instituto. Como se trata de um regramento de exceção no ordenamento processual, sua interpretação não pode ser ampliativa; logo, se o dispositivo se refere a embargos à execução fiscal, então somente nesse caso há o duplo grau obrigatório.

4.3. Sentença ilíquida

A sentença ilíquida proferida contra o ente público está sujeita à remessa. Embora haja a previsão de hipóteses em que o reexame necessário é dispensado (art. 496, §§ 3º e 4º), a sentença ilíquida não está nela abrangida. Essa matéria já está devidamente pacificada no Superior Tribunal de Justiça:

> **Súmula 490.** A dispensa de reexame necessário, quando o valor da condenação ou do direito controvertido for inferior a sessenta salários mínimos, não se aplica a sentenças ilíquidas.

4.4. Ação civil pública e ação de improbidade administrativa

Questão interessante sobre o cabimento da remessa necessária diz respeito à sua aplicação no âmbito da ação civil pública. E aqui se verifica como a jurisprudência do STJ é vacilante a esse respeito. Vejamos.

A Lei nº 7.347/85 não traz previsão expressa sobre o seu cabimento, mas se trata de ação que visa à tutela de direitos difusos caros à sociedade. Inicialmente, o Superior Tribunal de Justiça entendeu pelo cabimento da remessa necessária na ação civil pública que busca a reparação do erário.[13]

O STJ aplica a teoria do microssistema de tutela coletiva para buscar a previsão de remessa necessária contida na Lei nº 4.717/65, que trata da ação popular.

---

11. PEREIRA, Hélio do Valle. op. cit., p. 147, especificamente nota de rodapé nº 367.
12. AgRg no AREsp 89.520/DF, Rel. Min. Sérgio Kukina, 1ª Turma, julgado em 12/08/2014.
13. AgRg no REsp 1219033/RJ, Rel. Min. Herman Benjamin, 2ª Turma, julgado em 17/03/2011.

Em seu artigo 19, a Lei nº 4.717/65 estabelece que a *"sentença que concluir pela carência ou pela improcedência da ação está sujeita ao duplo grau de jurisdição, não produzindo efeito senão depois de confirmada pelo tribunal."*

Por se tratar de tutela do patrimônio público, a ação civil pública e a ação de improbidade administrativa julgadas improcedentes são, sim, desfavoráveis ao Poder Público – ainda que propostas pelo Ministério Público –, de modo que incidiria a previsão do art. 496, inc. I do CPC.

Posteriormente, é possível identificar julgado em sentido diverso. Em 2014, o STJ entendeu que a ação de improbidade administrativa não está sujeita ao reexame necessário, sendo inaplicável o art. 19 da Lei de Ação Popular.[14]

Já em julgados de 2016, vê-se a aplicação da remessa necessária em ação civil pública. Confira-se: *"Segundo jurisprudência consolidada desta Corte, aplica-se o art. 19 da Lei nº 4.717/65 por analogia às ações civis públicas, de forma que a sentença de improcedência deve ser submetida ao reexame necessário."*[15]

Já em 2017, a Corte parecia tender a reduzir o âmbito de aplicação da remessa necessária em ação civil pública, ao afirmar que não há remessa necessária em casos de tutela de direitos individuais homogêneos. Confira-se:

> 3. O fundamento da remessa ou reexame necessário consiste em uma precaução com litígios que envolvam bens jurídicos relevantes, de forma a impor o duplo grau de jurisdição independentemente da vontade das partes.
>
> 4. Ações coletivas que versam direitos individuais homogêneos integram subsistema processual com um conjunto de regras, modos e instrumento próprios, por tutelarem situação jurídica heterogênea em relação aos direitos transindividuais.
>
> 5. Limites à aplicação analógica do instituto da remessa necessária, pois a coletivização dos direitos individuais homogêneos tem um sentido meramente instrumental, com a finalidade de permitir uma tutela mais efetiva em juízo, não se deve admitir, portanto, o cabimento da remessa necessária, tal como prevista no art. 19 da Lei 4.717/65.
>
> 6. Recurso especial conhecido e provido.
>
> (REsp 1374232/ES, Rel. Min. Nancy Andrighi, 3ª Turma, julgado em 26/09/2017, DJe 02/10/2017)

Repare o leitor que um dos objetivos do CPC atual é a busca de uniformidade na jurisprudência e na aplicação do mesmo entendimento a todos que estivessem na mesma situação jurídica, em respeito à isonomia e à segurança jurídica. Ao

14. REsp 1.220.667-MG, Rel. Min. Napoleão Nunes Maia Filho, julgado em 4/9/2014.
15. AgInt no REsp 1264666/SC, Rel. Min. Sérgio Kukina, 1ª Turma, j. 13/09/2016.

ver julgados sobre o assunto em sentidos tão díspares, o que se percebe é que a mudança não depende do direito positivo, mas da absorção, da internalização de uma cultura de respeito ao precedente, ao entendimento anterior da corte julgadora.

4.5. Mandado de segurança

O mandado de segurança é regulado pela Lei nº 12.016/2009, que possui dispositivo específico acerca da aplicação da remessa necessária em caso de sentença concessiva da segurança (art. 14, § 1º).

5. PROCEDIMENTO

No litígio que envolve o ente público, ao proferir a sentença, é o próprio juiz que deve observar o cabimento da remessa necessária (art. 496, § 1º). Comumente, é no dispositivo da sentença que o juiz, ao acolher a pretensão em desfavor do ente público, determina a remessa dos autos ao seu respectivo tribunal para reexame. A eventual omissão da determinação judicial pode ser sanada pela avocação dos autos pelo presidente do Tribunal (art. 496, § 1º).

A esse respeito, o Fórum Permanente de Processualistas Civis destacou que a apelação parcial não impede a remessa necessária:

> **En. 432.** (art. 496, § 1º) A interposição de apelação parcial não impede a remessa necessária.

Além disso, a interposição de recurso de apelação também acaba por sanar a omissão, na medida em que leva os autos ao tribunal. A diferença é que o processo que sobe por força da remessa necessária sem a interposição de recurso voluntário não passa por contraditório. É que a remessa não tem conteúdo argumentativo, não é dialética contra a sentença; logo, não há abertura de prazo para a contraparte "defender-se" da remessa.

Em relação à remessa necessária, não ocorre preclusão. Ainda que a sentença não determine a subida dos autos, não haja avocação, nem recurso das partes, por se tratar de condição de eficácia da sentença, não ocorre o trânsito em julgado. E, tão logo verificada a falta equivocada do reexame, os autos devem ser remetidos de ofício ao tribunal.[16]

16. MARINONI, Luiz Guilherme; MITIDIERO, Daniel. op. cit., item n. 5., p. 452.

O artigo 496 não traz previsão sobre o processamento da remessa necessária no tribunal, mas já está consolidado em doutrina e jurisprudência o entendimento de que o procedimento é o mesmo previsto para a apelação.[17]

Apesar de seguir a forma de processamento de um recurso, repita-se, mais uma vez, que sua natureza jurídica não é de recurso, mas sim de condição de eficácia da sentença. Diante disso, não são cabíveis dois atos processuais afetos à interposição de apelação: contrarrazões e recurso adesivo.[18] Afinal, contrarrazões é a resposta do apelado ao recurso da parte adversa; e recurso adesivo tem como pressuposto processual justamente um recurso principal. Portanto, incabíveis ambos na remessa necessária.

Por seguir o trâmite previsto para apelação, o processo em remessa necessária recebe a designação de um relator e deve ser devidamente incluído em pauta de julgamento, com a necessária intimação das partes sobre a data da sessão.[19]

Ao invés de levar o processo a julgamento pelo órgão colegiado, o relator pode aplicar o artigo 932 para efetivar o julgamento monocrático da remessa necessária. Essa questão já está sedimentada por súmula do Superior Tribunal de Justiça – embora com menção ao artigo 557 do CPC-1973:

> **Súmula 253.** O art. 557 do CPC, que autoriza o relator a decidir o recurso, alcança o reexame necessário.

6. EXTENSÃO DA ANÁLISE NA REMESSA NECESSÁRIA

A remessa necessária permite a ampla revisão do julgado pelo tribunal. Nesse ponto, as lições sobre efeitos dos recursos têm aplicação. Por se tratar de condição de eficácia da sentença, a remessa é dotada também de efeito suspensivo, de modo que não se passa à fase de cumprimento da sentença, enquanto não houver a confirmação da decisão de primeiro grau pelo tribunal.[20]

No que se refere à matéria a ser revisada, incidem os efeitos devolutivo e translativo. Quer dizer, o tribunal conhece do litígio em todos os seus aspectos – tanto em sua extensão horizontal (efeito devolutivo), quanto vertical (efeito translativo).[21]

---

17. Dentre muitos, confira-se: NERY JÚNIOR, Nelson. op. cit., item n. 9, p. 623; MARINONI, Luiz Guilherme; MITIDIERO, Daniel. op. cit., item n. 5., p. 452.
18. CUNHA, Leonardo José Carneiro da. op. cit., p. 189.
19. CUNHA, Leonardo José Carneiro da. op. cit., p. 190.
20. Sobre a aplicação do efeito suspensivo ao reexame necessário: NERY JÚNIOR, Nelson. op. cit., item n. 9, p. 623.
21. DIDIER JR., Fredie; CUNHA, Leonardo José Carneiro da. *Curso... Vol. III*. p. 85. Em sentido um pouco diverso, entendendo que o reexame não possui efeito devolutivo, mas tão somente o efeito translativo: NERY JÚNIOR, Nelson. op. cit., item n. 6, p. 623.

Por não se tratar de verificação apenas do objeto litigioso, o tribunal pode conhecer, inclusive, de aspectos periféricos ao direito em litígio, tais como a fixação de juros de mora, termo inicial e final de sua incidência, correção monetária, condenação em honorários advocatícios, repartição de custas processuais etc.

Acerca da amplitude da remessa necessária, o Superior Tribunal de Justiça já editou súmula para consolidar seu entendimento.

> **Súmula 325.** A remessa oficial devolve ao Tribunal o reexame de todas as parcelas da condenação suportadas pela Fazenda Pública, inclusive dos honorários de advogado.

6.1. Apelação e remessa necessária prejudicada

Este tópico decorre de uma situação vivida em nossa experiência prática. Ao acompanhar sessões de julgamentos em Tribunais, verificamos a ocorrência frequente da seguinte situação. O processo sobe ao Tribunal em virtude de apelação do ente público, derrotado em primeiro grau, em hipótese que cabe também a remessa necessária.

Ao dar provimento à apelação, o presidente anuncia o resultado do julgamento como: "foi dado provimento integral do recurso e restou *prejudicada a remessa necessária*". A prática não está de todo correta, pois a apelação do ente público pode não ter alcançado toda a extensão da sentença – o que é sempre feito pela remessa necessária. É possível que o ente público tenha recorrido apenas de alguns capítulos da sentença. Esta parte é devolvida ao tribunal pela apelação, e o provimento integral da apelação alcançará somente tais capítulos. Os demais, porém, não são examinados pelo tribunal em virtude da apelação, mas sim em decorrência da remessa necessária.

Pense-se no seguinte exemplo: deduzida pretensão ressarcitória em face do ente público, o pedido é julgado procedente, em parte, para condenar o réu ao pagamento de reparação por danos materiais e morais, rejeitado o pedido quanto ao dano estético, com condenação do ente público em honorários de 20% sobre a condenação e custas processuais.

O Estado apela dos danos materiais para o objetivo de reduzi-los – ao fundamento de que parte deles não ficou comprovada devidamente. O provimento da apelação nos exatos termos do pedido leva à redução do dano material. Nada mais. Em sede de remessa necessária, o tribunal pode modificar a condenação em danos morais e verificar que houve sucumbência mínima do Estado, a ensejar que o autor arque integralmente com as custas processuais (art. 86, p.ú.). Perceba-se que, no exemplo, o provimento integral da apelação não prejudica a análise dos demais pontos da sentença pelo reexame necessário.

Somente haveria de se considerar prejudicada a remessa necessária se a apelação efetivamente recorresse de todos os pontos da sentença ou se o tribunal a acolhesse para anular a sentença e determinar o retorno dos autos ao primeiro grau.

6.2. *Reformatio in pejus*

Embora a remessa necessária não tenha a natureza de recurso, o fato de implicar em processamento e julgamento no âmbito do tribunal atrai a aplicação de elementos da Teoria Geral dos Recursos – foi o que vimos anteriormente em relação aos efeitos.

Questão acerca da qual já houve bastante divergência diz respeito à possibilidade de o tribunal agravar a condenação do ente público em remessa necessária. Se o particular recorre para modificar a sentença no que lhe foi desfavorável e há também a remessa necessária, logicamente o tribunal pode dar provimento ao recurso do particular e agravar a condenação do ente público. O ponto de discussão se refere ao caso em que há exclusivamente a remessa necessária – o recurso do Estado aqui é irrelevante.

O Superior Tribunal de Justiça consolidou o entendimento de que não é possível agravar a condenação do Poder Público:

> **Súmula 45.** No reexame necessário, é defeso, ao Tribunal, agravar a condenação imposta à Fazenda Pública.

Essa posição, de fato, parece-nos a mais correta, diante do papel desempenhado pelo instituto em exame. Se seu objetivo é preservar o ente público de condenações excessivas e demasiadamente gravosas, não faz sentido que, mediante esse instrumento, o ente público seja prejudicado.

7. RECURSO ESPECIAL EM REMESSA NECESSÁRIA

Em relação ao cabimento do recurso especial da decisão tomada em remessa necessária ausente a apelação, a solução adotada pela Corte Especial do Superior Tribunal de Justiça foi a de que o recurso especial pode ser interposto.[22]

Para o Superior Tribunal de Justiça, não há preclusão lógica na ausência de apelação no primeiro grau de jurisdição. Ainda que o processo suba ao 2º grau apenas em razão da remessa necessária, é possível a interposição de recurso especial e extraordinário aos Tribunais Superiores. Esse entendimento consolida a posição que nos parece mais adequada no resguardo do interesse público.

22. REsp 905.771/CE, Rel. Min. Teoria Albino Zavascki, Corte Especial, julgado em 29/06/2010.

8. DISPENSA DA REMESSA NECESSÁRIA

Na linha do que havia ocorrido com o CPC-1973, o instituto da remessa necessária teve seu campo de atuação reduzido no CPC-2015.

8.1. Valor mínimo para cabimento da remessa necessária

O § 2º do artigo 475 do CPC-1973 dispensava o reexame necessário quando a condenação ou o direito controvertido fosse de valor não excedente a 60 salários mínimos. O CPC-2015 elevou significativamente esses valores e fez a distinção de acordo com o ente público que litiga. Confira-se:

> **Art. 496.** [...]
>
> § 3º Não se aplica o disposto neste artigo quando a condenação ou o proveito econômico obtido na causa for de valor certo e líquido inferior a:
>
> I – 1.000 (mil) salários-mínimos para a União e as respectivas autarquias e fundações de direito público;
>
> II – 500 (quinhentos) salários-mínimos para os Estados, o Distrito Federal, as respectivas autarquias e fundações de direito público e os Municípios que constituam capitais dos Estados;
>
> III – 100 (cem) salários-mínimos para todos os demais Municípios e respectivas autarquias e fundações de direito público.

A lógica do legislador foi a da relevância da condenação diante da capacidade econômica do ente público. Por isso, causas que envolvem a União – que é o ente político com o maior orçamento e maior capacidade financeira – somente serão encaminhadas por remessa necessária se a condenação ou o proveito econômico for igual ou superior a mil salários mínimos. Em contrapartida, para municípios que não sejam capitais, a condenação ou o proveito econômico de 100 salários--mínimos já demanda a revisão pelo tribunal.

8.2. Entendimentos jurisprudencial e administrativo consolidados

Outra hipótese de dispensa da remessa necessária está relacionada à sentença proferida que está em consonância com o entendimento consolidado na jurisprudência ou no âmbito administrativo do próprio ente público (art. 496, § 4º).

Para dispensa da remessa necessária, a sentença deve ser fundamentada em:

– súmula de tribunal superior;

– acórdão do STF ou do STJ em recursos repetitivos;

- entendimento firmado em incidente de resolução de demandas repetitivas ou de assunção de competência
- entendimento idêntico à orientação vinculante firmada pela Administração Pública do próprio ente em manifestação, parecer ou súmula administrativa.

Quanto ao entendimento administrativo, é preciso que as posições da Administração Pública sejam de conhecimento do juízo sentenciante. Para isso, há necessidade de ampla divulgação das orientações vinculantes, como destacou o Fórum Permanente de Processualistas Civis:

> **En. 433.** (arts. 496, § 4º, IV, 6º, 927, § 5º) Cabe à Administração Pública dar publicidade às suas orientações vinculantes, preferencialmente pela rede mundial de computadores.

Outro aspecto importante sobre a dispensa da remessa necessária quando há orientação administrativa vinculante é a sua plena aplicabilidade ao mandado de segurança. Mais uma vez, confira-se o entendimento do Fórum Permanente de Processualistas Civis:

> **En. 312.** (art. 496) O inciso IV do § 4º do art. 496 do CPC aplica-se ao procedimento do mandado de segurança.

Questão de direito intertemporal interessante reside em saber se esses novos parâmetros de dispensa da remessa necessária podem ser aplicados aos processos que já subiram ao segundo grau de jurisdição antes da entrada em vigor do CPC-2015. Em outras palavras, a questão é: os reexames necessários ainda não julgados ficam prejudicados nas hipóteses em que a lei atual permite dispensa?

Há sólido entendimento doutrinário em sentido negativo. É o que entendeu o Fórum Permanente de Processualistas Civis:

> **En. 311.** (arts. 496 e 1.046). A regra sobre remessa necessária é aquela vigente ao tempo da publicação em cartório ou disponibilização nos autos eletrônicos da sentença, de modo que a limitação de seu cabimento no CPC não prejudica os reexames estabelecidos no regime do art. 475 do CPC de 1973.

A dispensa da remessa nas hipóteses de entendimento jurisprudencial consolidado está afinada com a ideia de que o instituto protege o Poder Público contra possíveis decisões equivocadas, em que houve a má-aplicação do direito ao caso concreto em prejuízo do erário público. Se a sentença está baseada em entendimentos consolidados das instâncias superiores, isso há de significar que não será modificada posteriormente. Assim, a ausência da revisão pelo tribunal não afeta a segurança jurídica, nem a preservação do interesse público.

8.3. Juizados Especiais

No âmbito dos Juizados Especiais Federais, a remessa necessária não é aplicável por expressa vedação legal. O artigo 13 da Lei nº 10.259/2001 dispõe que: "*Nas causas de que trata esta Lei, não haverá reexame necessário*".

De igual modo, nos Juizados Especiais da Fazenda Pública, a Lei nº 12.153/2009 também afastou a incidência da remessa necessária (art. 11).

8.4. Sentença arbitral

Em relação à sentença arbitral, não há que se falar em aplicação da remessa necessária, uma vez que a arbitragem é uma medida alternativa de solução do litígio, marcada principalmente pela expertise do julgador e pela celeridade da prolação da decisão. Além disso, a sentença arbitral não é passível de apelação para reanálise de mérito perante o Poder Judiciário.

Por essas características, percebe-se que a remessa necessária é incompatível com o método de solução pela via da arbitragem. Veja-se, a esse respeito, a manifestação do Fórum Permanente de Processualistas Civis:

> **En. 164.** (art. 496) A sentença arbitral contra a Fazenda Pública não está sujeita à remessa necessária.

Questões de Concurso

▶ **01. (Promotor MP-SC – 2016)** Nos termos do novo Código de Processo Civil, no que diz respeito ao reexame necessário, é possível afirmar que possui as seguintes características: não tem voluntariedade, admite contraditório, não tem prazo de interposição e não se encontra taxado, na lei, como recurso.

▶ **02. (Procurador MA – 2016 – FCC)** NÃO está sujeita à remessa necessária a sentença proferida contra o Estado

a) quando a condenação ou o proveito econômico obtido na causa for de valor certo e líquido inferior a mil salários mínimos.

b) se também não houver apelação do vencido.

c) se ele for revel.

d) fundada em entendimento coincidente com orientação vinculante firmada no âmbito administrativo do próprio ente público, consolidada em manifestação, parecer ou súmula administrativa.

e) que julgar parcialmente procedentes os embargos à execução fiscal, qualquer que seja o valor da dívida.

03. (Juiz de Direito – TJ-MG – 2018 – Consulplan) O município de Belo Horizonte foi condenado no pagamento de indenização, no valor de R$ 2.000,00 claramente contra a prova dos autos e, na sentença, o Juiz determinou a remessa necessária. O Tribunal, de forma correta,

A) não conhecerá da remessa necessária.

B) conhecerá da remessa necessária e reformará a sentença.

C) conhecerá da remessa necessária e confirmará a sentença.

D) determinará o retorno dos autos para o primeiro grau de jurisdição a fim de ser exercido o juízo de retratação.

Questão	Gabarito	Breves comentários
01	Errado	Não há contraditório; v. item 5.
02	D	Art. 496, § 4º, IV; v. item 8.2
03	A	Art. 496, § 3º; v. item 8.1.

CAPÍTULO X

EXECUÇÃO CONTRA O PODER PÚBLICO

1. INTRODUÇÃO

O regime jurídico de direito processual público é especial quanto à execução por quantia certa contra o Poder Público, pois seus bens, do ponto de vista do direito material, são inalienáveis – e, via de consequência, no âmbito processual, impenhoráveis. Diante disso, não é possível aplicar ao ente público o regramento comum da execução por quantia certa, seja como processo autônomo (título extrajudicial), seja como fase do processo sincrético (título judicial), cujo cerne da atividade judicial se dirige à expropriação de bens do patrimônio do devedor.

A disciplina base para a execução de pecúnia contra o Poder Público está prevista na Constituição da República (art. 100) – complementada pelos artigos 534 e 535 do CPC – e foi idealizado, desde a promulgação da Carta Cidadã, tendo por base o pagamento através de precatório. Por conta do recorrente inadimplemento e grau de endividamento dos entes públicos, a sistemática de pagamentos de condenações judiciais já foi modificada diversas vezes, através de Emendas Constitucionais, a saber: EC nº 20/1998, nº 30/2000, nº 37/2000, nº 62/2009, nº 94/2016 e nº 99/2017. As primeiras três emendas constitucionais tinham como foco básico o alongamento e o parcelamento da dívida de precatório, mas foram infrutíferas.

A EC nº 62/2009 possui especial relevância, porque alterou significativamente o sistema de pagamentos ao estabelecer um regime especial de pagamento paralelo ao regime ordinário. Em linhas gerais, a EC nº 62/2009 estabeleceu mecanismos alternativos de quitação dos precatórios, alongamento da dívida sem prazo fixo e vinculação de percentual mínimo de destinação de recursos para pagamento de precatórios. Apesar de oferecer algumas soluções interessantes para o gigantesco problema das dívidas do Poder Público, a EC nº 62 foi alvo de críticas contumazes da sociedade civil e da comunidade jurídica, tanto por questões éticas e morais, quanto por vícios referentes à sua constitucionalidade. Em sede de controle concentrado, o STF declarou inconstitucional boa parte do regime especial da EC nº 62, mas modulou seus efeitos para possibilitar ao constituinte estabelecer novo regime de pagamentos. Diante disso, foi editada a EC nº 94/2016, que determinou a quitação dos estoques de precatórios até o ano de 2020 por meio de um novo regime especial. A emenda não teve força para durar nem sequer um ano. No final de 2017, o Congresso Nacional promulgou a EC nº 99, que ampliou o prazo de quitação dos precatórios do Poder Público para o ano de 2024.[1]

Essa sistemática de execução somente se aplica às obrigações de pagar quantia. Com relação aos processos cujo objeto são obrigações de fazer, não fazer e dar, a disciplina aplicável é aquela prevista ordinariamente pelo CPC.[2] No presente capítulo, examina-se especificamente a obrigação de pagar quantia. O objetivo é servir de guia para o leitor não se perder nesse sinuoso caminho, recheado de modificações constitucionais e de manifestações jurisprudenciais em sede de controle de constitucionalidade.

2. ALCANCE

Em relação ao sistema de pagamentos de obrigações pecuniárias, o conceito de Fazenda Pública engloba os entes políticos (União, Estados, Distrito Federal e Municípios) e suas respectivas autarquias e fundações, cuja personalidade jurídica é de direito público. Além disso, como visto anteriormente, a Empresa Brasileira de Correios e Telégrafos também está inserida no conceito de Fazenda Pública.

---

1. Em edições anteriores, quando apresentamos nossas próprias impressões sobre a EC nº 62, havíamos destacado que esse sistema era mais condizente com a realidade, porque fixar em poucos anos a solução de um problema de décadas de dívidas era pura ilusão. O sistema da EC nº 62 representava um ganho, porque ao menos aumentava o percentual que era destinado a esses pagamentos – melhor isso do que determinar o depósito de um alto percentual do orçamento, que não seria cumprido pelo governante. Dito e feito. O STF julgou inconstitucional o regime especial da EC nº 62 e desde então já vemos duas novas emendas alongando prazos de pagamento. Não é difícil adivinhar o que vai acontecer perto do ano de 2024: nova emenda para alongar o prazo de pagamento. E assim seguimos fingindo que estamos efetivamente colocando um prazo final para pagamento dos precatórios.
   Esse aliás está longe de ser um fato isolado na nossa prática constitucional. A questão referente à desvinculação das receitas da União – DRU é idêntica. Ao invés de efetivamente abrir mão do engessado orçamento para dar liberdade ao governante eleito, optamos pela dureza do orçamento com percentuais de gastos vinculados, mas que é flexibilizado excepcionalmente por seguidas emendas constitucionais desde o ano 2000 (vide artigo 76 do ADCT e emendas constitucionais nº 27/2000, nº 42/2003, nº 56/2007, nº 68/2011, nº 93/2016).
2. BUENO, Cassio Scarpinella. *Curso sistematizado de direito processual civil: tutela jurisdicional executiva*. Vol. 3. 3ª ed. rev., atual. e ampl. São Paulo: Saraiva, 2010, p. 423.

3. CUMPRIMENTO DE SENTENÇA E A EXECUÇÃO EXTRAJUDICIAL CONTRA O PODER PÚBLICO

O cumprimento de sentença cujo objeto seja o pagamento de quantia certa recebe disciplina própria no CPC-2015. Ao contrário do sistema anterior, que ainda mantinha separados o processo de conhecimento e o de execução de título judicial, os artigos 534 e 535 do CPC-2015 preveem a satisfação da condenação dentro da mesma relação processual.

Com relação à execução de título extrajudicial, já houve profunda discussão acerca de seu cabimento em face do Poder Público. Sustentava-se que a execução de título extrajudicial não seria possível, pois a Constituição exige sentença judiciária para a expedição do precatório (art. 100), motivo por que o credor precisaria ingressar com um processo de conhecimento para obter o título judicial.

Hoje a questão está a pacificada no âmbito da jurisprudência do Superior Tribunal de Justiça, que editou súmula sobre o assunto:

> **Súmula 279.** É cabível execução por título extrajudicial contra a Fazenda Pública.

A doutrina segue a mesma linha da jurisprudência.[3] O entendimento firmado há anos pelo Superior Tribunal de Justiça continua atual à luz do CPC-2015, que prevê expressamente a execução extrajudicial contra o Poder Público em seu artigo 910: "*Na execução fundada em título extrajudicial, a Fazenda Pública será citada para opor embargos em 30 (trinta) dias.*"

A previsão constitucional acerca da necessidade de "sentença judicial" deve ser entendida de modo mais amplo, a abranger tanto a manifestação do Judiciário em sentença condenatória, quanto a decisão que recebe a execução de título extrajudicial, cujos elementos de certeza, exigibilidade e liquidez, estejam presentes. Por outro lado, a referência à necessidade de trânsito em julgado da sentença, prevista no dispositivo constitucional, tem o condão de vedar a execução provisória.

Além disso, na execução por título extrajudicial, o ente público tem à sua disposição os embargos, em que se lhe possibilita o exercício amplo do direito de defesa.

4. DEFESA DO ENTE PÚBLICO

O cumprimento de sentença tem início por ato voluntário do exequente, que apresenta o pedido ao juízo com demonstrativo discriminado e atualizado do débito (art. 534).

3. CUNHA, Leonardo José Carneiro da. op. cit., p. 339; BUENO, Cassio Scarpinella. *Curso...* Vol. 3, p. 431.

Se houver pluralidade de exequentes, cada um deve apresentar sua própria planilha de cálculos para indicar o valor de seu crédito (art. 534, § 1º). Em caso de grande número de exequentes – litisconsórcio multitudinário –, o juiz pode determinar a separação dos litigantes em diferentes processos.

No cumprimento de sentença contra o Poder Público, a intimação não é para pagamento, uma vez que este só é possível com a expedição do precatório ou da requisição de pequeno valor, ou seja, o ente público não pode efetuar voluntariamente o pagamento da condenação. Exatamente por isso, não se aplica a este procedimento a multa de 10% pela falta de cumprimento voluntário da obrigação, prevista no § 1º do artigo 523.

Nos termos do artigo 535, o ente público é intimado para se manifestar e pode apresentar impugnação no prazo de 30 dias. Como se trata de prazo próprio, não incide a regra de contagem em dobro (art. 183). Em sua impugnação, o Poder Público pode apresentar defesas relacionadas aos seguintes temas:

> **Art. 535.** A Fazenda Pública será intimada na pessoa de seu representante judicial, por carga, remessa ou meio eletrônico, para, querendo, no prazo de 30 (trinta) dias e nos próprios autos, impugnar a execução, podendo arguir:
>
> I – falta ou nulidade da citação se, na fase de conhecimento, o processo correu à revelia;
>
> II – ilegitimidade de parte;
>
> III – inexequibilidade do título ou inexigibilidade da obrigação;
>
> IV – excesso de execução ou cumulação indevida de execuções;
>
> V – incompetência absoluta ou relativa do juízo da execução;
>
> VI – qualquer causa modificativa ou extintiva da obrigação, como pagamento, novação, compensação, transação ou prescrição, desde que supervenientes ao trânsito em julgado da sentença.

O inciso IV trata da hipótese mais comum nas discussões prévias à expedição do precatório para pagamento, que é a identificação do valor correto do crédito do particular. Há dois pontos importantes a destacar a esse respeito. O primeiro é que, ao alegar excesso da cobrança, o Poder Público possui o ônus de indicar já em sua defesa o valor que entende correto. Na prática, o prazo para apresentação da defesa é usado pela advocacia pública para enviar cópia dos autos ao seu setor de cálculos para que elabore informação técnica a respeito do montante devido. Essa informação do setor técnico serve de base para a impugnação. Não apontado o valor que o Poder Público entende devido, o juiz não deve sequer conhecer da matéria.

O segundo ponto de destaque é que o precatório da parte incontroversa está em condições de ser expedido. Se o Poder Público contenda apenas parte do valor, o montante não impugnado se torna definitivo, a permitir o prosseguimento para pagamento – esse ponto será novamente examinado à frente, ao tratarmos especificamente do fracionamento do precatório.

Quando a execução é de título extrajudicial, o prazo de embargos também é de 30 dias, conforme previsão do art. 910 do CPC. A cognição é mais ampla, pois podem ser alegadas quaisquer matérias que poderiam ser cabíveis como defesa no processo de conhecimento (art. 910, § 2º).

5. EXECUÇÃO PROVISÓRIA

Quando do advento da Constituição da República de 1988, a redação original do artigo 100 determinava o pagamento dos créditos devidos pelo Poder Público, em razão de "sentença judiciária", na ordem cronológica de apresentação. À luz daquela previsão constitucional, o Superior Tribunal de Justiça entendia possível a execução provisória contra a Fazenda Pública, de modo que, diante de sentença condenatória, o juiz responsável pela execução já enviava ofício ao presidente do Tribunal para expedição do respectivo precatório.[4]

A partir da Emenda Constitucional nº 30/2000, o § 1º do artigo 100 passou a prever a necessidade de sentença transitada em julgado como requisito para que fosse incluído o débito no orçamento da entidade pública, ou seja, de nada adiantava a expedição da requisição, pois a entidade só estaria obrigada a pagar após o trânsito em julgado. Desde então, passou-se a entender como incabível a execução provisória em face do ente público – essa posição é consolidada no STJ.[5]

A promulgação da EC nº 62/2009 alterou a previsão do § 1º para o § 5º do artigo 100, mas o que se extrai da norma é o mesmo comando, ou seja, não é possível a execução provisória em face do Poder Público.[6]

Nesse sentido, o Fórum Permanente de Processualista Civis editou enunciado em que pontua a necessidade do trânsito em julgado para expedição de precatório ou de RPV:

> **En. 532.** (art. 535, § 3º; art. 100, § 5º, Constituição Federal). A expedição do precatório ou da RPV depende do trânsito em julgado da decisão que rejeita as arguições da Fazenda Pública executada.

4. Nesse sentido: REsp 56239/PR, Relator Min. Humberto Gomes de Barros, 1ª Turma, v.u., j. em 15/03/1995.
5. AgRg no Ag 1057363/PR, Rel. Min. Herman Benjamin, 2ª Turma, julgado em 19/03/2009.
6. CUNHA, Leonardo José Carneiro da. op. cit., p. 333-337.

Isso não significa, porém, que não seja possível a realização da fase de liquidação de sentença. Caso a apelação do Estado seja recebida apenas no efeito devolutivo, é possível o particular proceder à liquidação do valor da condenação. Afinal, o que a norma constitucional impede é especificamente a expedição do precatório.

6. SISTEMA DE PAGAMENTO DE DÉBITOS DO ENTE PÚBLICO POR PRECATÓRIO

O pagamento dos débitos do ente público pode ser realizado de duas formas, através de precatório ou mediante requisição de pequeno valor. Cada qual possui características próprias e peculiaridades que demandam um estudo específico. Inicialmente, vamos analisar o precatório, suas características, particularidades e forma de processamento. Após, passaremos ao exame da requisição de pequeno valor.

Como destacado na introdução do capítulo, o sistema de precatórios tem sido constantemente alterado por emendas constitucionais. Além disso, a EC nº 62/2009 foi declarada, em significativa parte, inconstitucional pelo STF por ocasião do julgamento da ADI nº 4.357 (rel. Min. Ayres Britto), mas houve modulação de efeitos pelo prazo de 5 anos, a contar de 2016. Além disso, foram editadas as EC nº 94/2016 e 99/2017 para modificar novamente o regime de pagamentos. E, mais uma vez, já há ação direta de inconstitucionalidade para discutir o teor da EC nº 94/2016.[7] Trata-se da ADI nº 5679, cujo julgamento ainda está pendente.

Como se vê, o leitor precisa conhecer o conteúdo dessas três emendas constitucionais. Assim, em cada tópico, apresentamos:

(i) o sistema original;

(ii) as modificações trazidas pela EC nº 62/2009;

(iii) a declaração de inconstitucionalidade da EC nº 62/2009;

(iv) as modificações trazidas pelas EC nº 94/2016 e nº 99/2017 (se aplicável ao tópico).

Essa análise é mais analítica, minuciosa e inegavelmente mais longa; acreditamos, porém, que é a melhor forma de compreender o complexo sistema de pagamento das condenações judiciárias contra o Poder Público.

7. Até o fechamento desta edição, não identificamos no STF ação direta de inconstitucionalidade proposta contra a EC nº 99/2017, mas provavelmente será intentada ação, com argumentos semelhantes aos trazidos contra a EC nº 94/2016.

6.1. Listas de precatórios

A redação original do artigo 100 da Constituição estabelecia que o pagamento de débitos oriundos de condenações judiciárias era feito exclusivamente na ordem cronológica de apresentação dos precatórios, à exceção dos créditos de natureza alimentícia. A ressalva constitucional não significava que o crédito de natureza alimentícia dispensava a requisição por precatório, mas tão somente que tinha preferência de recebimento frente aos créditos de natureza ordinária. Esse historicamente foi o entendimento consolidado em nossos Tribunais Superiores em suas súmulas:

STJ

Súmula 144. Os créditos de natureza alimentícia gozam de preferência, desvinculados os precatórios da ordem cronológica dos créditos de natureza diversa.

STF

Súmula 655. A exceção prevista no art. 100 *caput*, da Constituição, em favor dos créditos de natureza alimentícia, não dispensa a expedição de precatório, limitando-se a isentá-los da observância da ordem cronológica dos precatórios decorrentes de condenação de outra natureza.

À luz da disciplina original da Constituição, havia, portanto, duas listas de pagamentos do Poder Público: uma de créditos de natureza alimentícia e outra para os de natureza comum, sendo que a prioridade de pagamentos é dos créditos de natureza alimentícia.

A EC nº 62/2009 modificou a disciplina original para estabelecer uma nova ordem de preferência no pagamento dos débitos do Poder Público. De acordo com o § 2º do artigo 100, devem ser pagos em primeiro lugar os débitos de natureza alimentícia a idosos (a partir dos 60 anos de idade) ou portadores de doença grave até o valor equivalente ao triplo da requisição de pequeno valor – sendo o resto pago na ordem cronológica ordinária. Em outras palavras, os primeiros a receber seus créditos são os idosos e portadores de doença grave, titulares de crédito alimentício, até o valor de 180 salários mínimos quando o ente devedor for a União (os valores de referência para a requisição de pequeno valor serão examinados à frente). Caso o valor do crédito do idoso ou portador de doença grave ultrapasse esse montante, o restante será pago na ordem cronológica de apresentação dos demais créditos alimentares.[8]

8. CUNHA, Leonardo José Carneiro da. op. cit., p. 332.

Para fixação da idade do idoso, o marco da EC nº 62/2009 era a data de expedição do precatório: "*Os débitos de natureza alimentícia cujos titulares tenham 60 (sessenta) anos de idade ou mais na data de expedição do precatório [...]*".

Esse marco da idade foi impugnado na ADI 4357 no STF. A Corte declarou a inconstitucionalidade da expressão "*na data de expedição do precatório*", ao argumento de violação do princípio da igualdade. A preferência deve ser estendida a todos os credores que completem 60 anos na pendência de pagamento de precatório de natureza alimentícia. Esse entendimento do STF acabou consagrado na EC nº 94/2016, que modificou a redação do § 2º do artigo 100. No texto constitucional vigente já não há a menção à data de expedição do precatório. Confira-se:

> **Art. 100.** [...]
>
> § 2º Os débitos de natureza alimentícia cujos titulares, originários ou por sucessão hereditária, tenham 60 (sessenta) anos de idade, ou sejam portadores de doença grave, ou pessoas com deficiência, assim definidos na forma da lei, serão pagos com preferência sobre todos os demais débitos, até o valor equivalente ao triplo fixado em lei para os fins do disposto no § 3º deste artigo, admitido o fracionamento para essa finalidade, sendo que o restante será pago na ordem cronológica de apresentação do precatório.

Por outro lado, repare o leitor que a EC nº 94/2016 ampliou o rol de preferências para abarcar pessoas com deficiência e sucessores hereditários do credor originário.[9] Assim, a atual ordem de pagamentos de precatórios é a seguinte:

1º. Créditos alimentares de idosos (60 anos), portadores de doença grave e pessoas com deficiência, originários ou por sucessão hereditária, até o triplo do valor da requisição de pequeno valor;

2º. Créditos alimentares;

3º. Créditos ordinários.

No momento de efetuar o pagamento de precatórios, essa é a ordem a ser seguida. No entanto, é preciso ter claro que a ordem vale para cada ano de pagamento, ou seja, na lista de precatórios a ser quitados de 2015, segue-se essa ordem, desde que todos do ano anterior já tenham sido quitados (aqui não estamos tratando das regras peculiares do regime especial, que seguem lógica diversa). Quer dizer, a ordem de pagamento de precatório é (i) temporal (do mais antigo para o mais recente) e (ii) qualitativo (alimentares de idosos e portadores de doença grave, pessoas com deficiência até certo valor, alimentares e ordinários).

9. MOREIRA, Egon Bockmann; GRUPENMACHER, Betina Treiger; KANAYAMA, Rodrigo Luís; AGOTTANI, Diogo Zelak. *Precatórios: o seu novo regime jurídico: a visão do direito financeiro, integrada ao direito tributário e ao direito econômico*. São Paulo: RT, 2017, p. 144.

Veja-se julgado do STJ que elucida a questão:

> A ordem cronológica deve ser averiguada dentro de cada uma das classes de precatórios: comum ou alimentar.
>
> O pagamento de precatório comum antes do de natureza alimentar não representa quebra da ordem de preferência constitucionalmente estabelecida, quando têm vencimentos distintos.
>
> Hipótese em que o precatório comum está datado de 2003 e o alimentar de 2005.
>
> Se não houve preterição no pagamento não se pode falar de sequestro de recursos públicos para pagamento coercitivo.
>
> Recurso ordinário não provido.
>
> (RMS 35.089/MG, Rel. Min. Eliana Calmon, 2ª Turma, julgado em 09/04/2013)

Nos termos da jurisprudência do STJ, o pagamento de precatórios deve obedecer ao critério temporal e, dentre os do mesmo ano, aí sim faz-se a distinção quanto à natureza.

6.2. Crédito de natureza alimentícia

Diante do tratamento distinto dado aos créditos de natureza ordinária e de natureza alimentícia, é preciso delimitar o conteúdo de cada categoria. A redação original da Constituição não trazia qualquer referência ao aplicador da norma, omissão sanada com a promulgação da EC nº 30/2000, que estabeleceu o que se compreende por créditos de natureza alimentícia no § 1º-A do artigo 100: salários, vencimentos, proventos, pensões e suas complementações, benefícios previdenciários e indenizações por morte ou invalidez, fundadas em responsabilidade civil. Com o advento da Emenda Constitucional nº 62/2009, a descrição dos créditos de natureza alimentícia passou a constar do § 1º do artigo 100.

Diante da normatização do conteúdo, a discussão jurisprudencial passou a recair sobre outra questão, a natureza do rol constitucional, se taxativo ou exemplificativo. É questionar: o elenco previsto na Constituição é uma descrição mínima de hipóteses de crédito dessa natureza e, por isso, pode ser alargado pelo legislador ou, ao contrário, aquelas são estritamente as hipóteses que recebem o privilégio constitucional do recebimento prioritário?

Instado a se manifestar, o Supremo Tribunal Federal firmou posição no sentido de que o rol é exemplificativo[10], no que foi seguido pelo Superior Tribunal de Justiça[11]:

---

10. STF: RE 470407, Relator Min. Marco Aurélio, 1ª Turma, julgado em 09/05/2006.
11. STJ: AgRg no REsp 1343174/RJ, Rel. Min. Herman Benjamin, 2ª Turma, julgado em 18/10/2012.

A fundamentação do STF é no sentido de que os honorários periciais e advocatícios remuneram o profissional tal qual "*salários e vencimentos*", conceito previsto na Constituição para caracterizar o crédito como alimentar. Daí a formação do entendimento de que os honorários são crédito de natureza alimentícia.

A verba honorária é sempre alimentar, independentemente da natureza do débito fixado pelo juízo para a parte vencedora da demanda.[12] O conceito de verba honorária engloba tanto os honorários sucumbenciais, fixados pelo juízo, quanto os contratuais, acertados entre o advogado e o cliente.

A esse respeito, é possível identificar mudança de entendimento na jurisprudência do Superior Tribunal de Justiça. Historicamente, o entendimento era o de que, embora os titulares da verba principal e da verba honorária sejam distintos – os honorários pertencem ao advogado (Lei nº 8.906/94, Estatuto da OAB, art. 23) –, não poderia haver a expedição de duas requisições de precatórios. Ainda que o valor dos honorários fosse enquadrado no patamar da requisição de pequeno valor, a verba honorária deveria ser paga mediante precatório, ao argumento de que a expedição de ordens distintas representaria fracionamento dos valores a serem executados, o que é vedado expressamente pela Constituição da República (art. 100, § 8º).[13]

Esse entendimento acabou superado. Em sede de recurso repetitivo, o Superior Tribunal de Justiça adotou posicionamento diverso e, atualmente, é possível a distinção das verbas devidas à parte e ao advogado, inclusive para fins de expedição de Requisição de Pequeno Valor. Confira-se:

> 1. No direito brasileiro, os honorários de qualquer espécie, inclusive os de sucumbência, pertencem ao advogado; e o contrato, a decisão e a sentença que os estabelecem são títulos executivos, que podem ser executados autonomamente, nos termos dos arts. 23 e 24, § 1º, da Lei 8.906/1994, que fixa o estatuto da Ordem dos Advogados do Brasil.
>
> 2. A sentença definitiva, ou seja, em que apreciado o mérito da causa, constitui, basicamente, duas relações jurídicas: a do vencedor em face do vencido e a deste com o advogado da parte adversa. Na primeira relação, estará o vencido obrigado a dar, fazer ou deixar de fazer alguma coisa em favor do seu adversário processual. Na segunda, será imposto ao vencido o dever de arcar com os honorários sucumbenciais em favor dos advogados do vencedor.
>
> 3. Já na sentença terminativa, como o processo é extinto sem resolução de mérito, forma-se apenas a segunda relação, entre o advogado e a parte que deu causa

12. Em doutrina, há entendimento em sentido contrário, defendendo que o rol é taxativo e que os honorários devem seguir a disciplina do crédito principal: se a condenação for por crédito alimentar, os honorários também serão pagos preferencialmente; do contrário, os honorários são pagos pela cronologia ordinária. É a posição de: CUNHA, Leonardo José Carneiro da. op. cit., p. 304-305.
13. STJ: AgRg no REsp 865.275/MG, Rel. Min. Paulo Gallotti, 6ª Turma, julgado em 04/06/2009.

ao processo, o que revela não haver acessoriedade necessária entre as duas relações. Assim, é possível que exista crédito de honorários independentemente da existência de crédito "principal" titularizado pela parte vencedora da demanda.

4. Os honorários, portanto, constituem direito autônomo do causídico, que poderá executá-los nos próprios autos ou em ação distinta.

5. Diz-se que os honorários são créditos acessórios porque não são o bem da vida imediatamente perseguido em juízo, e não porque dependem de um crédito dito "principal". Assim, não é correto afirmar que a natureza acessória dos honorários impede que se adote procedimento distinto do que for utilizado para o crédito "principal". Art. 100, § 8º, da CF.

6. O art. 100, § 8º, da CF não proíbe, nem mesmo implicitamente, que a execução dos honorários se faça sob regime diferente daquele utilizado para o crédito dito "principal". O dispositivo tem por propósito evitar que o exequente se utilize de maneira simultânea – mediante fracionamento ou repartição do valor executado – de dois sistemas de satisfação do crédito (requisição de pequeno valor e precatório).

7. O fracionamento vedado pela norma constitucional toma por base a titularidade do crédito. Assim, um mesmo credor não pode ter seu crédito satisfeito por RPV e precatório, simultaneamente. Nada impede, todavia, que dois ou mais credores, incluídos no polo ativo da mesma execução, possam receber seus créditos por sistemas distintos (RPV ou precatório), de acordo com o valor que couber a cada qual.

8. Sendo a execução promovida em regime de litisconsórcio ativo voluntário, a aferição do valor, para fins de submissão ao rito da RPV (art. 100, § 3º da CF/88), deve levar em conta o crédito individual de cada exequente. Precedentes de ambas as Turmas de Direito Público do STJ.

11. O fracionamento proscrito pela regra do art. 100, § 8º, da CF ocorreria apenas se o advogado pretendesse receber seus honorários de sucumbência parte em requisição de pequeno valor e parte em precatório. Limitando-se o advogado a requerer a expedição de RPV, quando seus honorários não excederam ao teto legal, não haverá fracionamento algum da execução, mesmo que o crédito do seu cliente siga o regime de precatório. E não ocorrerá fracionamento porque assim não pode ser considerada a execução de créditos independentes, a exemplo do que acontece nas hipóteses de litisconsórcio ativo facultativo, para as quais a jurisprudência admite que o valor da execução seja considerado por credor individualmente considerado. RE 564.132/RS, submetido ao rito da repercussão geral.

15. Não há impedimento constitucional, ou mesmo legal, para que os honorários advocatícios, quando não excederem ao valor limite, possam ser executados mediante RPV, ainda que o crédito dito "principal" observe o regime dos precatórios. Esta é, sem dúvida, a melhor exegese para o art. 100, § 8º, da CF, e por tabela para os arts. 17, § 3º, da Lei 10.259/2001 e 128, § 1º, da Lei 8.213/1991, neste recurso apontados como malferidos.

16. Recurso especial não provido. Acórdão sujeito ao regime do art.543-C do CPC e da Resolução STJ nº 8/2008.

(REsp 1347736/RS, Rel. Min. Castro Meira, Rel. p/Acórdão Min. Herman Benjamin, 1ª Seção, julgado em 09/10/2013, DJe 15/04/2014)

Como se vê, a mudança de entendimento do Superior Tribunal de Justiça é favorável aos advogados, que podem receber seus honorários segundo o regime de pagamento adequado ao montante que lhes cabe, sem depender da sorte da verba principal.

O CPC contribui para positivar esse entendimento jurisprudencial ao prever expressamente que os honorários constituem direito do advogado e que pode, inclusive, ser requeridos em nome da sociedade de advogados (art. 85, §§ 14 e 15).

Além disso, quanto aos honorários contratuais, firmados entre a parte vencedora e o advogado, é possível haver o destaque daquele montante do valor da condenação. Por exemplo, determinada a condenação do ente público ao pagamento de R$ 2 milhões, tendo a parte e o advogado convencionado honorários contratuais no valor de R$ 150 mil, é possível haver o destaque desse valor na expedição do precatório. Não há o fracionamento dos valores, mas tão somente a distinção da legitimidade para seu levantamento. Para tanto, é necessário que o contrato de serviços jurídicos seja juntado aos autos antes da expedição do precatório (Lei nº 8.906/94, art. 22, § 4º).[14]

6.3. Fracionamento de precatório

O § 8º do artigo 100 da Constituição veda o fracionamento de valores de condenações judiciais para fins de enquadramento da verba como requisição de pequeno valor.

Por outro lado, não é possível a execução provisória da sentença (exceção feita à liquidação da sentença), uma vez que a expedição do precatório somente pode alcançar o valor acerca do qual não haja mais litígio. Disso resulta que, se os embargos do Poder Público forem parciais, o valor do montante não questionado se torna definitivo, sendo possível a expedição do precatório para essa parcela. Se, por exemplo, a pessoa jurídica de direito público foi condenada ao pagamento de R$ 2 milhões de reais e a impugnação contesta um montante de R$ 500 mil, há o reconhecimento de que R$ 1,5 milhão é efetivamente devido. Quanto a esse valor, é possível a expedição do precatório. O valor incontroverso permite, inclusive, a expedição de requisição de pequeno valor. Nessa hipótese, não há violação da regra do fracionamento.

O entendimento do STJ é o de que, quanto ao valor incontroverso, estão devidamente atendidos os requisitos necessários à expedição do precatório ou da requisição de pequeno valor.[15] De fato, parece-nos que a previsão constitucional de vedação do fracionamento de valores tem o objetivo de coibir uma manobra

---

14. Em jurisprudência: AgRg no REsp 940.035/PR, Rel. Min. Celso Limongi, 6ª Turma, julgado em 01/06/2010. Em doutrina: CUNHA, Leonardo José Carneiro da. op. cit., p. 305-306.
15. STJ: REsp 1208706/RJ, Rel. Min. Mauro Campbell Marques, 2ª Turma, julgado em 17/11/2011.

jurídica tendente a burlar o sistema constitucional da ordem cronológica. Tal vedação, porém, não pode impedir a parte vencedora de ter seu crédito satisfeito quanto à parcela incontroversa, uma vez que não há razão para se protelar a prestação jurisdicional desse montante. Portanto, o entendimento jurisprudencial se mostra afinado com o princípio da duração razoável do processo e da efetividade da tutela jurisdicional.

6.4. Regime de inclusão do precatório no orçamento

Diante do requerimento do credor, o juiz sentenciante expede ofício ao presidente do Tribunal para inclusão do crédito na classe de pagamento respectiva (crédito alimentar de idoso, portador de doença grave ou pessoa com deficiência; crédito alimentar; crédito comum). Conforme estabelece o § 5º do art. 100, o precatório apresentado até 1º julho deve ser pago até o final do exercício financeiro seguinte; os precatórios apresentados a partir dessa data são incluídos no orçamento subsequente. Veja-se o exemplo abaixo:

Período de apresentação do precatório	Período de pagamento
– 01/01/2015 a 01/07/2015	– inclusão no orçamento para pagamento até 31/12/2016
– 02/07/2015 a 31/12/2015	– inclusão no orçamento para pagamento até 31/12/2017

A data limite de meio do ano para inclusão do crédito de precatório decorre da necessidade de elaboração e aprovação da lei orçamentária ao longo do segundo semestre. Não seria viável, por exemplo, inscrever um precatório de dezembro na lei orçamentária que já está tramitando no Congresso Nacional.

Os valores devidos não são pagos pelo Poder Executivo diretamente ao credor. As dotações orçamentárias são consignadas ao Poder Judiciário, e cabe ao presidente do Tribunal determinar o pagamento dos montantes das respectivas condenações de seu órgão judiciário (art. 100, § 6º).

6.5 Natureza da atividade do presidente do Tribunal no processamento do precatório

Como mencionado acima, é o presidente do Tribunal que determina o pagamento dos precatórios. Durante bastante tempo, discutiu-se em doutrina e jurisprudência a natureza dessa atividade da Presidência, cuja resposta gera reflexos na recorribilidade do ato.

Hoje o tema está pacificado. Trata-se de atividade administrativa, e não jurisdicional, conforme entendimento sumulado de nossos Tribunais Superiores:

> **STJ**
>
> **Súmula 311.** Os atos do presidente do tribunal que disponham sobre o processamento e pagamento de precatório não tem caráter jurisdicional.
>
> **STF**
>
> **Súmula 733.** Não cabe recurso extraordinário contra decisão proferida no processamento de precatórios.

Inclusive, a má condução do pagamento de precatórios pode levar o presidente do Tribunal a responder perante o Conselho Nacional de Justiça, conforme prevê o § 7º do artigo 100 da Constituição: "*O Presidente do Tribunal competente que, por ato comissivo ou omissivo, retardar ou tentar frustrar a liquidação regular de precatórios incorrerá em crime de responsabilidade e responderá, também, perante o Conselho Nacional de Justiça*".

O não cabimento do recurso extraordinário – nem tampouco de recurso especial – se justifica, uma vez que, sendo atividade administrativa, sua decisão não é tomada no processo judicial. Não se preenchem, pois, os requisitos recursais específicos (CR, art. 105, inc. III). Questões incidentais, pertinentes à execução, incidência de juros e correção monetária, são resolvidas pelo juízo de primeiro grau. Em contrapartida, exatamente porque se trata de atividade administrativa, sua atuação está sujeita a controle pela via do mandado de segurança. É o que ocorre caso o presidente do Tribunal decida questões jurídicas, em flagrante usurpação de competência do juízo da execução.[16]

O art. 1º-E da Lei nº 9.494/97 prevê que o presidente do Tribunal pode efetuar a revisão das contas elaboradas para aferir o valor dos precatórios antes do seu pagamento ao credor. Acerca dessa questão, a doutrina destaca que a atuação do presidente do Tribunal deve-se limitar à verificação da regularidade formal da requisição do precatório, e a modificação de valores a serem pagos somente pode decorrer da correção de erros formais, materiais ou aritméticos.[17]

A interpretação do Superior Tribunal de Justiça é um pouco mais ampla, pois permite ao presidente do Tribunal excluir a incidência de juros moratórios e compensatórios incluídos indevidamente no cálculo, sem que tal atividade contenha natureza jurisdicional:

16. Em doutrina: BUENO, Cassio Scarpinella. *Curso...* Vol. 3, p. 438; CUNHA, Leonardo José Carneiro da. op. cit., p. 310. Em jurisprudência: AgRg no REsp 776.972/SP, Rel. Min. Humberto Martins, 2ª Turma, julgado em 05/11/2009.

17. BUENO, Cassio Scarpinella. *Curso...* Vol. 3, p. 438.

> 1. Cuida-se de recurso ordinário interposto contra acórdão que denegou a segurança à impetração havida contra ato do Presidente de Tribunal de Justiça que retificou cálculos no pagamento de parcelas de precatório; o impetrante alega, em síntese, que teria havido violação da coisa julgada pela exclusão de juros em continuação.
>
> 2. "Os atos do presidente do tribunal que disponham sobre processamento e pagamento de precatório não têm caráter jurisdicional" (Súmula 311, Primeira Seção, julgado em 11/5/2005, publicado no DJ em 23/5/2005, p. 371).
>
> 3. No mérito, não assiste razão à parte recorrente, uma vez que o STF consignou que "o art. 78 do ADC possui a mesma mens legis que o art. 33 deste Ato, razão pela qual, uma vez calculado o precatório pelo valor real do débito, acrescido de juros legais, não há mais falar em incidência destes nas parcelas anuais, iguais e sucessivas em que é fracionado, desde que adimplidas a tempo e corrigidas monetariamente" (Repercussão Geral – Mérito no RE 590.751/SP, Relator: Min. Ricardo Lewandowski, Tribunal Pleno, julgado em 9/12/2010, publicado no DJe-063 em 4/4/2011 e no Ementário vol. 2495-01, p. 153.)
>
> 4. O tema está pacificado pela Súmula Vinculante 17, do Pretório Excelso: "Durante o período previsto no parágrafo 1º do artigo 100 da Constituição, não incidem juros de mora sobre os precatórios que nele sejam pagos" (Aprovação na Sessão Plenária de 29.10.2009, publicada no DJe nº 210 de 10/11/2009, p. 1, e no DOU de 10/11/2009, p. 1).
>
> 5. A jurisprudência do Superior Tribunal de Justiça acolhe a possibilidade de exclusão, como erro de cálculo, dos juros em continuação. Precedentes: [...] Recurso ordinário improvido.
>
> (RMS 44.630/SP, Rel. Min. Humberto Martins, 2ª Turma, julgado em 10/02/2015, DJe 19/02/2015)

Como se vê, o STJ admite que o Presidente do Tribunal corrija erros de cálculo, inclusive quanto a juros.

6.6. Pagamento de precatórios e sequestro

Conforme o § 6º do artigo 100, o Executivo deposita os valores pertinentes ao Poder Judiciário, e cabe ao seu presidente determinar o pagamento.

Nesse contexto, a regra constitucional prevê duas hipóteses em que o presidente do Tribunal pode determinar o sequestro de verba pública para satisfação do crédito de precatório: **(i)** preterição do direito de preferência; e **(ii)** falta de alocação orçamentária suficiente para satisfação do débito.

Como já examinado, o pagamento dos débitos públicos é feito através da formação de listas de credores, conforme a natureza do crédito. Caso haja desobediência à ordem prevista para pagamentos, é possível ao credor preterido requerer o sequestro da quantia necessária à satisfação do seu crédito.

Embora o instituto do sequestro possua natureza acautelatória, a doutrina é unânime no sentido de que essa medida, no âmbito da requisição de precatório, tem natureza satisfativa, pois o credor preterido efetivamente recebe o que lhe era devido.[18]

A legitimação ativa cabe ao credor que foi preterido.[19] Os que estão mais atrás na lista de pagamento não possuem interesse de agir para requerer a medida, uma vez que o sequestro em nada satisfaria seu direito de crédito. Assim, caso o próximo a receber seja o 9º credor da lista, mas o pagamento seja feito ao 12º credor, são legitimados os credores 9, 10 e 11. O 9º credor atua em nome próprio, ao passo em que os dois outros são substitutos processuais. A verba sequestrada é paga ao 9º credor e, com isso, restabelece-se a ordem de pagamento. Os demais (13º, 14º etc.) não têm interesse de agir.

Quanto à legitimação passiva, há três entendimentos possíveis: o requerimento deve ser dirigido **(i)** contra o ente público; **(ii)** contra aquele que recebeu fora da ordem de pagamento; ou ainda **(iii)** contra ambos em litisconsórcio passivo facultativo.[20] Essa última posição conta com nossa adesão.

Além da preterição da ordem de pagamento, o sequestro também é possível em caso de falta de alocação orçamentária suficiente para satisfação do débito. Essa previsão já constava do regime anterior, mas se limitava à hipótese de pagamento de precatórios parcelados na forma do art. 78 do ADCT. A EC nº 62/2009 ampliou o alcance da previsão de sequestro para a falta de alocação de verba suficiente para pagamento de todos os precatórios. Por sua vez, a EC nº 94/2016 manteve essa lógica de permitir o sequestro quando o ente público não transfere valores previstos constitucionalmente para o pagamento dos precatórios. Conforme se verifica do artigo 104 do ADCT, inserido pela EC nº 94/2016, se os recursos não forem tempestivamente liberados, o presidente do TJ local poderá sequestrar o valor respectivo das contas do ente público inadimplente.

Assim, diante da não alocação de verbas suficientes para quitação dos precatórios, o presidente do Tribunal pode determinar o sequestro da quantia necessária à satisfação dos débitos.

6.7. Incidência de correção monetária e juros de mora

Quanto ao cabimento de correção monetária, esta é sempre devida, pois tem o condão de impedir que o efeito do tempo corroa o valor do crédito devido. O §

18. BUENO, Cassio Scarpinella. *Curso*... Vol. 3, p. 446; CUNHA, Leonardo José Carneiro da. op. cit., p. 318.
19. BUENO, Cassio Scarpinella. *Curso*... Vol. 3, p. 446.
20. Adota essa terceira posição: CUNHA, Leonardo José Carneiro da. op. cit., p. 318.

5º do artigo 100 da Constituição da República estabelece, em sua parte final, que o débito deve ser pago devidamente corrigido. A atualização monetária do valor do débito evita a necessidade de expedição de precatórios complementares, o que é vedado pela Constituição (art. 100, § 8º).

Por sua vez, os juros de mora são devidos em decorrência do atraso no pagamento da obrigação. Nesse sentido, é preciso observar qual é o termo final para ser feito o pagamento do débito, momento a partir do qual incidirão juros. Como visto acima, o precatório apresentado até 1º de julho deve ser pago até o final do exercício financeiro seguinte, de modo que, nesse período, não incidem juros. O quadro anterior pode ser ampliado da seguinte forma:

Período de apresentação do precatório	Período de pagamento	Incidência da mora
– 01/01/2015 a 01/07/2015	– inclusão no orçamento para pagamento até 31/12/2016	– janeiro de 2017
– 02/07/2015 a 31/12/2015	– inclusão no orçamento para pagamento até 31/12/2017	– janeiro de 2018

Dentro do período dado ao Estado para efetuar o pagamento, não incidem juros. Esse entendimento está consolidado pelo Supremo Tribunal Federal por súmula vinculante:

> **Súmula Vinculante 17.** Durante o período previsto no parágrafo 1º do artigo 100 da Constituição, não incidem juros de mora sobre os precatórios que nele sejam pagos.

A menção ao § 1º do artigo 100 se dá por ter sido editado o enunciado antes da Emenda Constitucional nº 62/2009. A referência quanto ao prazo de pagamento agora está prevista no § 5º.

O STF teve a oportunidade de analisar se há incidência de juros entre o cálculo e a requisição do precatório. Conforme entendeu a Corte Suprema, em regime de repercussão geral, há regular contagem de juros moratórios nesse período:

> JUROS DA MORA – FAZENDA PÚBLICA – DÍVIDA – REQUISIÇÃO OU PRECATÓRIO. Incidem juros da mora entre a data da realização dos cálculos e a da requisição ou do precatório.
>
> (RE 579431, Relator Min. Marco Aurélio, Tribunal Pleno, julgado em 19/04/2017)

O pagamento dos juros moratórios é feito através da expedição de precatório complementar, que deve ser requerido perante o juiz do cumprimento da sentença, dentro do mesmo processo, sendo desnecessária a propositura de nova demanda e a realização de nova citação.[21]

A expedição do precatório complementar não importa violação do § 8º do art. 100, uma vez que a vedação ao fracionamento e à expedição de precatório complementar tem o intuito de impedir a burla ao regime de precatório. Entretanto, se há valores ainda devidos após o pagamento do débito principal, há de se expedir precatório complementar para os juros de mora.

A mora do Poder Público em adimplir o pagamento do precatório não ocasiona a incidência de juros compensatórios (art. 100, § 12, parte final), mas apenas dos juros moratórios. É certo que a condenação pode estabelecer a incidência de juros compensatórios, como sói ocorrer nas desapropriações, sendo computados tais valores no débito principal, mas, para cálculo do precatório complementar, não incidem juros compensatórios.

Veja-se julgado do STJ a respeito do assunto:

> 1. A orientação desta Corte é pacífica no sentido de que "eventual inclusão dos juros moratórios e compensatórios em continuação no precatório complementar configura erro de cálculo, não implicando a sua correção em alteração dos critérios jurídicos fixados no título executivo", sendo que, "desde que preservada a incidência de tais parcelas no cálculo inicial destinado à expedição do primeiro precatório, é vedada a incidência continuada dos juros compensatórios durante a moratória constitucional, sendo devidos os juros moratórios somente se o precatório não for pago dentro do prazo constitucional" (RMS 39.542/SP, 2ª Turma, Rel. Min. Eliana Calmon, DJe 13.11.2013).
>
> No mesmo sentido: [...]
>
> 2. Agravo regimental não provido.
>
> (AgRg no RMS 39.302/SP, Rel. Min. Mauro Campbell Marques, 2ª Turma, julgado em 23/09/2014)

Por fim, a forma de cálculo da atualização da correção monetária e o cômputo dos juros moratórios estão previstos no § 12 do artigo 100 e no artigo 1º-F da Lei nº 9.494/97. A previsão do § 12 do artigo 100, com redação da EC nº 62/2009 é a seguinte:

> **Art. 100.** [...]
>
> § 12. A partir da promulgação desta Emenda Constitucional, a atualização de valores de requisitórios, após sua expedição, até o efetivo pagamento, independentemente de sua natureza, será feita pelo índice oficial de remuneração básica da caderneta de poupança, e, para fins de compensação da mora, incidirão juros

21. BUENO, Cassio Scarpinella. *Curso...* Vol. 3, p. 441; CUNHA, Leonardo José Carneiro da. op. cit., p. 314.

simples no mesmo percentual de juros incidentes sobre a caderneta de poupança, ficando excluída a incidência de juros compensatórios.

Ao analisar esse dispositivo em sede de controle de constitucionalidade, o STF entendeu que a correção do precatório com base na caderneta de poupança não reflete a real perda do poder aquisitivo da moeda – o que viola a coisa julgada. Além disso, em relação à expressão "*independentemente de sua natureza*", o STF entendeu pela inconstitucionalidade ao argumento de que os precatórios de natureza tributária devem receber o mesmo tratamento de juros de mora incidentes sobre o crédito tributário. Assim, tanto o § 12 do artigo 100, quanto o artigo 1º-F da Lei nº 9.494/97 foram declarados inconstitucionais.

O Supremo Tribunal Federal concluiu o julgamento da ADI 4357 em 25 de março de 2015, tendo fixado os seguintes marcos a respeito de correção e juros de mora:

> 5. O direito fundamental de propriedade (CF, art. 5º, XXII) resta violado nas hipóteses em que a atualização monetária dos débitos fazendários inscritos em precatórios perfaz-se segundo o índice oficial de remuneração da caderneta de poupança, na medida em que este referencial é manifestamente incapaz de preservar o valor real do crédito de que é titular o cidadão. É que a inflação, fenômeno tipicamente econômico-monetário, mostra-se insuscetível de captação apriorística (ex ante), de modo que o meio escolhido pelo legislador constituinte (remuneração da caderneta de poupança) é inidôneo a promover o fim a que se destina (traduzir a inflação do período).
>
> 6. A quantificação dos juros moratórios relativos a débitos fazendários inscritos em precatórios segundo o índice de remuneração da caderneta de poupança vulnera o princípio constitucional da isonomia (CF, art. 5º, caput) ao incidir sobre débitos estatais de natureza tributária, pela discriminação em detrimento da parte processual privada que, salvo expressa determinação em contrário, responde pelos juros da mora tributária à taxa de 1% ao mês em favor do Estado (ex vi do art. 161, § 1º, CTN). Declaração de inconstitucionalidade parcial sem redução da expressão "independentemente de sua natureza", contida no art. 100, § 12, da CF, incluído pela EC nº 62/09, para determinar que, quanto aos precatórios de natureza tributária, sejam aplicados os mesmos juros de mora incidentes sobre todo e qualquer crédito tributário.
>
> 7. O art. 1º-F da Lei nº 9.494/97, com redação dada pela Lei nº 11.960/09, ao reproduzir as regras da EC nº 62/09 quanto à atualização monetária e à fixação de juros moratórios de créditos inscritos em precatórios incorre nos mesmos vícios de juridicidade que inquinam o art. 100, § 12, da CF, razão pela qual se revela inconstitucional por arrastamento, na mesma extensão dos itens 5 e 6 supra.
>
> (ADI 4357, Relator Min. Ayres Britto, Relator p/Acórdão: Min. Luiz Fux, Tribunal Pleno, julgado em 14/03/2013, ACÓRDÃO ELETRÔNICO DJe-188 DIVULG 25-09-2014 PUBLIC 26-09-2014)

Decisão: Concluindo o julgamento, o Tribunal, por maioria e nos termos do voto, ora reajustado, do Ministro Luiz Fux (Relator), resolveu a questão de ordem nos seguintes termos:

2) – conferir eficácia prospectiva à declaração de inconstitucionalidade dos seguintes aspectos da ADI, fixando como marco inicial a data de conclusão do julgamento da presente questão de ordem (25.03.2015) e mantendo-se válidos os precatórios expedidos ou pagos até esta data, a saber:

2.1.) fica mantida a aplicação do índice oficial de remuneração básica da caderneta de poupança (TR), nos termos da Emenda Constitucional nº 62/2009, até 25.03.2015, data após a qual (i) os créditos em precatórios deverão ser corrigidos pelo Índice de Preços ao Consumidor Amplo Especial (IPCA-E) e (ii) os precatórios tributários deverão observar os mesmos critérios pelos quais a Fazenda Pública corrige seus créditos tributários; e

2.2.) ficam resguardados os precatórios expedidos, no âmbito da administração pública federal, com base nos arts. 27 das Leis nº 12.919/13 e Lei nº 13.080/15, que fixam o IPCA-E como índice de correção monetária;

O quadro normativo-constitucional hoje então toma por base o julgamento do STF, que fixou o cômputo de juros moratórios e correção monetária da seguinte forma:

- O índice oficial de remuneração básica da caderneta de poupança (TR) é válido até o dia 25/03/2015;
- Após 25/03/2015, a correção deve se dar pelo IPCA-E;
- Se o precatório for de origem tributária, devem incidir juros de mora iguais aos cobrados pelo Poder Público.

Após o julgamento do STF, a matéria voltou a ser examinada por ambos os Tribunais Superiores – no STF, com repercussão geral, tema n. 810; no STJ, pelo regime de repetitivos, tema n. 905. Confiram-se as ementas e as teses fixadas:

STF - tema n. 810

1. O princípio constitucional da isonomia (CRFB, art. 5º, caput), no seu núcleo essencial, revela que o art. 1º-F da Lei nº 9.494/97, com a redação dada pela Lei nº 11.960/09, na parte em que disciplina os juros moratórios aplicáveis a condenações da Fazenda Pública, é inconstitucional ao incidir sobre débitos oriundos de relação jurídico-tributária, os quais devem observar os mesmos juros de mora pelos quais a Fazenda Pública remunera seu crédito; nas hipóteses de relação jurídica diversa da tributária, a fixação dos juros moratórios segundo o índice de remuneração da caderneta de poupança é constitucional, permanecendo hígido, nesta extensão, o disposto legal supramencionado.

2. O direito fundamental de propriedade (CRFB, art. 5º, XXII) repugna o disposto no art. 1º-F da Lei nº 9.494/97, com a redação dada pela Lei nº 11.960/09, porquanto a atualização monetária das condenações impostas à Fazenda Pública segundo a remuneração oficial da caderneta de poupança não se qualifica como

medida adequada a capturar a variação de preços da economia, sendo inidônea a promover os fins a que se destina.

3. A correção monetária tem como escopo preservar o poder aquisitivo da moeda diante da sua desvalorização nominal provocada pela inflação. É que a moeda fiduciária, enquanto instrumento de troca, só tem valor na medida em que capaz de ser transformada em bens e serviços. A inflação, por representar o aumento persistente e generalizado do nível de preços, distorce, no tempo, a correspondência entre valores real e nominal (cf. MANKIW, N.G. Macroeconomia. Rio de Janeiro, LTC 2010, p. 94; DORNBUSH, R.; FISCHER, S. e STARTZ, R. Macroeconomia. São Paulo: McGraw-Hill do Brasil, 2009, p. 10; BLANCHARD, O. Macroeconomia. São Paulo: Prentice Hall, 2006, p. 29).

4. A correção monetária e a inflação, posto fenômenos econômicos conexos, exigem, por imperativo de adequação lógica, que os instrumentos destinados a realizar a primeira sejam capazes de capturar a segunda, razão pela qual os índices de correção monetária devem consubstanciar autênticos índices de preços.

5. Recurso extraordinário parcialmente provido.

(RE 870947, Relator Min. Luiz Fux, Tribunal Pleno, julgado em 20/09/2017)

STJ - tema n. 905

1. Correção monetária: o art. 1º-F da Lei 9.494/97 (com redação dada pela Lei 11.960/2009), para fins de correção monetária, não é aplicável nas condenações judiciais impostas à Fazenda Pública, independentemente de sua natureza.

1.1 Impossibilidade de fixação apriorística da taxa de correção monetária.

No presente julgamento, o estabelecimento de índices que devem ser aplicados a título de correção monetária não implica pré-fixação (ou fixação apriorística) de taxa de atualização monetária. Do contrário, a decisão baseia-se em índices que, atualmente, refletem a correção monetária ocorrida no período correspondente. Nesse contexto, em relação às situações futuras, a aplicação dos índices em comento, sobretudo o INPC e o IPCA-E, é legítima enquanto tais índices sejam capazes de captar o fenômeno inflacionário.

1.2 Não cabimento de modulação dos efeitos da decisão.

A modulação dos efeitos da decisão que declarou inconstitucional a atualização monetária dos débitos da Fazenda Pública com base no índice oficial de remuneração da caderneta de poupança, no âmbito do Supremo Tribunal Federal, objetivou reconhecer a validade dos precatórios expedidos ou pagos até 25 de março de 2015, impedindo, desse modo, a rediscussão do débito baseada na aplicação de índices diversos. Assim, mostra-se descabida a modulação em relação aos casos em que não ocorreu expedição ou pagamento de precatório.

2. Juros de mora: o art. 1º-F da Lei 9.494/97 (com redação dada pela Lei 11.960/2009), na parte em que estabelece a incidência de juros de mora nos débitos da Fazenda Pública com base no índice oficial de remuneração da caderneta de poupança, aplica-se às condenações impostas à Fazenda Pública, excepcionadas as condenações oriundas de relação jurídico-tributária.

3. Índices aplicáveis a depender da natureza da condenação.

3.1 Condenações judiciais de natureza administrativa em geral.

As condenações judiciais de natureza administrativa em geral, sujeitam-se aos seguintes encargos: (a) até dezembro/2002: juros de mora de 0,5% ao mês; correção monetária de acordo com os índices previstos no Manual de Cálculos da Justiça Federal, com destaque para a incidência do IPCA-E a partir de janeiro/2001; (b) no período posterior à vigência do CC/2002 e anterior à vigência da Lei 11.960/2009: juros de mora correspondentes à taxa Selic, vedada a cumulação com qualquer outro índice; (c) período posterior à vigência da Lei 11.960/2009: juros de mora segundo o índice de remuneração da caderneta de poupança; correção monetária com base no IPCA-E.

3.1.1 Condenações judiciais referentes a servidores e empregados públicos.

As condenações judiciais referentes a servidores e empregados públicos, sujeitam-se aos seguintes encargos: (a) até julho/2001: juros de mora: 1% ao mês (capitalização simples); correção monetária: índices previstos no Manual de Cálculos da Justiça Federal, com destaque para a incidência do IPCA-E a partir de janeiro/2001; (b) agosto/2001 a junho/2009: juros de mora: 0,5% ao mês; correção monetária: IPCA-E; (c) a partir de julho/2009: juros de mora: remuneração oficial da caderneta de poupança; correção monetária: IPCA-E.

3.1.2 Condenações judiciais referentes a desapropriações diretas e indiretas.

No âmbito das condenações judiciais referentes a desapropriações diretas e indiretas existem regras específicas, no que concerne aos juros moratórios e compensatórios, razão pela qual não se justifica a incidência do art. 1º-F da Lei 9.494/97 (com redação dada pela Lei 11.960/2009), nem para compensação da mora nem para remuneração do capital.

3.2 Condenações judiciais de natureza previdenciária.

As condenações impostas à Fazenda Pública de natureza previdenciária sujeitam-se à incidência do INPC, para fins de correção monetária, no que se refere ao período posterior à vigência da Lei 11.430/2006, que incluiu o art. 41-A na Lei 8.213/91. Quanto aos juros de mora, incidem segundo a remuneração oficial da caderneta de poupança (art. 1º-F da Lei 9.494/97, com redação dada pela Lei n. 11.960/2009).

3.3 Condenações judiciais de natureza tributária.

A correção monetária e a taxa de juros de mora incidentes na repetição de indébitos tributários devem corresponder às utilizadas na cobrança de tributo pago em atraso. Não havendo disposição legal específica, os juros de mora são calculados à taxa de 1% ao mês (art. 161, § 1º, do CTN). Observada a regra isonômica e havendo previsão na legislação da entidade tributante, é legítima a utilização da taxa Selic, sendo vedada sua cumulação com quaisquer outros índices.

4. Preservação da coisa julgada.

Não obstante os índices estabelecidos para atualização monetária e compensação da mora, de acordo com a natureza da condenação imposta à Fazenda Pública, cumpre ressalvar eventual coisa julgada que tenha determinado a aplicação de índices diversos, cuja constitucionalidade/legalidade há de ser aferida no caso concreto.

SOLUÇÃO DO CASO CONCRETO.

5. Em se tratando de dívida de natureza tributária, não é possível a incidência do art. 1º-F da Lei 9.494/97 (com redação dada pela Lei 11.960/2009) - nem para atualização monetária nem para compensação da mora -, razão pela qual não se justifica a reforma do acórdão recorrido.

6. Recurso especial não provido. Acórdão sujeito ao regime previsto no art. 1.036 e seguintes do CPC/2015, c/c o art. 256-N e seguintes do RISTJ.

(REsp 1495146/MG, Rel. Min. Mauro Campbell Marques, 1ª Seção, julgado em 22/02/2018)

6.8. Compensação de valores de precatórios

A Emenda Constitucional nº 62/2009 inseriu na Constituição da República os §§ 9º e 10 no artigo 100, que permitem a realização de compensação entre o valor devido a título de precatório com créditos devidos por seu titular ao Estado.

A redação dos dispositivos é a seguinte:

> **Art. 100.** [...]
>
> § 9º No momento da expedição dos precatórios, independentemente de regulamentação, deles deverá ser abatido, a título de compensação, valor correspondente aos débitos líquidos e certos, inscritos ou não em dívida ativa e constituídos contra o credor original pela Fazenda Pública devedora, incluídas parcelas vincendas de parcelamentos, ressalvados aqueles cuja execução esteja suspensa em virtude de contestação administrativa ou judicial.
>
> § 10. Antes da expedição dos precatórios, o Tribunal solicitará à Fazenda Pública devedora, para resposta em até 30 (trinta) dias, sob pena de perda do direito de abatimento, informação sobre os débitos que preencham as condições estabelecidas no § 9º, para os fins nele previstos.

De fato, há casos em que o credor do precatório é uma empresa que possui inúmeras dívidas, principalmente tributárias, com processos de execuções pendentes. A norma constitucional prevê o encontro dessas contas.

Entretanto, no julgamento da ADI 4357, o STF considerou inconstitucionais esses dispositivos. No entender da Corte Suprema, havia superioridade processual indevida da parte pública, sem respeito ao devido processo legal, ao contraditório e à ampla defesa. Alegou-se que o particular não dispõe de dispositivo semelhante quando o Poder Público é seu devedor e, ainda, que o ente público já dispõe de outros meios eficazes para cobrança de seus créditos. Diante disso, estaria violado o princípio da isonomia.

Veja-se trecho da ementa do julgamento da ADI 4357 que se refere à compensação:

> 4. A compensação dos débitos da Fazenda Pública inscritos em precatórios, previsto nos §§ 9º e 10 do art. 100 da Constituição Federal, incluídos pela EC nº 62/09, embaraça a efetividade da jurisdição (CF, art. 5º, XXXV), desrespeita a coisa julgada material (CF, art. 5º, XXXVI), vulnera a Separação dos Poderes (CF, art. 2º) e ofende a isonomia entre o Poder Público e o particular (CF, art. 5º, caput), cânone essencial do Estado Democrático de Direito (CF, art. 1º, caput).
>
> (ADI 4357, Relator Min. Ayres Britto, Relator p/Acórdão: Min. Luiz Fux, Tribunal Pleno, julgado em 14/03/2013)

A despeito de fulminar a previsão constitucional acerca da compensação de precatórios como uma prerrogativa do Poder Público, o Supremo Tribunal Federal, por ocasião da modulação de efeitos, delegou ao Conselho Nacional de Justiça – CNJ a tarefa de estudar e apresentar proposta legislativa que possibilite a compensação de precatórios vencidos. Confira-se:

> Decisão: Concluindo o julgamento, o Tribunal, por maioria e nos termos do voto, ora reajustado, do Ministro Luiz Fux (Relator), resolveu a questão de ordem nos seguintes termos:
>
> 5) – delegação de competência ao Conselho Nacional de Justiça para que considere a apresentação de proposta normativa que discipline (i) a utilização compulsória de 50% dos recursos da conta de depósitos judiciais tributários para o pagamento de precatórios e (ii) a possibilidade de compensação de precatórios vencidos, próprios ou de terceiros, com o estoque de créditos inscritos em dívida ativa até 25.03.2015, por opção do credor do precatório;

Independentemente de qualquer regulação do CNJ, o STF já impôs uma mudança clara, que é a compensação como direito do particular, e não como prerrogativa do Poder Público. Essa diretriz do STF foi seguida nas EC nº 94/2016 e nº 99/2017, que instituíram a possibilidade de compensação durante a vigência do regime especial – voltaremos especificamente ao tema mais à frente ao tratar do regime especial.

6.9. Cessão de crédito de precatório

O credor de precatório pode optar por ceder seu direito creditório a terceiro. Tal possibilidade está expressamente prevista nos parágrafos 13 e 14 do artigo 100, introduzidos na Constituição através da EC nº 62/2009. Trata-se de um negócio jurídico realizado entre particulares, que não depende da aquiescência do devedor, ente público. Realizada a cessão, deve-se comunicar o ato ao Tribunal e ao ente público devedor. A previsão do § 14 menciona a comunicação ao "*tribunal de origem*", o que pode levar a alguma confusão sobre se deve ser feita a comunicação ao juízo de origem ou à presidência do Tribunal. A doutrina indica que a comunicação é feita ao juízo de origem, responsável pela execução.[22] Ainda assim, parece adequado que haja a comunicação do negócio jurídico à presidência do Tribunal, que é o órgão responsável pelo efetivo pagamento do débito.

A transferência do crédito a terceiros importa na perda da qualificação do crédito como sendo alimentício ou de requisição de pequeno valor (art. 100, § 13). O débito será pago na ordem cronológica dos créditos ordinários.

6.10. Assunção de dívida pela União

A Emenda Constitucional nº 62/2009 inseriu ainda o § 16 ao artigo 100 da Constituição da República para permitir à União assumir débitos de precatórios dos demais entes públicos, "*a seu exclusivo critério e na forma da lei*". A regra permite que a União escolha discricionariamente determinados débitos de outros entes para efetuar diretamente o pagamento ao particular. Nesse ponto, já há boa doutrina a entender pela inconstitucionalidade da regra por violação do princípio da impessoalidade.[23] De fato, a regra merece interpretação cuidadosa, pois a menção constitucional à assunção de débitos a "*exclusivo critério*" da União tende à violação da impessoalidade. Para que seja constitucional a norma, esse "exclusivo critério" deve ser descrito na lei através de parâmetros objetivos e impessoais. O entendimento de que o "exclusivo critério" se traduz na pura e tradicional discricionariedade administrativa, que ampara a escolha em critérios de conveniência e oportunidade, conflita com o princípio da impessoalidade do artigo 37 da Constituição da República.

6.11. Financiamento de dívida de precatório

A EC nº 94/2016 inseriu os parágrafos 17 a 20 ao artigo 100 da Constituição para autorizar o financiamento da dívida de precatórios. A dinâmica estabelecida pela Constituição é a seguinte:

- O ente público afere mensalmente como está o comprometimento de suas receitas correntes líquidas com o pagamento de precatórios e de RPV;
- O período de análise compreende o segundo mês anterior ao de referência[24] e os 11 precedentes, ou seja, para determinar o comprometimento da receita

22. CUNHA, Leonardo José Carneiro da. op. cit., p. 349.
23. CUNHA, Leonardo José Carneiro da. op. cit., p. 357.
24. O constituinte poderia mencionar 'penúltimo mês ao de referência', o que provavelmente teria sido melhor compreendido.

corrente líquida com o pagamento de precatórios no mês de abril de 2017, consideram-se os meses de fevereiro de 2017 a março de 2016;[25]

- O parâmetro do nível de comprometimento é a média de comprometimento dos últimos 5 anos;
- Caso o valor apurado para o período esteja acima da médica histórica, o excedente pode ser objeto de financiamento;
- Tal financiamento pode ser realizado independentemente de outras limitações de endividamento previstas nas CF (arts. 52 e 167). Para garantir o pagamento desse financiamento, podem ser vinculadas receitas de impostos.

Já o parágrafo 20 do artigo 100 foi inserido para solucionar um problema prática verificado com certa frequência em alguns entes públicos, que é a existência de um precatório de valor muito grande, que inviabiliza o pagamento e trava a fila de quitação. O § 20 estabelece que, se o valor de um precatório for superior a 15% do montante de créditos já apresentados, faz-se o pagamento de apenas 15% do valor desse, sendo o restante pago em 5 parcelas nos orçamentos seguintes. Alternativamente, o montante pode ser pago mediante acordo direto, com deságio de 40%.

6.12. Intervenção federal e princípio da reserva do possível

O inadimplemento do ente público no pagamento de precatórios também é causa de decretação de intervenção federal ou estadual (CR, artigos 34 a 36). Não é, porém, o simples inadimplemento da dívida consolidada ou a falta de alocação orçamentária suficiente que autoriza o decreto de intervenção. Ao lado do dever de adimplir a dívida decorrente de precatórios, o ente político tem inúmeros outros deveres constitucionais a cumprir, como a prestação de serviços públicos básicos de saúde, educação e segurança. Todos esses deveres são de índole constitucional, de modo que o Poder Público deve atendê-los na medida do possível. É o que a doutrina chama de aplicação do princípio da reserva do possível.

Sobre o tema, confira-se acórdão do Supremo Tribunal Federal:

> INTERVENÇÃO FEDERAL. Pagamento de precatório judicial. Descumprimento voluntário e intencional. Não ocorrência. Inadimplemento devido a insuficiência transitória de recursos financeiros. Necessidade de manutenção de serviços públicos essenciais, garantidos por outras normas constitucionais. Agravo improvido. Precedentes. Não se justifica decreto de intervenção federal por não pagamento de precatório judicial, quando o fato não se deva a omissão voluntária e intencional do ente federado, mas a insuficiência temporária de recursos financeiros. (IF 4640 AgR, Relator Min. Cezar Peluso (Presidente), Tribunal Pleno, julgado em 29/03/2012, DJe-080 24-04-2012)

25. O exemplo dos meses é de: MOREIRA, Egon Bockmann e outros. op. cit., p. 146.

A jurisprudência do STF é pacífica no sentido de que não se decreta intervenção federal, quando ausente o dolo específico de descumprir a decisão que obriga o pagamento de precatório. De fato, diante da ausência de recursos financeiros suficientes para atender a todos os deveres constitucionais de prestação de serviços públicos e também quitar suas obrigações pecuniárias, deve-se afastar a possibilidade de intervenção federal ou estadual.

7. REGIME ESPECIAL – EC Nº 94/2016 E Nº 99/2017

É notória a dificuldade dos entes públicos em efetuar o pagamento regular de seus débitos judiciais. As dívidas de precatórios se avultam, e o valor destinado ao seu pagamento quase nunca faz frente aos montantes devidos. Diversos fatores contribuem para essa situação caótica: as dificuldades econômico-financeiras por que passam diversos estados e municípios; gestão governamental desastrosa e irresponsável, a gerar inúmeras demandas ressarcitórias contra o Poder Público; omissão legislativa para criação de maiores instrumentos de controle; fraudes em demandas contra o Poder Público que deságuam em condenações bilionárias. Disso resulta um acúmulo cada vez maior do número de credores que aguardam nas intermináveis "filas" de precatórios.

Desde o advento da Constituição, houve tentativas de equacionar a dívida de precatórios. Inicialmente, o Ato das Disposições Constitucionais Transitórias estabeleceu a possibilidade de ser realizado parcelamento dos débitos pendentes em 8 anos (art. 33). A regra não surtiu efeito, pelo que foi editada a Emenda Constitucional nº 30/2000, que inseriu o art. 78 ao ADCT para possibilitar o parcelamento dos débitos em 10 anos. Mais uma vez, a medida não foi suficiente para adequar as finanças públicas no que toca ao pagamento dos precatórios.

Diante disso, a Emenda Constitucional nº 62/2009 foi promulgada para, mais uma vez, tentar possibilitar aos entes públicos a quitação de suas finanças, através da criação de um regime especial de pagamento de precatórios. De acordo com o parágrafo 15 do artigo 100, permite-se aos Estados-membros, ao Distrito Federal e aos Municípios criar um regime especial de precatórios, mediante lei complementar, que vincule o pagamento à receita corrente líquida e disponha sobre a forma e o prazo para quitação do débito. Ao lado dessa permissão, a própria EC nº 62/2009 inseriu o artigo 97 no ADCT para disciplinar um regime especial, a ser utilizado pelos entes públicos na falta de lei própria.

Esse sistema de pagamentos foi objeto de ação direta de inconstitucionalidade no Supremo Tribunal Federal (ADI nº 4.357, rel. Min. Ayres Britto). A ADI foi julgada procedente para declarar a inconstitucionalidade de boa parte da EC nº

62/2009, inclusive do regime especial. No entanto, a Corte optou por modular os efeitos da decisão de inconstitucionalidade. Especificamente em relação ao regime especial, o Supremo determinou sua vigência por mais 5 exercícios financeiros, a contar de 1º de janeiro de 2016, ou seja, até 2020.

Antes do término desse prazo, porém, o Congresso Nacional editou a EC nº 94/2016 que incluiu os parágrafos 17 a 20 ao artigo 100 da Constituição e estabeleceu um novo regime especial, previsto nos artigos 101 a 105 do ADCT. Por fim, a EC nº 99/2017 voltou a modificar o regime especial previsto no ADCT.

Portanto, neste tópico será analisado o regime especial atualmente em vigor, regulados pelos artigos 101 a 105 do ADCT, conforme Emendas Constitucionais nº 94/2016 e 99/2017.

7.1. Legitimados

O artigo 101 do ADCT define os entes que podem valer-se do regime especial de pagamento de precatórios. De acordo com o dispositivo, os entes públicos que possuíam precatórios em atraso em 25 de março de 2015 estão legitimados a aplicar o regime especial.

O marco temporal está relacionado com o julgamento da ADI 4357, que declarou a inconstitucionalidade do regime especial criado pela EC nº 62/2009.

7.2. Prazo de pagamento

O artigo 101 do ADCT editado pela EC nº 94/2016 previra inicialmente prazo de pagamento até dezembro de 2020, ou seja, todos os débitos de precatórios teriam de ser pagos em praticamente 4 anos. O prazo era absolutamente irreal para a realidade caótica da inadimplência pública. Dívidas de precatórios se acumulam há décadas e, ao lado de dever de pagar precatórios, o ente político tem de atender a uma série de gastos de percentual fixo, como saúde e educação. Nesse contexto, o percentual de receita destinado ao pagamento de precatórios não seria suficiente.

Daí o advento da EC nº 99/2017, que alongou esse prazo de pagamento para dezembro de 2024. O alongamento do prazo deu fôlego aos entes públicos, na medida em que reduziu o esforço fiscal para quitação dos débitos. Ainda assim, a crise econômica reduziu o nível de atividade no País, o que acarreta redução da arrecadação tributária. Em suma, não será surpresa se às vésperas do ano 2024 o prazo do artigo 101 do ADCT seja novamente postergado.

7.3. Índice de correção

Seguindo a linha do que definiu o STF na ADI 4357, o artigo 101 do ADCT determina que os débitos vencidos devem ser corrigidos pelo Índice Nacional de Preços ao Consumidor Amplo Especial – IPCA-E – ou por outro índice equivalente que venha a substituir o atual.

7.4. Montante de depósito para pagamento

Durante o período de vigência do regime especial, estados, DF e municípios devem calcular 1/12 do valor percentual de sua receita corrente líquida suficiente para quitação dos débitos (ADCT, art. 101). A redação é complexa e demanda esforço interpretativo significativo. De forma simplificada, tem-se o seguinte:

- O ente público calcula seu estoque de dívida e divide pelo total de meses até o fim do regime (dezembro/2024);
- A partir desse cálculo, o ente público estabelece um cronograma de desembolso que possa ser acomodado em percentual de sua receita corrente líquida e apresenta tal plano de pagamento ao Tribunal de Justiça;
- O percentual da receita corrente líquida destinado a esse pagamento não pode ser inferior ao quanto fora pago entre 2012 e 2014, período de vigência da EC nº 62/2009.

7.5. Fontes de recursos para pagamento dos precatórios

Os débitos de precatórios são dívidas dos entes públicos e, por consequência lógica, devem ser quitados com receitas próprias. Ocorre que a receita dos entes devedores não tem sido suficiente para quitar dos débitos e as *filas* de devedores se ampliam ano a ano.

Por isso, as EC nº 94/2016 e 99/2017 estabeleceram 4 novas fontes alternativas de recursos no parágrafo 2º do artigo 101, a saber:

> **(i)** Até 75% (setenta e cinco por cento) dos depósitos judiciais e dos depósitos administrativos em dinheiro referentes a processos judiciais ou administrativos, tributários ou não tributários, nos quais sejam parte os Estados, o Distrito Federal ou os Municípios, e as respectivas autarquias, fundações e empresas estatais dependentes;
>
> **(ii)** Até 30% (trinta por cento) dos demais depósitos judiciais da localidade sob jurisdição do respectivo Tribunal de Justiça;
>
> **(iii)** Empréstimos; e

(iv) Depósitos em precatórios e requisições diretas de pagamento de obrigações de pequeno valor efetuados até 31 de dezembro de 2009 e ainda não levantados.

Para utilização dos depósitos judiciais de processos que envolvem o Poder Público (item 'i'), é necessário instituir um fundo garantir com montante equivalente a 1/3 dos recursos levantados, constituído justamente pelo valor remanescente, com remuneração pela Selic para os títulos federais (ADCT, art. 101, § 2º, I).

Com relação aos depósitos judiciais dos demais processos (item 'ii'), o fundo garantidor deve ser de montante equivalente ao que for levantado, constituído pelo montante remanescente. A destinação desses valores também está estabelecida pelo ADCT. No caso dos depósitos nos Tribunais de Justiça estaduais, 50% dos recursos ficam para quitação de dívidas do próprio estado-membro e os outros 50% para os seus municípios, na proporção de suas populações. No caso do DF, os recursos não são divididos.

Os empréstimos (item 'iii') representam na verdade um refinanciamento de dívida, pois o ente público contrai dívida nova (financiamento bancário) para quitar dívida velha (precatório). A contratação desses financiamentos não esbarra nos limites de endividamento previstos na Constituição (art. 52), nem nos da Lei de Responsabilidade Fiscal. Além disso, como forma de garantir o adimplemento futuro, o inciso III do § 2º do artigo 101 do ADCT autoriza a vinculação da receita futuras de impostos.

Além disso, o § 4º do artigo 101 prevê que a União, diretamente ou por meio de suas instituições financeiras oficiais (Banco do Brasil, Caixa Econômica Federal e BNDES), deve criar linha de crédito especial para financiamento dos entes públicos para pagamento dos precatórios do regime especial.

Por fim, o item 'iv' está relacionado a uma situação fática um pouco curiosa. Embora haja inúmeros credores ansiosos por receber seus créditos de precatórios, existe também um enorme contingente de valores depositados de precatórios pagos (e RPV's), mas que nunca foram efetivamente levantados pelo credor. Diante disso, o regime especial destinou tais valores a quitação daqueles que ainda estão esperando na fila de credores. Vale destacar que essa hipótese não caracteriza cancelamento do crédito existente, mas tão somente utilização dos recursos não levantados. O credor interessado pode ainda requerer a revalidação de seu precatório perante o Tribunal (inciso IV).

Essas fontes alternativas são valores que hoje estão depositados em instituições financeiras – exceto os empréstimos, mas que estão 'parados' rendendo remuneração aos bancos. O regime especial permite que o Poder Público se aproprie de parte desses valores.

Conforme determina o § 3º do artigo 101, esses valores indicados nos itens 'i', 'ii' e 'iv' devem ser transferidos pelas instituições financeiras para conta especial à disposição do Tribunal de Justiça estadual, a quem compete efetivar a administração e os pagamentos dos precatórios. A não transferência dos valores importa responsabilização pessoal do dirigente da instituição financeira por improbidade.

Como mencionado anteriormente, há ação direta de inconstitucionalidade proposta contra a EC nº 94/2016 – trata-se da ADI 5679. O relator Min. Barroso deferiu medida cautelar para conferir interpretação conforme a respeito do uso dessas fontes alternativas de recursos. Confira-se:

> 27. Por todo o exposto, entendo, em juízo provisório, próprio das cautelares, que a ameaça de violação aos dispositivos constitucionais indicados pelo requerente só estaria razoavelmente configurada caso não fosse efetivamente respeitada a sistemática implícita ou explicitamente prevista na própria EC 94/2016, que impõe o respeito às condições antes indicadas para a liberação dos recursos.
>
> 28. Por ora, esse é o alcance da fumaça do bom direito, bastando, portanto, para remediar tal risco, o deferimento parcial da cautelar, com a atribuição de interpretação conforme à constituição, para explicitar, com efeitos vinculantes e gerais, que a utilização dos recursos pelos Estados deve observar as seguintes condições: (i) prévia constituição do fundo garantidor, (ii) destinação exclusiva para quitação de precatórios em atraso até 25.3.2015, e (iii) exigência de que os pertinentes valores sejam transpostos das contas de depósito diretamente para contas vinculadas ao pagamento de precatórios, sob a administração do Tribunal competente, afastando-se o trânsito de tais recursos pelas contas dos Tesouros estaduais e municipais.
>
> (ADI 5679 MC, Relator Min. Roberto Barroso, julgado em 07/06/2017)

7.6. Métodos de pagamento

Do valor destinado ao pagamento dos precatórios do regime especial (receita + fontes alternativas), metade tem destinação obrigatória; deve ser utilizada para pagamento na ordem cronológica de apresentação, respeitadas as preferências dos créditos alimentares (art. 102). Nesse ponto, o regime especial traz mais uma inovação. Conforme havíamos destacado no regime ordinário de precatório, a ordem de pagamento é cronológica e, dentro dessa cronologia, há preferência quanto aos créditos alimentares de idosos, pessoas com deficiência etc. Já no regime especial, o artigo 102 do ADCT determina que a quitação se dê primeiro de todos os créditos alimentares – até determinado valor, como se vê no tópico abaixo. Com isso, o crédito alimentar de 2015 será pago antes de um crédito ordinário que aguarda na fila desde 1998, por exemplo.

A outra metade dos recursos pode ser destinada ao pagamento mediante acordo direto, com deságio máximo de 40% do valor atualizado do crédito. O acordo direto havia sido instituído pela primeira vez pela EC nº 62/2009 – era uma das três formas de pagamentos alternativos, ao lado do leilão e do pagamento em ordem crescente. E foi o único que resistiu à declaração de inconstitucionalidade pelo STF, logicamente agora com fundamento de validade nas EC nº 94/2016 e 99/2017.

7.7. Possibilidade de fracionamento

Uma das regras basilares do regime ordinário de pagamento de precatórios é a vedação ao fracionamento dos pagamentos, previsto no § 8º do artigo 100 da Constituição. No regime especial, porém, abre-se exceção. Conforme determina o § 2º do artigo 102 do ADCT, os créditos alimentares são pagos com preferência até o montante de 5 vezes o valor da RPV. O montante excedente é fracionado para recebimento na ordem cronológica.

O valor exato do que será recebido prioritariamente e o que ficará para ordem cronológica depende do valor fixado para RPV pelo ente público. Digamos que um estado-membro fixe em R$ 10mil o valor para pagamento de RPV. Ao adotar o regime especial, um crédito alimentar no valor de R$ 200 mil do ano de 2011 será pago em duas parcelas: **(i)** a primeira no valor de R$ 50 mil (5 x o valor da RPV) como crédito alimentar com preferência para quitação sobre todos os anos do estoque das dívidas (vide item anterior); **(ii)** a segunda parcela no valor de R$ 150 mil será paga na ordem cronológica de apresentação, ou seja, após quitar todos os alimentares quando chegar o momento de quitar os precatórios ordinários de 2011.

7.8. Sequestro e responsabilização

O artigo 103 do ADCT determina que o ente público não pode sofrer sequestros de valores se estiver efetuando o pagamento da parcela mensal tempestivamente. Trata-se de medida para estimular o governante a manter suas obrigações em dia para evitar bloqueios judiciais em suas contas. Em contrapartida, se não houver a liberação tempestiva de recursos, o artigo 104 lista as seguintes consequências:

- **(i)** Sequestro pelo presidente do Tribunal até o limite do valor não liberado;
- **(ii)** Responsabilização do chefe do Executivo sob o ponto de vista das Leis de Responsabilidade Fiscal e de Improbidade Administrativa;
- **(iii)** Retenção de recursos pela União referente ao Fundo de Participação dos Estados e do DF e ao Fundo de Participação dos Municípios
- **(iv)** Retenção pelos Estados dos repasses de ICMS aos municípios;

(v) Vedação à contratação de empréstimos, salvo para financiamento da dívida de que trata o próprio regime especial;

(vi) Vedação ao recebimento de transferências voluntárias.

7.9. Vedação a desapropriações

Para evitar a ampliação e descontrole ainda maior da dívida durante o período de vigência do regime especial, os entes públicos que o adotarem ficam proibidos de realizar desapropriações se seu estoque de precatórios for superior a 70% de sua receita corrente líquida (ADCT, art. 103, p.ú.).

Embora a regra pareça moralizante para frear atos administrativos que geram pesados passivos judiciais posteriores, a parte final do dispositivo excetua tantas hipóteses de desapropriação que leva a crer que a medida será inócua. Afinal, ficam excetuadas da vedação desapropriações para atender às áreas de saúde, educação, segurança pública, transporte público, saneamento básico e habitação de interesse social. A imensa maioria das desapropriações atende justamente a essas finalidades.

7.10. Compensação

O artigo 105 do ADCT autoriza a realização de compensação como um direito do credor – ao contrário do que regime especial da EC nº 62/2009, que considerava a compensação uma prerrogativa do ente público. No regramento atual, os credores de precatórios, próprios ou de terceiros, podem compensar seus créditos com débitos inscritos em dívida ativa até 25 de março de 2015.

Estados, DF e municípios têm até 01 de maio de 2018 para editar suas próprias leis para regular a compensação. Superado esse prazo sem a devida regulamentação, os credores ficam autorizados a realizar a compensação.

8. SISTEMA DE PAGAMENTO POR REQUISIÇÃO DE PEQUENO VALOR – RPV

Examinado o regime de pagamento por precatório, passamos à análise da outra forma de quitação de débitos de condenações judiciais, a requisição de pequeno valor. Essa forma diferenciada de pagamento de débitos judiciais não constava da redação original da Constituição da República, sendo introduzida e alterada por emendas constitucionais (EC nº 20/1998, 30/2000, 37/2000, 62/2009). As EC nº 94/2016 e 99/2017 não modificaram o sistema de RPV.

Para fins de pagamento por esse regime, é preciso verificar, em primeiro lugar, o que se entende por "*pequeno valor*". O montante varia conforme o ente público. Para a União, as obrigações de pequeno valor são aquelas não excedentes a 60 salários mínimos, nos termos da Lei nº 10.259/2001, a Lei dos Juizados Especiais Federais (art. 3º c/c art. 17, § 1º). Havendo condenação até esse montante – incluídos os honorários advocatícios –, o pagamento dispensa o precatório e é feito por requisição de pequeno valor.

No âmbito dos Estados, Distrito Federal e Municípios, o valor deve ser fixado em lei própria, tendo como patamar mínimo o valor do maior benefício do regime geral da previdência social (CR, art. 100, § 4º) – o teto do RGPS para o ano de 2019 foi fixado em R$ 5.839,45. Esse, portanto, é o valor mínimo que a legislação estadual, distrital ou municipal pode adotar para o pagamento via requisição de pequeno valor.

Caso os entes públicos não editem norma específica para regular a matéria, são aplicáveis os valores fixados pelo artigo 87 do ADCT: 40 salários mínimos para Estados e Distrito Federal e 30 salários mínimos para os Municípios.

A condenação que exceder o valor fixado como de pequeno valor deve ser paga através de precatório. A parte vencedora da demanda, porém, pode optar por renunciar ao valor excedente da obrigação de pequeno valor para receber sem a necessidade do precatório (ADCT, art. 87, p.ú.; Lei nº 10.259/2001, art. 17, § 4º; Lei nº 12.153/2009, art. 13, § 5º).

O processamento da requisição de pequeno valor é muito mais simples do que o precatório, porque não demanda inclusão orçamentária para pagamento em momento posterior. O cumprimento da condenação é imediato.

O CPC estabelece que, não impugnada a execução ou rejeitada a defesa, o pagamento da RPV deve ser feito no prazo de 2 meses, contado da entrega da requisição, mediante depósito na agência mais próxima da residência do exequente (art. 535, § 3º, II)

Em caso de litisconsórcio, houve intensa discussão sobre o valor da condenação a ser considerado. Para um segmento doutrinário, deve-se considerar o montante recebido individualmente. Assim, ainda que a soma total dos créditos dos litisconsortes supere o teto da obrigação de pequeno valor, o pagamento deve ser feito por requisição, e não por precatório.[26] Em posição divergente, muitas advocacias públicas sustentaram que o cálculo deveria ser feito por processo, ou seja, somando-se os créditos dos litisconsortes credores.

O STJ tratou da matéria em sede de repetitivos e aplicou o primeiro entendimento:

26. CUNHA, Leonardo José Carneiro da. op. cit., p. 325.

> 8. Sendo a execução promovida em regime de litisconsórcio ativo voluntário, a aferição do valor, para fins de submissão ao rito da RPV (art. 100, § 3º da CF/88), deve levar em conta o crédito individual de cada exequente. Precedentes de ambas as Turmas de Direito Público do STJ.
>
> 9. Optando o advogado por executar os honorários nos próprios autos, haverá regime de litisconsórcio ativo facultativo (já que poderiam ser executados autonomamente) com o titular do crédito dito "principal".
>
> 10. Assim, havendo litisconsórcio ativo voluntário entre o advogado e seu cliente, a aferição do valor, para fins de submissão ao rito da RPV, deve levar em conta o crédito individual de cada exequente, nos termos da jurisprudência pacífica do STJ.
>
> 11. O fracionamento proscrito pela regra do art. 100, § 8º, da CF ocorreria apenas se o advogado pretendesse receber seus honorários de sucumbência parte em requisição de pequeno valor e parte em precatório. Limitando-se o advogado a requerer a expedição de RPV, quando seus honorários não excederam ao teto legal, não haverá fracionamento algum da execução, mesmo que o crédito do seu cliente siga o regime de precatório. E não ocorrerá fracionamento porque assim não pode ser considerada a execução de créditos independentes, a exemplo do que acontece nas hipóteses de litisconsórcio ativo facultativo, para as quais a jurisprudência admite que o valor da execução seja considerado por credor individualmente considerado.
>
> (REsp 1347736/RS, Rel. Min. Castro Meira, Rel. p/ Acórdão Min. Herman Benjamin, 1ª Seção, julgado em 09/10/2013)

Por fim, o Supremo Tribunal Federal consolidou o entendimento de que incide correção monetária na RPV, contada entre a data de elaboração do cálculo e sua expedição para pagamento. Confira-se a manifestação da Corte Suprema:

> 2. O Plenário do Supremo Tribunal Federal, no julgamento do ARE nº 638.195/RS, Relator o Ministro Joaquim Barbosa, reconheceu a repercussão geral da matéria e concluiu ser "devida correção monetária no período compreendido entre a data de elaboração do cálculo da requisição de pequeno valor – RPV e sua expedição para pagamento".
>
> 3. Agravo regimental não provido.
>
> (AI 821239 AgR, Relator Min. Dias Toffoli, 1ª Turma, julgado em 18/02/2014)

9. PRECATÓRIOS E RPV'S NÃO LEVANTADOS – LEI Nº 13.463/2017

Como mencionado anteriormente, a despeito da enorme fila de credores aguardando o pagamento, há diversos casos em que o Poder Público disponibilizou os valores para pagamento, mas a parte não efetuou o seu levantamento.

Por essa razão, foi editada a Lei nº 13.463/2017, que dá destinação a esses recursos. Conforme prevê o artigo 2º, os precatórios e RPV's federais que não tenham sido levantados há mais de dois anos ficam cancelados, de modo que a destinar esses recursos ao Tesouro Nacional para aplicação da seguinte forma: **(i)** ao menos 20% para manutenção e desenvolvimento do ensino; **(ii)** ao menos 55 para o Programa de Proteção a Crianças e Adolescentes Ameaçados de Morte (PPCAAM).

Não se trata aqui de perda do direito de crédito, mas tão somente de dar nova destinação aos recursos. O credor pode apresentar pedido de expedição de novo precatório ou de nova RPV, que conservará a ordem cronológica anterior.

Além disso, a Lei nº 13.463/2017 também cria fonte de recursos para realização de perícias em ações populares. O artigo 1º prevê que o Poder Judiciário deve contratar, com dispensa de licitação, instituições financeiras federais para operacionalizar a gestão dos recursos de pagamentos de precatórios e RPV's.

Na gestão desses recursos, os valores depositados rendem juros, muitas vezes superiores aos juros legais que o credor tem direito a receber. O parágrafo único do artigo 1º prevê que 10% do excedente da remuneração legal devem ser destinados ao Poder Judiciário, que o aplicará em perícias de ações populares.

Esse regime instituído pela Lei nº 13.463/2017 é aplicável tão somente a precatórios e RPV's federais.

A Lei em análise tem sido criticada em doutrina pela série de inconstitucionalidades que apresenta, como obrigatoriedade de contratação de instituição financeira federal por dispensa de licitação – em violação à livre concorrência. Questiona-se também o sentido de destinar recursos a perícias tão somente em ações populares – sem razão concreta para não aplicar tais recursos, por exemplo, em perícias de ações civis públicas.[27]

Questões de Concurso

▶ **01. (PGE-PR – 2015 – PUC-PR)** Quanto ao regime jurídico de pagamento dos débitos das Fazendas Públicas por meio dos precatórios, assinale a alternativa CORRETA.

a) Diante de uma sentença judicial transitada em julgado, o juiz da execução requisita ao Poder Executivo a inclusão, no orçamento público, de verba necessária ao pagamento do débito.

b) As solicitações dos juízes de Primeiro Grau recebidas no Tribunal até 30 de junho deverão ser incluídas no orçamento público do exercício corrente, devendo o depósito judicial das quantias ser efetuado até o final desse ano.

c) Após a liberação das verbas, o chefe do Poder Executivo determinará o pagamento dos precatórios, observadas as preferências constitucionais independentemente da ordem

27. Algumas dessas críticas podem ser encontradas em: MOREIRA, Egon Bockmann e outros. op. cit. p. 158-161.

cronológica de recebimento das solicitações, aplicando-se esse regime também aos créditos de pequeno valor.

d) A compensação de ofício entre precatórios e débitos tributários do credor é inconstitucional porque, além de conceder benefícios processuais à Fazenda Pública, desrespeita a coisa julgada e o princípio da separação dos poderes, pois o Estado possui outros meios eficazes para a cobrança de seus créditos.

e) Não ofende o princípio da isonomia a regra instituída pela Emenda Constitucional nº 62/2009, que instituiu a preferência de pagamento de precatórios alimentares para titulares com 60 anos ou mais na data da respectiva expedição.

► **02. (PGE-PR – 2015 – PUC-PR)** Acerca do cumprimento de sentença e do processo de execução, assinale a alternativa CORRETA.

a) É incabível execução por título extrajudicial contra a Fazenda Pública.

b) Somente são devidos honorários advocatícios pela Fazenda Pública nas execuções individuais de sentença proferida em ações coletivas quando estas forem embargadas.

c) Aplica-se à Fazenda Pública o procedimento do cumprimento de sentença, com a atividade executiva ocorrendo no mesmo processo no qual foi proferida a decisão da fase de conhecimento.

d) Os pagamentos devidos pelas Fazendas Públicas Federal, Estaduais, Distrital e Municipais, em virtude de sentença judiciária, far-se-ão exclusivamente mediante precatórios e à conta dos créditos respectivos.

e) É possível o fracionamento do valor da execução proposta contra a Fazenda Pública para pagamento de honorários advocatícios de sucumbência.

► **03. (PGE-BA – 2014 – Cespe)** Julgue o item

Se os embargos à execução opostos pela fazenda pública forem parciais, a execução prosseguirá no que diz respeito à parte não embargada.

► **04. (Procurador Porto Alegre-RS – 2016 – Fundatec)** Quanto ao cumprimento de sentença contra a Fazenda Pública e sua respectiva impugnação prevista no Código de Processo Civil (Lei nº 13.105/15), assinale a alternativa INCORRETA.

a) O prazo para a impugnação é de trinta dias e esta deve ser apresentada nos próprios autos do cumprimento da sentença.

b) Na hipótese de impugnação parcial, a parte não questionada pela executada será, desde logo, objeto de cumprimento.

c) Compete ao executado, na impugnação fundada em excesso de execução, declarar de imediato o valor que entende correto, sob pena de litigância de má-fé.

d) A impugnação pode contemplar qualquer causa modificativa ou extintiva da obrigação, como pagamento, compensação, transação ou prescrição, desde que supervenientes ao trânsito em julgado da sentença.

e) Após o trânsito em julgado da sentença exequenda, a obrigação reconhecida em título judicial fundado em lei ou ato normativo considerado inconstitucional pelo Supremo

Tribunal Federal poderá ser desafiada mediante ação rescisória, cujo prazo será contado do trânsito em julgado da decisão proferida pelo Supremo Tribunal Federal.

▶ **05. (Procurador – PGE-SE – 2017 - Cespe)** O tribunal de justiça de um estado, ao dar provimento à apelação interposta pela companheira de servidor falecido, em ação ajuizada contra a administração pública, condenou o ente público a pagar à autora, retroativamente, valores referentes à pensão por morte desde a data do óbito do servidor, além de determinar a imediata implementação da pensão em folha de pagamento. O ente público interpôs, então, recurso especial apenas em relação ao capítulo da obrigação de fazer, tendo sido o recurso recebido somente com efeito devolutivo.

Nessa situação hipotética, de acordo com a legislação processual e com a jurisprudência dos tribunais superiores,

a) será possível o cumprimento provisório de obrigação de fazer contra a fazenda pública, bem como o cumprimento definitivo da decisão que reconheceu obrigação de pagar.

b) o cumprimento provisório da obrigação de pagar poderá ser realizado, mas os atos executórios referentes à obrigação de fazer somente poderão ser efetivados quando ocorrer o trânsito em julgado de todos os capítulos do acórdão.

c) é vedada a execução provisória da obrigação de fazer, mas o adimplemento dessa modalidade obrigacional não se submete ao regime de precatórios.

d) os valores referentes à obrigação de fazer deverão ser pagos por precatório, o qual somente deverá ser expedido após o trânsito em julgado.

e) o cumprimento de sentença pela fazenda, seja em relação à obrigação de pagar, seja em relação à obrigação de fazer, deverá aguardar o trânsito em julgado de todos os capítulos do acórdão.

▶ **06. (Analista Judiciário – TRE-PR – 2017 – FCC)** Em relação à execução contra a Fazenda Pública, considere as afirmativas abaixo.

I. É cabível a execução por título extrajudicial contra a Fazenda Pública, hipótese em que será citada para opor embargos no prazo de 30 dias.

II. No cumprimento de sentença que impuser à Fazenda Pública a obrigação de pagar quantia certa, o exequente não precisará apresentar demonstrativo discriminado e atualizado do crédito.

III. Dentre as matérias que podem ser alegadas pela Fazenda Pública em impugnação ao cumprimento de sentença estão a ilegitimidade de parte, a inexigibilidade da obrigação e o excesso de execução.

IV. Se a impugnação ao cumprimento de sentença for parcial, a parte não questionada pela executada não poderá ser, desde logo, objeto de cumprimento.

Está correto o que se afirma APENAS em

a) I e IV.

b) I e II.

c) I e III.

d) II e III.

e) III e IV.

▶ **07. (Analista Legislativo – AL-RO – 2018 – FGV)** Acerca do cumprimento de sentença que reconhece obrigação de pagar quantia em face da Fazenda Pública, assinale a afirmativa correta.

A) A Fazenda Pública será citada na pessoa de seu representante judicial, para o cumprimento de sentença.

B) A Fazenda Pública poderá ofertar impugnação ao cumprimento de sentença, no prazo de 15 dias.

C) Caso não seja cumprida a obrigação no prazo de 15 dias da ciência do cumprimento da sentença, incidirá multa de 10% sobre o total do débito.

D) Não incidirão honorários de execução nos cumprimentos de sentença, em face da Fazenda Pública.

E) Tratando-se de impugnação parcial ao cumprimento de sentença, a parte não questionada pela executada será, desde logo, objeto de cumprimento.

▶ **08. (Procurador de Universidade Assistente – UNICAMP – 2018 – Vunesp)** A Fazenda Pública Municipal foi condenada ao pagamento de uma indenização por danos materiais e morais a favor de Nicanor das Dores, sendo que tal decisão encontra-se transitada em julgado. Nicanor pretende receber o valor da condenação. Nesse caso, é certo afirmar:

A) caso a executada, intimada para pagamento em quinze dias, não o faça, deverá pagar o saldo executado com multa de dez por cento além dos honorários de advogado.

B) a intimação para pagamento do saldo executado deverá ser feita exclusivamente por oficial de justiça, e para ser válida deve ser recebida pelo representante legal da executada.

C) uma vez intimado, deverá o representante legal da executada apresentar embargos à execução, que tramitarão em autos apartados, necessariamente a eles atribuído o efeito suspensivo.

D) inerte a executada após a intimação, ou, caso as razões de sua defesa sejam rejeitadas, se de pequeno valor a obrigação exequenda, deverá ser realizado o pagamento em dois meses contados da entrega da requisição, mediante depósito em agência oficial mais próxima da residência do exequente.

E) se além de Nicanor houvesse outro exequente, deveria ser apresentado um único demonstrativo de crédito, sendo que não há nesse caso qualquer limitação para o caso do litisconsórcio ativo.

▶ **09. (Procurador do Município - Sorocaba – SP – 2018 – Vunesp)** A respeito da execução contra a Fazenda Pública, assinale a alternativa correta.

A) Intimada a Fazenda Pública, não ocorrendo a concordância com a execução ou a apresentação de impugnação em até 15 dias, o débito será acrescido de multa de dez por cento e, também, de honorários de advogado de dez por cento do valor executado.

B) O pagamento de obrigação de pequeno valor será realizado no prazo de 3 (três) meses contados da entrega da requisição, mediante depósito na agência de banco oficial mais próxima da residência do exequente.

C) Tratando-se de impugnação parcial, a parte não questionada pela executada não poderá ser, desde logo, objeto de cumprimento, em razão da vedação de expedição de precatório complementar.

D) Poderá a Fazenda Pública alegar em impugnação de sentença a inexigibilidade do título executivo judicial fundado em lei considerada inconstitucional, antes ou depois do trânsito em julgado da decisão exequenda, pelo Supremo Tribunal Federal.

E) Não serão devidos honorários no cumprimento de sentença contra a Fazenda Pública que enseje expedição de precatório, desde que não tenha sido impugnada.

► **10. (Defensor Público – Reaplicação - DPE-AM – 2018 – FCC)** Nas demandas contra a Fazenda Pública, à luz das disposições do Código de Processo Civil,

A) a execução de sentença condenatória deve ser feita em procedimento autônomo, citando a Fazenda para a oposição de embargos.

B) embora o trânsito em julgado não seja requisito legal para início do cumprimento de sentença, por força da Constituição antes dele não é possível expedir ordem de precatório ou requisição de pagamento de pequeno valor mesmo que se trate de verba de natureza alimentar.

C) caso a Fazenda seja intimada para pagar o débito, no prazo de quinze dias, e não realize pagamento voluntário no prazo, o débito será acrescido de multa de dez por cento e, também, de honorários de advogado de dez por cento.

D) não impugnada a execução ou rejeitadas as arguições da executada, o próprio juiz da causa expedirá precatório em favor do exequente.

E) no processo de conhecimento pelo procedimento comum, o prazo para resposta da Fazenda Pública deve ser contado em quádruplo, razão pela qual o prazo para contestação é de sessenta dias.

► **11. (Procurador do Estado - PGE-TO – 2018 – FCC)** No tocante ao cumprimento de sentença que reconheça a exigibilidade de obrigação de pagar quantia certa pela Fazenda Pública, é correto afirmar:

A) Se não impugnada a execução, ou rejeitadas as arguições da executada, por ordem do juiz, dirigida à autoridade na pessoa de quem o ente público foi citado para o processo, o pagamento de obrigação de pequeno valor será realizado no prazo de dois meses contado da entrega da requisição, mediante depósito na agência de banco oficial mais próxima da residência do exequente.

B) O exequente apresentará demonstrativo discriminado e atualizado do crédito; se houver pluralidade de exequentes, cujo número poderá ser limitado em caso de litisconsórcio facultativo, deverá ser oferecido demonstrativo único em nome e benefício de todos eles.

C) Em sua impugnação, a Fazenda poderá arguir excesso de execução genericamente, sem declarar de imediato o valor que entende correto, por se tratar de ente público, sem que disso decorra o não conhecimento da arguição.

D) A impugnação fazendária poderá referir-se a qualquer causa modificativa ou extintiva da obrigação, como pagamento, novação, compensação, transação ou prescrição, supervenientes ou anteriores ao trânsito em julgado da sentença.

E) Tornado líquido e certo o débito, expedir-se-á, por intermédio do juiz da execução, precatório em favor do exequente, observadas as normas constitucionais pertinentes.

► **12. (Procurador do Município – Maricá – RJ – 2018 – Coseac)** O prazo para que a Fazenda Pública impugne a execução, nas execuções por título extrajudicial, a contar da intimação de seu representante judicial, é de:

A) quinze dias.

B) dez dias.

C) sessenta dias

D) trinta dias.

E) quarenta e cinco dias.

► **13. (Analista Ministerial – MPE-PI – 2018 – Cespe)** Julgue o item seguinte, a respeito da intervenção de terceiros e do processo de execução.

De acordo com o STF, em razão do regime constitucional fixado para a execução de quantia certa contra a fazenda pública, não devem incidir juros moratórios no intervalo de tempo compreendido entre a data da realização dos cálculos e a da requisição ou do precatório.

► **14. (Procurador do Estado – PGE-PE – 2018 – Cespe)** No que concerne à execução contra a fazenda pública, ao regime de pagamento por precatórios e RPVs, assinale a opção correta de acordo com a jurisprudência do STF.

A) Na execução contra a fazenda pública, incidem juros de mora no período compreendido entre a data de realização dos cálculos e a de expedição da requisição para pagamento.

B) Em mandado de segurança, o pagamento dos valores devidos entre as datas de impetração e de concessão da ordem não se submete ao regime de precatórios.

C) A execução de valores devidos por conselho de fiscalização se submete ao sistema de precatórios previsto na CF, dada a natureza autárquica desses entes.

D) É inconstitucional a execução individual, por meio de RPV, de sentença genérica que tenha condenado a fazenda pública em ação coletiva para a tutela de direitos individuais homogêneos.

E) Quando da impugnação parcial feita pela fazenda pública, deve-se aguardar o trânsito em julgado da discussão acerca da parcela controvertida para iniciar-se a execução da parcela incontroversa.

Questão	Gabarito	Breves comentários
01	D	V. item 6.8.
02	E	V. item 6.3.
03	Certo	V. item 4 e 5.
04	C	A questão cobra conhecimento de diversos itens do capítulo.
05	A	O capítulo da sentença referente retroativos não foi impugnado; logo, transitou em julgado. Por isso, possível o cumprimento.
06	C	v. itens 3, 4, e 5.
07	E	v. item 5.

Questão	Gabarito	Breves comentários
08	D	CPC, art. 535, § 3º, II; v. item 8.
09	E	CPC, art. 85, § 7º.
10	B	v. item 5.
11	A	CPC, art. 535, § 3º, II; v. item 8.
12	D	CPC, art. 910; v. item 4.
13	Errado	v. item 6.7.
14	A	v. item 6.7.

CAPÍTULO XI

EXECUÇÃO FISCAL

1. INTRODUÇÃO

O tema referente à execução fiscal é, sem dúvida, afeto ao direito processual público. Enquanto a cobrança de um crédito por particulares é feita pelas regras do Código de Processo Civil pertinentes à execução de título extrajudicial, o ente público se vale de um procedimento próprio, previsto na Lei nº 6.830/80, a Lei de Execuções Fiscais (LEF).

2. TÍTULO EXECUTIVO

A execução fiscal é uma espécie do gênero processo de execução. No caso, tem-se um processo de execução de título extrajudicial para pagamento de quantia certa, cuja legitimidade ativa é específica, voltada para o Poder Público.

O título extrajudicial que ampara a ação executiva é a certidão de dívida ativa, documento produzido pelo próprio ente público que contém os dados básicos sobre o débito. O conceito de dívida ativa é legal e está contido no artigo 39 da Lei nº 4.320/64:

> **Art. 39.** Os créditos da Fazenda Pública, de natureza tributária ou não tributária, serão escriturados como receita do exercício em que forem arrecadados, nas respectivas rubricas orçamentárias.
>
> § 1º – Os créditos de que trata este artigo, exigíveis pelo transcurso do prazo para pagamento, serão inscritos, na forma da legislação própria, como Dívida Ativa, em registro próprio, após apurada a sua liquidez e certeza, e a respectiva receita será escriturada a esse título.
>
> § 2º – Dívida Ativa Tributária é o crédito da Fazenda Pública dessa natureza, proveniente de obrigação legal relativa a tributos e respectivos adicionais e multas, e Dívida Ativa não Tributária são os demais créditos da Fazenda Pública, tais como os provenientes de empréstimos compulsórios, contribuições estabelecidas

> em lei, multa de qualquer origem ou natureza, exceto as tributárias, foros, laudêmios, alugueis ou taxas de ocupação, custas processuais, preços de serviços prestados por estabelecimentos públicos, indenizações, reposições, restituições, alcances dos responsáveis definitivamente julgados, bem assim os créditos decorrentes de obrigações em moeda estrangeira, de subrogação de hipoteca, fiança, aval ou outra garantia, de contratos em geral ou de outras obrigações legais.

O Código Tributário Nacional também dispõe sobre a dívida ativa nos artigos 201 a 204. Além disso, o crédito tributário goza de privilégio em sua forma de cobrança, pois não está sujeito a concurso de credores, habilitação em falência ou em recuperação judicial (CTN, art. 187).

Diante do inadimplemento do devedor da obrigação (tributária ou não), o ente público efetua a inscrição do valor em sua dívida ativa. A certidão de dívida ativa (CDA) é a documentação do débito e goza dos requisitos de liquidez, certeza e exigibilidade dos títulos extrajudiciais que permitem a propositura da ação executiva (LEF, art. 3º; CTN, art. 204).

A CDA deve conter dados obrigatórios sobre o débito, como o nome do devedor, o valor originário da dívida, origem da dívida, número do registro na dívida ativa etc. (LEF, art. 2º, § 5º; CTN, art. 202).

Eventualmente, após a propositura da execução fiscal, verifica-se que a CDA não contém algum dos elementos elencados acima. O vício formal ou material não invalida todo o procedimento executivo, pois a CDA pode ser substituída pelo ente público até a decisão de primeira instância, devolvendo-se ao executado o prazo para eventual propositura de embargos (LEF, art. 2º, § 8º; CTN, art. 203). Nesse sentido, há súmula do Superior Tribunal de Justiça:

> **Súmula 392.** A Fazenda Pública pode substituir a certidão de dívida ativa (CDA) até a prolação da sentença de embargos, quando se tratar de correção de erro material ou formal, vedada a modificação do sujeito passivo da execução.

O entendimento sumulado continua atual, sendo aplicado com frequência pelo Superior Tribunal de Justiça:

> 1. O posicionamento adotado no acórdão recorrido se alinha ao do STJ no sentido de que eventual irregularidade na CDA é passível de ser sanada somente até a prolação da sentença de mérito, nos termos da Súmula 392/STJ: "A Fazenda Pública pode substituir a certidão de dívida ativa (CDA) até a prolação da sentença de embargos, quando se tratar de correção de erro material ou formal, vedada a modificação do sujeito passivo da execução".
>
> 2. A alteração das conclusões adotadas pela Corte de origem, a respeito da regularidade da CDA, tal como colocada a questão nas razões recursais, demandaria, necessariamente, novo exame do acervo fático-probatório constante

dos autos, providência vedada em recurso especial, a teor do óbice previsto na Súmula 7/STJ.

3. Agravo regimental a que se nega provimento.

(AgRg no AREsp 314.644/RS, Rel. Min. Sérgio Kukina, 1ª Turma, julgado em 20/11/2014, DJe 25/11/2014)

O STJ traz uma diferenciação importante. O vício formal e o material podem perfeitamente ser corrigidos pelo ente público, mas a modificação do sujeito passivo da execução, não. É que a modificação do sujeito passivo não decorre de simples vício, mas de imputação de responsabilidade pela dívida a pessoa diversa.

Questão que levanta discussão é a respeito da forma de execução de multas impostas pelos Tribunais de Contas. Há entendimento doutrinário no sentido de que a Constituição da República (art. 71, § 3º) já conferiu força executiva às decisões dos Tribunais de Contas, de modo que a decisão condenatória já goza de certeza e liquidez, sendo desnecessária a inscrição em dívida ativa. Nesse contexto, deve-se propor execução de título extrajudicial, com base no art. 784, XII do CPC.[1]

Na prática, porém, há estados da Federação que inscrevem tais multas em dívida ativa e as executam por meio de execução fiscal. Nesse caso, o que ampara a execução é a certidão de dívida ativa. Como esclarece o STJ, quando não houver tal inscrição em dívida ativa, a cobrança não segue o rito da Lei de Execuções Fiscais:

1. Consoante a orientação jurisprudencial predominante nesta Corte, não se aplica a Lei nº 6.830/80 à execução de decisão condenatória do Tribunal de Contas da União quando não houver inscrição em dívida ativa. Tais decisões já são títulos executivos extrajudiciais, de modo que prescindem da emissão de Certidão de Dívida Ativa – CDA, o que determina a adoção do rito do CPC quando o administrador discricionariamente opta pela não inscrição.

2. Recurso especial provido para determinar que a execução prossiga nos moldes do Código de Processo Civil.

(REsp 1390993/RJ, Rel. Min. Mauro Campbell Marques, 2ª Turma, julgado em 10/09/2013, DJe 17/09/2013)

Outro ponto importante diz respeito ao prazo de propositura da cobrança judicial. O STJ examinou diversas vezes a discussão a respeito da decadência da constituição do crédito tributário e seu prazo para cobrança judicial. Atualmente, a matéria está sumulada. Confira-se:

Súmula 622. A notificação do auto de infração faz cessar a contagem da decadência para a constituição do crédito tributário; exaurida a instância administrativa

1. Nesse sentido: CUNHA, Leonardo Carneiro da. op. cit., 11ª ed., p. 489.

> com o decurso do prazo para a impugnação ou com a notificação de seu julgamento definitivo e esgotado o prazo concedido pela Administração para o pagamento voluntário, inicia-se o prazo prescricional para a cobrança judicial.

O tema é recorrente, notadamente no que se refere à cobrança de IPTU. Por isso, o STJ encaminhou a questão ao regime de recursos repetitivos, como tema n. 980. O julgamento da 1ª Seção do STJ consolidou o entendimento de que o prazo prescricional para cobrança de IPTU se inicia no dia seguinte ao vencimento do tributo. Confira-se:

> 1. Tratando-se de lançamento de ofício, o prazo prescricional de cinco anos para que a Fazenda Pública realize a cobrança judicial de seu crédito tributário (art. 174, caput do CTN) referente ao IPTU, começa a fluir somente após o transcurso do prazo estabelecido pela lei local para o vencimento da exação (pagamento voluntário pelo contribuinte), não dispondo o Fisco, até o vencimento estipulado, de pretensão executória legítima para ajuizar execução fiscal objetivando a cobrança judicial, embora já constituído o crédito desde o momento no qual houve o envio do carnê para o endereço do contribuinte (Súmula 397/STJ). Hipótese similar ao julgamento por este STJ do REsp. 1.320.825/RJ (Rel. Min. GURGEL DE FARIA, DJe 17.8.2016), submetido ao rito dos recursos repetitivos (Tema 903), no qual restou fixada a tese de que a notificação do contribuinte para o recolhimento do IPVA perfectibiliza a constituição definitiva do crédito tributário, iniciando-se o prazo prescricional para a execução fiscal no dia seguinte à data estipulada para o vencimento da exação.
>
> 2. O parcelamento de ofício da dívida tributária não configura causa interruptiva da contagem da prescrição, uma vez que o contribuinte não anuiu.
>
> 3. A liberalidade do Fisco em conceder ao contribuinte a opção de pagamento à vista (cota única) ou parcelado (10 cotas), independente de sua anuência prévia, não configura as hipóteses de suspensão da exigibilidade do crédito tributário previstas no art. 151, I e VI do CTN (moratória ou parcelamento), tampouco causa de interrupção da prescrição, a qual exige o reconhecimento da dívida por parte do contribuinte (art. 174, parág. único, IV do CTN).
>
> 4. O contribuinte não pode ser despido da autonomia de sua vontade, em decorrência de uma opção unilateral do Estado, que resolve lhe conceder a possibilidade de efetuar o pagamento em cotas parceladas.
>
> Se a Fazenda Pública Municipal entende que é mais conveniente oferecer opções parceladas para pagamento do IPTU, o faz dentro de sua política fiscal, por mera liberalidade, o que não induz a conclusão de que houve moratória ou parcelamento do crédito tributário, nos termos do art. 151, I e VI do CTN, apto a suspender o prazo prescricional para a cobrança de referido crédito.
>
> Necessária manifestação de vontade do contribuinte a fim de configurar moratória ou parcelamento apto a suspender a exigibilidade do crédito tributário.
>
> 5. Acórdão submetido ao regime do art. 1.036 e seguintes do CPC/2015 (art. 256-I do RISTJ, incluído pela Emenda Regimental 24 de 28.9.2016), cadastrados

sob o Tema 980/STJ, fixando-se a **seguinte tese**: (i) o termo inicial do prazo prescricional da cobrança judicial do Imposto Predial e Territorial Urbano - IPTU inicia-se no dia seguinte à data estipulada para o vencimento da exação; (ii) o parcelamento de ofício da dívida tributária não configura causa interruptiva da contagem da prescrição, uma vez que o contribuinte não anuiu.

(REsp 1658517/PA, Rel. Min. Napoleão Nunes Maia Filho, 1ª Seção, julgado em 14/11/2018, DJe 21/11/2018)

3. LEGITIMIDADE DAS PARTES

Em relação à legitimidade de partes, importa saber quem pode propor a execução fiscal e em face de quem tal ação pode ser movida.

3.1. Legitimidade ativa

Como frisado no início deste capítulo, a execução fiscal se caracteriza como um procedimento específico posto à disposição do ente público para cobrança de seus créditos, tributários ou não tributários, inscritos em dívida ativa.

Assim, a legitimidade ativa para a propositura da execução fiscal é dos entes que compõem o conceito de Fazenda Pública: União, Estados, Distrito Federal e Municípios, bem como suas autarquias e fundações de direito público.

Logicamente, por não estarem inseridas nesse conceito, empresas públicas e sociedades de economia mista, por sua natureza de pessoas jurídicas de direito privado, não podem valer-se da execução fiscal. Há, porém, duas exceções.

A primeira é referente à Empresa Brasileira de Correios e Telégrafos (EBCT). O Supremo Tribunal Federal já consolidou o entendimento de que a EBCT é equiparada à Fazenda Pública, de modo que está legitimada à propositura de execução fiscal.[2] A segunda toca à Caixa Econômica Federal, que está legitimada à ação executiva fiscal para a cobrança do FGTS, com base na Lei nº 8.844/1994, cujo art. 2º dispõe o seguinte: "*Compete à Procuradoria-Geral da Fazenda Nacional a inscrição em Dívida Ativa dos débitos para com o Fundo de Garantia do Tempo de serviço – FGTS, bem como, diretamente ou por intermédio da Caixa Econômica Federal, mediante convênio, a representação Judicial e extrajudicial do FGTS, para a*

2. Em doutrina: LOPES, Mauro Luis Rocha. *Processo judicial tributário: execução fiscal e ações tributárias*. 3ª ed. rev., ampl. e atual. Rio de Janeiro: Lumen Juris, 2005, p. 6. Em jurisprudência: RE 225011, Relator Min. Marco Aurélio, Relator p/acórdão Min. Maurício Corrêa, Tribunal Pleno, julgado em 16/11/2000, DJ 19/12/2002.

correspondente cobrança, relativamente à contribuição e às multas e demais encargos previstos na legislação respectiva."

Ainda acerca da legitimidade ativa para a propositura da execução fiscal, há uma peculiaridade em relação aos Conselhos Profissionais e divergência entre doutrina e jurisprudência.

O Superior Tribunal de Justiça consolidou o entendimento de que, exceto pela OAB, os Conselhos Profissionais (Medicina, Engenharia, Psicologia etc.) podem valer-se da execução fiscal para a cobrança de suas anuidades, cuja natureza jurídica é de tributo.[3]

A posição do STJ é criticada em doutrina, uma vez que não há razão para diferenciar a OAB dos demais Conselhos Profissionais, de modo que nenhuma dessas entidades deveria possuir legitimidade para a execução fiscal.[4]

Ainda quanto aos Conselhos Profissionais, há questão interessante referente ao patamar de débito que permite a cobrança e a contagem de prazo prescricional. De acordo com o artigo 8º da Lei nº 12.514/2011, os Conselhos não cobrarão judicialmente dívidas referentes a anuidades inferiores ao quádruplo da anuidade do devedor. Vale dizer, os Conselhos precisam aguardar a formação de um débito que totalize o equivalente a 4 anuidades (entre mensalidades, juros, multa etc.) para buscar a cobrança judicial via execução fiscal. A partir disso, surgiu a dúvida quanto ao prazo prescricional para cobrança. Chamado a se manifestar, o STJ entendeu que o prazo prescricional somente se inicia quando a dívida se tornar exequível. Confira-se:

> 2. Esta Corte, interpretando o art. 8º da Lei nº 12.514/2011, consolidou o entendimento de que no valor correspondente a quatro anuidades no ano do ajuizamento computam-se, inclusive, as multas, juros e correção monetária, e não apenas a quantidade de parcelas em atraso.
>
> 3. O processamento da execução fiscal fica desautorizado somente quando os débitos exequendos correspondam a menos de 4 vezes o valor cobrado anualmente da pessoa física ou jurídica inadimplente, tomando-se como parâmetro para definir este piso o valor da anuidade referente ao ano de ajuizamento, bem como os encargos legais (multa, juros e correção monetária). No caso dos autos, a ação fiscal foi ajuizada em 2013, quando já em vigor a Lei nº 12.514/11, assim, aplicável a limitação acima descrita.
>
> 4. As anuidades pagas aos conselhos profissionais possuem natureza tributária, o que, em tese, admitiria o dia seguinte ao vencimento da obrigação como sendo o termo inicial da prescrição.

3. STJ: REsp 1074932/RS, Rel. Min. Castro Meira, 2ª Turma, julgado em 07/10/2008.
4. Essa é a posição de: CUNHA, Leonardo José Carneiro da. op. cit., p. 373.

> 5. No entanto, considerando a limitação de valor mínimo para fins de execução criada pela Lei nº 12.514/11, para o ajuizamento da execução, o prazo prescricional dever ter início somente quando o crédito se tornar exequível, ou seja, quando o total da dívida inscrita, acrescida dos respectivos consectários legais, atingir o patamar mínimo exigido pela norma.
>
> 6. Recurso especial conhecido em parte e, nessa extensão, provido para afastar a ocorrência da prescrição.
>
> (REsp 1524930/RS, Rel. Min. Og Fernandes, 2ª Turma, julgado em 02/02/2017, DJe 08/02/2017)

Em resumo, são legitimadas para a propositura da execução fiscal: as pessoas jurídicas de direito público, os Correios, a Caixa Econômica Federal (para cobrança do FGTS) e os Conselhos Profissionais (exceto OAB).

Por fim, discutiu-se na jurisprudência de quem seria a legitimidade ativa para cobrança de multas impostas em sentenças condenatórias. O Superior Tribunal de Justiça sumulou o entendimento de que tal legitimidade é do Poder Público:

> **Súmula 521.** A legitimidade para a execução fiscal de multa pendente de pagamento imposta em sentença condenatória é exclusiva da Procuradoria da Fazenda Pública.

3.2. Legitimidade passiva

O rol de legitimados para ocupar o polo passivo da execução consta do art. 4º da LEF. A demanda executiva pode ser proposta em face do devedor, bem como em face de responsáveis, tributários ou não. A execução fiscal proposta em face do devedor pode posteriormente ser redirecionada para o responsável tributário, ainda que seu nome não conste da CDA.

A responsabilização do sócio-gerente está prevista no artigo 135 do CTN para os casos de "*atos praticados com excesso de poderes ou infração de lei, contrato social ou estatutos*". É importante esclarecer que o simples inadimplemento tributário não autoriza o redirecionamento da execução fiscal. O que permite o redirecionamento é, por exemplo, a dissolução irregular da sociedade, ou seja, é o fechamento das portas sem a baixa na Junta Comercial.

Nesse sentido, há súmula do Superior Tribunal de Justiça:

> **Súmula 435.** Presume-se dissolvida irregularmente a empresa que deixar de funcionar no seu domicílio fiscal, sem comunicação aos órgãos competentes, legitimando o redirecionamento da execução fiscal para o sócio-gerente.

Diante do entendimento do Superior Tribunal de Justiça, verifica-se que o ato praticado pelo sócio-gerente que rende ensejo ao redirecionamento é a dissolução irregular, e não o simples inadimplemento tributário. Dessa forma, o sócio-gerente a ser incluído é o do momento em que se verificou a dissolução irregular.[5] Esse entendimento formado em 2009 tem sido reafirmado pelo STJ. Confira-se julgado de 2017:

> 1. Nos termos da jurisprudência do STJ, o redirecionamento da execução fiscal para o sócio-gerente da empresa é cabível apenas quando demonstrado que este agiu com excesso de poderes, infração à lei ou ao estatuto, ou no caso de dissolução irregular da empresa, não se incluindo o simples inadimplemento de obrigações tributárias.
>
> REsp 1.101.728/SP, julgado sob o rito do art. 543-C do CPC.
>
> (AgRg no AREsp 662.577/BA, Rel. Min. Humberto Martins, 2ª Turma, julgado em 14/04/2015, DJe 20/04/2015)

Vale destacar que, a despeito de reiteradas manifestações acerca desse tema, o STJ suscitou controvérsia para julgamento por recursos repetitivos do seguinte aspecto: "*possibilidade de redirecionamento da execução fiscal contra o sócio que, apesar de exercer a gerência da empresa devedora à época do fato tributário, dela regularmente se afastou, sem dar causa, portanto, à posterior dissolução irregular da sociedade empresária*". A matéria está tratada em dois temas nº 962 e 981, ainda pendentes de julgamento.

Ainda sobre a legitimidade passiva, na hipótese de pluralidade de executados, a responsabilidade é solidária, ou seja, cada um é responsável pelo pagamento integral do débito. Bem por isso, o falecimento de um deles não ocasiona a suspensão da execução, como já destacou o Superior Tribunal de Justiça.[6]

Ainda sobre o redirecionamento da execução fiscal, é importante destacar que, uma vez incluído no polo passivo da demanda, a legitimidade recursal para discutir a decisão é da pessoa física, e não da pessoa jurídica.[7]

Por fim, é preciso observar que a execução fiscal proposta em face de um ente público não segue o rito da Lei nº 6.830/80, pois o bem público não é penhorável. Caso um ente público possua um crédito inscrito em dívida ativa contra outro ente, deve ser proposta ação de execução pelo rito do artigo 910 do CPC.

4. COMPETÊNCIA

A Lei nº 6.830/80 não possui norma específica para determinar a competência do juízo da execução fiscal, mas o Código de Processo Civil, sim. Estabelece o

5. AgRg no REsp 1034238/SP, Rel. Min. Denise Arruda, 1ª Turma, julgado em 02/04/2009.
6. REsp 1328760/MG, Rel. Min. Napoleão Nunes Maia Filha, 1ª Turma, julgado em 26/02/2013.
7. REsp 1347627/SP, Rel. Min. Ari Pargendler, 1ª Seção, julgado em 09/10/2013.

parágrafo 5º do artigo 46 que a execução fiscal pode ser proposta (i) no foro de domicílio do réu, (ii) no de sua residência ou (iii) no do lugar onde for encontrado.

À execução fiscal, aplica-se a regra do artigo 43 do CPC, referente à perpetuação da jurisdição. Desse modo, ainda que o executado mude seu domicílio, o juízo perante o qual foi proposta a ação mantém sua competência para processar e julgar o feito. O Superior Tribunal de Justiça já teve a oportunidade de tratar desse assunto:

> **Súmula 58.** Proposta a execução fiscal, a posterior mudança de domicílio do executado não desloca a competência já fixada.

Em relação aos entes federais, a execução fiscal deve ser proposta perante a Justiça Federal. Caso o domicílio do devedor não seja sede de Justiça Federal, a ação deve ser proposta perante o juízo federal cuja competência englobe aquele município onde reside o devedor.

Os Conselhos Profissionais são entidades de caráter federal, de modo que suas execuções fiscais devem ser propostas perante a Justiça Federal. Esse é o entendimento sumulado pelo Superior Tribunal de Justiça em duas oportunidades:

> **Súmula 66.** Compete à Justiça Federal processar e julgar execução fiscal promovida por conselho de fiscalização profissional.
>
> **Súmula 349.** Compete à Justiça Federal ou aos juízes com competência delegada o julgamento das execuções fiscais de contribuições devidas pelo empregador ao FGTS.

A súmula 349 está ligada ao conflito de competência para a cobrança do FGTS devido pelo empregador. Embora a EC nº 45/2004 tenha ampliado a competência da Justiça do Trabalho, a cobrança do FGTS feita pela Caixa Econômica Federal continua a ser feita perante a Justiça Federal, uma vez que decorre da lei, e não da relação de trabalho.

Por fim, a cobrança da execução fiscal não se submete ao juízo universal da falência (LEF, art. 5º).

5. PROCEDIMENTO

A execução fiscal se inicia com a propositura da demanda, efetuada através da petição inicial apresentada no cartório distribuidor, e se desenvolve através de atos de constrição e expropriação do patrimônio do devedor para satisfazer o crédito fazendário. Há diversos pontos a tratar acerca do procedimento da execução fiscal.

5.1. Petição inicial

A petição inicial da execução fiscal é extremamente simples e contém apenas a indicação do juízo, o pedido e o requerimento de citação, sendo acompanhada da certidão da dívida ativa (LEF, art. 6º). É possível também que a CDA seja integrada à petição inicial para formar um único documento (§ 2º).

A prática forense indica haver centenas de exceções de pré-executividade que levantam impugnações a respeito de requisitos formais da petição inicial da execução fiscal. O Superior Tribunal de Justiça já sumulou dois entendimentos a esse respeito, a saber:

> **Súmula 558.** Em ações de execução fiscal, a petição inicial não pode ser indeferida sob o argumento da falta de indicação do CPF e/ou RG ou CNPJ da parte executada.
>
> **Súmula 559.** Em ações de execução fiscal, é desnecessária a instrução da petição inicial com o demonstrativo de cálculo do débito, por tratar-se de requisito não previsto no art. 6º da Lei nº 6.830/1980.

No entender do STJ, a petição inicial não precisa indicar o CPF, o RG ou o CNPJ do executado. Além disso, não há necessidade de apresentar demonstrativo de cálculo do débito, uma vez que esse requisito não está previsto no direito positivo aplicável às execuções fiscais.

Ainda quanto à fase postulatória, uma demanda executiva pode cumular a cobrança de diversas certidões de dívida ativa. A reunião de várias CDA's no mesmo processo de execução, aliás, é medida bastante salutar para a cobrança do crédito, pois reduz o número de atos processuais realizados pelo cartório, o que acelera a marcha processual e aumenta as chances se satisfazer a dívida. Na prática, é comum verificar-se a existência de devedores contumazes de tributos, que sistematicamente deixam de adimplir sua obrigação tributária. No caso do ICMS, declarado mensalmente através da guia de arrecadação, o contribuinte que opta por uma "estratégia" tributária lesiva aos cofres públicos de deixar de recolher seu tributo gera mensalmente novas inscrições em dívida ativa. Pense-se no espaço de tempo de um ano: se o ente público propuser todos os meses novas execuções fiscais, ao cabo desse período, terá distribuído 12 novas ações em face do mesmo executado, gerando 12 distribuições, 12 autuações, 12 citações etc. Ao contrário, se o ente público opta pela estratégia de propor execuções fiscais apenas a cada 4 meses, reduz-se bruscamente o número de atos processuais praticados, a permitir o andamento mais célere dos feitos.

De fato, é possível a reunião de execuções fiscais após sua propositura (art. 28), mas não se deve perder de vista que essa reunião somente ocorre depois de já realizados diversos atos processuais. Inclusive, a reunião de execuções fiscais não é prerrogativa do Poder Público, mas sim faculdade do juiz, como demonstra o entendimento sumulado do STJ:

> **Súmula 515.** A reunião de execuções fiscais contra o mesmo devedor constitui faculdade do Juiz.

Assim, parece adequada e coerente com a busca de uma prestação jurisdicional célere e efetiva que as certidões de dívida ativa sejam reunidas para propositura conjunta, especialmente contra devedores contumazes – via de regra, sociedades empresárias.

Além disso, há uma particularidade em relação às execuções fiscais movidas pelos entes públicos federais (União, autarquias e fundações). Trata-se da previsão do artigo 53 da Lei nº 8.212/91, que permite ao ente federal a indicação de bens penhoráveis na petição inicial, a fim de que, no momento da citação, já sejam penhorados e tornados indisponíveis. O dispositivo é alvo de críticas doutrinárias por não permitir qualquer manifestação do executado antes da constrição.[8]

5.2. Despacho liminar positivo e fixação de honorários advocatícios

Após a propositura da execução fiscal, os autos vão à conclusão do juízo para recebimento (ou não) da demanda. De acordo com o art. 7º da LEF, o despacho liminar positivo abrange a ordem para citação, penhora, arresto, registro de penhora ou de arresto e avaliação de bens. A ausência de menção à verba honorária já levou ao entendimento de que não seria cabível sua fixação nesse início do procedimento.[9] Hoje, porém, já está consolidado o entendimento de que é possível a fixação de honorários advocatícios liminarmente, no recebimento da demanda.[10]

Com relação à execução fiscal movida pela União, os honorários têm valor fixo de 20%, por força do art. 1º do Decreto-Lei nº 1.025/69. A esse respeito, havia súmula do extinto Tribunal Federal de Recursos:

> **Súmula 168.** O encargo de 20% do Decreto-Lei 1.025, de 1969, é sempre devido nas execuções fiscais da União e substitui, nos embargos, a condenação do devedor em honorários advocatícios.

Esse valor é fixo e já vem incluído no débito consolidado da dívida ativa, uma vez que se dirige ao custeio de todo o sistema de cobrança da dívida ativa, de modo

8. É a posição de: LOPES, Mauro Luís Rocha. op. cit., p. 39.
9. Muitos julgados no sentido do descabimento da verba honorária foram proferidos pelo extinto Tribunal Federal de Recursos (TFR), conforme noticia: LOPES, Mauro Luís Rocha. op. cit., p. 41.
10. STJ, AgRg no REsp 1078374/MG, Rel. Min. Francisco Falcão, 1ª Turma, julgado em 06/11/2008.

que não há novo arbitramento pelo juízo da execução. Os honorários advocatícios da execução fiscal do ente federal estão englobados nesse encargo, inclusive no que se refere aos embargos à execução.

A esse respeito, confira-se o seguinte julgado do Superior Tribunal de Justiça:

> I. Ressalvada a aplicação específica da Súmula 168/TFR aos Embargos à Execução Fiscal da União, a Primeira Seção do STJ, ao apreciar o Recurso Especial 1.353.826/SP (Rel. Ministro HERMAN BENJAMIN, DJe de 17/10/2013), sob o rito do art. 543-C do CPC, proclamou que a dispensa de pagamento de honorários advocatícios, com base no art.6º, § 1º, da Lei 11.941/2009, somente pode ser aplicada ao devedor que desistir da ação ou renunciar ao direito sobre o qual esta se funda, com a finalidade de restabelecer sua opção ou ser reincluído em outro programa de parcelamento tributário, não se estendendo ao sujeito passivo que requer, pela primeira vez, a inclusão no Programa de Recuperação Fiscal da Lei 11.941/2009.
>
> II. Em se tratando de Embargos de Devedor, opostos à Execução Fiscal ajuizada pelo INSS, para cobrança de créditos previdenciários inscritos em Dívida Ativa antes da Lei 11.457, de 16/03/2007 – que criou a Super Receita e transferiu, para a Secretaria da Receita Federal do Brasil, as atividades de tributação, fiscalização, arrecadação, cobrança e recolhimento de contribuições previdenciárias (art. 2º da Lei 11.457/2007) –, não se aplica a Súmula 168 do extinto Tribunal Federal de Recursos, de vez que não incide, na hipótese, o encargo de 20%, do Decreto-lei 1.025/69.
>
> III. Nos presentes autos, em que se trata de Embargos de Devedor, opostos, em 16/05/2007, à Execução Fiscal ajuizada pelo INSS, para cobrança de créditos previdenciários, cuja inscrição em Dívida Ativa ocorreu antes da vigência da Lei 11.457/2007 – não incluindo o débito, pois, o encargo do Decreto-lei 1.025/69 –, verifica-se que a decisão agravada está em consonância com o que ficou decidido no Recurso Especial 1.353.826/SP, submetido ao rito do art. 543-C do CPC, e apreciado pela 1ª Seção desta Corte, em 12/06/2013.
>
> IV. Agravo Regimental improvido.
>
> (AgRg no REsp 1224752/PR, Rel. Min. Assussete Magalhães, 2ª Turma, julgado em 03/03/2015, DJe 10/03/2015)

Se o devedor quitar o débito antes do ajuizamento da execução fiscal, a incidência desse encargo é de 10% do montante devido (Decreto-Lei nº 1.569/77, art. 3º).[11] Ainda que ocorra a falência da sociedade empresária executada, o encargo de 20% é devido pela massa falida. Sobre esse assunto, há a súmula do Superior Tribunal de Justiça:

> **Súmula 400.** O encargo de 20% previsto no DL nº 1.025/1969 é exigível na execução fiscal proposta contra a massa falida.

11. LOPES, Mauro Luís Rocha. op. cit., p. 43; THEODORO JR., Humberto. *Lei de execução fiscal: comentários e jurisprudência*. 11ª ed. São Paulo: Saraiva, 2009, p. 81.

O entendimento sumulado é aplicável com frequência pelo STJ, de modo que continua atual.[12]

O valor da condenação do executado em honorários advocatícios não pode ser inscrito em dívida ativa. Sua cobrança é feita sem a propositura de nova demanda. De acordo com o STJ, não é possível a inscrição de honorários advocatícios como dívida ativa não tributária.[13]

Por fim, vale observar entendimento sumulado do STJ, hoje ultrapassado em razão do Código de Processo Civil de 2015. O STJ editou súmula nos seguintes termos:

> **Súmula 453.** Os honorários sucumbenciais, quando omitidos em decisão transitada em julgado, não podem ser cobrados em execução ou ação própria.

Esse entendimento ficou superado por expressa disposição do CPC, cujo § 18 do artigo 85 estabelece: "*Caso a decisão transitada em julgado seja omissa quanto ao direito aos honorários ou ao seu valor, é cabível ação autônoma para sua definição e cobrança*".

5.3. Despacho liminar positivo e interrupção da prescrição

Em relação à prescrição, havia no ordenamento jurídico um aparente conflito de normas. De acordo com o § 2º do artigo 8º da LEF, o despacho do juiz que ordena a citação interrompe a prescrição. Por sua vez, a redação original do CTN determinava que a prescrição se interrompia com a citação pessoal feita ao devedor (art. 174, p.ú., inc. I).

Havia discussão doutrinária e jurisprudencial sobre qual dispositivo deveria ser aplicado na cobrança da dívida ativa tributária. A Constituição da República determina que a disciplina de matéria tributária – notadamente a prescrição – está reservada à Lei Complementar (CR, art. 146, inc. III, al. "b"). O CTN, embora tenha sido editado como lei ordinária, foi recepcionado com status de Lei Complementar. A LEF, por sua vez, é lei ordinária federal. Desse modo, o diploma legislativo hábil a regular a prescrição tributária é o CTN. A regra prescricional da LEF tem aplicação apenas em relação a dívidas não tributárias.

Atualmente, o tratamento da prescrição está uniformizado, pois a LC nº 118/2005 modificou o inciso I do parágrafo único do artigo 174 do CTN para estabelecer que a prescrição é interrompida "*pelo despacho do juiz que ordenar a citação em execução fiscal*".

12. AgRg no REsp 1505592/RS, Rel. Min. Mauro Campbell Marques, 2ª Turma, julgado em 05/03/2015.
13. REsp 1126631/PR, Rel. Min. Herman Benjamin, 2ª Turma, julgado em 20/10/2009.

Proposta a execução fiscal depois de decorridos mais de 5 anos da constituição do crédito, a prescrição pode ser reconhecida, desde que o juízo dê oportunidade prévia de manifestação às partes (art. 487, p.ú.).

A nova regra introduzida pela LC nº 118/2005, acerca da interrupção da prescrição pelo despacho liminar positivo, possui efeito *ex nunc*, ou seja, alcança os despachos proferidos após seu advento. Em relação às demandas executivas anteriores a 2005, o marco interruptivo da prescrição continua a ser a citação válida. Sobre o tema, confira-se julgado do STJ:

> 3. Em relação ao limite temporal para a substituição da CDA, tem-se que o art. 2º, § 8º, da LEF é expresso ao permitir a alteração formal e material da CDA até a prolação da sentença. Precedentes.
>
> 4. No que diz respeito à interrupção da prescrição, tem-se que a jurisprudência deste Tribunal Superior firmou o entendimento de que a retroatividade de referida interrupção pode alcançar os feitos ajuizados antes de 9/6/2005, desde que o despacho ordenador da citação tenha ocorrido quando já em vigor a LC nº 118, o que foi o caso dos autos, uma vez que tal fato se deu em abril de 2006. (AgRg no REsp 1267098/SC, Rel. Ministra Eliana Calmon, Segunda Turma, DJe 30/10/2012; (AgRg no Ag 1264799/RJ, Rel. Ministro Arnaldo Esteves Lima, Primeira Turma, DJe 25/05/2011).
>
> 5. Agravo regimental a que se nega provimento.
>
> (AgRg no REsp 1208741/MG, Rel. Min. Og Fernandes, 2ª Turma, julgado em 17/03/2015, DJe 24/03/2015)

De acordo com a jurisprudência do STJ, a interrupção da prescrição ocorre atualmente com o despacho inicial de citação, conforme previsão atual do art. 174 do CTN. Em relação aos processos antigos, deve-se verificar a data em que foi proferido o despacho liminar positivo. Se o "*cite-se*" ocorreu antes de 9 de junho de 2005, a interrupção da prescrição somente é obtida com a citação válida.

Ainda em relação aos processos anteriores à modificação do marco de prescrição, é preciso destacar que há hipóteses em que a citação válida demora mais de 5 anos para ser efetivada, mas a prescrição não deve ser declarada. Trata-se dos casos em que a demora para a efetivação da citação decorre da lentidão do Judiciário. A esse respeito, há súmula do Superior Tribunal de Justiça:

> **Súmula 106.** Proposta a ação no prazo fixado para o seu exercício, a demora na citação, por motivos inerentes ao mecanismo da Justiça, não justifica o acolhimento da arguição de prescrição ou decadência.

Esse entendimento está consolidado há muitos anos e continua aplicado pelo STJ.[14]

14. AgRg no AREsp 598.718/SP, Rel. Min. Maria Isabel Gallotti, 4ª Turma, julgado em 14/04/2015.

Não é desconhecida a situação de cartórios cujo volume de processos é extremamente elevado, o que ocasiona uma incrível demora para a prática dos atos processuais (autuação do feito, expedição de mandados, juntada de petições etc.). Esse "tempo morto" muitas vezes é o responsável pelo atraso na citação válida do executado. Tal vicissitude do Poder Judiciário não pode levar à decretação da prescrição do crédito tributário. Daí a edição do enunciado do STJ para esclarecer o assunto.

5.4. Custeio de atos processuais no curso da execução fiscal

Como qualquer processo, os atos processuais na execução fiscal possuem um custo para sua realização. Ao examinar o artigo 91 do CPC, verificou-se que o Estado goza da prerrogativa de não precisar adiantar de custas, que são pagas ao final pelo vencido. Na Lei nº 6.830/80, o artigo 39 estabelece o Poder Público não está sujeito ao pagamento de custas e emolumentos, sendo que os atos judiciais de seu interesse são realizados independentemente de preparo ou depósito prévio. E conclui o parágrafo único que, "*se vencida, a Fazenda Pública deve ressarcir o valor das despesas feitas pela parte contrária*".

A interpretação dessa previsão é objeto de controvérsia entre doutrina e jurisprudência. Há balizado entendimento doutrinário no sentido de que a norma da Lei de Execuções Fiscais é diferente daquela prevista no CPC. Na LEF, não há a previsão de pagamento de custas ao final pelo vencido, de modo que a LEF estabelece uma isenção do pagamento de custas para o Poder Público que não está atrelada ao resultado final da demanda. Ainda que o ente público litigante não seja o mantenedor do serviço público cartorário, não há que se falar no pagamento de custas ou emolumentos.[15] A isenção legal não abrange despesas extraordinárias como *v.g.* o transporte do oficial de justiça e a remoção de bens penhorados.[16]

Quanto aos embargos à execução fiscal, o dever de ressarcimento do Poder Público toca aos valores pagos pela embargante, sem que haja qualquer ressarcimento ao serviço cartorário.

Essa linha de raciocínio, porém, não recebe acolhida da jurisprudência do STJ, que maciçamente condena o ente público derrotado no processo executivo em despesas processuais – não só para a parte contrária, como também para os cartórios privados.

5.5. Citação

No procedimento da Lei nº 6.830/80, a citação é feita, em regra, por correio com aviso de recebimento (art. 8º, inc. I). Para contagem do prazo de 5 dias para

15. LOPES, Mauro Luís Rocha. op. cit., p. 229-230.
16. THEODORO JR., Humberto. op. cit., p. 224.

pagamento ou oferecimento de bens à penhora, o termo inicial é a data da entrega da carta no endereço do executado (art. 8º, inc. II). Caso não conste data no aviso de recebimento, o marco inicial é fixado após 10 dias da entrega da carta à agência postal. Na citação pelo correio, não é necessário que a assinatura do aviso de recebimento seja do próprio executado (ou do representante legal da pessoa jurídica executada). A jurisprudência do STJ já se consolidou no sentido de que basta a entrega da correspondência no endereço correto do devedor.[17] Esse entendimento é consolidado também em doutrina.[18]

Caso a citação postal resulte negativa, o inciso III do artigo 8º prevê que a citação deve ser realizada por oficial de justiça ou por edital. Na verdade, doutrina e jurisprudência deram interpretação um pouco diversa ao dispositivo legal, para concluir que, frustrada a citação postal, deve ser tentada por oficial de justiça e, só então, realiza-se o ato por edital.[19] A jurisprudência do Superior Tribunal de Justiça já sedimentou o entendimento:

> **Súmula 414.** A citação por edital na execução fiscal é cabível quando frustradas as demais modalidades.

Assim, somente após a citação restar frustrada por oficial de justiça é que está autorizada a citação por edital. No que se refere à execução fiscal movida em face da pessoa jurídica, a diligência negativa do oficial de justiça que autoriza a citação por edital é a realizada em seu estabelecimento, em sua sede. Não é necessário que o ente público intente a citação da pessoa jurídica no domicílio de seus representantes legais.[20] Segundo entendimento do STJ, compete à sociedade empresária manter atualizados seus cadastros juntos aos órgãos públicos. Esse entendimento não se contradiz com a necessidade de esgotamento dos meios de localização do executado. De fato, a citação por edital deve ser feita após esgotados os meios possíveis de localização da executada, mas, em relação à pessoa jurídica, os meios de localização são verificados segundo os dados constantes de seus cadastros junto aos órgãos públicos.

Realizada a citação por edital, há a necessidade de nomeação de curador especial, nos termos do art. 72, inc. II do CPC. Essa regra aplica-se integralmente à execução fiscal e já foi objeto de súmula do Superior Tribunal de Justiça:

> **Súmula 196.** Ao executado que, citado por edital ou por hora certa, permanecer revel, será nomeado curador especial, com legitimidade para apresentação de embargos.

---

17. AgRg no REsp 1192890/RR, Rel. Min. Teori Albino Zavascki, 1ª Turma, julgado em 22/11/2011.
18. Em doutrina: LOPES, Mauro Luís Rocha. op. cit., p. 51; THEODORO JR., Humberto. op. cit., p. 85.
19. LOPES, Mauro Luís Rocha. op. cit., p. 51; THEODORO JR., Humberto. op. cit., p. 87.
20. STJ: REsp 910.581/SP, Rel. Min. Herman Benjamin, 2ª Turma, julgado em 19/04/2007.

Além da oposição de embargos de devedor, o curador especial pode apresentar exceção de pré-executividade para alegar a ocorrência de prescrição. A ausência de nomeação do curador especial é causa de invalidade dos atos processuais subsequentes.

5.6. Intimação do ente público

Desde o advento da Lei de Execução Fiscal, garantiu-se a intimação pessoal do ente público (art. 25). Caso a intimação dos atos processuais não fosse pessoal, haveria certamente prejuízo à defesa do erário.[21]

No caso dos Conselhos Profissionais, que cobram seus créditos através de execução fiscal, o Superior Tribunal de Justiça entende que também se aplica a regra da intimação pessoal ao advogado contratado.[22]

A previsão da intimação pessoal alcança também os embargos à execução fiscal. Embora se trate de ação, ontologicamente os embargos são o exercício do direito de defesa do executado. Assim, a mesma razão que rege a prerrogativa da intimação pessoal nas execuções fiscais prevalece também nos embargos. Essa matéria era objeto de súmula do extinto Tribunal Federal de Recursos:

> **Súmula 240.** A intimação do representante judicial da Fazenda Pública, nos embargos à execução fiscal, será feita pessoalmente.

Hoje essa prerrogativa foi consolidada para todos os processos, pelo artigo 183 do CPC.

5.7. Participação do Ministério Público

No período anterior à Constituição da República de 1988, as funções do Ministério Público alcançavam a defesa do interesse coletivo e também do interesse patrimonial dos entes públicos. Hoje, as carreiras da advocacia pública estão consolidadas no ordenamento jurídico, de modo que a atuação do Ministério Público não alcança mais a cobrança da dívida ativa.

Nesse sentido, consolidou-se no Superior Tribunal de Justiça o entendimento de que o órgão ministerial não deve atuar nas execuções fiscais:

> **Súmula 189.** É desnecessária a intervenção do Ministério Público nas execuções fiscais.

21. LOPES, Mauro Luís Rocha. op. cit., p. 178.
22. STJ: REsp 1330473/SP, Rel. Min. Arnaldo Esteves Lima, 1ª Seção, julgado em 12/06/2013.

5.8. Penhora

Ao ser citado, o executado tem prazo de 5 dias para efetuar o pagamento da dívida ou garantir a execução (art. 8º). Há pontos importantes a analisar.

5.8.1. Ordem legal do art. 11 da LEF

Caso não pague a dívida, o executado pode garantir a execução através do depósito judicial de dinheiro, bem como oferecer fiança bancária ou seguro garantia (art. 9º, II, com redação dada pela Lei nº 13.043/2014), observada a ordem do art. 11.

A ordem legal estabelecida pelo artigo 11 prevê que a penhora deve recair, preferencialmente, sobre dinheiro. Esse pode ser obtido através da penhora online, através do sistema Bacen Jud, com base no artigo 854 do CPC.

Inclusive, o Fórum Permanente de Processualistas Civis destacou em seus entendimentos consolidados que esse dispositivo é plenamente aplicável à execução fiscal. Confira-se:

> **En. 540.** (art. 854; Lei nº 6.830/1980) A disciplina procedimental para penhora de dinheiro prevista no art. 854 é aplicável ao procedimento de execução fiscal.

Para realização do bloqueio on-line, deve haver previamente a citação do executado e o transcurso do prazo para oferta de bens, como já destacou o Superior Tribunal de Justiça.[23] Por outro lado, a Corte entende possível a realização de sucessivas tentativas de constrição eletrônica.[24]

Conquanto não seja obrigatória a observância dessa ordem legal, é legítimo ao ente público recusar a penhora de determinado bem ofertado pelo executado, quando houver outro em melhor posição na ordem legal.[25] Dessa forma, se o executado, citado, comparece no prazo legal e indica um bem imóvel ou um direito de crédito, por exemplo, o ente público pode recusar essa indicação e propor a realização da penhora on-line.

A penhora de precatórios é possível, mas duas observações são necessárias. Primeiro, o precatório se caracteriza como um direito de crédito, logo, está colocado no final da ordem legal de preferência da LEF (art. 11, inc. VIII). Assim, o precatório somente deve ser aceito como garantia da dívida se o executado não possuir outro bem em melhor posição no elenco do artigo 11. Segundo, não é possível a nomeação com vistas a compelir o ente público a efetuar a compensação,

---

23. AgRg no REsp 1296737/BA, Rel. Min. Napoleão Nunes Maia Filho, 1ª Turma, julgado em 05/02/2013.
24. AgRg no REsp 1471065/PA, Rel. Min. Mauro Campbell Marques, 2ª Turma, julgado em 16/10/2014.
25. LOPES, Mauro Luís Rocha. op. cit., p. 60; THEODORO JR., Humberto. op. cit., p. 102.

nos termos do art. 78, § 2º do ADCT – conforme visto em capítulo anterior. É legítima a opção do ente público por não se sub-rogar nos direitos daquele crédito (CPC, art. 857, § 1º), hipótese em que o precatório deve ser levado a leilão. Esse entendimento é reiterado no STJ.[26]

Realizada a penhora sobre determinado bem, é possível sua posterior substituição. O executado pode substituir a penhora por depósito em dinheiro ou fiança bancária, ao passo em que o Poder Público pode substituir bens penhorados por outros em melhor posição na ordem legal do art. 11 e requerer o reforço da penhora (art. 15). Realizada a constrição de dinheiro nas contas bancárias do executado – com sua transferência para conta judicial – para garantia da execução, não pode o executado pretender sua substituição por outro bem, pois o dinheiro está em primeiro lugar na ordem de gradação (art. 11, inc. I). Nesse caso, percebe-se um choque entre dois princípios pertinentes à execução, o da máxima efetividade da jurisdição (CPC, art. 797) e o da menor onerosidade da execução para o devedor (art. 805).

O conflito resolve-se, sem dúvida, em favor do credor. É que a substituição do dinheiro por outro bem desatende também outros princípios processuais, como o da duração razoável do processo e o da economia processual. Penhorado dinheiro, a satisfação da dívida se dá mediante o simples levantamento desse valor. Em contrapartida, a penhora *v.g.* de um imóvel exige, para satisfação da dívida, a realização de avaliação, leilão etc. A marcha processual é mais longa, mais cara e menos efetiva. Desse modo, tem-se que a penhora de dinheiro não pode ser substituída por outro bem em pior posição na ordem legal do artigo 11 da LEF.

Acerca da substituição de bens penhorados, há súmula do Superior Tribunal de Justiça:

> **Súmula 406.** A Fazenda Pública pode recusar a substituição do bem penhorado por precatório.

A linha de raciocínio da Corte Especial segue o que foi apresentado acima. O executado pode legitimamente substituir o bem penhorado por dinheiro, fiança bancária ou seguro garantia (art. 15), mas não pode pretender tal substituição por outro bem, como o precatório. Nesse caso, é legítima a recusa do ente público.

5.8.2. *Impenhorabilidade do bem de família*

Ainda quanto à penhora de bens para garantia da execução fiscal, é preciso observar que a Lei nº 8.009/90 estabelece a impenhorabilidade do bem de

26. AgRg no REsp 1347195/RS, Rel. Min. Humberto Martins, 2ª Turma, julgado em 19/03/2013.

família, que se caracteriza como o imóvel utilizado pelo executado para sua moradia, bem como os itens básicos que o guarnecem. Trata-se de regra que está em consonância com o direito à moradia, que tem previsão constitucional (CR, art. 6º). A impenhorabilidade do bem de família é oponível à execução fiscal, de modo que a Fazenda Pública não pode expropriar o único imóvel do executado, destinado à sua moradia, para satisfazer a dívida (art. 10). Por se tratar de matéria de ordem pública, pode ser conhecida pelo juízo até mesmo de ofício.[27]

5.8.3. Penhora de estabelecimento empresarial

Ponto que já foi controverso e hoje está pacificado na jurisprudência diz respeito à penhora do estabelecimento empresarial da sociedade empresária. É possível, conforme entendimento expresso do Superior Tribunal de Justiça:

> **Súmula 451.** É legítima a penhora da sede do estabelecimento comercial.

5.8.4. Remoção do bem penhorado

Realizada a penhora, a LEF faculta ao ente público efetuar a remoção do bem (art. 11, § 3º). No CPC, a regra geral é que o bem fique com o depositário judicial e, apenas excepcionalmente, permaneça em poder do executado, quando for de difícil remoção (art. 840, § 2º).

A manutenção do bem em poder do devedor apresenta dois problemas: **(i)** o devedor não se sente impelido a pagar a dívida, pois aquele bem continua em seu poder; e **(ii)** comumente o bem se perde ou se deteriora em poder do devedor. Além disso, o Supremo Tribunal Federal consolidou o entendimento de que não é possível a prisão do depositário infiel. Diante desses dados, percebe-se a ineficácia da penhora do bem, seja como garantia da dívida, seja como instrumento de coerção do devedor ao adimplemento da dívida. A retirada da efetiva posse do bem é mais eficiente para o sucesso da satisfação do crédito no processo de execução.

5.8.5. Intimação da penhora

Efetivada a penhora do bem, é preciso intimar o executado da realização do ato processual, para fins de contagem do prazo para oferecimento de sua defesa, os embargos à execução. A disciplina da execução fiscal é específica, diferente

27. LOPES, Mauro Luís Rocha. op. cit., p. 68.

da regra geral do CPC, notadamente em dois aspectos, o meio de intimação e o marco inicial do prazo.

A intimação da penhora na execução fiscal deve ser feita ao executado por meio do Diário Oficial (art. 12). Em comarcas do interior, onde não houver circulação do DO, a intimação pode ser feita pelo correio, com aviso de recebimento (§ 1º). A intimação somente é feita pessoalmente se o executado, citado pelo correio, não tiver aposto sua própria assinatura no aviso de recebimento da correspondência – no caso da pessoa jurídica, a assinatura deve ser do representante legal (§ 3º). Caso o bem penhorado seja imóvel, há a necessidade de intimação também do cônjuge, preferencialmente por correio (§ 2º).

Se a penhora tiver sido realizada à vista do devedor, por exemplo, sobre bens do estabelecimento da sociedade empresária, lavrando-se na oportunidade o auto de penhora, com a imediata intimação do representante legal, dispensa-se a publicação no Diário Oficial. Nesse sentido, o extinto Tribunal Federal de Recursos havia editado enunciado:

> **Súmula 190.** A intimação pessoal da penhora ao executado torna dispensável a publicação de que trata o art. 12 da Lei de Execuções Fiscais.

Por sua vez, a jurisprudência do Superior Tribunal de Justiça prestigia esse entendimento:

> 1. Conforme entendimento constante da Súmula nº 190 do extinto Tribunal Federal de Recursos, o qual é acolhido pacificamente no âmbito do Superior Tribunal de Justiça, "a intimação pessoal da penhora ao executado torna dispensável a publicação de que trata o artigo 12 da Lei de Execuções Fiscais".
>
> 2. A corroborar a validade dessa interpretação, a Primeira Seção do STJ, por ocasião do julgamento do Recurso Especial 1.112.416/MG, realizado na sistemática do art. 543-C do CPC, externou entendimento segundo o qual "o termo inicial para a oposição dos Embargos à Execução Fiscal é a data da efetiva intimação da penhora, e não a da juntada aos autos do mandado cumprido".
>
> 3. Agravo regimental não provido.
>
> (AgRg no AREsp 613.798/SC, Rel. Min. Benedito Gonçalves, 1ª Turma, julgado em 24/02/2015, DJe 04/03/2015)

De fato, não há necessidade de intimação por Diário Oficial, ato de comunicação processual ficto, se o devedor foi devidamente intimado pessoalmente, hipótese em que sua ciência é inequívoca.[28] Nesse caso, a penhora e sua intimação ocorrem concomitantemente.

---

28. LOPES, Mauro Luis Rocha. op. cit., p. 89.

Importante observar, porém, que o comparecimento espontâneo do executado não supre a necessidade da intimação, segundo o STJ.[29]

5.8.6. *Termo inicial da contagem de prazo para embargos*

Quanto à contagem do prazo de embargos, o termo inicial estabelecido na execução fiscal é a intimação da penhora (art. 16, inc. III). A sistemática é distinta do regramento geral de prazos do CPC, que são contados da juntada aos autos do mandado de citação ou intimação cumprido. Na execução fiscal, intimado o devedor, inicia-se a contagem do prazo.

5.8.7. *Preferência de créditos*

Quando há pluralidade de penhoras sobre o mesmo bem, os créditos das autarquias federais preferem aos créditos do Poder Público estadual, conforme estabeleceu o Superior Tribunal de Justiça em súmula:

> **Súmula 497.** Os créditos das autarquias federais preferem aos créditos da Fazenda estadual desde que coexistam penhoras sobre o mesmo bem.

5.8.8. *Avaliação de bens penhorados*

No que tange à avaliação dos bens penhorados, estes são feitos pelo oficial de justiça, conforme prevê o inciso V do art. 154 do CPC. Como não se trata de um *expert* em avaliações, é natural que haja eventuais impugnações quanto ao valor atribuído ao bem penhorado. Assim, o Superior Tribunal de Justiça consolidou o entendimento de que é possível se realizar nova avaliação de bens por avaliador oficial antes do leilão.[30]

5.9. Ato atentatório à dignidade da Justiça

O processo de execução procura equilibrar dois pilares diametralmente antagônicos, que são a eficiência da jurisdição para satisfação do crédito exequendo e a proteção do devedor contra eventuais excessos. O ponto central está em perceber que, por mais que se busque respeitar o devedor, o processo precisa e deve servir como um instrumento de satisfação do direito material, que no processo de execução se refere a um crédito inadimplido.

---

29. AgRg no REsp 1358204/MG, Rel. Min. Arnaldo Esteves Lima, 1ª Turma, julgado em 07/03/2013.
30. REsp 1352055/SC, Rel. Min. Mauro Campbell Marques, 2ª Turma, julgado em 06/12/2012, DJe 12/12/2012.

O CPC impõe ao devedor o dever de litigar de forma cooperativa, sem que se conduza de forma a frustrar propositalmente o crédito do exequente. Nesse contexto, o artigo 774 combate o ato atentatório à dignidade da Justiça. Sua redação é a seguinte:

> **Art. 774.** Considera-se atentatória à dignidade da justiça a conduta comissiva ou omissiva do executado que:
>
> I – frauda a execução;
>
> II – se opõe maliciosamente à execução, empregando ardis e meios artificiosos;
>
> III – dificulta ou embaraça a realização da penhora;
>
> IV – resiste injustificadamente às ordens judiciais;
>
> V – intimado, não indica ao juiz quais são e onde estão os bens sujeitos à penhora e os respectivos valores, nem exibe prova de sua propriedade e, se for o caso, certidão negativa de ônus.
>
> **Parágrafo único.** Nos casos previstos neste artigo, o juiz fixará multa em montante não superior a vinte por cento do valor atualizado do débito em execução, a qual será revertida em proveito do exequente, exigível nos próprios autos do processo, sem prejuízo de outras sanções de natureza processual ou material.

Se o executado pratica um ato contrário ao respeito que se deve ter pelo Poder Judiciário, o juiz fixa multa de até 20% do valor do débito exequendo, que será destinada ao exequente.

Tal previsão do CPC é aplicável à execução fiscal, como entendeu o Fórum Permanente de Processualistas Civis:

> **En. 537.** (art. 774; Lei 6.830/1980). A conduta comissiva ou omissiva caracterizada como atentatória à dignidade da justiça no procedimento da execução fiscal enseja a aplicação da multa do parágrafo único do art. 774 do CPC/15.

5.10. Embargos à execução fiscal

O meio de defesa previsto na Lei de Execuções Fiscais para o executado são os embargos (art. 16). Sua natureza jurídica é de ação, muito embora ontologicamente o objetivo seja o exercício do direito de defesa do executado.

5.10.1. Prazo para oferecimento dos embargos

O executado dispõe de 30 dias úteis para oferecer os embargos. De acordo com o artigo 16, tal prazo deve ser contado a partir do depósito, da juntada da prova da fiança bancária ou da intimação da penhora, conforme o meio utilizado pelo executado para garantir o juízo.

Em relação ao depósito em dinheiro, a jurisprudência do Superior Tribunal de Justiça deu interpretação um pouco diversa ao dispositivo. O prazo para embargos não se conta da data do depósito, mas sim da intimação do executado após a formalização da garantia da execução.[31]

No caso de penhora de bens, como destacado anteriormente, o prazo para oferecimento dos embargos é contado da intimação, e não da data da juntada aos autos do mandado cumprido.

5.10.2. Necessidade de garantia do juízo e concessão de efeito suspensivo

A sistemática da Lei de Execuções Fiscais era semelhante à do processo de execução previsto no Código de Processo de 1973. Em ambos, exigia-se a garantia do juízo para o oferecimento dos embargos à execução, aos quais era atribuído o efeito suspensivo automático.

À luz do CPC-2015, há entendimento doutrinário de que a exigência de garantia do juízo prevista na LEF já não pode subsistir.[32] É que a regra geral do artigo 914 do CPC prevê a possibilidade de oposição dos embargos independentemente de penhora, depósito ou caução, cujo recebimento não suspende o trâmite da execução (art. 919).

No mesmo sentido, os embargos à execução fiscal não são mais dotados de efeito suspensivo automático. A Lei de Execuções Fiscais não possui previsão acerca dos efeitos de recebimento dos embargos. Diante a omissão de previsão específica, busca-se a disciplina do CPC, aplicável subsidiariamente à LEF (art. 1º). O efeito suspensivo pode ser concedido aos embargos quando o juízo verificar a presença de requisitos para a concessão da tutela provisória e desde que a execução esteja garantida por penhora, depósito ou caução (art. 919, § 1º).

O entendimento jurisprudencial é um pouco diferente. O Superior Tribunal de Justiça exige a garantia da execução fiscal como pressuposto para o oferecimento dos embargos e não concede o efeito suspensivo automático.[33]

Em relação às condições para oferecimento dos embargos, ao prazo de oferecimento e às matérias alegáveis, a LEF possui regramento próprio no artigo 16, de modo que fica afastada a aplicação da nova disciplina do CPC. Quanto ao efeito suspensivo, por falta de previsão específica, permite-se a aplicação do CPC.

---

31. REsp 1254554/SC, Rel. Min. Mauro Campbell Marques, 2ª Turma, julgado em 18/08/2011.
32. CUNHA, Leonardo Carneiro da. op. cit., 2016, p. 448.
33. AgRg no AREsp 600.647/SC, Rel. Min. Sérgio Kukina, 1ª Turma, julgado em 09/12/2014.

Disso resulta que:

1. subsiste a necessidade de garantia do juízo como condição para o oferecimento dos embargos;
2. os embargos não são recebidos com efeito suspensivo automático.

Quanto à garantia do juízo, esta pode ser feita através dos seguintes métodos, previstos no artigo 9º da LEF: depósito em dinheiro, fiança bancária, seguro garantia, nomeação de bens à penhora (observada a ordem do artigo 11) e indicação à penhora bens oferecidos por terceiros e aceitos pelo Poder Público.

Como titular do crédito executado, se o ente público concordar com a nomeação do bem à penhora ou mesmo com a substituição de um bem por outro, o juízo não pode interferir na questão. A esse respeito, o STJ entende que se trata de prerrogativa do Poder Público analisar a questão, sem ingerência do controle jurisdicional.[34]

5.10.3. Conteúdo dos embargos

Nos embargos, compete ao executado alegar toda a matéria de defesa de que dispor (art. 16, § 2º), sendo plenamente aplicável o princípio da eventualidade. Há, porém, a ressalva legal do § 3º do artigo 16, que veda a arguição de compensação em sede de embargos. Tal vedação não tem mais aplicação, em razão do advento da Lei nº 8.383/91, que regulamentou a compensação no âmbito tributário, de modo que atualmente é possível a compensação em sede de embargos à execução fiscal. A esse respeito, há súmula do Superior Tribunal de Justiça:

> **Súmula 394.** É admissível, em embargos à execução, compensar os valores de imposto de renda retidos indevidamente na fonte com os valores restituídos apurados na declaração anual.

Embora cabível a compensação, subsiste a vedação à reconvenção, que não é possível nos embargos à execução fiscal.

Ainda sobre a influência da nova sistemática do CPC na execução fiscal, aplica-se aos embargos a regra dos §§ 3º e 4º do artigo 917, que estabelecem a necessidade de o embargante, ao sustentar a ocorrência de excesso de execução, indicar prontamente o valor que entende correto, através de memória de cálculo. Do contrário, caso não haja a indicação do valor correto, os embargos devem ser liminarmente rejeitados.

---

34. REsp 1377626/RJ, Rel. Min. Humberto Martins. 2ª Turma, julgado em 20/06/2013.

5.10.4. Procedimento dos embargos à execução

Oferecidos os embargos à execução fiscal, os autos não são apensados aos da execução fiscal. Segue-se a sistemática do CPC. Os embargos são distribuídos por dependência, no mesmo juízo onde tramita a execução fiscal, mas autuados em apartado (art. 914, § 1º). No ato de recebimento dos embargos, o juízo determina se os recebe com efeito suspensivo ou não (art. 919, § 1º).

A execução por carta se dá quando o devedor ou seus bens estão situados fora da sede do juízo de origem. Nesse caso, estabelece o art. 20 da LEF que os embargos serão oferecidos no juízo deprecado e remetidos ao juízo deprecante, a quem compete o julgamento. A previsão da LEF é um pouco diversa da sistemática do CPC, pois neste, realizada a execução por carta, os embargos podem ser apresentados em ambos os juízos, deprecante e deprecado (art. 914, § 2º). Se os embargos tiverem por objeto vícios ou irregularidades de atos praticados no juízo deprecado, então a competência para julgamento da matéria é sua, e não do deprecante (art. 20, p.ú.).

É possível que os embargos tratem de ambas as matérias, ou seja, o embargante pode alegar vícios nos atos praticados no juízo deprecado e também discutir questões de mérito sobre a dívida ativa. Nesse caso, há divergência doutrinária. Há entendimento no sentido de que o embargante deve apresentar seus argumentos em duas petições separadas no juízo deprecado, sendo a petição que versa sobre o mérito remetida ao juízo deprecante, a quem compete a decisão, ao passo em que a petição sobre vícios do juízo deprecado é por este analisada.[35] De outro lado, há quem entenda que a melhor solução é a de concentrar toda a matéria para exame no juízo deprecante, pois a duplicidade de petições pode gerar decisões contraditórias.[36] O Superior Tribunal de Justiça editou súmula sobre essa matéria:

> **Súmula 46.** Na execução por carta, os embargos do devedor serão decididos no juízo deprecante, salvo se versarem unicamente vícios ou defeitos da penhora, avaliação ou alienação de bens.

Esse entendimento sumulado pode ser transportado integralmente para o CPC-2015 (art. 914, § 2º).

Recebidos os embargos, o ente público embargado é intimado para apresentar impugnação no prazo de 30 dias úteis (art. 17). Como o prazo é próprio, não há contagem em dobro. Há previsão na Lei de Execuções Fiscais para que

35. THEODORO JR., Humberto. op. cit., p. 150.

36. LOPES, Mauro Luis Rocha. op. cit., p. 155.

seja designada audiência de instrução e julgamento (art. 17), mas a hipótese é de rara ocorrência em sede de embargos à execução fiscal, cuja controvérsia normalmente se resume a matéria de direito ou se resolve através de prova pericial e documental.

Encerrada a instrução, o juízo profere sentença de julgamentos dos embargos. Contra essa decisão, cabe apelação, a ser recebida somente no efeito devolutivo (CPC, art. 1.012, § 1º, inc. III).

5.11. Exceção de pré-executividade

O processo de execução tem por objetivo resolver uma crise de inadimplemento entre as partes. Daí sua atuação ser voltada à expropriação de bens do devedor para recompor a esfera patrimonial do credor. Embora a atividade cognitiva não seja preponderante no processo de execução – como o é no processo de conhecimento –, ela está presente, ainda que em menor grau.

Atualmente, já não há mais dúvida acerca do cabimento da exceção de pré-executividade (ou objeção, como preferem alguns) no processo de execução. Especificamente quanto ao seu cabimento na execução fiscal, o Superior Tribunal de Justiça editou súmula:

> **Súmula 393.** A exceção de pré-executividade é admissível na execução fiscal relativamente às matérias conhecíveis de ofício que não demandem dilação probatória.

Embora o enunciado faça referência a matérias conhecíveis de ofício, em doutrina entende-se que é cabível também a exceção de pré-executividade para matéria não conhecível de ofício, desde que não haja a necessidade de dilação probatória, cuja prova já seja pré-constituída.[37]

Caso o acolhimento da exceção de pré-executividade leve à extinção da execução fiscal, a jurisprudência do STJ já se consolidou no sentido de que é cabível a condenação da Fazenda Pública em honorários advocatícios.

5.12. Defesa heterotópica na execução fiscal

Os embargos são o mecanismo legal de defesa do executado na execução fiscal (art. 16). Consolidou-se também o entendimento de que é cabível a apresentação de exceção de pré-executividade. O artigo 38 da LEF prevê o cabimento de mandado de segurança, ação de repetição de indébito e ação

37. CUNHA, Leonardo José Carneiro da. op. cit., p. 417.

anulatória, esta mediante depósito prévio do valor do débito, como medidas judiciais à disposição do contribuinte para discutir o débito. Trata-se de defesas do executado através de ações autônomas, defesas heterotópicas. Há pontos a destacar acerca do assunto.

Primeiramente, o rol do artigo 38 é, naturalmente, exemplificativo. O particular pode-se valer de seu direito de ação para propor a medida que entender mais adequada à efetiva tutela de seu direito, independentemente do elenco indicado na Lei de Execuções Fiscais. Além disso, a exigência de depósito integral do valor do débito não tem o condão de funcionar como pressuposto processual, sem o qual o mérito não poderia ser analisado. O extinto Tribunal Federal de Recursos já havia sumulado a matéria: "***Súmula 247.*** *Não constitui pressuposto da ação anulatória de débito fiscal o depósito de que cuida o art. 38 da Lei nº 6.830/80.*".

Posteriormente, o tema foi objeto edição de súmula vinculante do Supremo Tribunal Federal:

> **Súmula Vinculante 28.** É inconstitucional a exigência de depósito prévio como requisito de admissibilidade de ação judicial na qual se pretenda discutir a exigibilidade de crédito tributário.

O depósito prévio é, sim, condição para se obter a suspensão da execução. E deve ser integral e em dinheiro. Nesse sentido, há súmula do Superior Tribunal de Justiça:

> **Súmula 112.** O depósito somente suspende a exigibilidade do crédito tributário se for integral e em dinheiro.

Caso a parte ingresse com uma ação autônoma cujo objeto seja idêntico ao dos embargos à execução, ocorre litispendência e a demanda ajuizada posteriormente deve ser extinta (CPC, art. 485, inc. V).[38]

Questão interessante diz respeito à possibilidade do ajuizamento de ação anulatória no prazo previsto para a apresentação de embargos à execução.

De acordo com o STJ, é possível o ajuizamento da ação anulatória, mas a possibilidade de suspensão da execução fica condicionada ao depósito integral do valor da dívida.[39] No caso dos embargos, seu recebimento com efeito suspensivo depende da plausibilidade de suas alegações e do risco de dano.

---

38. Em doutrina: CUNHA, Leonardo José Carneiro da. op. cit., p. 420. Em jurisprudência: REsp 1040781/PR, Rel. Min. Eliana Calmon, 2ª Turma, julgado em 18/12/2008.

39. AgRg no AREsp 298.798/RS, Rel. Min. Arnaldo Esteves Lima, 1ª Turma, julgado em 04/02/2014.

5.13. Expropriação de bens

Depois de efetivada a penhora, abre-se o prazo para o executado defender-se através dos embargos à execução fiscal. Caso não haja a oposição de embargos ou após sua rejeição, passa-se à fase de satisfação da dívida.

Se a penhora foi de dinheiro, basta ao ente público efetuar o seu levantamento da conta judicial para quitação do débito. Se a penhora recair sobre outros bens, abrem-se duas possibilidades para a satisfação do débito, a adjudicação do bem ou a sua venda para se obter dinheiro.

No que se refere à expropriação de bens, o CPC deu preferência à adjudicação como método de satisfação da dívida (art. 825). A Lei nº 6.830/80 também prevê a possibilidade de adjudicação de bens pelo ente público (art. 24, inc. I). Caso não seja feita a adjudicação do bem penhorado, a expropriação pode-se dar por leilão (LEF, art. 23). Os artigos 879 e 882 do CPC preveem a possibilidade de o leilão ser realizado eletronicamente, por meio da internet, o que está em plena consonância com o procedimento da execução fiscal e pode ser utilizado para a satisfação da dívida ativa.

O STJ havia consolidado o entendimento de que era necessária a intimação do devedor pessoalmente acerca do dia e da hora em que o leilão será realizado. Confira-se:

> **Súmula 121.** Na execução fiscal, o devedor deverá ser intimado, pessoalmente, do dia e da hora da realização do leilão.

Esse entendimento parece superado pelo CPC-2015, que prevê a intimação do leilão na pessoa do advogado do executado (art. 889, I).

O leilão na execução fiscal segue o regramento geral do CPC também no que diz respeito à realização do segundo leilão, caso não haja lanço superior ao da avaliação no primeiro. A matéria, mais uma vez, está sumulada pelo Superior Tribunal de Justiça:

> **Súmula 128.** Na execução fiscal, haverá segundo leilão, se no primeiro não houver lanço superior à avaliação.

O objetivo foi deixar clara a aplicação do sistema do CPC de duas tentativas de venda do bem, a primeira pelo valor da avaliação e a segunda, por livre valor, desde que não caracterizado o preço vil (art. 891).

6. VICISSITUDES DA EXECUÇÃO FISCAL

Até aqui, verificou-se como se desenvolve o procedimento da execução fiscal em seu "regular e efetivo" trâmite. É dizer, estudou-se o *iter* seguido pela execução fiscal desde sua propositura até a expropriação de bens para a satisfação do direito de crédito da Fazenda Pública. Ocorre que inúmeras vezes o processo não se desenvolve, nem alcança o fim pretendido, em virtude de determinadas intercorrências, que serão aqui examinadas.

6.1. Suspensão do processo

O objetivo do processo de execução é expropriar bens do patrimônio do devedor para recompor a esfera patrimonial do credor. É comum, porém, que o devedor não tenha bens penhoráveis para satisfazer a dívida. Na Lei de Execuções Fiscais, o artigo 40 disciplina a matéria. Quando não forem localizados bens penhoráveis, o juiz suspende o processo pelo prazo máximo de um ano, período em que não corre o prazo de prescrição. Embora o dispositivo legal se refira também à não localização do devedor, o elemento que norteia a suspensão da execução fiscal é a inexistência de bens penhoráveis. Caso o devedor esteja em local incerto, mas o ente público localize bens de seu patrimônio, procede-se à sua citação por edital, com a necessária nomeação de curador especial, e seguem-se os atos de expropriação de seu patrimônio para satisfação da dívida.

Diante da inexistência de bens penhoráveis, a execução deve ser suspensa. Decorrido o prazo de um ano, caso não sejam encontrados bens, os autos são remetidos ao arquivo provisório, momento em que se inicia o curso do prazo da prescrição intercorrente. Há súmula do Superior Tribunal de Justiça sobre o tema:

> **Súmula 314.** Em execução fiscal, não localizados bens penhoráveis, suspende-se o processo por um ano, findo o qual se inicia o prazo da prescrição quinquenal intercorrente.

O arquivo após o decurso do prazo de um ano é feito sem a baixa na distribuição do processo. Quer dizer, não há extinção do processo, o crédito fiscal continua em aberto, de modo que o devedor não poderá obter uma certidão negativa.[40]

Se, no período de 5 anos forem encontrados bens, os autos são desarquivados para prosseguimento da execução.

Vencido o prazo de 5 cinco anos, sem a localização de bens, com os autos arquivados, ocorre a prescrição intercorrente. Sua declaração pelo juiz, porém,

---

40. LOPES, Mauro Luís Rocha. op. cit., p. 236. O autor, em sua obra, faz menção ao enunciado nº 06 do Tribunal Regional Federal da 2ª Região, cuja redação é a seguinte: "Execução fiscal suspensa com base no art. 40 da Lei 6.830/80 não pode ser julgada extinta, mas arquivada sem baixa na distribuição, após o término do prazo de suspensão."

deve ser precedida impreterivelmente de manifestação do ente público (art. 40, § 4º). É que o ente público pode indicar ao juízo algum fato impeditivo da prescrição.[41] O objetivo da intimação do Poder Público antes da decretação da prescrição intercorrente não é evitar sua ocorrência, tampouco instigar a nova movimentação do processo; trata-se tão somente de respeito ao contraditório e à ampla defesa.

O § 5º do artigo 40 dispensa a manifestação do ente público nos casos de cobranças judiciais de valor inferior ao mínimo fixado pelo Ministério da Fazenda. Essa regra somente tem aplicação à execução fiscal dos entes federais, e não dos estaduais, distritais e municipais.

O objetivo da sistemática do artigo 40 é evitar a eternização dos processos de execução fiscal. Não encontrados bens, o feito é arquivado por determinado período e, então, prescreve o crédito. Cessa o estado de incerteza que é típico do processo judicial. A relação jurídica de direito material que existia entre o ente público e o particular, e que gerou a propositura da ação executiva, se extingue. O regime da prescrição atende ao postulado da segurança jurídica.

A disciplina do artigo não pode levar à conclusão de que a execução fiscal tem prazo de validade de 5 anos para satisfazer o crédito. Não é essa a conclusão correta. A suspensão pelo prazo de um ano e o posterior arquivamento por 5 anos são aplicados nas hipóteses em que, após as devidas diligências, não são encontrados bens penhoráveis. Ao contrário, se o Poder Público está impulsionando o processo, encontra e promove a expropriação de bens, não há que se falar em prescrição intercorrente. Durante o período em que a execução tramita regularmente, a prescrição não está em curso, ainda que o transcurso do processo leve muitos anos.[42]

Essa lógica, porém, esbarra em situações práticas que chegam a extremos. As execuções fiscais se perenizaram no Judiciário brasileiro. As advocacias públicas insistiram em evitar a ocorrência da prescrição intercorrente, por meio de novos e reiterados pedidos de diligências para localização de bens do executado, ainda que sabidamente infrutíferas. Tal prática é em geral inspirada pela percepção de que não se pode deixar prescrever uma cobrança, isso seria exemplo de má prestação dos serviços jurídicos, improbidade administrativa, leniência com o devedor etc. Essa lógica está errada e levou ao desastre que se vê hoje no Judiciário. O índice de recuperação da dívida ativa na esfera judicial é baixíssimo, o maior contingente de processos no Judiciário é de execuções fiscais, muitas das quais tramitam há mais 10 anos sem que tenham sido encontrados quaisquer bens penhoráveis. Não

41. STJ: AgRg no REsp 1217890/RS, Rel. Min. Cesar Asfor Rocha, 2ª Turma, julgado em 17/11/2011.

42. LOPES, Mauro Luís Rocha. op. cit., p. 239.

deixar prescrever a dívida é a pior estratégia possível na tentativa de recuperação do crédito. O Judiciário tem uma capacidade limitada para processar e tramitar os processos. Quanto mais ações são propostas, mais demorado é o tramite cartorário para realização de diligências (citação, penhora, diligências do oficial de justiça avaliador, encaminhamento ao leiloeiro etc.). Pense o leitor numa grande avenida de 3 pistas com velocidade máxima de 90km/h. Com um baixo número de carros transitando, é possível alcançar a velocidade máxima de deslocamento; por outro lado, se o número de carros é elevadíssimo, há trânsito e a velocidade baixa para 20km/h. Nessa metáfora, o Judiciário é a avenida, e o Poder Público é o responsável por colocar os carros para transitar. Quanto mais carros, mais saturada a avenida, mais lento o trânsito.

Se o objetivo é cobrar dívidas, é preciso focar nas empresas devedoras que estão ativas e possuem patrimônio expropriável. Essa importante ação de cobrança disputa espaço e atenção do Judiciário com milhares de outras execuções fiscais antigas e sem chances de êxito.

O regramento da prescrição do artigo 40 da LEF dá racionalidade econômica ao trâmite das execuções fiscais. É a prescrição que retira carros velhos e quebrados da avenida para que os demais possam circular mais rápido.

Infelizmente as últimas décadas demonstraram que as advocacias públicas não compreenderam essa lógica. A atividade cotidiana é voltada a impedir a suspensão do artigo 40 e a posterior prescrição intercorrente. Uma prática que ficou consagrada foi a de pedir suspensões de 30, 60 ou 90 dias para que sejam realizadas diligências administrativas em busca de bens. Se anos depois o juízo decretava a prescrição intercorrente, a ente público se defendia ao argumento de que não poderiam ser computados os períodos desses pedidos de suspensão.

Pois bem. Diante desse panorama, o STJ levou a julgamento em 2018 recurso repetitivo para fixar teses sobre 6 temas ligados à cobrança de execuções fiscais - mais especificamente temas n. 566, 567, 568, 569, 570, 571. O julgamento é um marco no tratamento jurídico que será dado a partir de agora às execuções fiscais. Confira-se:

> 1. O espírito do art. 40, da Lei n. 6.830/80 é o de que nenhuma execução fiscal já ajuizada poderá permanecer eternamente nos escaninhos do Poder Judiciário ou da Procuradoria Fazendária encarregada da execução das respectivas dívidas fiscais.
>
> 2. Não havendo a citação de qualquer devedor por qualquer meio válido e/ou não sendo encontrados bens sobre os quais possa recair a penhora (o que permitiria o fim da inércia processual), inicia-se automaticamente o procedimento previsto no art. 40 da Lei n. 6.830/80, e respectivo prazo, ao fim do qual restará prescrito o crédito fiscal. Esse o teor da Súmula n. 314/STJ: "Em execução fiscal, não

localizados bens penhoráveis, suspende-se o processo por um ano, findo o qual se inicia o prazo da prescrição quinquenal intercorrente".

3. Nem o Juiz e nem a Procuradoria da Fazenda Pública são os senhores do termo inicial do prazo de 1 (um) ano de suspensão previsto no caput, do art. 40, da LEF, somente a lei o é (ordena o art. 40: "[...] o juiz suspenderá [...]"). Não cabe ao Juiz ou à Procuradoria a escolha do melhor momento para o seu início. No primeiro momento em que constatada a não localização do devedor e/ou ausência de bens pelo oficial de justiça e intimada a Fazenda Pública, inicia-se automaticamente o prazo de suspensão, na forma do art. 40, caput, da LEF. Indiferente aqui, portanto, o fato de existir petição da Fazenda Pública requerendo a suspensão do feito por 30, 60, 90 ou 120 dias a fim de realizar diligências, sem pedir a suspensão do feito pelo art. 40, da LEF. Esses pedidos não encontram amparo fora do art. 40 da LEF que limita a suspensão a 1 (um) ano. Também indiferente o fato de que o Juiz, ao intimar a Fazenda Pública, não tenha expressamente feito menção à suspensão do art. 40, da LEF. O que importa para a aplicação da lei é que a Fazenda Pública tenha tomado ciência da inexistência de bens penhoráveis no endereço fornecido e/ou da não localização do devedor. Isso é o suficiente para inaugurar o prazo, ex lege.

4. Teses julgadas para efeito dos arts. 1.036 e seguintes do CPC/2015 (art. 543-C, do CPC/1973):

4.1.) O prazo de 1 (um) ano de suspensão do processo e do respectivo prazo prescricional previsto no art. 40, §§ 1º e 2º da Lei n. 6.830/80 - LEF tem início automaticamente na data da ciência da Fazenda Pública a respeito da não localização do devedor ou da inexistência de bens penhoráveis no endereço fornecido, havendo, sem prejuízo dessa contagem automática, o dever de o magistrado declarar ter ocorrido a suspensão da execução;

4.1.1.) Sem prejuízo do disposto no item 4.1., nos casos de execução fiscal para cobrança de dívida ativa de natureza tributária (cujo despacho ordenador da citação tenha sido proferido antes da vigência da Lei Complementar n. 118/2005), depois da citação válida, ainda que editalícia, logo após a primeira tentativa infrutífera de localização de bens penhoráveis, o Juiz declarará suspensa a execução.

4.1.2.) Sem prejuízo do disposto no item 4.1., em se tratando de execução fiscal para cobrança de dívida ativa de natureza tributária (cujo despacho ordenador da citação tenha sido proferido na vigência da Lei Complementar n. 118/2005) e de qualquer dívida ativa de natureza não tributária, logo após a primeira tentativa frustrada de citação do devedor ou de localização de bens penhoráveis, o Juiz declarará suspensa a execução.

4.2.) Havendo ou não petição da Fazenda Pública e havendo ou não pronunciamento judicial nesse sentido, findo o prazo de 1 (um) ano de suspensão inicia-se automaticamente o prazo prescricional aplicável (de acordo com a natureza do crédito exequendo) durante o qual o processo deveria estar arquivado sem baixa na distribuição, na forma do art. 40, §§ 2º, 3º e 4º da Lei n. 6.830/80 - LEF, findo o qual o Juiz, depois de ouvida a Fazenda Pública, poderá, de ofício, reconhecer a prescrição intercorrente e decretá-la de imediato;

> 4.3.) A efetiva constrição patrimonial e a efetiva citação (ainda que por edital) são aptas a interromper o curso da prescrição intercorrente, não bastando para tal o mero peticionamento em juízo, requerendo, v.g., a feitura da penhora sobre ativos financeiros ou sobre outros bens. Os requerimentos feitos pelo exequente, dentro da soma do prazo máximo de 1 (um) ano de suspensão mais o prazo de prescrição aplicável (de acordo com a natureza do crédito exequendo) deverão ser processados, ainda que para além da soma desses dois prazos, pois, citados (ainda que por edital) os devedores e penhorados os bens, a qualquer tempo - mesmo depois de escoados os referidos prazos -, considera-se interrompida a prescrição intercorrente, retroativamente, na data do protocolo da petição que requereu a providência frutífera.
>
> 4.4.) A Fazenda Pública, em sua primeira oportunidade de falar nos autos (art. 245 do CPC/73, correspondente ao art. 278 do CPC/2015), ao alegar nulidade pela falta de qualquer intimação dentro do procedimento do art. 40 da LEF, deverá demonstrar o prejuízo que sofreu (exceto a falta da intimação que constitui o termo inicial - 4.1., onde o prejuízo é presumido), por exemplo, deverá demonstrar a ocorrência de qualquer causa interruptiva ou suspensiva da prescrição.
>
> 4.5.) O magistrado, ao reconhecer a prescrição intercorrente, deverá fundamentar o ato judicial por meio da delimitação dos marcos legais que foram aplicados na contagem do respectivo prazo, inclusive quanto ao período em que a execução ficou suspensa.
>
> 5. Recurso especial não provido. Acórdão submetido ao regime dos arts. 1.036 e seguintes do CPC/2015 (art. 543-C, do CPC/1973).
>
> (REsp 1340553/RS, Rel. Min. Mauro Campbell Marques, 1ª Seção, julgado em 12/09/2018, DJe 16/10/2018)

Alguns pontos desse julgado contrariam diretamente entendimentos anteriores do próprio STJ e a prática disseminada na condução das execuções fiscais pelo Poder Público.

O primeiro destaque é que a contagem do prazo de 1 ano não depende de intimação com sua menção expressa. Inviável a citação ou não encontrados os bens, a intimação que comunica ao ente público essa situação processual já marca o início da contagem.

Outro ponto sensível é o que de as buscas por novos bens não afastam a contagem do prazo de prescrição. Dissemos acima que a execução fiscal poderia durar anos, enquanto eram encontrados e expropriados os bens do devedor. O STJ deixa isso mais claro agora, ao estabelecer que diligências infrutíferas não afastam a contagem do prazo. De igual modo, os pedidos de suspensão da execução fiscal são impróprios por falta de amparo legal, razão por que tampouco interrompem a contagem de prescrição intercorrente.

A partir desse julgado, o que se pode esperar nos próximos anos é uma sensível redução do estoque de execuções fiscais em trânsito. E reafirmo, a medida é salutar e há de contribuir para aumento da eficiência na cobrança da dívida ativa.

6.2. Decretação de indisponibilidade de bens

O regramento do artigo 40 tem por objetivo equacionar o estoque de dívida ativa cobrável e a eficiência na sua cobrança. Afinal, quanto maior o número de execuções fiscais em trâmite, mais o cartório terá dificuldade em processar e dar andamento às ações.

A aplicação do artigo 40 deve ser compatibilizada com o artigo 185-A do CTN, que permite a decretação de indisponibilidade de bens e direitos do executado. Confira-se a redação do dispositivo:

> **Art. 185-A.** Na hipótese de o devedor tributário, devidamente citado, não pagar nem apresentar bens à penhora no prazo legal e não forem encontrados bens penhoráveis, o juiz determinará a indisponibilidade de seus bens e direitos, comunicando a decisão, preferencialmente por meio eletrônico, aos órgãos e entidades que promovem registros de transferência de bens, especialmente ao registro público de imóveis e às autoridades supervisoras do mercado bancário e do mercado de capitais, a fim de que, no âmbito de suas atribuições, façam cumprir a ordem judicial.
>
> § 1º A indisponibilidade de que trata o caput deste artigo limitar-se-á ao valor total exigível, devendo o juiz determinar o imediato levantamento da indisponibilidade dos bens ou valores que excederem esse limite.
>
> § 2º Os órgãos e entidades aos quais se fizer a comunicação de que trata o caput deste artigo enviarão imediatamente ao juízo a relação discriminada dos bens e direitos cuja indisponibilidade houverem promovido

Como se verifica da redação legal, sua aplicação está condicionada à não nomeação de bens à penhora e à não localização de bens penhoráveis. Esse dispositivo permite ao Poder Público buscar bens de forma ampla, por meio da expedição, pelo juízo, de comunicados a diversas entidades de registros de transferências de bens.

O STJ editou súmula a respeito de sua aplicação:

> **Súmula 560.** A decretação da indisponibilidade de bens e direitos, na forma do art. 185-A do CTN, pressupõe o exaurimento das diligências na busca por bens penhoráveis, o qual fica caracterizado quando infrutíferos o pedido de constrição sobre ativos financeiros e a expedição de ofícios aos registros públicos do domicílio do executado, ao Denatran ou Detran.

O que o Superior Tribunal de Justiça procura deixar claro é que o decreto de indisponibilidade não pode ser requerido pelo Poder Público em qualquer circunstância, nem tampouco como primeiro ato de satisfação do crédito tributário. É preciso que sejam exauridas as pesquisas para buscar bens penhoráveis.

6.3. Cancelamento da dívida ativa

A certidão de dívida ativa que ampara a propositura da execução fiscal tem origem no inadimplemento do devedor frente a sua obrigação com a Fazenda Pública. Pode ocorrer de o crédito da dívida ativa ser cancelado, pelas mais diversas razões, como *v.g.* o acolhimento de um pedido administrativo ou uma ordem judicial. Inexistente a dívida, perde a força executiva o título que ampara a ação executiva.

Estabelece o artigo 26 da LEF que, cancelada a inscrição em dívida ativa, a execução fiscal é extinta, sem ônus para as partes. Se o cancelamento da dívida ocorreu após o oferecimento dos embargos à execução fiscal, o exequente arca com os ônus sucumbências. Essa é a posição sumulada do Superior Tribunal de Justiça:

> **Súmula 153.** A desistência da execução fiscal, após o oferecimento dos embargos, não exime o exequente dos encargos da sucumbência.

O entendimento da Corte Especial é o de que os valores já pagos pela embargante devem-lhe ser ressarcidos pelo ente público. Entretanto, esse entendimento não é aplicável quando o cancelamento da CDA decorre da conduta do próprio contribuinte. Por exemplo, a certidão de dívida ativa se originou de uma guia de arrecadação de ICMS preenchida indevidamente pelo contribuinte. Após a propositura da ação executiva, o contribuinte retifica sua declaração, o que leva ao cancelamento da CDA. Nesse caso, não há que se falar cobrança dos ônus sucumbenciais contra o Estado.

6.4. Modificação do valor da dívida e sucumbência

No curso da cobrança judicial, podem sobrevir leis que levem à extinção ou redução da dívida cobrada. Tais normas beneficiam o executado, mas não tem o condão de levar à condenação do Poder Público em ônus sucumbenciais.

Segundo o entendimento do STJ, o princípio da causalidade para fixação da sucumbência deve ser aferido no momento da propositura da demanda. Se, naquele instante, era legítima a ação executiva, então o responsável pelos ônus sucumbenciais é o executado – ainda que posteriormente sobrevenha alteração no valor da dívida, sua redução ou cancelamento.[43]

6.5. Arquivamento de débitos inscritos em dívida ativa

O Superior Tribunal Justiça editou súmula para esclarecer a correta interpretação acerca do artigo 20 da Lei nº 10.522/2002, que trata do arquivamento

43. REsp 1119475/MG, Rel. Min. Luiz Fux, 1ª Turma, julgado em 09/02/2010.

provisório de débitos inscritos como dívida ativa. A Corte esclareceu que tal arquivamento não se aplica às execuções fiscais movidas por conselhos profissionais, nem pelas autarquias federais. Confira-se:

> **Súmula nº 583.** O arquivamento provisório previsto no art. 20 da Lei nº 10.522/2002, dirigido aos débitos inscritos como dívida ativa da União pela Procuradoria-Geral da Fazenda Nacional ou por ela cobrados, não se aplica às execuções fiscais movidas pelos conselhos de fiscalização profissional ou pelas autarquias federais.

6.6. Cobrança de valores baixos e desistência

A cobrança da dívida ativa é feita através da propositura da execução fiscal, cujo trâmite tem, naturalmente, um custo. Há situações em que o baixo valor do crédito não justifica a propositura da ação ou o seu prosseguimento, diante dos elevados custos da máquina judiciária.

Nesse sentido, a Lei nº 9.469/97 disciplina casos em que a cobrança da dívida pode ser dispensada, em razão dos custos de administração e cobrança. Assim, por exemplo, prevê o art. 1º-A que: "*O Advogado-Geral da União poderá dispensar a inscrição de crédito, autorizar o não ajuizamento de ações e a não interposição de recursos, assim como o requerimento de extinção das ações em curso ou de desistência dos respectivos recursos judiciais, para cobrança de créditos da União e das autarquias e fundações públicas federais, observados os critérios de custos de administração e cobrança*".

Há dois pontos importantes a tratar.

Primeiro, a fixação de valores e critérios de cobrança ou renúncia de valores compete a cada ente público. A legislação da União não se aplica necessariamente aos Estados, Distrito Federal e Municípios. Cada ente deve verificar e quantificar a sua relação custo-benefício para cobrança da dívida ativa.

Segundo, não cabe ao Judiciário declarar de ofício que a dívida é de pequeno valor e não deve ser cobrada. Nesse sentido, o Superior Tribunal de Justiça editou súmula:

> **Súmula 452.** A extinção das ações de pequeno valor é faculdade da Administração Federal, vedada a atuação judicial de ofício.

Trata-se de opção discricionária da Administração, de modo que não cabe ao Judiciário intervir.

6.7. Declaração de inconstitucionalidade e a presunção de certeza e liquidez da CDA

O Superior Tribunal de Justiça analisou caso interessante em que o STF declarou a inconstitucionalidade de lei tributária. O ponto em questão era saber se as certidões de dívidas ativas emitidas a partir daquela lei perderiam automaticamente seus atributos de certeza, liquidez e exigibilidade. O entendimento da Corte, tomado em recurso repetitivo, foi o de que era vedado ao Judiciário extinguir de ofício tais execuções fiscais. Confira-se:

> 1. Cuida-se de Recurso Especial submetido ao regime do art. 543-C do CPC/1973 para definição do seguinte tema: "se a declaração de inconstitucionalidade do art. 3º, § 1º, da Lei 9.718/1998, pelo STF, afasta automaticamente a presunção de certeza e de liquidez da CDA, de modo a autorizar a extinção de ofício da Execução Fiscal".
>
> 2. O leading case do STJ sobre a matéria é o REsp 1.002.502/RS, de relatoria da Ministra Eliana Calmon, ocasião em que Segunda Turma reconheceu que, a despeito da inconstitucionalidade do § 1º do art. 3º da Lei 9.718/1998, a CDA conserva seus atributos, uma vez que: a) existem casos em que a base de cálculo apurada do PIS e da Cofins é composta integralmente por receitas que se enquadram no conceito clássico de faturamento; b) ainda que haja outras receitas estranhas à atividade operacional da empresa, é possível expurgá-las do título mediante simples cálculos aritméticos; c) eventual excesso deve ser alegado como matéria de defesa, não cabendo ao juízo da Execução inverter a presunção de certeza, de liquidez e de exigibilidade do título executivo (REsp 1.002.502/RS, Rel. Ministra Eliana Calmon, Segunda Turma, DJe 10/12/2009).
>
> 3. Essa orientação acabou prevalecendo e se tornou pacífica no âmbito do STJ: [...]
>
> 4. Embora alguns precedentes acima citados façam referência ao REsp 1.115.501/SP, de relatoria do Ministro Luiz Fux, como representativo da tese ora em debate, cumpre destacar que o tema afetado naquela oportunidade se referia genericamente à possibilidade de prosseguir a Execução Fiscal quando apurado excesso no conhecimento da defesa do devedor. É o que se verifica na decisão de afetação proferida por Sua Excelência: "O presente recurso especial versa a questão referente à possibilidade de alteração do valor constante na Certidão da Dívida Ativa, quando configurado o excesso de execução, desde que a operação importe meros cálculos aritméticos, sendo certa a inexistência de mácula à liquidez do título executivo".
>
> 5. De todo modo, os fundamentos nele assentados reforçam a posição ora confirmada, mormente a afirmação de que, "tendo em vista a desnecessidade de revisão do lançamento, subsiste a constituição do crédito tributário que teve por base a legislação ulteriormente declarada inconstitucional, exegese que, entretanto, não ilide a inexigibilidade do débito fiscal, encartado no título executivo extrajudicial, na parte referente ao quantum a maior cobrado com espeque na lei expurgada do ordenamento jurídico" (REsp 1.115.501/SP, Rel. Ministro Luiz Fux, Primeira Seção, DJe 30/11/2010).
>
> 6. Firma-se a seguinte tese para efeito do art. 1.039 do CPC/2015: **"A declaração de inconstitucionalidade do art. 3º, § 1º, da Lei 9.718/1998, pelo STF, não afasta automaticamente a presunção de certeza e de liquidez da**

CDA, motivo pelo qual é vedado extinguir de ofício, por esse motivo, a Execução Fiscal".

7. Recurso Especial provido. Acórdão submetido ao regime do art.1.039 do CPC/2015 e da Resolução 8/2008 do STJ.

(REsp 1386229/PE, Rel. Min. Herman Benjamin, 1ª Seção, julgado em 10/08/2016, DJe 05/10/2016)

Como se vê, mesmo diante da inconstitucionalidade, o STJ tomou medida de prudência para evitar o cancelamento e a extinção de milhares de execuções fiscais que tratavam da cobrança de PIS e Cofins.

6.8. Prazo prescricional da repetição de indébito e da execução contra a Fazenda Pública

Quando o particular deseja discutir o valor do crédito tributário, é possível apresentar pedido na esfera administrativa ou buscar a solução pela via judicial. É preciso observar a contagem de prazo prescricional, pois a tentativa de solução na esfera administrativa não suspende, nem interrompe a contagem de prazo para as soluções pela via judicial.

A esse respeito, há súmula do STJ:

Súmula 625. O pedido administrativo de compensação ou de restituição não interrompe o prazo prescricional para a ação de repetição de indébito tributário de que trata o art. 168 do CTN nem o da execução de título judicial contra a Fazenda Pública.

7. SENTENÇA E RECURSOS

A Lei nº 6.830/80 não traz uma previsão específica sobre a sentença no processo de execução fiscal. Aplica-se, pois, o artigo 924 do CPC, de modo que a execução fiscal pode ser extinta por pagamento da obrigação, em caso de transação ou remissão, e em caso de renúncia ao crédito.

Quanto à sistemática recursal, há especificidades na LEF. Estabelece o artigo 34 que, nas execuções de valor igual ou inferior a 50 ORTN, são cabíveis embargos infringentes e de declaração – não cabe apelação. O valor de referência para fins recursais é contado pela data de distribuição (art. 34, § 1º). Assim, se a execução proposta pelo ente público for de até 50 ORTN, não cabe a interposição do recurso de apelação, mas sim de embargos infringentes. Esse recurso, a despeito do mesmo *nomen juris*, não se confunde com aquele extinto tipo recursal do CPC-1973. Os embargos infringentes de que trata a LEF são oferecidos no prazo de 10 dias e dirigidos ao próprio juiz da causa, a quem caberá dar-lhes ou negar-lhes provimento (art. 34, §§ 2º e 3º).

O índice ORTN – Obrigações Reajustáveis do Tesouro Nacional – não existe mais atualmente. O Superior Tribunal de Justiça fixou a correção a partir da substituição desse índice por outro que mantivesse a mesma referência.

Assim, o valor de referência para verificação se o recurso cabível são os embargos infringentes ou a apelação é obtido a partir da atualização de R$ 328,27 pelo IPCA-E.[44]

Recentemente o STJ deflagrou Incidente de Assunção de Competência para definir se é cabível mandado de segurança contra a decisão que extingue a execução fiscal nesses casos do artigo 34. Trata-se do tema 3, ainda pendente de julgamento.[45]

O artigo 35 da LEF prevê que o recurso dispensa revisor. O CPC-2015 excluiu a figura do revisor no julgamento de todas as apelações, de modo que a regra da LEF já não se caracteriza como algo especial em relação ao processamento do recurso.

Em relação aos embargos à execução fiscal, o recurso cabível contra a sentença é a apelação, que será recebida no efeito meramente devolutivo, sem o efeito suspensivo (CPC, art. 1.012, § 1º, inc. V).

8. MEDIDA CAUTELAR FISCAL

8.1. Introdução

A Lei nº 8.397/92 dispõe sobre a medida cautelar fiscal. É preciso esclarecer que o CPC-2015 uniu a tutela cautelar à tutela de conhecimento e à tutela executiva em um mesmo processo sincrético, que garante ao jurisdicionado tudo o que precisa para garantir, proteger e satisfazer seu direito material. Na sistemática do CPC, a providência cautelar pode ser requerida de forma antecedente (art. 305 e seguintes). Conforme estabelece o artigo 308, efetivada a tutela cautelar, basta que a parte formule o pedido principal nos próprios autos, na mesma relação jurídica processual.

Essa sistemática é aplicável à Lei nº 8.397/92, o que demanda alguns cuidados na interpretação das normas. Afinal, a Lei nº 8.397/92 foi editada à luz

44. AgRg no REsp 1328520/SP, Rel. Min. Humberto Martins, 2ª Turma, julgado em 12/03/2013.
45. STJ: IAC no RMS 53.720-SP.

do CPC-1973, que tratava da cautelar como um processo autônomo. Feita essa introdução, passamos à análise do tema. Assim como a execução fiscal, trata-se de procedimento próprio afeto ao direito processual público, uma vez que a legitimidade ativa é do Poder Público.

8.2. Procedimento

A competência para processar e julgar a medida cautelar fiscal é do juízo da execução (art. 5º). Há, inclusive, a possibilidade de a cautelar ser pleiteada perante o Tribunal, o que ocorrerá nas hipóteses em que a execução fiscal estiver em trâmite no segundo grau de jurisdição (art. 5º, p.ú.).

Em regra, a medida deve ser requerida após a constituição do crédito. Entretanto, diante da verificação de que o devedor pratica atos tendentes a esvaziar seu patrimônio, a medida pode ser prévia ou, na linguagem do CPC-2015, antecedente (art. 1º, p.ú. c/c art. 2º, incisos V, al. "b", e VII; CPC-2015, art. 305).

As hipóteses de cabimento da medida cautelar estão elencadas no artigo 2º, que dispõe:

> **Art. 2º** A medida cautelar fiscal poderá ser requerida contra o sujeito passivo de crédito tributário ou não tributário, quando o devedor:
>
> I – sem domicílio certo, intenta ausentar-se ou alienar bens que possui ou deixa de pagar a obrigação no prazo fixado;
>
> II – tendo domicílio certo, ausenta-se ou tenta se ausentar, visando a elidir o adimplemento da obrigação;
>
> III – caindo em insolvência, aliena ou tenta alienar bens que possui; contrai ou tenta contrair dívidas extraordinárias; põe ou tenta pôr seus bens em nome de terceiros ou comete qualquer outro ato tendente a frustrar a execução judicial da Dívida Ativa;
>
> IV – notificado pela Fazenda Pública para que proceda ao recolhimento do crédito fiscal vencido, deixa de pagá-lo no prazo legal, salvo se garantida a instância em processo administrativo ou judicial;
>
> V – possuindo bens de raiz, intenta aliená-los, hipotecá-los ou dá-los em anticrese, sem ficar com algum ou alguns, livres e desembaraçados, de valor igual ou superior à pretensão da Fazenda Pública.
>
> III – caindo em insolvência, aliena ou tenta alienar bens;
>
> IV – contrai ou tenta contrair dívidas que comprometam a liquidez do seu patrimônio;
>
> V – notificado pela Fazenda Pública para que proceda ao recolhimento do crédito fiscal:

a) deixa de pagá-lo no prazo legal, salvo se suspensa sua exigibilidade;

b) põe ou tenta por seus bens em nome de terceiros;

VI – possui débitos, inscritos ou não em Dívida Ativa, que somados ultrapassem trinta por cento do seu patrimônio conhecido;

VII – aliena bens ou direitos sem proceder à devida comunicação ao órgão da Fazenda Pública competente, quando exigível em virtude de lei;

VIII – tem sua inscrição no cadastro de contribuintes declarada inapta, pelo órgão fazendário;

IX – pratica outros atos que dificultem ou impeçam a satisfação do crédito.

Essa medida especial, exatamente por ter natureza cautelar, visa a garantir a efetividade da execução. A constatação de que o devedor está praticando atos que impedirão a satisfação do crédito tributário demanda providências do ente público no sentido de coibir aquela conduta. De acordo com o art. 3º, a petição inicial da medida cautelar deve vir acompanhada de prova da constituição do crédito e de elementos probatórios de uma das condutas elencadas no artigo 2º.

O provimento cautelar tem por objetivo decretar a indisponibilidade dos bens do requerido (art. 4º), mas pode ir além do patrimônio do devedor e alcançar também o dos controladores e gerentes da pessoa jurídica (§§ 1º e 2º). Presentes os requisitos concessivos do pedido, o decreto de indisponibilidade é comunicado aos registros de imóveis, ao Banco Central, à Comissão de Valores Mobiliários (CVM), bem como a outras repartições responsáveis por registros de transferências de bens (§ 3º), como o Detran.

A concessão de cautelar em favor do ente público não exige justificação prévia ou prestação de caução (art. 7º).

Nos termos do artigo 8º, recebida a cautelar, com ou sem concessão de liminar, o requerido é citado para apresentar contestação no prazo de 15 dias. Vale observar que as regras do CPC-2015 acerca da realização de audiência de conciliação e mediação não são aplicáveis à medida cautelar fiscal. No pedido cautelar antecedente do CPC-2015, tampouco há tal audiência. O artigo 306 indica que o réu é citado para contestar o pedido no prazo de 5 dias. Como a Lei nº 8.397/92 é específica, o prazo permanece de 15 dias.

A indisponibilidade dos bens do requerido pode ser substituída por depósito em dinheiro, fiança bancária ou nomeação de bens à penhora, sendo imprescindível a oitiva do Poder Público antes da substituição.

Se a medida cautelar fiscal for antecedente, o pedido principal da execução fiscal deve ser efetivado no prazo de 60 dias, contados da data em que a dívida se tornar irrecorrível administrativamente (art. 11).

A eficácia do decreto de indisponibilidade perdura enquanto pender o processo executivo (art. 12), cessando se a execução não for proposta tempestivamente, se a medida não for executada no prazo de 30 dias ou se for extinta a execução fiscal, seja por cancelamento da dívida, seja por quitação do débito (art. 13). Não é possível repetir a medida cautelar pelo mesmo fundamento caso cesse sua eficácia.

A frustração do resultado da ação cautelar fiscal não traz consequências para propositura da execução fiscal, exceto se for acolhida a alegação do demandado de pagamento, compensação, prescrição, decadência ou qualquer outra forma extintiva do crédito (art. 15).

A apelação da sentença que julga a cautelar fiscal não é dotada de efeito suspensivo (art. 17).

8.3. Arrolamento de bens e concessão da cautelar

O Superior Tribunal de Justiça teve a oportunidade de discutir caso que envolvia a comunicação de alienação de bem em caso de arrolamento de bens como fundamento para a concessão de medida cautelar fiscal.

O arrolamento de bens está previsto no artigo 64 da Lei n. 9.532/1997 com o objetivo de permitir ao Poder Público acompanhar a evolução e a situação patrimonial do contribuinte. Em caso de arrolamento de bens, o contribuinte passa a ter a obrigação de comunicar ao ente público atos de alienação, transferência ou oneração. O ponto discutido pelo STJ se referiu ao momento em que tal comunicação deveria ser feito, se prévia ou posteriormente; e, ainda, se a comunicação supostamente extemporânea poderia ensejar a concessão da medida cautelar.

O entendimento da corte foi o de que o arrolamento tem apenas o condão de permitir o acompanhamento da evolução patrimonial, mas não criar restrições ao legítimo exercício dos direitos inerentes à propriedade, razão por que a comunicação poderia ser feita posteriormente ao ato de alienação, transferência ou oneração. Confira-se:

> 1. A Lei 9.532/97, que deu nova redação à Lei 8.397/92, em seu art. 64, § 3º, não exige que a notificação ao órgão fazendário seja prévia à alienação, mas simplesmente que exista a comunicação.
>
> 2. Assim, diante da efetiva comunicação (fls. 1.065/1.066 e 1.617), não subsistem os elementos para a Medida Cautelar Fiscal, devendo a sentença de fls. 1.058/1.067 ser restabelecida.
>
> 3. Recurso Especial provido para restabelecer a sentença de fls.
>
> 1.058/1.067, que julgou improcedente a Cautelar Fiscal.
>
> (REsp 1217129/SC, Rel. Min. Napoleão Nunes Maia Filho, 1ª Turma, julgado em 27/10/2016, DJe 21/11/2016)

A partir dessas considerações, o STJ entendeu não haver elementos para conceder a medida cautelar fiscal.

9. AÇÃO DE REPETIÇÃO DE INDÉBITO TRIBUTÁRIO: COMPENSAÇÃO OU PRECATÓRIO

No âmbito da União, a Lei nº 8.383/91 disciplina a hipótese em que o contribuinte recolhe indevidamente o tributo. É direito do contribuinte optar pela compensação desses valores em operações futuras ou pela restituição do que foi pago indevidamente (art. 66, *caput* e § 2º).

A esse respeito, o Superior Tribunal de Justiça sumulou o entendimento:

> **Súmula 461.** O contribuinte pode optar por receber, por meio de precatório ou por compensação, o indébito tributário certificado por sentença declaratória transitada em julgado.

É importante destacar que esse entendimento é válido no âmbito da União, que possui lei própria que dá ao contribuinte o direito de optar entre a compensação e a restituição por precatório ou requisição de pequeno valor.

No âmbito dos estados e municípios, é preciso verificar se a lei de regência prevê a possibilidade compensação. Do contrário, a repetição do valor deve ser feita por precatório ou requisição de pequeno valor, conforme o montante a ser ressarcido.

10. PROTESTO EXTRAJUDICIAL PARA COBRANÇA DA DÍVIDA ATIVA

Questão que tem gerado intensa discussão no meio acadêmico diz respeito à possibilidade de protesto extrajudicial dos créditos da dívida ativa dos entes públicos.

Do ponto de vista do direito positivo, a possibilidade de protesto extrajudicial está expressa no parágrafo único do artigo 1º da Lei nº 9.492/1997, dispositivo este incluído por meio da Lei nº 12.767/2012:

> **Art. 1º** Protesto é o ato formal e solene pelo qual se prova a inadimplência e o descumprimento de obrigação originada em títulos e outros documentos de dívida.
>
> **Parágrafo único.** Incluem-se entre os títulos sujeitos a protesto as certidões de dívida ativa da União, dos Estados, do Distrito Federal, dos Municípios e das respectivas autarquias e fundações públicas.

Essa medida tem sido aplicada cada vez com mais frequência pelos entes públicos para créditos de pequeno valor. O principal argumento é o de que a cobrança judicial teria custos superiores ao do próprio crédito. Afinal, o Estado, em sentido amplo, precisa custear a estrutura do Poder Executivo que constitui e executa o crédito – aqui incluídos membros e servidores de órgãos fazendários e da advocacia pública – e também o Poder Judiciário, responsável por ordenar e cumprir atos matérias de satisfação do crédito – aqui incluídos juízes e serventuários de justiça. Em outras palavras, a propositura de uma execução fiscal envolve um gasto de dinheiro público que transcende a mera soma aritmética dos atos processuais.[46]

Diante dessa realidade, o Conselho Nacional de Justiça aprovou resolução de reconhecimento da legalidade da cobrança extrajudicial e, ainda, de recomendação para que os Tribunais de Justiça regulamentem a matéria.[47] Seguindo tal orientação, alguns estados-membros editaram atos normativos próprios para regulamentar a cobrança via protesto.[48]

Embora esse método de cobrança de créditos da dívida ativa esteja se tornando cada vez mais comum, há importantes vozes que se levantam em sentido contrário, por entenderem que se trata de medida desproporcional e violadora do princípio da moralidade pública.[49]

Questões de Concurso

► **01. (PGE-PR – 2015 – PUC-PR)** Em execução fiscal de dívida ativa superior a R$ 100.000,00 (cem mil reais), a Procuradoria Geral do Estado do Paraná conseguiu ver penhorados, via BacenJud, apenas R$ 85.000,00 (oitenta e cinco mil reais), constantes das contas bancárias do executado. Sobre a situação hipotética discriminada acima, bem como sobre

46. Há interessantes estudos a esse respeito. Um deles é do Ipea – Instituto de Pesquisa Econômica Aplicada, que calculou em R$ 5.606,67 o custo médio para processamento de uma ação executiva movida pela Procuradoria Geral da Fazenda Nacional. A taxa de êxito é de apenas 26% e o tempo médio de tramitação é de 9 anos, 9 meses e 16 dias. Dados disponíveis em: IPEA. *Comunicado n. 127: custo e tempo do processo de execução fiscal promovido pela Procuradoria Geral da Fazenda Nacional (PGFN)*. Brasília, janeiro de 2012. Disponível em: <http://www.ipea.gov.br/portal/images/stories/PDFs/comunicado/120103_comunicadoipea127.pdf>, acessado em: 11 de janeiro de 2014.
47. A matéria foi examinada Conselho Nacional de Justiça por ocasião do julgamento do pedido de providência n. 0004537-54.2009.2.00.0000.
48. É o caso do Estado do Paraná, que tratou da matéria em dois atos normativos: o Decreto Estadual n. 8.789/2013 e a Resolução da Procuradoria Geral do Estado n. 178/2013. No mesmo sentido, o Estado do Rio de Janeiro editou a Lei Estadual n. 5.531/2008, cujo artigo 3º prevê a possibilidade de se efetuar o protesto extrajudicial dos créditos.
49. É o que afirma: NOGUEIRA JR., Alberto. O protesto de certidão de dívida ativa e o "II Pacto Republicano", *Revista de Processo*, ano 37, 205, março, 2012, p. 396.

os processos de execução fiscal e embargos à execução fiscal, assinale a alternativa CORRETA.

a) Nos processos de execução fiscal, opostos embargos pelo devedor, os atos que importem levantamento de depósito pela Fazenda Pública só poderão ser realizados após o trânsito em julgado da decisão a ela favorável.

b) A penhora, em execução fiscal, deve se limitar ao montante que o executado entende como devido.

c) Conforme entendimento mais recente do Superior Tribunal de Justiça, são admissíveis os embargos antes de garantida a execução nos casos em que o embargante for beneficiário da assistência judiciária gratuita.

d) A insuficiência da penhora impede a admissão dos embargos à execução fiscal.

e) Não é admissível a utilização de embargos à execução fiscal com o objetivo de ver declarada extinta a execução fiscal em razão de compensação já deferida e homologada definitivamente na via administrativa.

► **02. (Auditor fiscal TCE-SC – 2016 – Cespe)** O pedido de penhora online dos valores devidos dispensa o esgotamento das diligências para encontrar outros bens do executado.

► **03. (Procurador Porto Alegre-RS – 2016 – Fundatec)** Diante das disposições previstas na Lei de Execução Fiscal (Lei nº 6.830/80), assinale a alternativa correta.

a) Nas ações de execução fiscal, a falta de indicação do CPF e/ou RG ou CNPJ da parte executada é causa de indeferimento da petição inicial.

b) A Dívida Ativa regularmente inscrita e objeto de execução fiscal goza da presunção absoluta de certeza e liquidez.

c) Na execução fiscal, para garantia do juízo, o executado poderá efetuar depósito em dinheiro, mas não poderá oferecer fiança bancária ou seguro-garantia já que estes não produzem os mesmos efeitos da penhora.

d) A Fazenda Pública não está sujeita ao pagamento de custas e emolumentos e a prática dos atos judiciais de seu interesse independerá de preparo ou de prévio depósito.

e) Nos embargos à execução fiscal, o executado deverá alegar toda a matéria útil à defesa na inicial, inclusive apresentando reconvenção e preliminares de incompetência, suspeição e impedimento.

► **04. (Advogado – São José dos Pinhais-PR – 2018 - Fauel)** Acerca do processo de execução fiscal, de acordo com a Lei 6.830 de 1980 e com a jurisprudência do Superior Tribunal de Justiça, assinale a alternativa INCORRETA:

a) O executado oferecerá embargos, no prazo de 30 (trinta) dias.

b) A Fazenda Pública não pode recusar a substituição do bem penhorado por precatório.

c) Na execução fiscal, qualquer intimação ao representante judicial da Fazenda Pública será feita pessoalmente.

d) Em ações de execução fiscal, a petição inicial não pode ser indeferida sob o argumento da falta de indicação do CPF e/ou RG ou CNPJ da parte executada.

e) Em ações de execução fiscal, é desnecessária a instrução da petição inicial com o demonstrativo de cálculo do débito, por tratar-se de requisito não previsto no artigo 6º da Lei 6.830/1980. S. 559, STJ

Questão	Gabarito	Breves comentários
01	A	v. item 5.10.
02	Certo	v. item 5.8.1.
03	D	Art. 39 LEF; v. item 5.4.
04	B	v. item 5.8.1

Questão discursiva

▶ **1. (PGE-GO – 2013)**

Pedro de Tal, sócio administrador de uma empresa de transportes, durante procedimento de fiscalização tributária feita por Auditor Fiscal Estadual, em relação ao ICMS, sendo notificado do lançamento de oficio do crédito tributário, no valor de R$ 3 milhões, apresentou impugnação tempestiva e transferiu parte de seus bens a terceiros (laranjas), por meio de instrumentos públicos de doação, sem deixar bens suficientes para garantir eventual crédito tributário lançado. Chegando tal informação ao conhecimento da Procuradoria do Estado, foi-lhe determinado adotar as providências cabíveis. Esclareça, neste caso, qual a medida judicial própria, qual o(s) sujeito(s) passivo(s) da ação e qual o fundamento jurídico a embasar tal medida, bem como quais as provas que devem ser produzidas e qual o teor do pedido a ser formulado para a autoridade judiciária.

Fundamentos para resposta:
– o instrumento jurídico adequado é a ação cautelar fiscal, regida pela Lei nº 8.397/1992;
– o sujeito passivo deve ser o sócio Sr. Pedro de Tal, bem como os demais terceiros que receberam as doações, tendo por fundamento jurídico o artigo 2º, III da Lei nº 8.397/1992;
– as provas a serem produzidas, em atendimento ao artigo 3º, são a notificação do lançamento e os instrumentos públicos de doação, de modo a caracterizar a hipótese do artigo 2º;
– o pedido à autoridade judiciária deve ser o de indisponibilidade dos bens dos requeridos até o limite da satisfação da obrigação.

▶ **2. (AGE-MG – 2011 – Fumarc)**

Considerando a propositura de uma execução fiscal de crédito tributário, pelo Estado de Minas Gerias, imagine as seguintes hipóteses: (i) execução fiscal de uma sociedade Ltda., cuja CDA (certidão de dívida ativa) não contemple os sócios-gerentes da empresa; (ii) execução fiscal de uma sociedade Ltda., cuja CDA (certidão de dívida ativa) contemple os sócios-gerentes da empresa; (iii) execução fiscal de uma sociedade Ltda., onde o oficial de justiça constate a dissolução irregular da empresa; (iv) execução fiscal de uma sociedade Ltda., onde o oficial de justiça não constate a dissolução irregular da empresa. O Procurador do Estado, responsável pelo acompanhamento dos feitos, requereu o redirecionamento da cobrança para os sócios-gerentes; sendo assim, disserte sobre o entendimento, predominante no Superior Tribunal de Justiça, da matéria.

Fundamentos para resposta:
– essas diferentes hipóteses para o redirecionamento da execução fiscal foram examinados nos itens 3.2 e 5.5;
– o redirecionamento tem amparo legal nos itens (ii) e (iii), ao passo que nos itens (i) e (iv) falta o amparo da jurisprudência do STJ.

▶ **3. (PGE-RS – 2012 – Fundatec)**

Em se tratando de cobrança judicial de crédito público não tributário, regularmente inscrito em dívida ativa e observado o respectivo rito legal, comente sobre a possibilidade ou não – em vista das alterações processuais decorrentes da Lei nº 11.382/06 – de serem admitidos embargos de devedor ainda que ausente garantia do juízo da execução; comente, ainda, de acordo com a jurisprudência majoritária do Superior Tribunal de Justiça, sobre a aplicação ou não ao processo de execução fiscal da regra contida no artigo 739-A do Código de Processo Civil.

Fundamentos para resposta:
– nos termos da jurisprudência do STJ, o efeito suspensivo dos embargos não é automático, embora a garantia do juízo, prevista na LEF, seja obrigatória (vide item 5.9.2).

CAPÍTULO XII

RECLAMAÇÃO

1. INTRODUÇÃO

A reclamação não é instituto exclusivo do direito processual público, nem recebe tratamento diferenciado quando envolve pessoa jurídica de direito público. Ainda assim, parece adequado que esta obra – por ser voltada ao estudo do direito processual ligado ao litígio público – trate do tema, por duas razões: primeira, diante da verificação de que grande parte das reclamações ajuizadas perante os Tribunais Superiores envolvem entes públicos; segunda, porque se trata de um instrumento que constantemente afeta e pauta a atuação da Administração Pública – conforme se verá mais à frente.

A reclamação está prevista em nossa Carta Política como remédio processual eficaz para preservar a competência e a autoridade das decisões do Supremo Tribunal Federal e do Superior Tribunal de Justiça. Diante da situação de violação de suas competências ou da não observância de uma decisão, a parte prejudicada pode apresentar reclamação a esses Tribunais Superiores para tutelar seu direito.

Além disso, o Código de Processo Civil de 2015 passou a prever esse instrumento com aplicação ampla a qualquer tribunal.

2. LEGISLAÇÃO PERTINENTE

A reclamação encontra seu regramento na Constituição da República e nos diplomas normativos que tratam dos procedimentos nos Tribunais Superiores – STF e STJ, conforme a seguinte listagem:

- Constituição da República: art. 102, inc. I, al. "l" (STF); art. 105, inc. I, al. "f" (STJ); e art. 103-A, § 3º (reclamação para preservação de súmula vinculante);
- Lei nº 11.417/2006: artigo 7º;

- Regimento Interno STF: artigos 156 a 162;
- Regimento Interno STJ: artigos 187 a 192.

No CPC, a matéria está tratada nos artigos 988 a 993.

A Constituição da República não dispõe sobre a possibilidade de previsão da reclamação na esfera estadual. Ao contrário, sua previsão expressa é para a utilização desse instrumento para preservação da competência e autoridade das decisões do STF e do STJ.

Instado a se manifestar sobre a previsão da reclamação em Constituição Estadual, o Supremo Tribunal Federal já havia estabelecido a possibilidade de os estados-membros preverem o instituto dentro de sua esfera de competência, por simetria com a Constituição da República.[1]

A partir da consolidação do entendimento no STF, o CPC-2015 trouxe para o direito positivo a aplicação desse instituto para preservação da competência e da autoridade das decisões dos Tribunais de Justiça dos Estados e dos Tribunais Regionais Federais.

3. NATUREZA JURÍDICA

A natureza jurídica da reclamação é fruto de polêmica em doutrina e jurisprudência. Já se tratou do instituto como um recurso e como um incidente processual. Atualmente, porém, despontam duas classificações distintas, a de ação e a de direito de petição.

Parcela significativa da doutrina defende que a reclamação tem natureza jurídica de ação, uma vez que tutela direito violado através da instauração de uma relação jurídica processual nova perante um Tribunal. A reclamação não necessariamente decorre de um processo já existente; pode ser proposta a partir do descumprimento de uma decisão pela Administração Pública – não é, portanto, recurso, nem tampouco incidente processual. Além disso, para o exercício desse direito de ação, é necessária a propositura de demanda através de advogado, com a indicação de partes, causa de pedir e pedido. Por fim, a decisão da reclamação forma coisa julgada material.

Em outra linha de entendimento, o Supremo Tribunal Federal, no precedente indicado no item anterior, estabeleceu que a reclamação tem natureza jurídica de direito de petição, na forma do art. 5º, inc. XXXIV, al. "a" da Constituição

1. STF: ADI 2212, Relatora Min. Ellen Gracie, Tribunal Pleno, julgado em 02/10/2003.

da República. A despeito dessa manifestação do Supremo, todos os efeitos acima indicados (necessidade de advogado, formação de coisa julgada) são verificados normalmente nas reclamações.

Parece-nos que assiste razão à doutrina que vê a reclamação como uma ação.

4. SISTEMÁTICA DE APLICAÇÃO

De acordo com a previsão constitucional, a reclamação tem lugar para salvaguardar a competência dos Tribunais Superiores (STF e STJ), bem como a autoridade de suas decisões. No CPC, seu cabimento está previsto para 4 situações, conforme artigo 988:

(i) preservar a competência do tribunal;

(ii) garantir a autoridade das decisões do tribunal;

(iii) garantir a observância de enunciado de súmula vinculante e de decisão do STF em controle concentrado de constitucionalidade;

(iv) garantir a observância de acórdão proferido em julgamento de incidente de resolução de demandas repetitivas ou de incidente de assunção de competência.

Há diversos pontos a esclarecer acerca do cabimento e da forma de aplicação do instituto.

4.1. Preservação de competência

As competências do Supremo Tribunal Federal e do Superior Tribunal de Justiça estão previstas na Constituição (arts. 102 e 105, respectivamente). Além das normas constitucionais, o sistema processual e as normas de organização judiciária estabelecem competências de órgãos do Judiciário para conhecer e julgar certas matérias. Não se pode admitir que qualquer outro órgão jurisdicional assuma as atribuições de outro tribunal e, para corrigir eventuais violações de competência, a parte pode-se valer da reclamação. Não se trata a reclamação de um substituto do conflito positivo ou negativo de competência entre juízos do primeiro grau de jurisdição. Como deixa clara a redação do inciso I do artigo 988, o que se quer preservar é a competência do tribunal.[2]

Esse instituto é cabível diante do **(i)** ato comissivo que usurpa a competência do tribunal; e também do **(ii)** ato omissivo que impede o desempenho de suas funções.

2. CUNHA, Leonardo Carneiro da. op. cit., 2016, p. 680.

4.1.1. *Ato comissivo*

O ato comissivo é verificado quando um órgão diverso exerce poder jurisdicional em hipótese para a qual não detém competência. Como exemplo, cite-se a situação prevista em enunciado do Supremo Tribunal Federal:

> **Súmula. 727.** Não pode o magistrado deixar de encaminhar ao Supremo Tribunal Federal o agravo de instrumento interposto da decisão que não admite recurso extraordinário, ainda que referente a causa instaurada no âmbito dos juizados especiais.

A competência para julgamento do agravo de instrumento contra decisão que não admite recurso especial ou extraordinário é da Corte Superior (STF ou STJ), conforme determina o art. 1.042 do CPC. Embora o agravo seja protocolado perante o tribunal que negou a admissão do recurso especial ou extraordinário, este órgão não tem competência para analisá-lo. Cumpre-lhe tão somente efetivar seu processamento e remessa ao Tribunal Superior.

Caso o agravo não seja encaminhado, o STJ entende que a reclamação é cabível para destrancar agravo contra decisão que não admite recurso especial.[3] O fundamento para a reclamação é que a competência é para decidir o agravo é da Corte Superior.

Questão diversa é a decisão a respeito de recursos repetitivos, pois no caso não há usurpação de competência – como será examinado à frente, nas hipóteses de não cabimento da reclamação.

4.1.2. Ato omissivo

Sobre a segunda hipótese (ato omissivo), esta se materializa quando determinado órgão deixa de praticar ato que lhe compete, do qual depende o STF, o STJ ou qualquer tribunal para exercer sua competência. Como exemplo, tem-se a hipótese da presidência (ou vice-presidência) do tribunal que demora excessivamente ou simplesmente deixa de exercer o juízo de admissibilidade do recurso especial ou extraordinário. Esse não fazer do juízo *a quo* impede o fazer do juízo *ad quem*, ou seja, o não exercício do juízo de admissibilidade pelo presidente do Tribunal impede o julgamento do recurso (especial ou extraordinário) pelo STJ ou STF. Nesse caso, é cabível a reclamação ao Tribunal Superior – STJ ou STF conforme o recurso pendente de exame de admissibilidade.

À luz do CPC-2015, que ampliou o cabimento da reclamação para preservação de competência de qualquer tribunal, é possível pensar também no exemplo em que

3. MS 14.718/DF, Rel. Min. Luiz Fux, Corte Especial, julgado em 03/02/2010.

o juízo de primeiro grau deixa de encaminhar a apelação para análise do tribunal. Se o juízo de primeiro grau inadmitir o recurso de apelação, cabe reclamação, pois, no sistema recursal atual, não há mais juízo de admissibilidade recursal no primeiro grau (art. 1.010, § 3º).

4.2. Garantia da autoridade das decisões do tribunal

A segunda hipótese prevista na Constituição e no CPC (art. 988, inc. II) para o cabimento da reclamação diz respeito à garantia da autoridade das decisões do tribunal – insista-se, tanto de Tribunais Superiores, quanto de qualquer outro tribunal. Diante do desrespeito à determinação do tribunal, a parte prejudicada pode-se valer da reclamação para tutelar seu direito. É preciso distinguir, porém, as hipóteses de cabimento da reclamação daquelas em que há mera execução do julgado.

Em processos subjetivos, a reclamação é cabível em face da não observância da decisão do tribunal pelo juízo *a quo*, ou seja, o não cumprimento de uma decisão oriunda do STJ, do STF ou do tribunal por outro órgão jurisdicional inferior rende ensejo à reclamação. Já quando o descumprimento da decisão ocorre na esfera da Administração Pública, basta à parte prejudicada apresentar o fato ao tribunal através de simples petição, pois se trata do desdobramento da ordem para cumprimento do julgado. Pense-se em mandado de segurança cuja competência originária é do STF. Concedida a ordem, a desobediência da autoridade coatora não atrai a utilização da reclamação, mas a imposição da ordem pela própria Corte dentro do processo já existente.

Em suma, a reclamação é cabível em face da desobediência da decisão por autoridade judiciária, e não em relação à autoridade administrativa.[4]

No âmbito da reclamação, é possível ao relator, se necessário, ordenar a suspensão do processo ou do ato impugnado (CPC, art. 989, inc. II).

4.3. Decisão do STF em controle concentrado

Quanto ao controle concentrado de constitucionalidade, a sistemática de aplicação da reclamação é diferente. O efeito vinculante oriundo da decisão do STF alcança indistintamente as autoridades administrativas e judiciárias. A prática de ato administrativo ou judicial em descompasso com a decisão do STF tomada em controle concentrado permite a utilização da reclamação.

Tal vinculação, porém, não alcança a atuação legislativa. O Poder Legislativo é livre para elaborar lei em sentido contrário ao entendimento firmado pelo STF em controle concentrado – essa situação, aliás, é comum. A vinculação da atuação

4. CUNHA, Leonardo José Carneiro da. op. cit., p. 620.

legislativa é com a Constituição da República. Daí ser cabível a propositura de ação direta de inconstitucionalidade caso se entenda incompatibilidade entre preceito constitucional e o ato normativo editado. O que deve ficar claro é que o paradigma não é o entendimento do STF em controle abstrato de constitucionalidade, mas sim a Constituição.

4.4. Observância de súmula vinculante

Através da Emenda Constitucional nº 45/2004, foi realizada a Reforma do Judiciário, que alterou diversos pontos sobre o funcionamento do Poder Judiciário. Dentre as novidades, foi inserido na Constituição o art. 103-A, que prevê a edição de súmulas vinculantes pelo STF, cuja observância é obrigatória pelo Poder Judiciário e por toda a Administração Pública. Conforme estabelece o § 3º do art. 103-A, o controle da observância da súmula vinculante é feito através da utilização da reclamação:

> **Art. 103-A.** [...]
>
> § 3º Do ato administrativo ou decisão judicial que contrariar a súmula aplicável ou que indevidamente a aplicar, caberá reclamação ao Supremo Tribunal Federal que, julgando-a procedente, anulará o ato administrativo ou cassará a decisão judicial reclamada, e determinará que outra seja proferida com ou sem a aplicação da súmula conforme o caso.

A partir da previsão constitucional da súmula vinculante, foi editada a Lei nº 11.417/2006, que disciplina o instituto. A reclamação está prevista nessa lei no art. 7º e sua aplicação pode ocorrer diante da não observância da súmula ou de sua má aplicação. Na mesma linha, o inciso III do artigo 988 do CPC também prevê o cabimento da reclamação contra decisão que viola súmula vinculante.

Em relação ao ato judicial, é preciso destacar que o STF não reforma a decisão, proferindo outra que a substitua; apenas a cassa e determina a prolação de novo ato decisório com a correta aplicação da súmula – ou sem sua aplicação, quando o juízo houver utilizado uma súmula vinculante incabível no caso concreto (art. 7º, § 2º).

Quanto ao ato administrativo que viola a autoridade da decisão do STF, é preciso que se verifique o esgotamento da via administrativa, conforme previsão do § 1º do art. 7º da Lei nº 11.417/2006:

> **Art. 7º** [...]
>
> § 1º Contra a omissão ou ato da administração pública, o uso da reclamação só será admitido após o esgotamento das vias administrativas.

O objetivo da previsão é evitar que o STF fique sobrecarregado com reclamações cuja solução ainda pode ser obtida de modo satisfatório pela via administrativa.

Nada há no dispositivo que indique violação do princípio da inafastabilidade da Jurisdição (CR, art. 5º, inc. XXXV). A norma não impede que o jurisdicionado busque a tutela de seu direito por outras vias judiciais (ex.: mandado de segurança); apenas fecha a porta para o procedimento da reclamação. Há, tão somente, regramento das hipóteses de cabimento e não cabimento de uma via jurisdicional – e não a vedação à apreciação de uma violação de direito pelo Poder Judiciário.[5]

4.5. Observância de acórdão em IRDR e incidente de assunção de competência

Como dito, o CPC-2015 alargou a aplicação do instituto da reclamação para qualquer tribunal. O inciso IV do artigo 988 faz menção expressa ao seu cabimento em dois instrumentos que tem o condão de uniformizar a jurisprudência dos tribunais, que são o incidente de resolução de demandas repetitivas – IRDR (art. 976 a 987) e incidente de assunção de competência (art. 947).

O julgamento desses incidentes tem por objetivo formar um precedente obrigatório, a ser observado pelos órgãos jurisdicionais inferiores. Desrespeitada a decisão proferida no IRDR ou no incidente de assunção de competência, é cabível a reclamação. Vale destacar que a utilização da reclamação pode ser manejada ainda que a decisão a ser desafiada não esteja sujeita a recurso ao tribunal que proferiu o precedente. Vejam-se enunciados dos Fórum Permanente de Processualistas Civis sobre essa temática:

> **En. 349.** (arts. 982, § 5º e 988) Cabe reclamação para o tribunal que julgou o incidente de resolução de demandas repetitivas caso afrontada a autoridade dessa decisão.
>
> **En. 558.** (art. 988, IV, § 1º; art. 927, III; art. 947, § 3º) Caberá reclamação contra decisão que contrarie acórdão proferido no julgamento dos incidentes de resolução de demandas repetitivas ou de assunção de competência para o tribunal cujo precedente foi desrespeitado, ainda que este não possua competência para julgar o recurso contra a decisão impugnada.

A aplicação do enunciado tem lugar, por exemplo, nos casos em que o tribunal fixou um precedente que foi desrespeitado por um juízo nos Juizados Especiais da Fazenda Pública. O recurso contra a sentença do juizado é examinado pela turma recursal, e não pelo tribunal. Ainda assim, de modo a garantir a observância do julgamento do IRDR, é cabível a reclamação.

4.6. Cumulação da reclamação com outros meios de impugnação

A reclamação pode ser utilizada ao lado de outros meios de impugnação da decisão judicial ou do ato administrativo. É o que estabelece a parte final do art. 7º da Lei nº 11.417/2006:

5. No mesmo sentido: CUNHA, Leonardo José Carneiro da. op. cit., p. 623.

> **Art. 7º** Da decisão judicial ou do ato administrativo que contrariar enunciado de súmula vinculante, negar-lhe vigência ou aplicá-lo indevidamente caberá reclamação ao Supremo Tribunal Federal, sem prejuízo dos recursos ou outros meios admissíveis de impugnação.

No mesmo sentido, o CPC deixa claro que eventual inadmissibilidade ou julgamento de recurso interposto contra a decisão não prejudica a reclamação (art. 988, § 6º).

Ao tratarmos da tutela provisória destacamos a possibilidade de se utilizar, a um só tempo, o agravo de instrumento, o pedido de suspensão e a reclamação. De fato, cada um desses mecanismos processuais tem raio de atuação diverso. O agravo busca a reforma ou anulação da decisão; o pedido de suspensão objetiva somente a retirada da eficácia, ou seja, da cessação da produção de efeitos; e a reclamação se volta à preservação da competência ou autoridade da decisão do tribunal, mediante a cassação da decisão impugnada (art. 992).

Portanto, nada impede que a reclamação seja utilizada em concomitância com quaisquer outros meios de impugnação da decisão judicial ou do ato administrativo.

4.7. Hipóteses de não cabimento da reclamação

Examinadas as hipóteses em que a reclamação é cabível, cumpre verificar quando esse instrumento não pode ser utilizado.

4.7.1. *Decisão transitada em julgado*

Quanto à decisão judicial, é preciso que não tenha havido o seu trânsito em julgado. Quer dizer, embora não haja a definição de um prazo para propositura da reclamação, o remédio constitucional somente tem cabimento enquanto não transitada em julgado a decisão a ser atacada. Essa regra (art. 988, § 5º, inc. I) já estava consolidada por súmula do Supremo Tribunal Federal:

> **Súmula. 734.** Não cabe reclamação quando já houver transitado em julgado o ato judicial que se alega tenha desrespeitado decisão do Supremo Tribunal Federal.

O objetivo da súmula – e do dispositivo legal que a reproduz no CPC-2015 – é evitar que a reclamação sirva de supedâneo da ação rescisória, como forma de cassar decisões já transitadas em julgado.[6] É preciso entender o enunciado em

6. FERREIRA FIILHO, Roberval; VIEIRA, Albino Carlos Martins; COSTA, Mauro José Gomes da. *Súmulas do Supremo Tribunal Federal: organizadas por assunto, anotadas e comentadas*. 2ª ed., rev., ampl. e atual. Salvador: Jus Podivm, 2009, p. 314.

seus devidos termos. A decisão a ser protegida, na maior parte dos casos, estará transitada em julgado (ou estará preclusa, em caso de decisão interlocutória). A decisão a ser atacada, aquela que viola a autoridade do tribunal é que não pode ter transitado em julgado.

Pense-se, por exemplo, em acórdão do STJ em recurso especial que determina a forma de cumprimento de uma obrigação. Baixados os autos ao primeiro grau de jurisdição, para iniciar a fase de cumprimento da decisão, o juiz determina o cumprimento em modo diverso. Cabe reclamação ao STJ contra essa decisão do juiz de primeiro grau.

O marco de verificação do trânsito em julgado é o momento da propositura da reclamação. Naquele momento, a decisão não pode ter transitado em julgado. Se, no curso do processamento da ação constitucional, sobrevém o trânsito em julgado da decisão atacada, a reclamação não perde o objeto.[7]

4.7.2. *Acórdão de RExt com repercussão geral ou no regime de repetitivos*

O CPC também veda a utilização da reclamação na hipótese de recurso extraordinário com repercussão geral ou de recurso no regime de repetitivos, enquanto não esgotadas as instâncias ordinárias (art. 988, § 5º, inc. II).

4.7.3. *Ato administrativo com recurso pendente*

Quanto ao ato administrativo, destacamos acima que, em relação à súmula vinculante, é preciso que haja o esgotamento da via administrativa, conforme previsão do § 1º do art. 7º da Lei nº 11.417/2006. É dizer, pendente recurso da decisão tomada na esfera administrativa, não há possibilidade de utilização da reclamação.

4.7.4. *Ato legislativo*

Além disso, a reclamação não é cabível contra lei elaborada pelo Poder Legislativo em sentido contrário a uma decisão do tribunal, ainda que do STF. Aqui prevalece o princípio da separação dos Poderes, pois o Legislativo, cujos membros representam a vontade do povo e dos estados-membros, é livre para discutir e elaborar atos normativos. A limitação da atuação legislativa decorre da Constituição, à qual deve obediência – como ocorre com todos os Poderes e todos os membros

7. CUNHA, Leonardo José Carneiro da. op. cit., p. 615.

da sociedade –, de modo que o ato normativo editado pelo Poder Legislativo deve ser impugnado através da ação direta de inconstitucionalidade.

4.8. Recursos e ônus sucumbenciais

Os recursos cabíveis contra a decisão na reclamação são os embargos de declaração, o agravo interno, o recurso especial e extraordinário do julgamento de reclamação por tribunal.

Em relação aos ônus sucumbenciais, há divergência entre doutrina e jurisprudência. STF e STJ entendem não haver condenação em honorários advocatícios e custas processuais.[8] Diferentemente, no âmbito doutrinário, para aqueles que entendem que a reclamação tem natureza jurídica de ação, a conclusão é a de que o vencido deve ser condenado nos ônus sucumbenciais.[9]

Esse é, por exemplo, o entendimento do Fórum Permanente de Processualistas Civis:

> **En. 661.** (arts. 988 e 85) É cabível a fixação de honorários advocatícios na reclamação, atendidos os critérios legais.

4.9. Reclamação contra decisões de Juizados Especiais

A Resolução nº 12/2009 do Superior Tribunal de Justiça dispunha sobre o processamento de reclamações para dirimir divergências entre o entendimento daquela Corte e de turmas recursais dos Juizados Especiais Cíveis.

Essa hipótese de aplicação da reclamação foi construída pela jurisprudência, a partir da percepção de que não havia um recurso expresso para desafiar a interpretação da legislação infraconstitucional dada por turmas recursais dos Juizados Especiais Cíveis.

O STJ, na qualidade de intérprete da norma infraconstitucional, deve possuir mecanismos para impor seu entendimento aos demais órgãos jurisdicionais. Nesse contexto, foi editada a Resolução nº 12/2009, que disciplinava o cabimento da reclamação contra decisões de turmas recursais de Juizados Especiais Estaduais.

A partir do advento do CPC-2015, a base normativa para aplicação da reclamação deixa de ser a Resolução nº 12/2009 e passa a ser o próprio Código de

8. STJ: Rcl 2.017/RS, Rel. Min. Jane Silva (Desembargadora convocada do TJ/MG), 3ª Seção, julgado em 08/10/2008.
9. Nesse sentido: CUNHA, Leonardo José Carneiro da. op. cit., p. 632.

Processo Civil. Diante de uma decisão proferida por turma recursal que deixe de observar precedente proferido pelo STJ, caberá reclamação para preservar a interpretação da corte superior.

Com isso, o CPC revoga tacitamente a Resolução nº 12/2009 do STJ.[10] Em 2016, diante do CPC, o STJ revogou expressamente a Resolução nº 12/2009 (Emenda regimental nº 22/2016). Em complemento, a Corte editou a Resolução nº 03/2016, que fixa a competência das câmaras reunidas ou da seção especializada dos Tribunais de Justiça para julgar reclamações destinadas a dirimir divergência entre acórdão de Turma Recursal e jurisprudência do STJ. Trata-se de uma delegação de competência em flagrante desacordo a Constituição, já que é do STJ a atribuição para julgamento da matéria.

Questões de Concurso

► **01. (AGU/Adv. União – 2012 – CESPE)** Por ter natureza jurídica de direito constitucional de petição, a reclamação não se sujeita à coisa julgada material.

► **02. (AGU/Adv. União – 2012 – CESPE)** Interposta reclamação em face de ato judicial que tenha contrariado preceito consagrado em súmula vinculante do STF em matéria constitucional, esse tribunal poderá anular ou reformar a decisão exorbitante.

► **03. (PGE-PA – 2012)** Acerca da Reclamação Constitucional, assinale a alternativa CORRETA:

a) A reclamação constitucional constitui remédio processual idôneo para assegurar a autoridade de provimentos do Supremo Tribunal Federal desrespeitados por decisões transitadas em julgado, proferidas por Tribunal de Justiça Estadual.

b) De acordo com o plenário do Supremo Tribunal Federal, é cabível, em caráter excepcional, a reclamação prevista na alínea "f" do inciso I do art. 105 da Constituição Federal, para fazer prevalecer, até a criação da turma de uniformização dos juizados especiais estaduais, a jurisprudência do STJ na interpretação da legislação infraconstitucional, a ser aviada perante o próprio Superior Tribunal de Justiça.

c) É cabível a reclamação para fazer prevalecer a jurisprudência do Supremo Tribunal Federal, ainda que não dotada de efeito vinculante e que o Reclamante não tenha participado da lide que originou o acórdão paradigma.

d) De acordo com o entendimento atual do Supremo Tribunal Federal, a Constituição Federal de 1988 somente autoriza o manejo de Reclamação perante os Tribunais Superiores, inexistindo a possibilidade de sua utilização perante as Cortes Estaduais.

e) Havendo relevância na matéria constitucional suscitada, caberá o aviamento de Reclamação perante o Supremo Tribunal Federal como instrumento recursal.

---

10. CUNHA, Leonardo Carneiro da. op. cit., 2016, p. 697.

► **04. (Petrobrás/Adv. – 2012 – Cesgranrio)** Contra o ato da administração pública que contrariar enunciado de súmula vinculante, o uso da reclamação somente será admitido após o esgotamento das vias administrativas.

PORQUE

O princípio da jurisdição una ou inafastabilidade do controle jurisdicional não tem aplicação nas causas que envolvem a Administração Pública.

Analisando-se as afirmações acima, conclui-se que

a) as duas afirmações são verdadeiras, e a segunda justifica a primeira.

b) as duas afirmações são verdadeiras, e a segunda não justifica a primeira.

c) a primeira afirmação é verdadeira, e a segunda é falsa.

d) a primeira afirmação é falsa, e a segunda é verdadeira.

e) as duas afirmações são falsas.

► **05. (Procurador PGE-MT – 2016 – FCC)** Segundo o novo Código de Processo Civil, a reclamação

a) é cabível diante da inobservância de Súmula de qualquer Tribunal.

b) somente pode ser proposta perante os Tribunais Superiores.

c) fica prejudicada diante da inadmissibilidade ou do julgamento do recurso interposto contra a decisão proferida pelo órgão reclamado.

d) pode ser utilizada mesmo após o trânsito em julgado da decisão, por não se tratar de recurso.

e) é cabível para garantir a observância de precedente proferido em julgamentos de casos repetitivos, a fim de dar correta aplicação da tese jurídica.

► **06. (Analista judiciário – TRT 24ª Região – FCC - 2017)** No que concerne à Reclamação, na sistemática do Código de Processo Civil, e consoante entendimento jurisprudencial do Supremo Tribunal Federal e do Superior Tribunal de Justiça, é correto afirmar:

a) O cabimento da reclamação proposta perante o Supremo Tribunal Federal para garantir a autoridade de decisão proferida sob a sistemática da repercussão geral está condicionado ao esgotamento da instância ordinária.

b) É admissível a reclamação proposta após o trânsito em julgado da decisão reclamada.

c) A inadmissibilidade ou o julgamento interposto contra a decisão proferida pelo órgão reclamado prejudica a reclamação.

d) Ao despachar a reclamação, o relator, dentre outras providências, determinará a citação do beneficiário da decisão impugnada, que terá prazo de 10 dias para apresentar sua contestação.

e) Não é permitido a qualquer interessado impugnar o pedido do reclamante.

Questão	Gabarito	Breves comentários
01	Errado	V. item 3.
02	Errado	CR, art. 103-A, § 3º; v. item 4.3.
03	B	V. item 4.7.
04	C	Lei nº 11.417/2006, art. 7º, § 1º; v. item 4.3.
05	E	Art. 988, IV; v. item 4.5
06	A	v. item 4.7.2.

CAPÍTULO XIII

AÇÃO MONITÓRIA

1. INTRODUÇÃO

A ação monitória está prevista nos artigos 700 a 702 do Código de Processo Civil. Trata-se de procedimento próprio a tutelar o sujeito ativo de relação obrigacional (pecuniária, de fazer ou não fazer e de dar coisa), cujo vínculo jurídico está demonstrado por prova escrita sem eficácia de título executivo. Em outras palavras, aquele que possui crédito em face de outrem sem eficácia executiva pode-se valer desse procedimento, cuja principal característica é permitir a formação do título executivo judicial de modo mais ágil do que no procedimento ordinário.

Como exemplos de utilização da ação monitória, podem-se citar o cheque prescrito (STJ, súm. 299) e a dívida de cheque especial da conta bancária – ou, mais tecnicamente, o contrato de abertura de crédito em conta-corrente, acompanhado do demonstrativo de débito (STJ, súm. 247).

No que se refere ao direito processual público, não há dúvidas quanto ao cabimento da ação monitória ajuizada pelo Estado. Embora possa se valer da formação da certidão de dívida ativa e da cobrança de seu crédito através da Lei de Execuções Fiscais, há relações de crédito do Estado que não se enquadram no conceito de dívida ativa, sendo então cabível a propositura da ação monitória. O ponto central é verificar a aplicabilidade desse procedimento especial em face do ente público.

2. AÇÃO MONITÓRIA EM FACE DO PODER PÚBLICO

Em relação à utilização da ação monitória em face do ente público, houve intensa discussão doutrinária e jurisprudencial sobre seu cabimento, diante do modelo de pagamento de dívidas adotado no nosso sistema jurídico, o precatório (CR, art. 100). Aqueles contrários ao cabimento da monitória sustentavam ainda a falta de interesse de agir no procedimento em face do Estado, uma vez que o ente público não pode atender voluntariamente ao mandado de pagamento. Por fim, diante da não produção dos efeitos da revelia, a ausência dos embargos monitórios não poderia levar à imediata formação do título executiva contra o Estado.[1]

A despeito desses argumentos, a jurisprudência do Superior Tribunal de Justiça consolidou-se no sentido do cabimento da ação monitória:

> **Súmula 339.** É cabível ação monitória contra a Fazenda Pública.

O entendimento que já estava consolidado na jurisprudência do STJ passou a ser previsto no direito positivo, pois o CPC-2015 fez menção expressa ao cabimento da ação monitória em face do Poder Público (art. 700, § 6º).

Nesse procedimento, o réu é citado com prazo de 15 dias úteis para cumprimento da obrigação e pagamento de honorários de 5% do valor da causa. No caso do Poder Público, esse prazo é contado em dobro em razão do artigo 183. A defesa é feita por meio de embargos monitórios, que são apresentados nos próprios autos (art. 702). Se a defesa for apenas parcial, ou seja, se não for impugnada a integralidade do valor, o juízo pode mandar autuar em separado os embargos, de modo a permitir a constituição do título executivo quanto à parcela incontroversa (art. 702, § 7º).

Caso o Poder Público não apresente os embargos, os autos devem ser remetidos em remessa necessária ao tribunal (art. 701, § 4º).

3. ISENÇÃO DE CUSTAS

Na ação monitória, o réu é citado para pagar a dívida ou oferecer embargos. Estabelece o § 1º do artigo 701 que o réu ficará isento de custas se der cumprimento ao mandado, ou seja, se pagar ou entregar a coisa objeto do litígio. No CPC-1973, a isenção era mais ampla, pois alcançava também os honorários advocatícios; o CPC-2015 deu tratamento mais favorável à atuação da advocacia ao preservar o dever de pagar honorários.

Em relação ao ente público, não basta o seu reconhecimento da dívida para eximi-lo do pagamento desses valores, conforme destacou o Superior Tribunal de Justiça; o ente público deve efetuar o pagamento integral da dívida, através da dotação orçamentária já existente no momento da formação do título.[2] Embora o julgado tenha sido proferido à luz do CPC-1973, não há mudança ontológica de dispositivos legais que indiquem possível mudança do entendimento jurisprudencial.

1. As críticas ao cabimento da ação monitória em face da Fazenda Pública são encontradas em: CUNHA, Leonardo José Carneiro da. op. cit., pp. 445-451.
2. REsp 1170037/RJ, Rel. Min. Castro Meira, 2ª Turma, julgado em 04/02/2010.

4. FORMA DE PAGAMENTO

Em que pesem os fundamentos apresentados na decisão acima, parece-nos que a forma de pagamento da dívida na ação monitória deve seguir o regime geral de precatório ou obrigação de pequeno valor, conforme estabelece a própria Constituição da República (art. 100).

Após a constituição do título – seja na hipótese de ausência de embargos ou na de sua improcedência –, o adimplemento da obrigação pecuniária segue o rito dos artigos 534 e 535 do Código de Processo Civil.

CAPÍTULO XIV

MANDADO DE SEGURANÇA

1. INTRODUÇÃO

O mandado de segurança está previsto na Constituição da República no rol dos direitos e garantias fundamentais – no art. 5º, inciso LXIX. Trata-se do remédio constitucional voltado à tutela do cidadão contra a prática de atos abusivos ou ilegais pelo Estado. Sua regulação atual é feita pela Lei nº 12.016/2009, que substituiu a já bastante antiga Lei nº 1.533/51.

É tema importante no estudo do direito processual público, uma vez que o polo passivo da demanda é ocupado por uma pessoa jurídica de direito público ou, ao menos, por uma pessoa jurídica de direito privado no exercício de atribuições do Poder Público.[1] O litígio no mandado de segurança envolve, quase inexoravelmente, o interesse público ou um regime jurídico de direito material público.

O interesse público no mandado de segurança está consubstanciado na preservação da legitimidade e constitucionalidade da atuação da Administração Pública. Por um lado, o remédio constitucional serve de ferramenta ao particular diante da abusividade e ilegalidade da ação estatal. De outro lado, deve-se perceber essa ação constitucional como instrumento de controle da atuação pública – controle este desejado também pelo próprio Poder Público. Afinal, se o Estado existe para atender a seus cidadãos, se deve atuar pautado nos ditames constitucionais, se deve perseguir o bem comum, então um Estado Democrático de Direito deve ansiar por possuir instrumentos de controle de sua atividade.

A existência de controle inibe a má conduta, os desvios. A só previsão da ferramenta de controle já deve induzir o agente público a sempre atuar em obediência à

1. Aproveitamos para fazer um esclarecimento quanto à linguagem adotada neste capítulo. Ao nos referirmos àquele que ocupa o polo passivo do mandado de segurança, utilizamos mais comumente as expressões "ente público", "pessoa jurídica de direito público" ou "impetrado". Não há dúvida, porém, quanto ao cabimento da ação constitucional contra ato praticado por pessoa jurídica de direito privado. Trata-se apenas de uma opção fruto da nossa atuação prática na advocacia pública.

Constituição da República, com os olhos voltados a atender a sociedade. Quando o particular se utiliza do mandado de segurança – ou de outra ação constitucional – para corrigir o rumo da atuação estatal, essa correção não deve ser encarada como derrota para o Estado. Muito pelo contrário, a correção de rumo que leva o Estado de volta a uma atuação legítima deve ser vista com naturalidade. O desejo de todos – do Estado inclusive e principalmente – é que a Constituição da República, com seus princípios e valores, seja atendida, obedecida, materializada no dia a dia da sociedade.

2. CARACTERÍSTICAS

O mandado de segurança é marcado por diversas peculiaridades que o diferenciam de outras ações existentes no sistema jurídico. Por isso, é preciso abordá-las destacadamente.

2.1. Conceito e natureza jurídica

O conceito do mandado de segurança pode ser obtido a partir de sua previsão constitucional. A redação do art. 5º, inciso LXIX da Constituição da República é a seguinte:

> **Art. 5º.** [...]
>
> LXIX – conceder-se-á mandado de segurança para proteger direito líquido e certo, não amparado por *habeas corpus* ou *habeas data*, quando o responsável pela ilegalidade ou abuso de poder for a autoridade pública ou agente de pessoa jurídica no exercício de atribuições do Poder Público.

Não há dúvida em afirmar, diante da previsão constitucional, que se trata de um direito fundamental a um procedimento especial, ou seja, todos têm o direito fundamental a um procedimento rápido e efetivo, o procedimento de mandado de segurança, para proteger qualquer direito líquido e certo, individual ou coletivo – não amparado por *habeas corpus* ou *habeas data*.[2] É cláusula pétrea, inderrogável por emenda constitucional.

---

2. Nesse sentido, dando destaque ao mandado de segurança como um procedimento jurisdicional especial: BUENO, Cassio Scarpinella. *Curso... Vol. 2, t. III*. p. 14. Em sentido um pouco diverso, conferindo ao mandado de segurança a natureza jurídica de ação: CUNHA, Leonardo José Carneiro da. op. cit., p. 464. Parece-me que a distinção é mais terminológica do que ontológica, pois ambos esses autores são firmes em afirmar que o mandado de segurança é um procedimento/ação especial mais célere, dirigida contra os desvios de conduta do Poder Público, previsto(a) na Constituição como direito fundamental. Particularmente, agrada-nos mais a lição do prof. Cassio Scarpinella Bueno, pois observamos

A previsão constitucional apresenta diversas características do mandado de segurança que serão, a seguir, examinadas.

2.2. Formas de tutela

O princípio da inafastabilidade do controle jurisdicional estabelece que o Poder Judiciário pode conhecer de qualquer lesão ou ameaça de lesão a direito (CR, art. 5º, inc. XXXV). Daí decorre que o mandado de segurança pode ser tanto preventivo quanto repressivo, conforme se preste a tutelar direito ameaçado ou já lesionado.

Por outro lado, o mandado de segurança também pode ser classificado como individual ou coletivo.

2.3. Direito líquido e certo

Ao verificar a previsão do mandado de segurança na Constituição da República, lê-se que se trata de ação hábil para a tutela de direito líquido e certo. A compreensão do significado e alcance da expressão "direito líquido e certo" já foi objeto de intensas discussões doutrinárias.

Por direito líquido e certo, deve-se entender aquela situação jurídica cuja demonstração e comprovação pode ser feita de plano, mediante prova documental – também comumente chamada de prova pré-constituída. O mandado de segurança se mostra cabível quando o impetrante afirma a ocorrência de um ato ilegal ou abusivo da autoridade pública e apresenta documentos para tentar provar sua afirmação.

A verificação da compatibilidade da afirmação com as provas juntadas é o mérito da demanda. Para atestar a presença das condições da ação – sempre com base forte na teoria da asserção –, basta a afirmação do demandante.

Assim, diante da ilegalidade ou abusividade estatal passível de demonstração documental, está aberta a via do mandado de segurança ao jurisdicionado. Se aquela situação jurídica apresentada pelo impetrante não puder ser demonstrada por documentos prontamente, não significa que lhe faleça o direito. Embora não seja possível seguir pela via do mandado de segurança, aquele que se afirma titular do direito lesado ou ameaçado pelo Poder Público pode propor quaisquer outras ações, cujo procedimento mais longo lhe permita ampla produção probatória, como o processo de conhecimento. Por isso, o direito líquido e certo é apenas uma condição da ação no mandado de segurança, verificada no interesse de agir.[3]

o direito de ação em caráter mais amplo, como o direito fundamental de provocar o exercício da função Jurisdicional (CR, art. 5º, inc. XXXV); a partir daí o que há são diversos procedimentos de distintos graus cognitivos que procuram se amoldar às peculiaridades do direito material em exame.

3. BUENO, Cassio Scarpinella. *Curso... Vol. 2, t. III*, p. 41; MEDINA, José Miguel Garcia; *et alli.* op. cit., p. 456.

Importante questão pacificada no âmbito jurisprudencial diz respeito à compreensão de que qualquer matéria jurídica pode ser levada ao conhecimento do juízo, pela via do mandado de segurança, independentemente de sua complexidade. Foi o que pontificou o Supremo Tribunal Federal:

> **Súmula 625.** Controvérsia sobre matéria de direito não impede concessão de mandado de segurança.

A súmula serviu para afastar um entendimento, hoje já superado, de que causas de maior complexidade jurídica, acerca das quais não havia sólido entendimento doutrinário ou jurisprudencial, impediam a concessão do mandado de segurança. Para a via do mandado de segurança, o requisito é prova documental acerca dos fatos – o direito líquido e certo –, independentemente do grau de complexidade da análise que deve ser feita pelo juízo.

Há situação excepcional em que a demanda é proposta através de petição inicial que não vem acompanhada de documentos comprobatórios do direito alegado e, ainda assim, é admissível a via do mandado de segurança. Trata-se do caso em que a documentação está em poder do próprio ente público. A hipótese é disciplinada pelos parágrafos 1º e 2º do artigo 6º da Lei nº 12.016/2009. Proposta a demanda, o juiz ordenará a exibição do documento (§ 1º); caso a autoridade que retenha o documento seja a própria coatora, a ordem judicial é comunicada através do próprio instrumento de notificação (§ 2º).

Interessante observar a interpretação dada pelo Superior Tribunal de Justiça em hipótese fática das mais comuns nas ações de mandado de segurança, o fornecimento de medicamentos. Como elemento de prova, o impetrante invariavelmente junta laudos médicos para demonstrar seu *direito líquido e certo* à obtenção do medicamento. O problema é que esse elemento de prova é produzido unilateralmente pelo particular e, por isso, precisa passar pelo crivo do contraditório. Como esclareceu a Corte Superior, os laudos médicos são apenas mais um elemento de prova, e não vinculam o magistrado.[4]

O julgado serve de importante orientação para aqueles que litigam no direito processual público – sejam advogados particulares ou advogados públicos.

2.4. Residual em relação ao *habeas corpus* e ao *habeas data*

De acordo com a previsão constitucional, o mandado de segurança é cabível para proteção de direito líquido e certo não amparado por *habeas corpus* ou *habeas data*. Assim, é preciso conhecer as hipóteses de cabimento dessas ações constitucionais para delimitar o alcance do mandado de segurança.

4. AgRg no RMS 46.373/RO, Rel. Min. Mauro Campbell Marques, 2ª Turma, julgado em 16/04/2015.

O bem jurídico objeto de tutela pelo *habeas corpus* é o direito de locomoção (CR, art. 5º, inc. LXVIII), ou seja, a liberdade de ir, vir, ficar e permanecer. Na imensa maioria das vezes, o *habeas corpus* é utilizado no âmbito criminal, seja no curso de inquérito policial, seja no processo penal. Em menor ocorrência, também se apresentam hipóteses de utilização dessa ação constitucional na esfera cível, notadamente no que se refere à prisão do devedor de alimentos.

Por sua vez, o *habeas data* está previsto na Constituição como o instrumento jurídico hábil a **(i)** assegurar o conhecimento de informações contidas em registro ou bancos de dados de entidades públicas; ou **(ii)** retificar dados desses cadastros (CR, art. 5º, inc. LXXII).

Assim, é possível delimitar o âmbito de cabimento do mandado de segurança. Trata-se da ação cabível para tutelar o direito violado ou ameaçado por ato ilegal ou abusivo do Poder Público (ou pessoa diversa no exercício de atribuições públicas), direito este diverso do de locomoção ou de obtenção ou retificação de informações ou dados.[5]

2.5. Ilegalidade ou abuso de poder

Ainda destrinchando a previsão constitucional para o mandado de segurança, é preciso examinar o conteúdo da expressão "*ilegalidade ou abuso de poder*".

A primeira ponderação a fazer se refere ao fato de que o abuso de poder é, sem dúvida, uma ilegalidade. A previsão constitucional poderia referir-se somente a ilegalidade, o que já abrangeria o abuso de poder. Assim, a menção ao abuso de poder é uma forma de dar ênfase ao cabimento do *writ* nesse segundo caso.[6] O certo é que qualquer ato administrativo, discricionário ou vinculado, que não obedeça à Constituição ou à legislação infraconstitucional, pode ser objeto de verificação pelo mandado de segurança.

2.6. Autoridade pública

Conforme se depreende da previsão constitucional, o mandado de segurança será concedido diante de ato ilegal ou abuso de poder cometido por "*autoridade pública ou agente de pessoa jurídica no exercício de atribuições do Poder Público*" (CR, art. 5º, inc. LXIX). O exame do conceito de autoridade pública é importante,

5. BUENO, Cassio Scarpinella. *Curso... Vol. 2, t. III*, p. 42.
6. Nesse sentido: CARVALHO FILHO, José dos Santos. *Manual de direito administrativo.* 11ª ed. rev., ampl. e atual. Rio de Janeiro: Lumen Juris, 2004, p. 856. Há doutrina de direito administrativo (Celso Antonio Bandeira de Mello) em sentido contrário, que procura diferenciar o ato ilegal, que se liga ao ato vinculado, e o abuso de poder, relacionado ao ato discricionário.

porque é através de sua identificação que se fixa a competência para processamento e julgamento do mandado de segurança.

Em redação um pouco diversa da norma constitucional, a Lei nº 12.016/2009 procura traçar mais especificamente os contornos do conceito de autoridade pública:

> **Art. 1º** Conceder-se-á mandado de segurança para proteger direito líquido e certo, não amparado por habeas corpus ou habeas data, sempre que, ilegalmente ou com abuso de poder, qualquer pessoa física ou jurídica sofrer violação ou houver justo receio de sofrê-la por parte de autoridade, seja de que categoria for e sejam quais forem as funções que exerça.
>
> § 1º Equiparam-se às autoridades, para os efeitos desta Lei, os representantes ou órgãos de partidos políticos e os administradores de entidades autárquicas, bem como os dirigentes de pessoas jurídicas ou as pessoas naturais no exercício de atribuições do poder público, somente no que disser respeito a essas atribuições.
>
> § 2º Não cabe mandado de segurança contra os atos de gestão comercial praticados pelos administradores de empresas públicas, de sociedade de economia mista e de concessionárias de serviço público.
>
> **Art. 6º. [...]**
>
> § 3º Considera-se como autoridade coatora aquela que tenha praticado o ato impugnado ou da qual emane a ordem para a sua prática.

O conceito de autoridade pública para fins de impetração do mandado de segurança é amplo, engloba agentes públicos da Administração Direta e Indireta, bem como particulares, seja pessoa natural ou jurídica. O conceito chave para a compreensão do cabimento da ação constitucional é o exercício de função pública, seja em toda sua atividade ou apenas parte dela.

Conforme estabelece o § 1º do art. 1º da Lei nº 12.016/2009, o conceito de autoridade inclui não só os agentes públicos, como também dirigentes ou representantes de pessoas jurídicas de direito privado no exercício de atribuições do Poder Público.

O Supremo Tribunal Federal possui súmula que, conquanto antiga, transmite essa orientação:

> **Súmula 510.** Praticado o ato por autoridade no exercício de competência delegada, contra ela cabe o mandado de segurança ou a medida judicial.

Na redação do enunciado, a expressão "*competência delegada*" tem o sentido de função pública.[7]

7. BUENO, Cassio Scarpinella. *Curso... Vol. 2, t. III*. p. 44.

Em relação às empresas públicas e sociedades de economia mista, pessoas jurídicas de direito privado, o cabimento do mandado de segurança tem lugar diante do exercício de suas funções públicas. É o que se extrai da interpretação, *a contrario sensu*, do § 2º do artigo 1º. Ao estabelecer o não cabimento do mandado de segurança contra atos de gestão comercial, a Lei nº 12.016/2009 pretendeu, na verdade, permitir sua impetração em relação ao exercício da função pública – notadamente, verifica-se o seu cabimento em licitações e concursos públicos.

A esse respeito, há súmula do Superior Tribunal de Justiça:

> **Súmula 333.** Cabe mandado de segurança contra ato praticado em licitação promovida por sociedade de economia mista ou empresa pública.

Assim, o que atrai o cabimento do mandado de segurança é a verificação do exercício de função pública.

Outro aspecto a considerar é que a autoridade coatora no mandado de segurança não é o mero agente executor da ordem, mas sim aquele que pratica o ato ou dá a ordem para sua prática – na dicção do § 3º do artigo 6º. A autoridade coatora é o agente com competência para a prática do ato, aquele com poder de decisão.[8] O ato que dá ensejo ao mandado de segurança é o ato decisório ilegal ou abusivo, e não o mero ato executório.

Em se tratando de ato administrativo complexo – aquele cuja manifestação de vontade se aperfeiçoa através da congregação de manifestações de vontades de mais de um órgão administrativo –, tem-se por autoridade coatora aquele que deve proferir a última manifestação de vontade. É o que se depreende da súmula do Supremo Tribunal Federal sobre a matéria:

> **Súmula 627.** No mandado de segurança contra a nomeação de magistrado da competência do presidente da república, este é considerado autoridade coatora, ainda que o fundamento da impetração seja nulidade ocorrida em fase anterior do procedimento.

Em relação à omissão administrativa, a autoridade coatora a ser indicada na impetração é aquela a quem a lei outorga competência para a prática do ato.

2.7. Prazo de impetração

De acordo com o artigo 23 da Lei nº 12.016/2009, seguindo a mesma orientação da lei anterior, o prazo para impetração do mandado de segurança é de 120 dias, contados da ciência do ato ilegal ou abusivo pelo interessado.

8. MEIRELLES, Hely Lopes; WALD, Arnoldo; MENDES, Gilmar Ferreira. *Mandado de segurança e ações constitucionais*. 32ª ed., atual. de acordo com a Lei nº 12.016/2009, p. 31; BUENO, Cassio Scarpinella. *Curso... Vol. 2, t. III*, p. 54; CUNHA, Leonardo José Carneiro da. op. cit., p. 461.

O primeiro ponto a destacar se refere à sua natureza jurídica. Majoritariamente, entende-se que o prazo de 120 dias é decadencial, ou seja, vencido tal período, a parte interessada não tem mais direito ao acesso à via procedimental célere do mandado de segurança.[9]

A partir da previsão legal, é preciso verificar a compatibilidade desse prazo com a Constituição da República. Há importante posicionamento doutrinário contrário à constitucionalidade do prazo de 120 para impetração do mandado de segurança, ao argumento de que a lei não pode limitar o exercício desse direito fundamental, se a própria Constituição não o limitou.[10]

Esse, porém, não é o entendimento majoritário, pois prevalece em doutrina e jurisprudência que tal limitação ao uso do procedimento do mandado de segurança é constitucional.[11] Nesse sentido, o Supremo Tribunal Federal já editou súmula:

> **Súmula 632.** É constitucional lei que fixa o prazo de decadência para a impetração de mandado de segurança.

No mesmo enunciado, o STF consolidou seu entendimento acerca da natureza jurídica do prazo (decadencial) e também sua constitucionalidade.

De fato, parece-nos que há compatibilidade entre a previsão do mandado de segurança como direito fundamental na Constituição e a fixação de prazo para seu exercício. Primeiro, porque é possível a regulação e limitação do exercício de direitos fundamentais. Não se trata de norma infraconstitucional que o aniquila ou o anula. Segundo, não se veda ao jurisdicionado o completo acesso ao Judiciário. Seu direito de ação, seu direito de provocar o exercício do Poder Jurisdicional (CR, art. 5º, inc. XXXV) não foi terminantemente obstado. O que se fecha é uma via de acesso, um procedimento, o mandado de segurança. A tutela do direito material do autor ainda pode ser obtida através de outros procedimentos.

Diante disso, a previsão sobre prazo e modo de exercício dos direitos fundamentais é compatível com a Constituição. Naturalmente, se a lei previsse um prazo extremamente curto para o uso do mandado de segurança (ex.: 72 horas), seria possível argumentar que o prazo obsta o exercício dessa garantia fundamental. Entretanto, o prazo de 120 dias não parece ser desproporcional ou

9. Nesse sentido, dentre muitos: MEIRELLES, Hely Lopes; WALD, Arnoldo; MENDES, Gilmar Ferreira. op. cit., p. 57. Em sentido diverso, entendendo que o prazo não é decadencial e nem prescricional, mas sim específico, extintivo de uma faculdade: CUNHA, Leonardo José Carneiro da. op. cit., p. 519.
10. É a posição enfática de: BUENO, Cassio Scarpinella. *Curso... Vol. 2, t. III*, p. 84.
11. Nesse sentido: MEIRELLES, Hely Lopes; WALD, Arnoldo; MENDES, Gilmar Ferreira. op. cit., p. 57; CUNHA, Leonardo José Carneiro da. op. cit., p. 520.

curto demais. Assim, conclui-se que o prazo legal para impetração do mandado de segurança é constitucional.

Por se tratar de prazo decadencial, seu decurso não é suspenso ou interrompido. O início da contagem do prazo de 120 dias se dá com a verificação de que o ato se tornou capaz de produzir efeitos e afetar a esfera patrimonial do impetrante – na lição de autorizada doutrina, o ato deve estar completo, operante e exequível.[12]

Assim, o ato administrativo que causa lesão a direito líquido e certo desafia mandado de segurança, cujo prazo de impetração se inicia com sua comunicação formal ao interessado (futuro impetrante), através de Diário Oficial ou de intimação pessoal.[13]

Se na via administrativa o interessado ainda dispuser de recurso administrativo com efeito suspensivo, não é cabível o mandado de segurança, pois seu direito não ainda está ameaçado, nem foi lesado. Decidida a questão definitivamente na esfera administrativa, feita a comunicação do julgamento ao interessado, inicia-se o prazo para impetração do mandado de segurança.

Quanto ao início da contagem do prazo, é importante notar que somente o recurso administrativo, com efeito suspensivo – e não o pedido de reconsideração –, interrompe o curso do prazo decadencial do mandado de segurança. É antiga a lição do Supremo Tribunal Federal nesse sentido:

> **Súmula 430.** O pedido de reconsideração na via administrativa não interrompe o prazo para o mandado de segurança.

Ainda sobre o recurso na esfera administrativa, há doutrina que distingue as hipóteses em que o recurso com efeito suspensivo depende da prestação de caução, daqueles outros em que o recurso administrativo possui o efeito suspensivo independentemente de caução.[14] Vale lembrar que há súmula vinculante sobre o assunto:

> **Súmula vinculante 21.** É inconstitucional a exigência de depósito ou arrolamento prévios de dinheiro ou bens para admissibilidade de recurso administrativo.

Assim, vedada a exigência de depósito prévio (caução), a interposição de recurso com efeito suspensivo impede a produção de efeitos do ato administrativo e, via de consequência, não flui o prazo para impetração do mandado de segurança. Não

12. MEIRELLES, Hely Lopes; WALD, Arnoldo; MENDES, Gilmar Ferreira. op. cit., p. 58.
13. MEIRELLES, Hely Lopes; WALD, Arnoldo; MENDES, Gilmar Ferreira. op. cit., p. 58; CUNHA, Leonardo José Carneiro da. op. cit., p. 520.
14. A distinção é encontrada em: MEIRELLES, Hely Lopes; WALD, Arnoldo; MENDES, Gilmar Ferreira. op. cit., p. 58.

se trata aqui de hipótese de interrupção ou suspensão do prazo da ação constitucional – como dito acima, o prazo é decadencial, motivo por que, iniciado seu curso, não se interrompe. A questão é que a decisão administrativa sujeita a recurso desde que proferida ainda não está apta a produzir efeitos.[15] Portanto, incabível o mandado de segurança no caso.

Em relação à prática de atos de trato sucessivo, em que há violação periódica do direito do impetrante, o prazo para impetração também se renova sucessivamente.[16] Por exemplo, se mensalmente a Administração Pública efetua um desconto indevido nos vencimentos do servidor, o mandado de segurança para fazer cessar tal ilegalidade pode ser proposto enquanto for praticada aquela conduta. Na verdade, não há propriamente renovação sucessiva do prazo de impetração, mas sim o início de um novo prazo a cada verificação de nova lesão ao direito do impetrante.

Confira-se manifestação do Superior Tribunal de Justiça sobre o assunto:

> 2. Não decaiu o direito de impetrar o mandado de segurança, pois os descontos impugnados são efetivados continuamente, mês a mês, de modo que o ato coator é sucessivo, ou seja, renova-se toda a vez que os descontos são lançados no contra-cheque da impetrante. Precedentes: [...]
>
> 3. O Sr. Ministro de Estado da Defesa e o Sr. comandante do Exército são partes legítimas para figurarem no polo passivo de mandado de segurança impetrado por viúva e beneficiária de anistiado político, que pretende fazer cessar os descontos a título de imposto de renda e de contribuição previdenciária na pensão percebida por si. Precedentes[...]
>
> 4. O Sr. diretor de Inativos e Pensionistas do Exército, a despeito de ser parte legítima para responder mandado de segurança versando sobre descontos a título de FUSEX, não ostenta foro especial por prerrogativa de função no STJ, razão pela qual ressoa a incompetência desta Corte relativamente a esse ponto. Precedentes: [...]
>
> 5. A pretensão lançada para ser devolvido o valor concernente aos descontos já implementados encontra óbice nas Súmulas nº 269 e 271 do STF, as quais ostentam, respectivamente, os seguintes teores: "[o] mandado de segurança não é substitutivo de ação de cobrança e "[c]oncessão de mandado de segurança não produz efeitos patrimoniais em relação a período pretérito, os quais devem ser reclamados administrativamente ou pela via judicial própria". Precedentes: [...]
>
> 6. Segurança parcialmente concedida.
>
> (MS 19.246/DF, Rel. Min. Benedito Gonçalves, 1ª Seção, julgado em 14/05/2014, DJe 20/05/2014)

15. Vale aqui o mesmo raciocínio da sentença judicial sujeita a recurso com efeito suspensivo. Conforme célebre lição de Barbosa Moreira (*Comentários ao Código de processo civil, vol. V.* Rio de Janeiro: Forense), a sentença já vem ao mundo jurídico com seus efeitos suspensos e a apelação apenas prolonga esse estado de incapacidade.
16. MEIRELLES, Hely Lopes; WALD, Arnoldo; MENDES, Gilmar Ferreira. op. cit., p. 59.

Diversa é a situação em que há declaração expressa da Administração contrária ao direito pleiteado pelo servidor. No mesmo exemplo, se o servidor faz pedido administrativo para cessar o desconto que entende indevido, e a Administração rejeita sua pretensão expressamente, o prazo para impetração se inicia com essa decisão, e não se renova sucessivamente. Nesse caso, a violação não é sucessiva, mas única, no momento da decisão da Administração contrária ao impetrante. O raciocínio é o mesmo daquele delineado para a prescrição de pretensões em face do Estado, apresentado anteriormente (vide cap. III).

Por fim, em relação à omissão administrativa, não há prazo para impetração do mandado de segurança, uma vez que não há marco de início da contagem.

3. SISTEMÁTICA DE APLICAÇÃO

Embora o mandado de segurança seja uma ação residual em relação ao *habeas corpus* e ao *habeas data*, seu campo de aplicação, na verdade, é vastíssimo. A atuação pública rende ensejo a milhares de novas ações diariamente, que buscam tutelar direitos lesados ou ameaçados de lesão em diferentes circunstâncias fáticas. É por isso que a jurisprudência sobre o mandado de segurança é tão extensa e abarca diferentes hipóteses de cabimento da ação constitucional.

Reunimos neste tópico o exame de diferentes situações de cabimento ou não cabimento do mandado de segurança, de modo a possibilitar ao leitor a verificação do modo como o mandado de segurança é utilizado em nosso ordenamento jurídico.

3.1. Ato legislativo

O ato normativo, por excelência, prevê uma hipótese geral e abstrata de regulação social, através da previsão em abstrato de um comportamento humano e de uma respectiva eficácia jurídica. A lei em tese não é atacável pela via do mandado de segurança, uma vez que não se caracteriza como ato ilegal ou abusivo de uma autoridade pública a violar ou ameaçar de violação o direito de um interessado individualmente. A edição de uma lei decorre de um processo legislativo que se reputa, *a priori*, hígido, levado a efeito pelos representantes do povo. As incompatibilidades entre a previsão legal (geral e abstrata) e a Constituição são resolvidas através dos mecanismos próprios do controle de constitucionalidade, difuso ou concentrado.

Assim, o mandado de segurança não é instrumento jurídico adequado para se obter a tutela jurídica contra o ato normativo geral e abstrato, a lei. Esse entendimento está consolidado por súmula já antiga do Supremo Tribunal Federal:

➔ **Súmula 266.** Não cabe mandado de segurança contra lei em tese.

Do exposto, verifica-se que a lei, geral e abstrata, não pode ser objeto de mandado de segurança. Diversa é a situação do ato administrativo que se baseia na lei; este sim pode perfeitamente ser atacado pela ação constitucional. É que a violação ou ameaça de violação ao direito individual do impetrante se configura com a prática do ato administrativo – e não com a edição de lei geral e abstrata. Inclusive, para fins de contagem do prazo de 120 dias, não se deve ter por termo inicial a edição da lei ou ato normativo, mas sim a data da prática do ato administrativo.

Até aqui, reiteramos que a lei não desafia o mandado de segurança, porque se trata de norma geral e abstrata de alcance geral. Entretanto, há leis e atos normativos de efeitos concretos, que possuem destinatários certos, ou seja, falta-lhes justamente o caráter de generalidade e abstração. Funcionam como verdadeiros atos administrativos que atingem diretamente a esfera de direitos do particular.

Em relação a tais leis e atos normativos de efeitos concretos, é possível a impetração de mandado de segurança pelo interessado que teve seu direito lesado ou ameaçado de lesão. Nesse caso, o prazo de 120 dias para a propositura da ação constitucional começa a correr da data em que o ato normativo passou a produzir efeitos – seja a data de sua publicação ou outro marco temporal por ele indicado.

Fixado o entendimento de que a lei geral e abstrata não desafia o mandado de segurança, é preciso destacar a peculiar hipótese do cabimento da ação constitucional no curso do processo legislativo. A Constituição da República disciplina o processo legislativo nos artigos 59 e seguintes, no que é seguida por outros diplomas legais como a Lei Complementar nº 95/1998, os regimentos internos das Casas Legislativas e outros atos normativos.

Conforme já consolidado entendimento doutrinário[17] e jurisprudencial sobre o assunto, o parlamentar tem direito líquido e certo a um processo legislativo hígido, que respeite os ditames constitucionais e legais. Diante da prática de desvios no curso regular do procedimento de edição de leis ou da legítima atuação parlamentar – como *v.g.* a instauração de comissão parlamentar de inquérito[18] –, é possível a impetração de mandado de segurança para correção de rota.[19]

3.2. Ato de que caiba recurso administrativo

O art. 5º da Lei nº 12.016/2009 apresenta três hipóteses em que o mandado de segurança não é cabível:

> **Art. 5º** Não se concederá mandado de segurança quando se tratar:

17. MEIRELLES, Hely Lopes; WALD, Arnoldo; MENDES, Gilmar Ferreira. op. cit., p. 37.
18. STF: MS 26441, Relator Min. Celso de Mello, Tribunal Pleno, julgado em 25/04/2007.
19. STJ: RMS 38.430/AM, Rel. Min. Benedito Gonçalves, 1ª Turma, julgado em 13/08/2013.

> I – de ato do qual caiba recurso administrativo com efeito suspensivo, independentemente de caução;
>
> II – de decisão judicial da qual caiba recurso com efeito suspensivo;
>
> III – de decisão judicial transitada em julgado.

A previsão do inciso I veda a concessão do mandado de segurança contra "*ato do qual caiba recurso administrativo com efeito suspensivo, independentemente de caução*". De início, deve-se atentar para a redação da súmula vinculante 21, que considera inconstitucional a exigência de depósito ou arrolamento de bens como requisito à admissibilidade do recurso administrativo.

No que tange à previsão legal, é preciso esclarecer que o dispositivo não exige o prévio exaurimento da via administrativa. Se assim fosse, estaríamos diante de norma inconstitucional por violar o princípio da inafastabilidade do controle jurisdicional (CR, art. 5º, inc. XXXV). O que se extrai do dispositivo é que o cabimento de recurso administrativo com efeito suspensivo impede a produção de efeitos do ato administrativo contestado. Como indicamos anteriormente, para ser objeto de apreciação pela via do mandado de segurança, o ato deve ser exequível e operante, ou seja, deve produzir efeitos, deve interferir na esfera jurídica do interessado. Transcorrido o prazo sem a interposição do recurso administrativo ou diante da renúncia ao direito de recorrer administrativamente, o interessado pode buscar a tutela de seu direito através da ação constitucional. O que não se admite é a concomitância do recurso administrativo com efeito suspensivo com o mandado de segurança. Dentro dessa linha de raciocínio, se o recurso administrativo não for dotado de recurso com efeito suspensivo, o mandado de segurança poderá ser impetrado imediatamente.[20]

3.3. Ato judicial

O inciso II do art. 5º prevê a vedação do uso do mandado de segurança em relação à decisão judicial da qual caiba recurso com efeito suspensivo.

Sobre o tema, há antiga súmula do Supremo Tribunal Federal:

> **Súmula 267.** Não cabe mandado de segurança contra ato judicial passível de recurso ou correição.

A súmula do STF estava afinada com a antiga Lei do Mandado de Segurança, Lei nº 1.533/1951, que previa não caber mandado de segurança quando se tratava

20. MEIRELLES, Hely Lopes; WALD, Arnoldo; MENDES, Gilmar Ferreira. op. cit., p. 40; CUNHA, Leonardo José Carneiro da. op. cit., p. 511.

"*de despacho ou decisão judicial, quando haja recurso previsto nas leis processuais ou possa ser modificado por via de correção*".

A redação legal atual impede a utilização do mandado de segurança em caso "*de decisão judicial da qual caiba recurso com efeito suspensivo*" (art. 5º, inc. II). Não é bem assim. O dispositivo demanda maior esforço do aplicador da norma do que a simples interpretação literal. O que se deve extrair da redação legal é que o mandado de segurança não é cabível quando ao recurso puder ser atribuído o efeito suspensivo. Afinal, há recursos que não possuem o efeito suspensivo *ope legis*, mas a suspensão dos efeitos da decisão pode ser obtida por decisão do juízo *ad quem*, ou seja, *ope judicis* (CPC-2015, art. 1.012, § 4º, sobre a apelação e art. 1.019, I, agravo de instrumento). Como regra geral, deve-se entender que não cabe mandado de segurança contra ato judicial recorrível. O efeito suspensivo do recurso pode ser obtido através de pedido no corpo do recurso, medida cautelar e até mesmo petição avulsa dirigida ao Tribunal *ad quem*, de modo que o mandado de segurança não é o instrumento jurídico adequado para tal fim.[21]

Excepcionalmente, o mandado de segurança contra decisão judicial é cabível diante da inexistência de recurso apto a tutelar o direito do interessado. É o caso do terceiro prejudicado, cujo prazo recursal já se tenha esgotado. Diante da inexistência de recurso adequado a proteger-lhe o direito, deve-se admitir a impetração do mandado de segurança.[22]

O entendimento foi consolidado pelo Superior Tribunal de Justiça através de súmula:

> **Súmula 202.** A impetração de segurança por terceiro, contra ato judicial, não se condiciona à interposição de recurso.

De acordo com a jurisprudência do Superior Tribunal de Justiça, o cabimento do mandado de segurança contra ato judicial depende da comprovação de dois requisitos específicos, para além dos pressupostos da impetração: **(i)** a inexistência de recurso adequado à impugnação da decisão judicial; e **(ii)** a demonstração de que a decisão é teratológica, por abuso de poder ou ilegalidade. Nesse sentido:

> 1. A impetração de mandado de segurança contra decisões judiciais só é adequada quando, inexistente recurso ao qual se possa atribuir efeito suspensivo, padeça

---

21. Nesse sentido: CUNHA, Leonardo José Carneiro da. op. cit., p. 512. Em sentido contrário, entendendo possível a impetração do mandado de segurança em concomitância com o recurso próprio, como modo de obter a sustação dos efeitos da decisão ou de conceder efeito suspensivo ao recurso: MEIRELLES, Hely Lopes; WALD, Arnoldo; MENDES, Gilmar Ferreira. op. cit., pp. 41-45. Embora defendam seu cabimento, os autores reconhecem que emprego do mandado de segurança com o objetivo de atribuir efeito suspensivo ao recurso caiu em desuso.
22. CUNHA, Leonardo José Carneiro da. op. cit., p. 513; MEIRELLES, Hely Lopes; WALD, Arnoldo; MENDES, Gilmar Ferreira. op. cit., p. 46.

de teratologia, seja por manifesta ilegalidade ou por abuso de poder. A respeito: AgRg no RMS 45.841/RS, Rel. Ministro Benedito Gonçalves, Primeira Turma, DJe 23/02/2015; AgRg no MS 21.368/MG, Rel. Ministro Mauro Campbell Marques, Corte Especial, DJe 19/12/2014.

2. No caso, a impetrante-recorrente é expressa quanto à seu objetivo de rescindir o acórdão que lhe foi contrário por meio do mandado de segurança, o que não é possível, mormente se considerando que há recurso pendente de análise pelo STJ (AREsp 356.615/SP). O fato de não ter logrado êxito no 2º grau de jurisdição não permite que utilize o mandado de segurança como sucedâneo de recurso ou ação rescisória, ao pretexto de que o acórdão é ilegal, muito menos em concomitância com o recurso adequado à pretensão já interposto.

3. Agravo regimental não provido.

(AgRg no RMS 46.513/SP, Rel. Min. Benedito Gonçalves, 1ª Turma, julgado em 19/03/2015, DJe 30/03/2015)

Dessa forma, para o cabimento do mandado de segurança contra a decisão de conversão do agravo pelo relator ou para modificar a decisão sobre concessão de efeito suspensivo ou de antecipação da tutela recursal, é preciso demonstrar que a decisão foi teratológica, baseada em abuso de poder ou ilegalidade. Não basta demonstrar o *error in judicando* daquela decisão.

No âmbito dos Juizados Especiais, o mandado de segurança também tem sido utilizado com frequência contra decisões proferidas por seus membros, diante da ausência de previsão do cabimento de recurso próprio na Lei nº 9.099/1995. O ponto já foi consolidado pela jurisprudência do Superior Tribunal de Justiça através de súmula:

Súmula 376. Compete à turma recursal processar e julgar o mandado de segurança contra ato de juizado especial.

Ainda em relação à utilização do mandado de segurança contra ato judicial, já se consolidou entendimento quanto ao seu não cabimento contra decisão transitada em julgado. Antes do advento da Lei nº 12.016/2009, que expressamente vedou a utilização da ação mandamental nessa hipótese (art. 5º, inc. III), a matéria fora objeto de súmula do Supremo Tribunal Federal:

Súmula 268. Não cabe mandado de segurança contra decisão judicial com trânsito em julgado.

A súmula foi editada diante da ausência de referência legal à hipótese na antiga Lei nº 1.533/1951. A coisa julgada só pode ser atacada pela via da ação rescisória[23], e não por mandado de segurança. A previsão da nova lei consolida esse entendimento.

23. Deixamos aqui de nos referir às hipóteses de relativização da coisa julgada e de seus instrumentos, uma vez que não é o objeto de nosso estudo. É certo que hoje, além da ação rescisória, já há

O mandado de segurança contra ato judicial traz ainda uma peculiaridade. Não há necessidade de notificação da pessoa jurídica de direito público a que pertence o juízo que praticou o ato impugnado. No caso, falta interesse processual na participação do ente público. Há, apenas, o litisconsórcio passivo entre a autoridade coatora e o beneficiário do ato impugnado.[24]

3.3.1. *Agravo, taxatividade mitigada e o cabimento de mandado de segurança*

O CPC-2015 teve como um de seus objetivos reduzir as possibilidades de recursos ao longo da marcha processual – a extinção dos embargos infringentes é um exemplo, mas o mais marcante foi o estabelecimento de um rol de decisões agraváveis, previsto no artigo 1.015. A sistemática do Código é a de que as matérias não impugnáveis não precluiriam, de modo que o Tribunal poderia examinar novamente o tema na apelação. Esse rol levou a inúmeros debates quanto à sua natureza, se taxativo ou exemplificativo. O STJ chegou a um entendimento de que o rol é de taxatividade mitigada – o que é uma contradição terminológica flagrante. Confira-se a decisão da Corte Especial:

> 1- O propósito do presente recurso especial, processado e julgado sob o rito dos recursos repetitivos, é definir a natureza jurídica do rol do art. 1.015 do CPC/15 e verificar a possibilidade de sua interpretação extensiva, analógica ou exemplificativa, a fim de admitir a interposição de agravo de instrumento contra decisão interlocutória que verse sobre hipóteses não expressamente previstas nos incisos do referido dispositivo legal.
>
> 2- Ao restringir a recorribilidade das decisões interlocutórias proferidas na fase de conhecimento do procedimento comum e dos procedimentos especiais, exceção feita ao inventário, pretendeu o legislador salvaguardar apenas as "situações que, realmente, não podem aguardar rediscussão futura em eventual recurso de apelação".
>
> 3- A enunciação, em rol pretensamente exaustivo, das hipóteses em que o agravo de instrumento seria cabível revela-se, na esteira da majoritária doutrina e jurisprudência, insuficiente e em desconformidade com as normas fundamentais do processo civil, na medida em que sobrevivem questões urgentes fora da lista do art. 1.015 do CPC e que tornam inviável a interpretação de que o referido rol seria absolutamente taxativo e que deveria ser lido de modo restritivo.
>
> 4- A tese de que o rol do art. 1.015 do CPC seria taxativo, mas admitiria interpretações extensivas ou analógicas, mostra-se igualmente ineficaz para a

previsão de relativização da coisa julgada em relação à declaração de inconstitucionalidade de norma declarada pelo Supremo Tribunal Federal, conforme prevê o art. 475-L, § 1º e art. 741, p.ú. do CPC.

24. CUNHA, Leonardo José Carneiro da. op. cit., p. 518.

> conferir ao referido dispositivo uma interpretação em sintonia com as normas fundamentais do processo civil, seja porque ainda remanescerão hipóteses em que não será possível extrair o cabimento do agravo das situações enunciadas no rol, seja porque o uso da interpretação extensiva ou da analogia pode desnaturar a essência de institutos jurídicos ontologicamente distintos.
>
> 5- A tese de que o rol do art. 1.015 do CPC seria meramente exemplificativo, por sua vez, resultaria na repristinação do regime recursal das interlocutórias que vigorava no CPC/73 e que fora conscientemente modificado pelo legislador do novo CPC, de modo que estaria o Poder Judiciário, nessa hipótese, substituindo a atividade e a vontade expressamente externada pelo Poder Legislativo.
>
> 6- Assim, nos termos do art. 1.036 e seguintes do CPC/2015, **fixa-se a seguinte tese jurídica**: O rol do art. 1.015 do CPC é de taxatividade mitigada, por isso admite a interposição de agravo de instrumento quando verificada a urgência decorrente da inutilidade do julgamento da questão no recurso de apelação.
>
> 7- Embora não haja risco de as partes que confiaram na absoluta taxatividade com interpretação restritiva serem surpreendidas pela tese jurídica firmada neste recurso especial repetitivo, eis que somente se cogitará de preclusão nas hipóteses em que o recurso eventualmente interposto pela parte tenha sido admitido pelo Tribunal, estabelece-se neste ato um regime de transição que modula os efeitos da presente decisão, a fim de que a tese jurídica somente seja aplicável às decisões interlocutórias proferidas após a publicação do presente acórdão.
>
> 8- Na hipótese, dá-se provimento em parte ao recurso especial para determinar ao TJ/MT que, observados os demais pressupostos de admissibilidade, conheça e dê regular prosseguimento ao agravo de instrumento no que tange à competência.
>
> 9- Recurso especial conhecido e provido.
>
> (REsp 1704520/MT, Rel. Min. Nancy Andrighi, Corte Especial, julgado em 05/12/2018, DJe 19/12/2018)

O entendimento sobre taxatividade mitiga gera mais insegurança no sistema, porque há um critério subjetivo para análise do julgador, que é a verificação da urgência decorrente da inutilidade do julgamento da questão em sede de apelação. Os julgados do STJ demonstram que há hipóteses de decisões no curso do procedimento em que não está claro se a decisão é agravável ou não. É nesse contexto que há espaço para impetração do mandado de segurança. Confira-se, mais uma vez, o STJ:

> 1. A doutrina e a jurisprudência majoritárias admitem o manejo do mandado de segurança contra ato judicial, pelo menos em relação às seguintes hipóteses excepcionais: a) decisão judicial teratológica; b) decisão judicial contra a qual não caiba recurso; c) para imprimir efeito suspensivo a recurso desprovido de tal efeito; e d) quando impetrado por terceiro prejudicado por decisão judicial.

> 2. No caso em apreço, o mandado de segurança foi impetrado contra ato judicial que afastou a competência das Varas de Fazenda Pública para processar e julgar a ação de usucapião, por entender não ter sido comprovado que o imóvel situa-se em área de terras públicas a ensejar interesse do Estado. Assim, **diante da existência de dúvida razoável sobre o cabimento de agravo de instrumento**, na vigência do Código de Processo Civil de 2015, contra decisão interlocutória que examina competência - considerando a existência de entendimentos divergentes no âmbito desta Corte de Justiça e da afetação de recurso especial representativo de controvérsia para discussão desse tema -, entende-se adequada a impetração do mandamus.
>
> 3. O mandado de segurança visa proteger direito líquido e certo ameaçado ou violado por ato ilegal ou abusivo de autoridade, o qual deve ser demonstrado, de plano, pelo impetrante, na petição inicial, por meio da juntada de documentos inequívocos - a chamada prova pré-constituída -, inexistindo, pois, espaço, na via mandamental, para dilação probatória.
>
> 4. Na hipótese, é forçoso reconhecer a inexistência de comprovação pelo impetrante do alegado direito líquido e certo. Isso, porque, com a inicial do mandamus, não junta nenhum documento que demonstre a alegação trazida, quanto à natureza pública da área discutida na ação de usucapião, a ensejar a competência da Vara de Fazenda Pública para processar e julgar a aludida ação. Argumenta, outrossim, a existência de ação discriminatória, porém não traz aos autos nenhuma informação que corrobore sua afirmação. Além disso, salienta o impetrante, na petição do presente recurso ordinário, que a referida ação discriminatória foi supervenientemente sentenciada, com o reconhecimento de que o imóvel usucapiendo encontra-se inserido em área devoluta. Contudo, também não traz aos autos elementos que confirmem o alegado. Desse modo, diante da ausência de prova pré-constituída, não está demonstrado o direito líquido e certo alegado pelo impetrante para o deslocamento da competência para a Vara de Fazenda Pública.
>
> 5. Recurso ordinário a que se nega provimento.
>
> (RMS 58.578/SP, Rel. Min. Raul Araújo, 4ª Turma, julgado em 18/10/2018, DJe 25/10/2018)

A análise dos dois julgados acima nos dá a impressão de como o STJ cria espaços de insegurança e dificuldade e, em paralelo, soluções, ainda que ineficientes. Se não é cabível o agravo do art. 1.015 à primeira vista, então a solução é construir o entendimento de que o rol não é 'assim' tão taxativo. Como isso gera ainda mais insegurança, então aumenta-se o espaço de aplicação do mandado de segurança contra decisões judiciais, ao argumento de dúvida razoável. No fundo, é um grande contrassenso ver o Tribunal criar soluções para problema que... ele mesmo criou.

3.3.2. *Mandado de segurança em processo criminal*

Ainda dentro da análise do cabimento de mandado de segurança contra ato judicial, o STJ examinou diversos casos em que a impetração era utilizada para buscar a atribuição de efeito suspensivo em recurso criminal interposto pelo MP.

A Corte consolidou o não cabimento de mandado de segurança:

> **Súmula 604.** O mandado de segurança não se presta para atribuir efeito suspensivo a recurso criminal interposto pelo Ministério Público.

3.4. Ato disciplinar

A antiga lei do mandado de segurança, Lei nº 1.533/1951 vedava a concessão do mandado de segurança em relação ao "*ato disciplinar, salvo quando praticado por autoridade incompetente ou com inobservância de formalidade essencial*" (art. 5º, inc. III). Quer dizer, o regramento antigo não permitia o exame do mérito administrativo, mas tão somente os seus aspectos formais, extrínsecos. Já à luz da lei antiga a doutrina defendia a inconstitucionalidade da vedação diante da amplitude constitucional do mandado de segurança.[25]

A nova lei, em silêncio eloquente, não previu a vedação do mandado de segurança contra atos disciplinares. O significado não é outro senão o seu cabimento, ou seja, o mandado de segurança pode, perfeitamente, desafiar decisões de caráter disciplinar. E há diversos exemplos na jurisprudência a esse respeito.[26]

Em suma, o mandado de segurança é instrumento hábil para análise de ato de natureza disciplinar.

3.5. Compensação tributária

O mandado de segurança pode ser utilizado pelo contribuinte para obter declaração de direito à compensação tributária. Nesse sentido, há súmula do Superior Tribunal de Justiça:

> **Súmula 213.** O mandado de segurança constitui ação adequada para a declaração do direito à compensação tributária.

No entanto, o alcance da previsão sumular se limita à declaração do direito à compensação. Se o contribuinte espontaneamente efetua a compensação, por sua

25. MEIRELLES, Hely Lopes; WALD, Arnoldo; MENDES, Gilmar Ferreira. op. cit., p. 48.

26. Dentre muitos, cite-se: MS 17.534/DF, Rel. Min. Humberto Martins, 1ª Seção, julgado em 12/03/2014.

conta e risco, não se pode impedir que haja a fiscalização da Fazenda Pública. Nesse sentido:

> **Súmula 460.** É incabível o mandado de segurança para convalidar a compensação tributária realizada pelo contribuinte.

Conforme se verifica do entendimento do STJ, o objeto do mandado de segurança pode ser a declaração do direito à compensação, mas não pode limitar o direito do Poder Público de verificar a acuidade da operação realizada pelo contribuinte.

4. PARTES

No mandado de segurança, em regra, os atores processuais são o impetrante, a autoridade coatora, a pessoa jurídica de direito público e o Ministério Público. Há diversos pontos a tratar em relação a cada um desses.

4.1. Legitimidade ativa

De acordo com a previsão do art. 1º da Lei nº 12.016/2009, o mandado de segurança pode ser impetrado por qualquer pessoa física ou jurídica. Na verdade, o rol de legitimados é mais amplo, pois o mandado de segurança pode ser impetrado por qualquer sujeito de direito, independentemente de personalidade jurídica. É dizer, todo titular de direitos e garantias em nosso ordenamento jurídico pode fazer uso do mandado de segurança para tutelá-los. A esse amplo rol de legitimados ordinários, que vão a juízo em nome próprio para pleitear direito próprio, deve-se incluir também os legitimados extraordinários, que tutelam direitos coletivos, como o Ministério Público e a Defensoria Pública.

A jurisprudência também já consagrou o cabimento do mandado de segurança por órgãos públicos (secretaria de estado, Tribunal de Contas, câmara legislativa etc.) para a tutela de competências e prerrogativas decorrentes do exercício de sua função pública. A eles é conferida personalidade judiciária, ou seja, embora não possuam personalidade jurídica própria para titularizar direitos, podem ir a Juízo na defesa de suas atribuições constitucionais e legais. De igual modo, o mandado de segurança também pode ser impetrado por pessoa jurídica de direito público para defesa de prerrogativa institucional.[27]-[28]. Essa posição, que era constantemente repetida pela Corte Superior, acabou sumulada posteriormente:

27. BUENO, Cassio Scarpinella. *Curso... Vol. 2, t. III*, p. 48; CUNHA, Leonardo José Carneiro da. op. cit., p. 476.
28. STJ: (AgRg no REsp 1277828/AM, Rel. Min. Mauro Campbell Marques, 2ª Turma, julgado em 15/03/2012)

Súmula 525. A Câmara de Vereadores não possui personalidade jurídica, apenas personalidade judiciária, somente podendo demandar em juízo para defender os seus direitos institucionais.

O mesmo raciocínio é aplicado para os tradicionais entes despersonalizados – espólio, massa falida, herança jacente, condomínio e sociedade de fato –, que podem impetrar mandado de segurança para tutelar suas posições jurídicas.

Quanto ao litisconsórcio ativo, este é possível até o despacho liminar positivo, conforme previsão do § 2º do art. 10. A disposição legal veio para evitar burla ao princípio do juiz natural. É que a experiência demonstrou que comumente se impetrava mandado de segurança com pedido de liminar; concedida a antecipação, diversas outras pessoas, na mesma situação fático-jurídica do impetrante original, requeriam o ingresso como litisconsórcio ativo (intervenção litisconsorcial), de modo a se beneficiarem dos efeitos daquela decisão. Se por um lado essa conduta evitava o nefasto efeito da "*jurisprudência lotérica*" – em que pessoas na mesma situação recebiam respostas diferentes a suas pretensões –, por outro lado o princípio do juiz natural não era respeitado, pois os que ingressavam em litisconsórcio ativo facultativo ulterior podiam literalmente escolher o juízo que iria julgar sua pretensão.

A opção do legislador foi a de se alinhar ao princípio do juiz natural.[29]

No que tange à sucessão processual, o entendimento do Superior Tribunal de Justiça é o no sentido de que o regime do CPC não se aplica ao mandado de segurança.

No entender da Corte, o direito discutido em sede de mandado de segurança é de caráter personalíssimo e intransferível, pelo que pode haver tão somente a habilitação caso a demanda já esteja na fase de cumprimento (execução).[30]

4.2. Legitimidade passiva

Há diversos pontos importantes a tratar sobre a legitimidade passiva do mandado de segurança: quem ocupa o polo passivo; a aplicação da teoria da encampação; indicação errônea da autoridade coatora; a correção do polo passivo no CPC-2015; e o litisconsórcio passivo.

4.2.1. Polo passivo

A questão da legitimidade passiva no mandado de segurança é objeto de divergências doutrinárias. No passado, prevalecia o entendimento de que o réu no

29. BUENO, Cassio Scarpinella. *Curso... Vol. 2, t. III*, p. 52. O autor faz importante crítica à opção do legislador; não por fazer prevalecer o princípio do juiz natural, mas sim quanto ao marco temporal escolhido. Ao invés do despacho liminar positivo, melhor seria, segundo ele, a opção pelo momento do deferimento da liminar.

30. AgRg no ExeMS 115/DF, Rel. Min. Humberto Martins, 1ª Seção, julgado em 08/04/2015.

mandado de segurança era a autoridade coatora, ou seja, o agente público que praticava o ato tido como ilegal ou abusivo. Atualmente, o posicionamento majoritário defende que o polo passivo é ocupado pela pessoa jurídica à qual a autoridade coatora pertence. Isso porque o agente não atua em nome próprio, mas sim em nome da entidade. Por fim, há doutrinadores que defendem haver litisconsórcio necessário entre a autoridade coatora e a pessoa jurídica.[31]

A nosso sentir, o polo passivo no mandado de segurança é ocupado pela pessoa jurídica, e não pela autoridade coatora. Afinal, é a entidade, e não o servidor, que responde ao comando judicial emanado da sentença no mandado de segurança, ou seja, as consequências jurídicas (e financeiras) da demanda são suportadas pela pessoa jurídica a que pertence a autoridade. De igual modo, a coisa julgada se forma entre o impetrante e a pessoa jurídica.[32]

Em relação à corrente que defende haver litisconsórcio necessário, um dos argumentos apresentados é o de que a Lei nº 12.106/2009 previu expressamente o direito de recorrer à autoridade coatora.[33] Na verdade, parece-nos que o dispositivo que trata desse assunto, § 3º do art. 14, reforça a tese de que o demandado no mandado de segurança é a pessoa jurídica. É que o artigo 14 prevê o cabimento de apelação contra a sentença – sem se referir ao impetrante e à pessoa jurídica –, e o § 2º "estende" o direito de recorrer à autoridade. O dispositivo confere legitimidade recursal à autoridade coatora exatamente porque essa não é demandada do processo. Daí a necessidade de previsão expressa. Seu interesse é secundário e indireto; busca resguardar-se de eventual responsabilidade funcional pelo ato junto à pessoa jurídica.

Outro indicativo de que a autoridade coatora não é parte passiva: proposta a ação, a autoridade coatora é notificada para prestar informações (art. 7º, inc. I). Para praticar esse ato processual, a autoridade coatora não precisa estar representada por advogado. Não se trata de conferir à autoridade capacidade postulatória extraordinária. A questão é a que as informações não devem ser vistas como peça de defesa jurídica do ato (muito embora comumente tenham esse caráter), mas meio de prova para exame do juízo.[34] Não se faz (ou não se deveria fazer) qualquer

31. É a posição de: BUENO, Cassio Scarpinella. *Curso... Vol. 2, t. III*, p. 53; MEIRELLES, Hely Lopes; WALD, Arnoldo; MENDES, Gilmar Ferreira. op. cit., pp. 62-64. Em edições mais antigas, a posição defendida era a de que o polo passivo do mandado de segurança era ocupado pela autoridade coatora. A 32ª edição, atualizada com base na Lei nº 12.016/2009, trata do tema como hipótese de litisconsórcio necessário (v., em especial, nota de rodapé n. 107). Mais à frente, porém, a obra volta a perfilar o entendimento original, ao tratar da hipótese de ilegitimidade passiva por indicação equivocada da autoridade coatora (p. 66).
32. CUNHA, Leonardo José Carneiro da. op. cit., p. 479-480.
33. BUENO, Cassio Scarpinella. *Curso... Vol. 2, t. III*, p. 53.
34. CUNHA, Leonardo José Carneiro da. op. cit., p. 481. Contra, entendendo que as informações devem ser vistas como verdadeira contestação: BUENO, Cassio Scarpinella. *Curso... Vol. 2, t. III*, p. 59.

pleito nas informações, não se deduz pretensão; como a própria lei determina, a autoridade coatora informa. Nada mais. Por isso, não precisam ser elaboradas por advogado público.

Diante desses argumentos, conclui-se que o demandado no mandado de segurança é a pessoa jurídica a cujos quadros pertence a autoridade coatora.

4.2.2. *Teoria da encampação*

Superada a questão referente aos diversos entendimentos sobre quem ocupa o polo passivo da ação mandamental, cumpre observar a questão referente à indicação da autoridade coatora. É sabido que a estrutura organizacional da Administração Pública é bastante complexa, com inúmeros órgãos de diferentes atribuições. Para a impetração do mandado de segurança, o demandante deve indicar quem praticou o ato ilegal ou abusivo, a autoridade coatora. Ocorre que nem sempre a identificação do responsável pelo ato é simples. Por vezes, o impetrante indica uma autoridade que não detém a competência para a providência mandamental pleiteada. Como exemplo, imagine-se o caso de impetração de mandado de segurança que indica delegado da receita como autoridade coatora, mas na verdade a competência funcional para prática do ato cabe ao diretor regional de arrecadação.

Para identificar corretamente a autoridade coatora, o advogado do impetrante deve identificar quem é o agente público que pratica ou ordena o ato ilegal ou, ainda, quem detém competência para corrigir a suposta ilegalidade (art. 6º, § 3º). Não basta indicar a autoridade máxima do ente político, como o presidente, o governador e o prefeito.

Para disciplinar essa recorrente questão, a jurisprudência do Superior Tribunal de Justiça sedimentou a aplicação da teoria da encampação, cujo objetivo é evitar a extinção de inúmeros mandados de segurança por inadequação da indicação da autoridade coatora, o que afastaria a ação mandamental de seu papel constitucional tão importante.

Há requisitos específicos para aplicação dessa teoria, conforme jurisprudência já consolidada no Superior Tribunal de Justiça e hoje sumulada:

> **Súmula 628.** A teoria da encampação é aplicada no mandado de segurança quando presentes, cumulativamente, os seguintes requisitos: a) existência de vínculo hierárquico entre a autoridade que prestou informações e a que ordenou a prática do ato impugnado; b) manifestação a respeito do mérito nas informações prestadas; e c) ausência de modificação de competência estabelecida na Constituição Federal.

Conforme entendimento do STJ, para aplicação da teoria da encampação, é preciso o preenchimento dos seguintes requisitos:

a) existência de vínculo hierárquico entre a autoridade que prestou as informações e a que ordenou a prática do ato impugnado;

b) defesa do mérito do litígio nas informações prestadas;

c) ausência de modificação de competência estabelecida na Constituição da República.

Ainda que a autoridade alegue sua ilegitimidade para figurar no polo passivo, caso efetue a defesa de mérito do ato praticado, a teoria da encampação permite ao juiz julgar o litígio. Quanto à indicação errônea da autoridade, esta não pode levar à modificação de competências fixadas na Constituição da República. Como exemplo, cite-se o caso de mandado de segurança impetrado contra ato supostamente praticado por secretário de estado da receita, cuja competência para processar e julgar ações é do Tribunal de Justiça, mas na verdade o agente competente para praticar e desfazer o ato impugnado é agente de rendas, cuja competência é do juiz de direito do primeiro grau. Ainda que o secretário, em suas informações, com base no princípio da eventualidade, efetue a defesa jurídica do ato impugnado, o mérito do mandado de segurança não poderá ser examinado.

4.2.3. *Indicação errônea da autoridade coatora*

Em relação à consequência da indicação errônea da autoridade coatora, doutrina e jurisprudência seguem caminhos distintos. Na doutrina, entende-se majoritariamente que deve prevalecer a indicação correta da pessoa jurídica de direito público que integra a relação jurídica processual – ainda que a autoridade coatora apontada esteja equivocada. Assim, a indicação errônea da autoridade não passa de mera irregularidade, que não impede o desenvolvimento válido do processo e a prolação de sentença de mérito. A extinção do processo sem resolução está limitada às hipóteses em que o impetrante indica autoridade coatora que pertence aos quadros funcionais de pessoa jurídica diversa – por exemplo, indica autoridade estadual, mas deduz pretensão em face de ente federal.

A jurisprudência do Superior Tribunal de Justiça, porém, segue entendimento diverso. Na visão do STJ, a indicação errada da autoridade coatora, em regra, leva à extinção do processo sem resolução de mérito.[35] A exceção para que não ocorra a extinção está relacionada justamente à presença dos requisitos para aplicação da teoria da encampação.

4.2.4. *Correção do polo passivo no CPC-2015*

O CPC-2015 traz previsões a respeito da correção do polo passivo no procedimento ordinário, como se vê dos artigos 338 e 339:

35. MS 14.256/DF, Rel. Min. Moura Ribeiro, Rel. p/Acórdão Min. Marco Aurélio Bellizze, 3ª Seção.

Art. 338. Alegando o réu, na contestação, ser parte ilegítima ou não ser o responsável pelo prejuízo invocado, o juiz facultará ao autor, em 15 (quinze) dias, a alteração da petição inicial para substituição do réu.

Parágrafo único. Realizada a substituição, o autor reembolsará as despesas e pagará os honorários ao procurador do réu excluído, que serão fixados entre três e cinco por cento do valor da causa ou, sendo este irrisório, nos termos do art. 85, § 8º.

Art. 339. Quando alegar sua ilegitimidade, incumbe ao réu indicar o sujeito passivo da relação jurídica discutida sempre que tiver conhecimento, sob pena de arcar com as despesas processuais e de indenizar o autor pelos prejuízos decorrentes da falta de indicação.

§ 1º O autor, ao aceitar a indicação, procederá, no prazo de 15 (quinze) dias, à alteração da petição inicial para a substituição do réu, observando-se, ainda, o parágrafo único do art. 338.

§ 2º No prazo de 15 (quinze) dias, o autor pode optar por alterar a petição inicial para incluir, como litisconsorte passivo, o sujeito indicado pelo réu.

A sistemática do CPC tem inegável aplicação ao mandado de segurança. A esse respeito, o Fórum Permanente de Processualistas Civis editou dois enunciados:

En. 488. (art. 64, §§ 3º e 4º; art. 968, § 5º; art. 4º; Lei 12.016/2009) No mandado de segurança, havendo equivocada indicação da autoridade coatora, o impetrante deve ser intimado para emendar a petição inicial e, caso haja alteração de competência, o juiz remeterá os autos ao juízo competente.

En. 511. (art. 338, caput; art. 339; Lei nº 12.016/2009) A técnica processual prevista nos arts. 338 e 339 pode ser usada, no que couber, para possibilitar a correção da autoridade coatora, bem como da pessoa jurídica, no processo de mandado de segurança.

4.2.5. Litisconsórcio passivo

O ponto a tratar acerca do litisconsórcio não se dá em relação à divergência doutrinária sobre o legitimado no polo passivo (autoridade coatora, pessoa jurídica ou ambos), mas sim em relação à possibilidade de haver litisconsórcio passivo no mandado de segurança e suas consequências.

Não há dúvida quanto ao cabimento desse instituto no âmbito da ação constitucional, porque o artigo 24 da Lei nº 12.016/2009 expressamente o prevê – além de tratar do litisconsórcio ativo no § 2º do art. 10. A verificação da necessidade de litisconsórcio passivo necessário tem por base o artigo 114 do CPC: "*O litisconsórcio será necessário por disposição de lei ou quando, pela natureza da relação jurídica controvertida, a eficácia da sentença depender da citação de todos que devam ser litisconsortes.*"

Assim, por exemplo, se a impetração do mandado de segurança tem por objetivo questionar um ato que beneficia outra pessoa em detrimento do impetrante, o beneficiário do ato deverá ser citado como réu. A esse respeito, o Supremo Tribunal Federal editou súmula:

> **Súmula 631.** Extingue-se o processo de mandado de segurança se o impetrante não promove, no prazo assinado, a citação do litisconsorte passivo necessário.

Conforme entendimento já sedimento pelo STF, compete ao impetrante promover a citação do litisconsorte passivo necessário. Por promover a citação, entenda-se efetuar o requerimento ao juízo, indicar o endereço, recolher as custas para prática do ato, juntar contrafé.

4.3. Ministério Público

O Ministério Público atua no mandado de segurança como fiscal da lei. Conforme prevê o artigo 12 da Lei nº 12.016/2009, após o prazo para prestação de informações pela autoridade coatora, os autos devem ser remetidos ao órgão ministerial para sua manifestação no prazo improrrogável de 10 dias. A peculiaridade da Lei nº 12.016/2009 está na previsão do parágrafo único, ao estabelecer que, com ou sem a manifestação do Ministério Público, os autos serão conclusos para sentença.

O dispositivo pretende solucionar problema recorrente na prática judiciária, referente à demora para manifestação desse órgão. A jurisprudência do Superior Tribunal de Justiça já havia sedimentado o entendimento de que o parecer do Ministério Público não era imprescindível, sendo suficiente sua intimação para se manifestar.[36] Agora, a previsão do art. 12 se afina com o que já estava fixado no âmbito jurisprudencial. Em sede de mandado de segurança, é suficiente a intimação do Ministério Público para se manifestar.[37]

5. COMPETÊNCIA

A competência no mandado de segurança é fixada a partir da autoridade apontada como coatora na demanda. O critério estabelecido não é em razão da matéria, mas sim em razão da função exercida pela autoridade coatora.[38]

---

36. RMS 20.817/MG, Rel. Min. Humberto Martins, 2ª Turma, julgado em 13/05/2008.
37. BUENO, Cassio Scarpinella. *Curso... Vol. 2, t. III*, p. 66; CUNHA, Leonardo José Carneiro da. op. cit., p. 494; MEIRELLES, Hely Lopes; WALD, Arnoldo; MENDES, Gilmar Ferreira. op. cit., p. 70.
38. BUENO, Cassio Scarpinella. *Curso... Vol. 2, t. III*, p. 55; CUNHA, Leonardo José Carneiro da. op. cit., 500.

A verificação é feita a partir da constatação de qual pessoa jurídica de direito público deverá suportar as consequências da ordem judicial. Por exemplo, se a ordem judicial pleiteada for dirigida à União, autarquia ou fundação federal, a autoridade coatora se considera federal (art. 2º); logo, a demanda será proposta perante a Justiça Federal (CR, art. 109, VIII). Se a autoridade for estadual, a impetração deve ser feita junto à Justiça Estadual.

É preciso observar, ainda, se a autoridade coatora possui prerrogativa de foro à luz da Constituição da República ou da Constituição Estadual, de modo a aferir se a competência originária é do juízo de primeiro grau (juiz federal ou juiz de direito estadual), do juízo de segundo grau (Tribunal de Justiça ou Tribunal Regional Federal) ou ainda de Tribunais Superiores (STF ou STJ).

Há duas exceções à aplicação do critério funcional adotado para fixação de competência no mandado de segurança. Trata-se das hipóteses de impetração da ação constitucional em matéria eleitoral e trabalhista.[39]

O Código Eleitoral prevê no artigo 35, inciso III que compete aos juízes "decidir *habeas corpus* e mandado de segurança, em matéria eleitoral, desde que essa competência não seja atribuída privativamente a instância superior".

Quanto à matéria trabalhista, a previsão é constitucional (art. 114, inc. IV), que outorga à Justiça do Trabalho a competência para processar e julgar "os mandados de segurança, *habeas corpus* e *habeas data*, quando o ato questionado envolver matéria sujeita à sua jurisdição".

Como visto acima, a indicação errônea da autoridade coatora não deve levar à extinção do processo, mas sim à remessa dos autos ao juízo competente.

6. PROCEDIMENTO

O procedimento do mandado de segurança se inicia com a propositura da demanda, instrumentalizada na petição inicial, e se desenvolve até a prolação da sentença e o cumprimento da decisão.

O CPC-2015 estabelece em seus primeiros dispositivos normas fundamentais para o processo civil. O mandado de segurança, como não poderia deixar de ser, recebe influxos do novo sistema processual.

Nesse sentido, o Fórum Permanente de Processualistas Civis destacou essa inter-relação:

> **En. 235.** (arts. 7º, 9º e 10, CPC; arts. 6º, 7º e 12 da Lei 12.016/2009) Aplicam-se ao procedimento do mandado de segurança os arts. 7º, 9º e 10 do CPC.

39. CUNHA, Leonardo José Carneiro da. op. cit., p. 500-508.

6.1. Petição inicial

A petição inicial do mandado de segurança segue os mesmos parâmetros estabelecidos pelo Código de Processo Civil nos artigos 319 e 320 (Lei nº 12.016/2009, art. 6º): deve haver a indicação do juízo a que é dirigida; qualificação das partes; causa de pedir e pedido etc. É indispensável, até pela própria natureza da ação constitucional, a juntada dos documentos hábeis à demonstração do direito afirmado na petição inicial.

Caso os documentos necessários à prova do direito estejam em poder de terceiro (particular ou ente público), a impetrante deve informá-lo ao juízo para que seja expedido ofício ordenando a exibição do documento (art. 6º, § 1º). Se o documento estiver em poder da própria autoridade apontada como coatora, a ordem de exibição será feita na própria notificação (§ 2º).

Peculiaridade importante no mandado de segurança é a de que a petição inicial deve ser apresentada em duas vias, ambas com a prova documental com que se pretende provar o alegado (art. 6º). O objetivo é dar celeridade ao procedimento. Uma via será autuada e formará os autos do processo, enquanto a outra, com todos os documentos, será encaminhada à autoridade coatora. Além disso, uma terceira via é enviada ao órgão de representação da pessoa jurídica interessada, sem os documentos, para que se manifeste no feito (art. 7º, inc. I). Enfim, na atuação prática, o advogado que for propor a ação deverá imprimir quatro vias da petição inicial (uma que formará os autos; uma dirigida à autoridade coatora; uma destinada à pessoa jurídica; uma para seu arquivo pessoal); e possuir três vias da documentação (uma que formará os autos; uma destinada à autoridade coatora; uma para seu arquivo pessoal).

A petição inicial também pode ser apresentada por fax, telegrama, radiograma ou outro meio eletrônico (art. 4º). A previsão está em consonância com a caminhada firme do Poder Judiciário rumo ao "processo eletrônico". Nesse ponto, vale destacar a Lei nº 11.419/2006, que dispõe sobre a informatização do processo judicial.

6.2. Informações e defesa

Proposta a demanda regularmente, o juízo determina em despacho liminar positivo a notificação da autoridade coatora e a cientificação do órgão de representação judicial da pessoa jurídica. A notificação equivale à citação do réu no mandado de segurança. Isso não se contradiz com a posição aqui defendida de que o polo passivo da ação constitucional é ocupado pela pessoa jurídica de direito público. Conforme pontifica autorizada doutrina, a autoridade coatora é a pessoa jurídica presente em juízo desde o início do processo, com o encargo de receber a citação.[40]

Reafirma-se aqui o que ficou registrado quando tratamos do polo passivo do mandado de segurança, a natureza jurídica das informações é de meio de prova.[41] Essa é a posição doutrinária a que aderimos – ainda que reconhecidamente não seja majoritária, pois prevalece o entendimento de que as informações têm natureza de defesa.[42]

O que causa grande confusão é que comumente a autoridade coatora efetua a defesa jurídica do ato em suas informações – não é raro verificar, inclusive, casos em que as informações vão subscritas pelo órgão de representação jurídica do ente público.

Na verdade, ambas não se confundem – ou não deveriam se confundir tanto quanto se vê na prática. No âmbito das informações, a autoridade coatora presta esclarecimentos sobre os fatos narrados na petição inicial. Suas informações não precisam ser subscritas por advogado; ao contrário, devem ser subscritas pela própria autoridade e conter a descrição dos fatos narrados à luz da visão do órgão apontado como coator. Por sua vez, a defesa do ato jurídico propriamente deve ser feita pelo órgão de representação judicial (a Advocacia-Geral da União, a Procuradoria-Geral do Estado, o advogado contratado pelo município etc.) em peça própria, sua contestação. Nessa peça de defesa é que devem ser alegadas questões jurídicas, como inépcia da petição inicial, incompetência, coisa julgada (CPC, artigos 336 e 337).

O prazo para prestação das informações pela autoridade coatora é de 10 dias (art. 7º, inc. I). A contagem do prazo segue a sistemática regular do CPC, ou seja, conta-se da juntada aos autos da notificação cumprida.[43] Em relação à apresentação da defesa pela pessoa jurídica, não há prazo expresso na Lei nº 12.016/2009.

De qualquer forma, a não apresentação das informações ou da defesa não gera presunção de veracidade em favor do impetrante. É que cabe a ele justamente derrubar a presunção de legitimidade do ato administrativo questionado. A falta de manifestação do ente público não ilide a presunção. Daí a necessidade de as provas documentais juntadas pelo impetrante sustentarem sua pretensão.[44]

---

40. DIDIER JR., Fredie. *Natureza jurídica das informações da autoridade coatora no mandado de segurança*. In: BUENO, Cassio Scarpinella; ALVIM, Eduardo Arruda; WAMBIER, Teresa Arruda Alvim (coord.). *Aspectos polêmicos e atuais do mandado de segurança: 51 anos depois*. São Paulo: RT, p. 369.
41. CUNHA, Leonardo José Carneiro da. op. cit., p. 481; DIDIER JR., Fredie. *Natureza jurídica...*, p. 376.
42. Dentre muitos: BUENO, Cassio Scarpinella. *Curso... Vol. 2, t. III*, p. 59.
43. CUNHA, Leonardo Carneiro da. op. cit., 2016, p. 569.
44. BUENO, Cassio Scarpinella. *Curso... Vol. 2, t. III*, p. 59; CUNHA, Leonardo José Carneiro da. op. cit., p. 528.

6.3. Tutela provisória

A concessão de liminar está prevista no inciso III do artigo 7º. Os requisitos legais são **(i)** o fundamento relevante e **(ii)** possibilidade de o ato impugnado resultar ineficácia da medida, caso finalmente deferida. Trata-se de medida que pode assumir tanto a feição de urgência de natureza antecipada como de cautelar (na linguagem do CPC-2015), conforme o caso concreto se apresente. O objetivo é um só, fazer do provimento final uma decisão não só eficaz, mas também efetiva para o jurisdicionado.

A norma em exame permite ao juiz exigir caução, como medida de contracautela. Tal exigência não pode ter o condão de inviabilizar a medida de urgência. Se o jurisdicionado não tem condições de prestar caução, mas os requisitos para concessão da medida liminar estão presentes, o juiz deve concedê-la.[45] É que a caução não é um terceiro requisito, mas tão somente uma medida assecuratória a ser tomada para evitar eventuais prejuízos posteriores ao ente público.

Quanto aos requisitos para a concessão da medida, são os mesmos conhecidos da teoria geral da tutela provisória. O fundamento relevante previsto no dispositivo da Lei do Mandado de Segurança é em tudo semelhante à probabilidade do direito, e a possibilidade de ineficácia da medida, ao perigo de dano ou risco ao resultado útil do processo (CPC, art. 300). Além disso, é possível a concessão da tutela provisória baseada na evidência, na forma do que prevê o artigo 311 do CPC.

Acerca da tutela provisória, a Lei de Mandado de Segurança trouxe algumas peculiaridades. Primeiro, a concessão de liminar acarreta a prioridade na tramitação para julgamento (art. 7º, § 4º). Segundo, caso o impetrante crie obstáculos ao normal andamento do processo ou deixe de promover diligências por mais de três dias úteis, o juiz deve decretar a perempção ou caducidade da medida liminar, de ofício ou a requerimento do Ministério Público (art. 8º) – logicamente, também é possível o requerimento do ente público.

Concedida a liminar, após a notificação da autoridade coatora, esta dispõe do prazo de 48 horas para remeter cópia da notificação e de informações que auxiliem a suspensão da medida e a defesa do ato impugnado ao órgão a que se acha subordinada (Ministério, Secretaria etc.) e ao órgão de representação judicial (Advocacia-Geral da União, Procuradoria-Geral do Estado etc.).

Quanto à produção dos efeitos da medida liminar, o § 3º do artigo 7º prevê que seu alcance perdura até a prolação da sentença, exceto se revogada ou cassada.

45. BUENO, Cassio Scarpinella. *Curso... Vol. 2, t. III*, p. 61; CUNHA, Leonardo José Carneiro da. op. cit., p. 530.

A disposição legal está em consonância com o entendimento já sumulado do Supremo Tribunal Federal sobre o assunto:

> **Súmula 405.** Denegado o mandado de segurança pela sentença, ou no julgamento do agravo, dela interposto, fica sem efeito a liminar concedida, retroagindo os efeitos da decisão contrária.

A liminar perde sua eficácia diante da prolação da sentença, pois esta decisão está fundada em juízo de cognição exauriente.

A Lei nº 12.016/2009, na mesma linha do regramento anterior, prevê restrições à concessão de tutela provisória no mandado de segurança. Sobre o ponto, reportamo-nos ao que foi dito no capítulo referente ao estudo das medidas urgentes.

Quanto à recorribilidade da decisão interlocutória que concede ou nega a tutela provisória, é aplicável o regime recursal ordinário do CPC, como já destacou o Fórum Permanente de Processualistas Civis:

> **En. 351.** (arts. 1.009, § 1º, e 1.015) O regime da recorribilidade das interlocutórias do CPC aplica-se ao procedimento do mandado de segurança.

6.4. Sentença

O mandado de segurança tem caráter mandamental, ou seja, a sentença contém uma ordem do juízo à pessoa jurídica de direito público para que adote determinada postura. Diante da importância da ação constitucional para preservação do direito do impetrante, a comunicação da concessão da ordem é feita à autoridade coatora e à pessoa jurídica interessada, através de ofício, por oficial de justiça ou por correio com AR (art. 13). É possível ainda valer-se dos meios eletrônicos para comunicação do teor da sentença de procedência do pedido (art. 13, p.ú.).

Embora a lei se refira a sentença, aqui o conceito deve ser entendido mais amplamente, como a decisão sobre a pretensão deduzida em juízo, a abarcar a sentença proferida pelo juízo em primeiro grau, e o acórdão lavrado nos tribunais em razão de sua competência originária ou mesmo recursal.

Peculiaridade da sentença no mandado de segurança está na ausência de condenação em honorários advocatícios. À luz da disciplina anterior, a questão estava sedimentada por súmulas do Superior Tribunal de Justiça e também do Supremo Tribunal Federal:

> **STJ**
>
> **Súmula 105.** Na ação de mandado de segurança não se admite condenação em honorários advocatícios.

STF

Súmula 512. Não cabe condenação em honorários de advogado na ação de mandado de segurança.

A posição jurisprudencial é vista com bons olhos pela doutrina por se tratar de um estímulo à impetração da ação constitucional, como forma de privilegiar o acesso à Justiça.[46] Diante do entendimento já firme da jurisprudência, com o advento da Lei nº 12.016/2009, estabeleceu-se legalmente que não há condenação em honorários advocatícios no mandado de segurança, o que não impede a eventual condenação em litigância de má-fé (art. 25).

A sentença de improcedência pode ser proferida antes mesmo da notificação da autoridade coatora. Essa hipótese de improcedência liminar do pedido está prevista no artigo 332 do CPC e tem plena aplicação ao mandado de segurança, conforme entendimento do Fórum Permanente de Processualistas Civis:

En. 291. (art. 331) Aplicam-se ao procedimento do mandado de segurança os arts. 331 e parágrafos e 332, § 3º do CPC.

Proferida a sentença de improcedência liminar, o recurso de apelação está sujeito ao juízo de retratação pelo sentenciante – hipótese excepcional do sistema processual atual, notadamente porque o juízo de admissibilidade recursal é ordinariamente feito no segundo grau de jurisdição.

Se o mandado de segurança tramita originalmente nos Tribunais em razão da autoridade coatora, o julgamento será colegiado, sendo proferido acórdão para resolver o litígio. A sessão de julgamento conta com a sustentação oral das partes, tanto no julgamento de mérito, quanto no pedido de liminar (art. 16). Essa é uma previsão trazida Lei n. 13.676/2018, pois antes não havia previsão para sustentação oral no julgamento colegiado da liminar.

6.5. Coisa julgada

No que tange à coisa julgada, o regime do mandado de segurança não destoa do regramento ordinário do Código de Processo Civil. Há formação de coisa julgada material quando for apreciado o mérito da demanda, pois se trata de cognição exauriente. Em contrapartida, não examinado o mérito, é possível ao impetrante impetrar novo mandado de segurança – se ainda estiver dentro do prazo de 120 dias (art. 6º, § 6º) – ou propor outro tipo de ação (art. 19).

46. BUENO, Cassio Scarpinella. *Curso... Vol. 2, t. III*, p. 83. O autor vai além e propugna a gratuidade do processo no mandado de segurança, com base na previsão da parte final do inc. LXXVII do art. 5º da Constituição da República, por se tratar de forma de exercício da cidadania.

A respeito da formação da coisa julgada, há súmula do Supremo Tribunal Federal:

> **Súmula 304.** Decisão denegatória de mandado de segurança, não fazendo coisa julgada contra o impetrante, não impede o uso da ação própria.

O enunciado do STF deve ser entendido em seus devidos termos. Não é toda decisão denegatória que permite a propositura de nova demanda. Apenas a decisão que não examina o mérito, ou seja, aquela que extingue o processo sem resolução de mérito, como é o caso da sentença que reconhece a ausência de direito líquido e certo.

Diversa é a situação em que o magistrado emite juízo de certeza sobre a matéria e julga improcedente o pedido do mandado de segurança. Essa é decisão de mérito, em que o juízo entendeu que a prova documental foi suficiente, mas não ampara a pretensão do demandante, pois o ato em exame não é ilegal, nem abusivo. Nesse caso, forma-se coisa julgada material, e não se pode propor nova demanda para discutir o caso julgado.[47]

Na prática forense, o uso da expressão "denegação da segurança" é usada indistintamente, seja em caso de extinção sem resolução do mérito (CPC, art. 485), seja quando ocorre a apreciação do mérito, com julgamento de improcedência (CPC, art. 487). É preciso observar o conteúdo da sentença, a fim de verificar se é possível a propositura de nova demanda.

6.6. Remessa necessária

A sentença que julga procedente o pedido no mandado de segurança está sujeita à remessa necessária (art. 14, § 1º). Há peculiaridades em relação à aplicação do instituto no mandado de segurança.

Primeiro, do ponto de vista subjetivo, a remessa necessária alcança qualquer sentença concessiva da segurança, o que inclui também os casos em que proferida em desfavor de sociedade de economia mista e empresa pública. A jurisprudência do Superior Tribunal de Justiça é pacífica sobre o assunto.[48]

O regime regular da remessa necessária prevê seu cabimento apenas contra pessoas jurídicas de direito público (entes políticos e suas respectivas autarquias

---

47. Nesse sentido: CUNHA, Leonardo José Carneiro da. op. cit., p. 546. Contra, buscando uma interpretação mais elástica da súmula, a permitir sempre propositura de nova demanda: BUENO, Cassio Scarpinella. *Curso... Vol. 2, t. III*, p. 76.
48. STJ: REsp 278.886/PR, Rel. Ministro Felix Fischer, 5ª Turma, julgado em 08/10/2002, DJ 04/11/2002 p. 226.

e fundações). No entanto, o mandado de segurança é cabível também contra pessoas jurídicas de direito privado, quando no exercício de função pública. Diante da previsão genérica do cabimento da remessa necessária contra sentença concessiva da segurança (art. 14, § 1º), a conclusão do STJ foi no sentido de dar interpretação ampla ao dispositivo para estabelecer o duplo grau obrigatório independentemente da pessoa que ocupe o polo passivo da ação constitucional.

No que se refere à aplicação das hipóteses de dispensa da remessa necessária (CPC, art. 496, §§ 3º e 4º) no mandado de segurança, há uma dissonância de entendimentos entre doutrina e jurisprudência.

A posição firmada pelo Superior Tribunal de Justiça, ainda à luz do CPC-1973, foi no sentido de que as hipóteses de dispensa da remessa necessária não se aplicam ao mandado de segurança por haver lei própria.[49]

Esse entendimento é objeto de críticas pela doutrina.[50] De fato, não há razão para não se aplicar integralmente as regras da remessa necessária, inclusive no que toca à sua dispensa, ao mandado de segurança. Foi o próprio legislador que definiu, nos §§ 3º e 4º do artigo 496, que não havia interesse público relevante o suficiente para ensejar a utilização desse instituto. A interpretação jurisprudencial baseia-se no princípio da especialidade do procedimento, mas deixa de atentar para a lição basilar de que o processo não é um fim em si mesmo, mas sim um instrumento de transporte do direito material para exame perante o Judiciário. Nesse contexto, o mandado de segurança não passa de um procedimento, um meio de apresentação de uma situação fático-jurídica para solução jurisdicional. O direito material poderia ser o mesmo, mas levado ao conhecimento do juízo por outro procedimento (o de conhecimento, pelo rito ordinário, por exemplo). Neste caso, não haveria remessa necessária, mas naquele (mandado de segurança), sim. Não há sentido em efetuar tal distinção. O direito material posto em juízo é o mesmo. Se o legislador já previamente estabeleceu não haver interesse público a ponto de justificar a remessa necessária, então essa opção deve valer para qualquer via processual.

Assim, a despeito da posição do STJ, há de se prestigiar a conclusão de que as exceções à remessa necessária (art. 496, §§ 3º e 4º) são aplicáveis também ao mandado de segurança.

---

49. STJ: REsp 1274066/PR, Rel. Min. Mauro Campbell Marques, 2ª Turma, julgado em 01/12/2011, DJe 09/12/2011.
50. CUNHA, Leonardo José Carneiro da. op. cit., p. 540; BUENO, Cassio Scarpinella. *Curso... Vol. 2, t. III,* p. 68.

6.7. Recursos

A análise dos recursos no mandado de segurança abrange inúmeros pontos, a serem analisados separadamente para melhor compreensão e didática.

6.7.1. *Cabimento em relação a decisões interlocutórias*

Com relação ao pedido de tutela provisória perante o juízo de primeiro grau, a Lei nº 12.016/2009 previu o cabimento de agravo de instrumento, tanto da decisão que concede quanto da que indefere o pedido de liminar (art. 7º, § 1º). O objetivo da previsão legal foi sepultar quaisquer dúvidas quanto ao cabimento de recurso contra essa decisão interlocutória, uma vez que, à luz da disciplina legal anterior, havia divergência doutrinária e jurisprudencial sobre o assunto.[51]

Dentro da mesma linha de raciocínio – a fim de dirimir discussões jurisprudenciais –, a lei atual prevê o cabimento de agravo interno contra a decisão do relator sobre a medida liminar em mandado de segurança impetrado originariamente no Tribunal (art. 16, p.ú.).

Nesse ponto, não tem mais aplicação a seguinte súmula do Supremo Tribunal Federal:

> **Súmula 622.** Não cabe agravo regimental contra decisão do relator que concede ou indefere liminar em mandado de segurança.

Esse enunciado recebia severas críticas da doutrina, pois o regramento geral de nosso sistema processual prevê o cabimento de um instrumento de impugnação de decisões que sejam capazes de causar gravame à parte. É o caso das decisões sobre pedidos de tutela provisória. A recorribilidade é uma decorrência natural de sua existência. Portanto, diante a previsão legal atual, a súmula não é mais aplicável.

6.7.2. *Sistemática recursal*

Da sentença de primeiro grau, é cabível apelação, qualquer que seja o julgamento proferido (art. 14). A apelação é recebida apenas no efeito devolutivo, quando tenha sido deferida a segurança, exceto nos casos em que vedada a concessão de liminar (art. 14, § 3º c/c art. 7º, §§ 2º e 5º), hipótese em que a apelação tem duplo efeito, devolutivo e suspensivo. Se a sentença for de procedência e não houver vedação à concessão de liminar, a apelação terá apenas efeito devolutivo, sendo possível a execução provisória (art. 14, § 3º).

51. BUENO, Cassio Scarpinella. *Curso... Vol. 2, t. III*, p. 65.

Quanto à sentença desfavorável ao impetrante, há divergência entre doutrina e jurisprudência. De um lado, há boa doutrina que defende o recebimento da apelação no duplo efeito.[52] Por sua vez, a jurisprudência do Superior Tribunal de Justiça entende que a apelação deve ser recebida, em regra, apenas no efeito devolutivo.[53]

Em relação ao processamento do recurso no segundo grau de jurisdição, o § 1º do art. 20 estabelece que o processo deve ser levado a julgamento pelo tribunal na primeira sessão seguinte à conclusão ao relator.[54]

6.7.3. *Sistemática recursal de mandado de segurança originário de tribunal*

Quando a propositura do mandado de segurança se dá originariamente no tribunal, a sistemática recursal é um pouco distinta. Julgado improcedente o pedido, o impetrante dispõe do recurso ordinário para modificar a decisão (CPC, art. 1.027). Tal recurso muito se assemelha à apelação, pois permite amplo reexame probatório – não se trata, pois, de recurso de estrito direito.

Inclusive, os artigos 1.013 e 1.014 do CPC, que tratam do efeito devolutivo na apelação, são aplicáveis ao recurso ordinário, segundo o entendimento do Fórum Permanente de Processualistas Civis:

> **En. 357.** (arts. 1.013, 1.014, 1.027, § 2º) Aplicam-se ao recurso ordinário os arts. 1.013 e 1.014.

Daí se conclui que o recurso ordinário possui marcadas diferenças do recurso especial e do extraordinário.

Além disso, o critério de competência não segue a sistemática desses dois recursos extremos. O Superior Tribunal de Justiça é o responsável por processar e julgar os recursos ordinários interpostos contra decisão denegatória em mandado de segurança originário de Tribunal de Justiça Estadual, Distrital ou de Tribunal Regional Federal (CR, art. 105, inc. II, al. "b"). Por sua vez, o Supremo Tribunal Federal conhece de recurso ordinário interposto contra decisão denegatória em mandado de segurança originário de Tribunais Superiores (CR, art. 102, inc. I, al. "a").

---

52. BUENO, Cassio Scarpinella. *Curso... Vol. 2, t. III*, p. 69; CUNHA, Leonardo José Carneiro da. op. cit., p. 542. Contra, entendendo que a regra geral no mandado de segurança é o recebimento dos recursos somente no efeito devolutivo, e não suspensivo: MEIRELLES, Hely Lopes; WALD, Arnoldo; MENDES, Gilmar Ferreira. op. cit., p. 116.
53. AgRg no AREsp 113.207/SP, Rel. Min. Castro Meira, 2ª Turma, julgado em 19/06/2012.
54. CUNHA, Leonardo José Carneiro da. op. cit., p. 540.

Quando o acórdão é favorável ao impetrante, o impetrado não dispõe do recurso ordinário, mas tão somente dos recursos especial (CR, art. 105, inc. III) e extraordinário (CR, art. 102, III). Vê-se aqui clara opção do constituinte originário em conceder tratamento recursal mais favorável ao cidadão na defesa de seus direitos contra o Estado, na medida em que **(i)** as hipóteses de admissibilidade recursal desses recursos são muito menores e **(ii)** não há reexame de provas.[55]

O recurso ordinário não se confunde com o recurso extraordinário, pois a matéria posta sob exame é distinta. A própria elaboração dos recursos é diferente, na medida em que os fundamentos recursais não se equivalem. A esse respeito, há súmula do Supremo Tribunal Federal:

> **Súmula 272.** Não se admite como ordinário recurso extraordinário de decisão denegatória de mandado de segurança.

O entendimento do STF demonstra que, entre recurso ordinário e extraordinário, não se aplica o princípio da fungibilidade recursal. De fato, frente às distinções ontológicas de ambos, não é mesmo possível tomar um pelo outro.

6.7.4. *Extensão da legitimidade recursal à autoridade coatora*

Conforme destacamos anteriormente, a Lei nº 12.016/2009 estende à autoridade coatora a possibilidade de recorrer da sentença (art. 14, § 2º). Não se permite a interposição de recurso por se tratar de parte no polo passivo da demanda. O que se concede à autoridade é a possibilidade de modificar o conteúdo decisório a fim de se preservar de eventual responsabilidade pela prática do ato declarado ilegal ou abusivo. Assim, é indispensável que, no caso concreto, seja demonstrado o interesse recursal da autoridade, que é diverso do interesse recursal do ente público.[56]

6.7.5. *Contagem do prazo recursal*

O início do prazo de contagem da interposição do recurso é distinto para o impetrante e para o impetrado. O impetrante é intimado sempre através de publicação no Diário Oficial. Em relação ao impetrado, a questão era tormentosa e divergente na jurisprudência do Superior Tribunal de Justiça. Discutia-se se havia necessidade de intimação pessoal para contagem de prazo ou se a publicação do Diário Oficial bastaria para cientificar o ente público. Na 5ª

55. BUENO, Cassio Scarpinella. *Curso... Vol. 2, t. III*, p. 35.
56. CUNHA, Leonardo José Carneiro da. op. cit., p. 543.

Turma, prevalecia que a intimação se dava exclusivamente por Diário Oficial.[57] Esse entendimento não era compartilhado pela 2ª Turma daquela Corte, cuja posição, reiteradamente manifestada, era no sentido de que a pessoa jurídica de direito público (federal, estadual, distrital ou municipal) deveria ser intimada pessoalmente da sentença concessiva.[58]

Hoje, a discussão está sepultada, na medida em que o CPC-2015 traz previsão expressa de intimação pessoal para a advocacia pública em todos os processos, o que inclui naturalmente o mandado de segurança.

6.7.6. *Incidência de honorários advocatícios na fase recursal*

O processo do mandado de segurança não está sujeito à condenação em honorários advocatícios, conforme estabelece o artigo 25 da Lei nº 12.016/2009. O Superior Tribunal de Justiça teve a oportunidade de fazer nova interpretação desse dispositivo à luz do CPC-2015, notadamente no que se refere à incidência majorada de honorários em grau recursal.

O entendimento do STJ foi o de que o CPC-2015 não modificou o regramento base do mandado de segurança, pelo que são incabíveis os honorários advocatícios. Confira-se:

> 1. No recurso ordinário interposto contra acórdão denegatório de mandado de segurança também se impõe à parte recorrente o ônus de impugnar especificadamente os fundamentos adotados no acórdão, pena de não conhecimento por descumprimento da dialeticidade.
>
> 2. O art. 25 da Lei 12.016/2009 estabelece regra de descabimento de condenação em honorários advocatícios "no processo mandamental", expressão que reúne a ideia de ação e do procedimento subjacente, com a petição inicial, as informações da autoridade coatora, a intervenção do Ministério Público, a prolação de provimento judicial e, ainda, os recursos consequentes, de maneira a afastar a incidência do regime do art. 85, § 11, do CPC/2015.
>
> 3. Recurso ordinário em mandado de segurança não conhecido.
>
> (RMS 52.024/RJ, Rel. Min. Mauro Campbell Marques, 2ª Turma, julgado em 06/10/2016, DJe 14/10/2016)

6.8. Pedido de suspensão

O pedido de suspensão está previsto no art. 15 da Lei nº 12.016/2009. Acerca do assunto, remetemos o leitor ao que foi exposto no capítulo próprio sobre o pedido de suspensão (cap. VIII).

---

57. STJ: AgRg no REsp 1072613/AM, Rel. Min. Arnaldo Esteves Lima, 5ª Turma, julgado em 18/05/2010.

58. STJ: AgRg no AREsp 541.246/PB, Rel. Min. Assusete Magalhães, 2ª Turma, julgado em 21/10/2014.

6.9. Cumprimento de sentença

O modo de cumprimento da sentença no mandado de segurança não está disciplinado na Lei nº 12.016/2009. É preciso verificar a pretensão deduzida pelo impetrante e o conteúdo da sentença.

Comumente, a sentença no mandado de segurança impõe um comando ao demandado, uma ordem a ser cumprida – na expressão da doutrina atual, sentença de cunho mandamental –, hipótese em que o cumprimento é feito com base no art. 536 e seguintes do CPC-2015, pois se busca a tutela específica do direito, a fruição plena e *in natura* do bem jurídico.[59]

Em outras situações, a sentença pode ser bastante em si para efetivar a tutela jurisdicional. É o que ocorre, por exemplo, quando se busca uma tutela desconstitutiva, como a anulação do ato impugnado pelo impetrante.

É possível, ainda, a impetração do mandado de segurança para se obter tutela de conteúdo pecuniário, como no caso do pleito de recebimento de vantagem remuneratória. A esse respeito, estabelece o § 4º do artigo 14 que a tutela somente pode abranger prestações que se vencerem a partir do ajuizamento da demanda.

O dispositivo segue o entendimento jurisprudencial sumulado pelo Supremo Tribunal Federal:

> **Súmula 269.** O mandado de segurança não é substitutivo da ação de cobrança.
>
> **Súmula 271.** Concessão de mandado de segurança não produz efeitos patrimoniais em relação a período pretérito, os quais devem ser reclamados administrativamente ou pela via judicial própria.

Embora o mandado de segurança não alcance períodos pretéritos, é possível que a obtenção da segurança seja suficiente para satisfazer plenamente o direito do impetrante. É que, diante da procedência da pretensão, o Poder Público pode administrativamente efetivar o pagamento de parcelas anteriores, de modo a evitar a propositura de nova ação. Afinal, a Administração Pública tem o poder de autotutela de seus atos e de sua conduta.

Em relação aos valores englobados pela sentença no mandado de segurança, seu pagamento se dá pelo regime geral, ou seja, mediante expedição de precatório ou de requisição de pequeno valor.

6.10. Prazo para desistência do mandado de segurança

No processo de conhecimento ordinário, o autor não pode desistir da ação sem o consentimento do réu após a apresentação do prazo de contestação (CPC,

---

59. BUENO, Cassio Scarpinella. *Curso... Vol. 2, t. III*, p. 77.

art. 485, § 4º). O Supremo Tribunal Federal entendeu pela inaplicabilidade dessa regra ao mandado de segurança, sendo, pois, possível a desistência da ação a qualquer tempo, ainda que haja decisão de mérito favorável ao impetrante. Confira-se julgado do STJ que faz referência ao entendimento do Supremo:

> O Plenário do Supremo Tribunal Federal, no julgamento do RE 669.367/RJ, sob o regime da repercussão geral (art. 543-B do Código de Processo Civil), adotou o entendimento segundo o qual a desistência em mandado de segurança é prerrogativa de quem o propõe, e pode ocorrer a qualquer tempo antes do trânsito em julgado, sem anuência da parte contrária e independentemente de já ter havido decisão de mérito e de ser desfavorável (denegatória da segurança) ou favorável ao autor da ação (concessiva).
>
> Agravo regimental improvido.
>
> (AgRg na DESIS no REsp 1452786/PR, Rel. Min. Humberto Martins, 2ª Turma, julgado em 24/03/2015, DJe 30/03/2015)

À luz do CPC-2015, não há mudanças significativas do direito positivo que possam indicar mudança de entendimento do STJ a respeito dessa matéria.

7. MANDADO DE SEGURANÇA COLETIVO

O mandado de segurança coletivo está voltado à tutela de direitos coletivos *lato sensu*. Neste tópico, cumpre-nos destacar os pontos mais relevantes sobre o assunto.

7.1. Legitimidade ativa

A Constituição da República, ao prever o mandado de segurança coletivo, estabelece a legitimidade ativa para sua impetração: **(i)** partido político com representação no Congresso Nacional e **(ii)** organização sindical, entidade de classe ou associação legalmente constituída e em funcionamento há pelo menos um ano, em defesa dos interesses de seus membros e associados (CR, art. 5º, inc. LXX). Na Lei nº 12.016/2009, o mandado de segurança coletivo está previsto nos artigos 21 e 22.

Acerca da legitimidade ativa para impetração do mandado de segurança coletivo, há duas súmulas importantes do Supremo Tribunal Federal:

> **Súmula 629.** A impetração de mandado de segurança coletivo por entidade de classe em favor dos associados independe da autorização destes.
>
> **Súmula 630.** A entidade de classe tem legitimação para o mandado de segurança ainda quando a pretensão veiculada interesse apenas a uma parte da respectiva categoria.

Essas súmulas foram editadas ainda à luz da antiga lei do mandado de segurança (Lei nº 1.533/51), que não tratava da ação coletiva. A Lei nº 12.016/2009, ao tratar da legitimidade ativa no artigo 21, consagra o entendimento do STF sobre o tema.

Embora não haja referência na Constituição da República e nem na Lei nº 12.016/2009, doutrina e jurisprudência admitem a impetração de mandado de segurança coletivo pelo Ministério Público e pela Defensoria Pública.[60]

Já no que se refere à legitimidade do estado-membro para propor ação contra a União em defesa de interesse da população residente na unidade federada, o STF entendeu carecer legitimidade: *"Ao Estado-membro não se outorgou legitimação extraordinária para a defesa, contra ato de autoridade federal no exercício de competência privativa da União, seja para a tutela de interesses difusos de sua população – que é restrita aos enumerados na Lei da Ação civil Pública (Lei n, 7.347/85) –, seja para a impetração de mandado de segurança coletivo, que é objeto da enumeração taxativa do art. 5º, LXX, da CF. Além de não se poder extrair mediante construção ou raciocínio analógicos, a alegada legitimação extraordinária não se explicaria no caso, porque, a estrutura do Federalismo, o Estado-membro não é órgão de gestão nem de representação dos interesses de sua população na órbita da competência privativa da União."*[61]

7.2. Objeto

No que tange ao seu objeto, a Lei nº 12.016/2009 prevê a tutela de direitos coletivos e individuais homogêneos, sem referência aos direitos difusos. Apesar da omissão legislativa, a doutrina majoritária que trata do tema destaca não ser possível limitar esse importante instrumento de tutela de direitos, de modo que uma lesão ou ameaça a direito difuso deve ser levada ao Judiciário através da ação (ou procedimento) que melhor tutelá-lo, inclusive o mandado de segurança coletivo.[62]

7.3. Litispendência com o processo individual

O mandado de segurança coletivo não provoca litispendência em relação ao processo individual, de modo que o impetrante individual tem direito de seguir

60. Em doutrina: BUENO, Cassio Scarpinella. *Curso...* Vol. 2, t. III, p. 262-263; CUNHA, Leonardo José Carneiro da. op. cit., p. 471. Em jurisprudência do STJ: REsp 700.206/MG, Rel. Min. Luiz Fux, 1ª Turma, julgado em 09/03/2010.

61. STF: MS 21.059/RJ, Pleno, Rel. Min. Sepúlveda Pertence, julgado em 04/09/1990..

62. BUENO, Cassio Scarpinella. *Curso...* Vol. 2, t. III, p. 264; CUNHA, Leonardo José Carneiro da. op. cit., p. 469. Contra, entendendo que o mandado de segurança coletivo não pode ser utilizado para tutela de direitos difusos: MEIRELLES, Hely Lopes; WALD, Arnoldo; MENDES, Gilmar Ferreira. op. cit., p. 124.

com sua demanda. Diante da impetração da ação coletiva, o impetrante individual é intimado para, no prazo de 30 dias, optar pelo prosseguimento de sua demanda ou pela desistência. Caso prefira prosseguir, a coisa julgada coletiva não o beneficiará (art. 22, § 1º).

7.4. Manifestação prévia do Poder Público para concessão de liminar

O procedimento do mandado de segurança coletivo possui regra específica a respeito da concessão de liminar. De acordo com o artigo 22, § 2º, é obrigatória a oitiva da pessoa jurídica de direito público antes da concessão de tutela provisória. O prazo para manifestação do Poder Público é de 72 horas.

7.5. Coisa julgada

A coisa julgada no mandado de segurança opera *secundum eventum litis* e sempre *in utilibus*, ou seja, apenas em benefício dos substituídos, não em prejuízo. O artigo 22 estabelece como limite subjetivo da coisa julgada os membros do grupo ou categoria substituídos pelo impetrante – o que significa dizer que a extensão é *ultra partes*. Nesse ponto, é preciso observar que a doutrina entende também cabível o mandado de segurança coletivo em relação a direitos difusos. Dessa forma, a sentença há de produzir também efeitos *erga omnes*.

Questões de Concurso

► **01. (PGE-PR – 2015 – PUC-PR)** Acerca do mandado de segurança, na esteira da jurisprudência atual do Supremo Tribunal Federal, assinale a alternativa CORRETA.

a) É admissível o controle jurisdicional preventivo de constitucionalidade material de projeto de lei pela via do mandado de segurança.

b) Por não ter personalidade jurídica própria, o Ministério Público não tem legitimidade ativa para impetrar mandado de segurança.

c) É admissível a impetração de mandado de segurança como substitutivo de ação de cobrança.

d) O pedido de reconsideração na via administrativa não interrompe o prazo para o mandado de segurança.

e) Após a prolação da sentença de mérito, o impetrante não pode desistir de mandado de segurança sem a anuência do impetrado.

► **02. (Analista MP-RJ – 2016 – FGV)** No que se refere ao mandado de segurança, é INCORRETO afirmar que:

a) visa a tutelar direito líquido e certo, compreendido como tal aquele que decorre de fatos demonstráveis de plano, por meio de prova documental preconstituída;

b) é via inadequada para fins de impugnação de decisão judicial já transitada em julgado, ainda que esta tenha sido proferida em flagrante violação aos princípios constitucionais que regem a Administração Pública;

c) a concessão da ordem pode dar azo à instauração de execução por quantia certa, abarcando vantagens pecuniárias devidas ao impetrante e vencidas a partir da edição do ato estatal impugnado, desde que observada a prescrição quinquenal;

d) a sentença que acolhe o pedido, além de sujeita ao duplo grau de jurisdição obrigatório, é impugnável por meio de recurso de apelação, interponível pela pessoa jurídica de direito público ou pela própria autoridade impetrada;

e) a sua propositura deve ocorrer no prazo de cento e vinte dias, a partir da ciência, pelo impetrante, do ato estatal impugnado.

▶ **03. (Analista técnico-administrativo DPU – 2016 – Cespe)** É incabível mandado de segurança contra ato de gestão comercial praticado por administrador de concessionária de serviços públicos.

▶ **04. (Auditor fiscal TCE-SC – 2016 – Cespe)** O recurso contra decisão em mandado de segurança que anule demissão de servidor público poderá ser interposto pela autoridade coatora.

▶ **05. (Analista técnico-administrativo DPU – 2016 – Cespe)** É cabível a impetração de mandado de segurança enquanto pendente recurso administrativo dotado de efeito suspensivo contra ato qualificado como ilegal.

▶ **06. (Procurador Chapecó-SC – 2016 – IOBV)** Com referência ao Mandado de Segurança, examine as designações abaixo:

I. É sempre uma ação de natureza civil que exige de antemão a existência de matéria de fato já provada, não sendo requisito, contudo, liquidez e certeza das matérias de direito, as quais podem ser discutidas em quaisquer questões, afastado, contudo, o controle de constitucionalidade difuso.

II. Não pode ser utilizado contra ato do qual ainda caiba recurso administrativo com efeito suspensivo.

III. A sentença que acolhe o pedido ou que denegue a segurança, quando com análise de mérito, faz coisa julgada material, e por isso, o tema objeto da lide não poderá novamente ser suscitado em qualquer outra ação judicial.

IV. Os efeitos da coisa julgada no mandado de segurança coletivo não beneficiarão o impetrante de mandado de segurança individual que tenha o mesmo objeto se este não requerer a desistência do seu processo no prazo de trinta dias, contados da ciência comprovada da impetração da segurança coletiva.

Sobre elas, é correto assinalar:

a) Somente as afirmações III e IV estão corretas.

b) Somente as afirmações I e II estão corretas.

c) Somente as afirmações I, III e IV estão corretas.

d) Somente as afirmações II, III e IV estão corretas.

▶ **07. (Procurador Mogi das Cruzes-SP – 2016 – Vunesp)** A respeito da propositura do mandado de segurança coletivo, assinale a alternativa correta.

a) Ele seguirá o rito do mandado de segurança comum, por falta de sistematização legal.

b) Não poderá ser concedida medida liminar se a pessoa jurídica de direito público abster-se de se manifestar.

c) Não é possível a execução individual da sentença coletiva pelos associados, exceto se houver autorização da associação.

d) Associação não precisa de autorização especial dos substituídos para propor mandado de segurança coletivo.

e) Induz a litispendência para as ações individuais, quando tratar da defesa dos mesmos direitos.

▶ **08. (Analista judiciário – TRT-SP – 2017 – FCC)** Sobre o mandado de segurança, considere:

I. Quando o direito ameaçado ou violado couber a várias pessoas, a utilização do mandado de segurança depende do seu ajuizamento conjunto por todas elas, em litisconsórcio ativo.

II. O direito de requerer mandado de segurança extinguir-se-á decorridos 90 dias, contados da ciência, pelo interessado, do ato impugnado.

III. O titular de direito líquido e certo decorrente de direito, em condições idênticas, de terceiro poderá impetrar mandado de segurança a favor do direito originário, se o seu titular não o fizer, no prazo de 30 dias, quando notificado judicialmente.

IV. É cabível mandado de segurança contra os atos de gestão comercial praticados pelos administradores de empresas públicas, de sociedade de economia mista e de concessionárias de serviço público.

V. Das decisões em mandado de segurança proferidas em única instância pelos tribunais cabe recurso especial e extraordinário, nos casos legalmente previstos, e recurso ordinário, quando a ordem for denegada.

É correto o que consta APENAS em

a) I e II.

b) I e III.

c) II e IV.

d) III e V.

e) IV e V.

▶ **09. (Promotor MP-SC – 2016)** Nos termos da Lei nº 12.016/09 (Mandado de Segurança), o reexame necessário é indispensável no mandado de segurança e a sentença que concede o mandado produzirá efeitos apenas depois de confirmada pelo tribunal.

▶ **10. (Analista administrativo – Câmara Municipal de Anápolis – 2017 – UFG)** A Lei n. 12.016/09, que versa sobre o Mandado de Segurança Individual e Coletivo, assegura que:

a) o titular de direito líquido e certo decorrente de direito, em condições idênticas, de terceiro poderá impetrar mandado de segurança a favor do direito originário, se o seu titular não o fizer no prazo de 15 (quinze) dias, quando notificado judicialmente.

b) as autoridades administrativas, no prazo de 24 (vinte quatro) horas da intimação da medida cautelar, remeterão ao Ministério ou órgão a que se acham subordinadas e ao Advogado-Geral da União ou a quem tiver a representação judicial da União, do Estado, do Município ou da entidade apontada como coatora cópia autenticada do mandado notificatório, assim como indicações e elementos outros necessários às providências a serem tomadas para a eventual suspensão da medida e defesa do ato apontado como ilegal ou abusivo de poder.

c) o direito de requerer mandado de segurança extinguir-se-á decorridos 180 (cento e oitenta) dias, contados da ciência, pelo interessado, do ato impugnado.

d) não se concederá mandado de segurança quando se tratar, de ato do qual caiba recurso administrativo com efeito suspensivo, independentemente de caução; de decisão judicial da qual caiba recurso com efeito suspensivo; de decisão judicial transitada em julgado.

▶ **11. (Promotor de Justiça – MP-SP – 2017)** Assinale a alternativa INCORRETA quanto ao mandado de segurança.

a) Em mandado de segurança, o pagamento de vencimentos e vantagens pecuniárias assegurados em sentença a servidor público da Administração direta ou autárquica federal, estadual ou municipal somente será efetuado com relação a prestações que se vencerem desde o ajuizamento da ação.

b) A denegação de mandado de segurança sem decisão de mérito não impede que o impetrante pleiteie os seus direitos e respectivos efeitos patrimoniais em ação própria.

c) Se, concedida a medida liminar em mandado de segurança, o impetrante criar obstáculo ao normal andamento do feito ou deixar de promover, no prazo legal, os atos e diligências que lhe competirem, o juiz decretará a perempção ou caducidade da medida.

d) A autoridade coatora não pode recorrer da sentença concessiva de segurança.

e) Não impede a concessão de mandado de segurança a existência de controvérsia sobre questão de direito.

▶ **12. (Juiz de Direito – TJ-MG – 2018 – Consulplan)** Em se tratando de mandado de segurança coletivo, é correto afirmar que

A) o mandado de segurança coletivo induz litispendência para as ações individuais.

B) a impetração de mandado de segurança coletivo por entidade de classe em favor dos associados depende da autorização destes.

C) a entidade de classe não tem legitimação para o mandado de segurança coletivo quando a pretensão veiculada interesse apenas a uma parte da respectiva categoria.

D) configura particularidade procedimental do mandado de segurança coletivo, a necessidade de oitiva prévia da pessoa jurídica de direito público para o deferimento da medida liminar.

▶ **13. (Juiz de Direito – TJ-MG – 2018 - Consulplan)** A Constituição prevê ações específicas de controle da Administração Pública, às quais a doutrina se refere com a denominação de remédios constitucionais. Quais seriam os remédios constitucionais passíveis de serem utilizados, individualmente, por qualquer pessoa física?

A) Habeas corpus e querela nullitatis.

B) Ação rescisória e mandado de injunção.

C) Mandado de segurança individual e habeas data.

D) Ação popular e mandado de segurança individual.

▶ **14. (Analista de Controle Externo – TCE-MG – 2018 – Cespe)** Se, depois de concedida liminar em mandado de segurança, o impetrante criar obstáculo ao normal andamento do processo, o juiz deverá, de acordo com a norma aplicável,

A) suspender o processo.

B) designar advogado dativo.

C) remeter os autos ao Ministério Público.

D) revogar a medida liminar, notificando o impetrado.

E) decretar a caducidade da medida.

Questão	Gabarito	Breves comentários
01	D	A questão cobra conhecimento de diversos pontos do capítulo.
02	C	Art. 14, § 4º; v. item 6.9.
03	Certo	Art. 1º, § 2º; v. item 2.6.
04	Certo	Art. 14, § 2º; v. item 6.7.4.
05	Errado	Art. 5º, inc. I; v. item 3.2.
06	D	A questão cobra conhecimento de diversos pontos do capítulo.
07	D	Súm. 629 e 630 STF; v. item 8.
08	D	A questão cobra conhecimento de diversos pontos do capítulo.
09	Errado	V. item 6.7.2.
10	D	V. itens 3.2 e 3.3.
11	D	A questão cobra conhecimento de diversos pontos do capítulo.
12	D	Art. 22, § 2º; v. item 7.4.
13	C	V. item 2.2.
14	E	Art. 8º; v. item 6.2.

Questão discursiva

▶ **1. (Bacen – 2010 – CESPE)**

O diretor-geral de administração do Banco Central do Brasil (BACEN), no uso de sua competência institucional, impediu determinada empresa de participar de processo licitatório, sob o fundamento deque não foi apresentada comprovação de qualificação econômico-financeira. O procedimento licitatório referia-se à contratação de segurança armada. Insatisfeita, a empresa, no dia 15 de junho de 2009, dez dias após a prática do ato que entendeu lesivo aos seus direitos, impetrou mandado de segurança na justiça do Distrito Federal (DF), o qual foi distribuído à 2ª. Vara Federal da Seção Judiciária do DF, apontando como autoridade coatora o gerente administrativo do BACEN. A empresa alegou que o ato foi ilegal, pois a citada exigência somente poderia ter sido efetuada por ocasião da assinatura do contrato. Intimada para prestar informações, a autoridade coatora limitou-se a alegar a sua ilegitimidade passiva para figurar na ação. De posse das informações, o juiz condutor do feito rejeitou a alegação de ilegitimidade passiva, com base na teoria da encampação, e concedeu a segurança para que a autoridade coatora se abstivesse de exigir a comprovação de qualificação econômico-financeira antes da assinatura do contrato. Após quinze dias da intimação da sentença, o procurador do BACEN iniciou a análise da sentença proferida.

Com base nas informações da situação hipotética acima descrita, redija a peça processual cabível para defesa dos interesses do BACEN. Em seu texto, aborde todos os aspectos materiais e processuais aplicáveis ao caso.

Fundamentos para resposta:
– o recurso cabível da sentença que julga o mandado de segurança é a apelação;
– a teoria da encampação não foi corretamente aplicada pelo juízo de primeiro, pois a autoridade coatora se limitou a arguir sua ilegitimidade passiva.

► **2. (PGE-RJ – 2012)**

Qual a posição processual da pessoa jurídica de direito público no mandado de segurança?

Fundamentos para resposta:
– devem-se apontar os diferentes entendimentos doutrinários e jurisprudenciais, conforme examinado no item 4.2.

CAPÍTULO XV

HABEAS DATA

1. INTRODUÇÃO

O *habeas data* é instituto do direito processual com assento constitucional, previsto no inciso LXXII do artigo 5º da Carta Política nos seguintes termos: "*conceder-se-á 'habeas-data': a) para assegurar o conhecimento de informações relativas à pessoa do impetrante, constantes de registros ou bancos de dados de entidades governamentais ou de caráter público; b) para a retificação de dados, quando não se prefira fazê-lo por processo sigiloso, judicial ou administrativo*". No âmbito infraconstitucional, a ação está regulada pela Lei nº 9.507/1997.

Embora alguns autores façam alusão à desnecessidade do instituto diante dos demais instrumentos processuais de tutela de direitos fundamentais, é preciso observar o contexto histórico e político de elaboração da Constituição de 1988. A se levar em conta que o país saía de longo inverno ditatorial e dava os primeiros passos rumo à redemocratização, faz sentido a previsão de um remédio processual voltado a tutelar os direitos à intimidade e à informação.

Trata-se de ação afeta ao direito processual público, uma vez que movida precipuamente em face do Poder Público – eventualmente em face de particular.

É, pois, tema a ser estudado na presente obra.

2. OBJETO E CABIMENTO

O *habeas data* é o procedimento previsto constitucionalmente como remédio adequado **(i)** para assegurar o conhecimento de informações relativas à pessoa e **(ii)** para retificação de dados. Tutelam-se aqui os direitos de intimidade e de informação.[1] Essas são previsões que decorrem diretamente da Constituição.

1. BUENO, Cassio Scarpinella. *Curso...* Vol. 2, t. III, p. 86.

Essas disposições vieram reproduzidas no artigo 7º da Lei 9.507/97, que ainda acrescentou uma terceira hipótese de cabimento do *habeas data*, "*para anotação nos assentamentos do interessado, de contestação ou explicação sobre dado verdadeiro mas justificável, e que esteja sob pendência judicial ou amigável*" (inciso III).

A Constituição trata do cabimento do *habeas data* para obtenção ou retificação de dados de caráter público. Por sua vez, a Lei nº 9.507/97 delimita esse conceito ao estabelecer que se considera "*caráter público todo registro ou banco de dados contendo informações que sejam ou que possam ser transmitidas a terceiros ou que não sejam de uso privativo do órgão ou entidade produtora ou depositária das informações*" (art. 1º, p.ú.).

É dizer, o *habeas data* é cabível para aquelas informações que, detidas por entidade privada, podem ser acessadas por terceiros.

Embora o *habeas data* seja o remédio processual adequado para tutela do direito de informação, não se pode confundi-lo com o direito de se obter certidões e informações dos órgãos públicos, previsto no inciso XXXIII do art. 5º da Constituição.[2] Essa garantia constitucional está regulamentada pela Lei nº 12.527/2011.

3. COMPETÊNCIA

A distribuição de competência no *habeas data* está regulada pelo artigo 20 da Lei nº 9.507/97, que reproduz, em grande parte, as previsões constitucionais de competência dos Tribunais Superiores e da Justiça Federal (artigos 102, 105 e 109 da CR). O critério de distribuição de competência é semelhante ao do mandado de segurança, pois leva em consideração a pessoa cujo ato está sendo objeto de impugnação, ou seja, a pessoa que tinha o dever de prestar a informação ou retificá-la ou, ainda, incluir a anotação no assentamento.

COMPETÊNCIA ORIGINÁRIA	
Órgão competente	**Autoridade cujo ato é contestado**
STF	Presidente da República, das Mesas da Câmara dos Deputados e do Senado Federal, do Tribunal de Contas da União, do Procurador-Geral da República e do próprio Supremo Tribunal Federal
STJ	Ministro de Estado ou do próprio Tribunal
TRF	Juiz federal ou próprio Tribunal
Juiz Federal	Autoridade federal, excetuados os casos de competência dos TRF's

2. MEIRELLES, Hely Lopes; WALD, Arnoldo; MENDES, Gilmar Ferreira. op. cit., p. 307; BUENO, Cassio Scarpinella. *Curso*...Vol. 2, t. III, p. 89.

COMPETÊNCIA ORIGINÁRIA	
Juiz Estadual	Competência residual para os demais casos
COMPETÊNCIA RECURSAL	
STF	Decisão denegatória proferida em única instância pelos Tribunais Superiores; *Recurso Extraordinário na forma da CR
STJ	Decisão proferida em única instância pelos Tribunais Regionais Federais
TRF	Decisão proferida por juiz federal
TJ	Conforme dispuser a Constituição Estadual ou lei que organizar a Justiça Estadual ou Distrital

A respeito da competência recursal do STJ para decisões proferidas por Tribunais Regionais Federais, há destaque importante a fazer. Como se sabe, é a Constituição da República que fixa a competência do STJ, sendo incabível à legislação infraconstitucional alargá-la, sob pena de inconstitucionalidade.

Assim, parte da doutrina entende que a alínea "b" do inciso II do artigo 20 é inconstitucional.[3]

4. LEGITIMIDADE

4.1. Legitimidade ativa

A legitimidade é ordinária, ou seja, recai sobre aquele que afirma ser o detentor do direito lesado ou ameaçado. Ele vai a juízo em nome próprio, defender direito próprio. No caso do *habeas data*, é legitimada ativa a pessoa física ou jurídica que afirma estar enquadrada em uma das situações do artigo 7º.

4.2. Legitimidade passiva

O legitimado passivo é aquele que detém a informação, seja entidade de caráter público ou particular. Em relação a entidades privadas, o traço distintivo para verificação do cabimento do *habeas data* é o caráter público das informações, o acesso por terceiros, conforme destacado anteriormente.

O STJ já manifestou entendimento de que mesmo as sociedades de economia mista se enquadram no conceito de entidade governamental para fins de impetração do *habeas data*.[4]

3. BUENO, Cassio Scarpinella. *Curso...* Vol. 2, t. III, p. 102.
4. REsp 1096552/RJ, Rel. Min. Eliana Calmon, 2ª Turma, julgado em 25/08/2009

O *habeas data* é procedimento bastante semelhante ao mandado de segurança, pelo que algumas discussões doutrinárias têm aplicação em ambos os institutos. É o que ocorre no caso do polo passivo. Tanto no *habeas data* como no mandado de segurança, há divergências doutrinárias sobre quem é o réu, se a autoridade ou se a pessoa jurídica à qual a autoridade está vinculada.

Como já tratamos do tema no capítulo referente ao mandado de segurança, cabe aqui apenas ratificar que prevalece na doutrina que o réu no *habeas data* – assim como no MS – é a pessoa jurídica, e não a autoridade.[5]

5. PROCEDIMENTO

O rito previsto pela Lei nº 9.507/97 para o *habeas data* é dividido em duas fases, uma administrativa, consistente no requerimento de obtenção ou retificação ou anotação dados, e uma fase judicial em que, diante do resultado infrutífero da fase administrativa, busca-se o amparo jurisdicional para satisfação do direito.

5.1. Fase administrativa

O artigo 2º da Lei nº 9.507/97 estabelece a necessidade de se apresentar requerimento ao órgão ou à entidade depositária do registro para obtenção das informações constantes do banco de dados acerca do interessado, bem como para retificação ou para anotação de contestação ou explicação.

O órgão ou entidade possui prazo de 48 horas para se manifestar, seja para deferir ou indeferir o pleito, contando-se outras 24 horas para comunicação ao interessado.

Se houver inexatidão nos dados ou se o interessado quiser apresentar contestação ou explicação (art. 7º, inc. III), deve ser apresentada petição com os respectivos documentos comprobatórios.

O parágrafo único do artigo 8º traz norte importante para fixação do prazo de que dispõe a entidade para atender ao pleito do interessado. Para acesso às informações, o prazo é de 10 dias e para retificação ou anotação, 15 dias.

Superados tais períodos sem atendimento ao pleito do interessado, abre-se a via judicial do *habeas data*, a ser examinada a seguir.

Essa fase extrajudicial é indispensável para impetração do *habeas data*, pois é através dela que se materializa o interesse de agir para ingresso no Judiciário. O interesse de agir se caracteriza pela necessidade de se buscar a tutela jurisdicional

5. Nesse sentido: BUENO, Cassio Scarpinella. *Curso*... Vol. 2, t. III, p. 99.

como único meio hábil à satisfação do direito material. Sem que o interessado tenha obtido uma resposta negativa da entidade detentora dos dados – seja pelo indeferimento de seu pedido, seja pela ausência de resposta –, não está aberta a via judicial.

A esse respeito há, inclusive, súmula do Superior Tribunal de Justiça:

> **Súmula 2.** Não cabe o habeas data (CF, art. 5., LXXII, letra "a") se não houve recusa de informações por parte da autoridade administrativa.

A fase administrativa é o modo de se verificar a presença da condição da ação interesse de agir. A Constituição da República permite o livre acesso ao Judiciário em caso de lesão ou ameaça de lesão a direito. Se o autor não alegar ao menos a ameaça de lesão ao direito, não há o que justifique a manifestação de mérito do judiciário. Embora o entendimento sumulado seja antigo, o STJ tem reafirmado essa diretriz.[6]

É indispensável a demonstração de que o órgão ou entidade não apresentou ou retificou voluntariamente as informações a respeito do interessado.

5.2. Fase judicial

A fase judicial está disciplinada nos artigos 8º a 21 da Lei nº 9.507/97.

5.2.1. Petição inicial

A petição inicial deve atender aos requisitos básicos do CPC, previstos nos artigos 319 e 320 e também artigo 106, bem como apresentar prova da recusa em atender o pleito do autor na esfera extrajudicial (Lei do Habeas Data, art. 8º).

Assim, por exemplo, se o pedido da ação de *habeas data* é a retificação de informações, deve o demandante juntar com a petição inicial prova da recusa ou do decurso do prazo de mais de 15 dias sem manifestação da entidade.

5.2.2. Resposta do demandado

Recebida a inicial, o juiz determina a notificação da autoridade coatora para que preste informações no prazo de 10 dias.

A sistemática adotada pela Lei nº 9.507/97 é semelhante à do mandado de segurança, notadamente no que diz respeito às regras constante da já superada Lei nº 1.533/51.

6. HD 232/DF, Rel. Min. Mauro Campbell Marques, 1ª Seção, julgado em 29/02/2012.

Mais uma vez, divergências apresentadas no capítulo do mandado de segurança subsistem também no *habeas data*. Por isso, chamamos a atenção do leitor para tudo que foi discutido acerca da natureza jurídica das informações, se meio de prova ou contestação.

5.2.3. Participação do Ministério Público

O Ministério Público atua no processo de *habeas data* na qualidade de fiscal da lei.

Com ou sem a apresentação das informações da autoridade – e/ou a contestação da pessoa jurídica a ela vinculada – no prazo de 10 dias, os autos são encaminhados ao MP para sua manifestação (art. 12).

O órgão ministerial goza de prazo de 5 dias para apresentar suas considerações.

5.2.4. Liminar

A Lei nº 9.507/97 não prevê expressamente o cabimento de liminar, mas tampouco o veda. Assim, há de aplicar o regramento geral da tutela provisória (CPC, arts. 294 e seguintes). O juiz detém o poder geral para determinar medidas adequadas à efetivação da tutela provisória (art. 297).

O demandante, por sua vez, pode requerer a tutela provisória de urgência, cautelar ou de natureza antecipada que lhe garanta a efetividade do provimento final de mérito a seu favor. Concedida medida liminar, naturalmente é cabível a interposição de agravo de instrumento pelo réu.

Além disso, a Lei nº 9.507/97 traz previsão expressa sobre o cabimento do pedido de suspensão, a ser dirigido à Presidência do Tribunal competente para o julgamento do recurso (art. 16). A referência legal é à sentença, mas é inegável o seu cabimento também para a hipótese de concessão de liminar.

5.2.5. Sentença

Os artigos 13 e 14 dispõem sobre o julgamento do *habeas data*.

Em caso de procedência do pedido, o juiz assinala data e horário para que a autoridade coatora **(i)** apresente ao demandante as informações a seu respeito; ou **(ii)** apresente ao juízo prova da retificação ou da anotação feitos nos assentamentos do impetrante (art. 13).

A comunicação da autoridade coatora pode ser feita por correio, telegrama, radiograma ou telefonema, conforme o requerer o impetrante (art. 14). Diante da atual fase de informatização processual que vivemos, há de se acrescentar a possibilidade de comunicação eletrônica do conteúdo decisório.

O regramento da coisa julgada é o mesmo do Código de Processo Civil. O artigo 18 prevê que o pedido pode ser renovado se a sentença não lhe tiver analisado o mérito. Nada de novo nesse ponto. Essa é a sistemática do CPC.

Contra a sentença, cabe apelação, recebida tão somente no efeito devolutivo (art. 15, p.ú.).

Questão interessante a respeito do *habeas data* é a referente à forma de cumprimento da sentença concessiva da ordem. Procedente o pedido para exibição de informações, se estas estiverem incorretas ou desejar o demandante apresentar contestação ou explicação, há necessidade de propositura de nova ação?

Em doutrina, colhe-se o entendimento de que não é preciso propor nova demanda. O cumprimento da sentença para retificação ou apontamento nos assentamentos deve ser feita nos próprios autos, dentro da mesma relação processual. Trata-se de hipótese cumulação de pedidos, embora sucessivos no tempo.[7]

O STJ, porém, já se manifestou em sentido diverso, ao entender pela impossibilidade de execução imediata da retificação diante da ausência de prova pré-constituída.[8]

A nosso ver, está com melhor razão a posição doutrinária, por dar maior efetividade ao processo e realizar mais plenamente o direito material do demandante.

5.2.6. *Outras características*

O procedimento do *habeas data* contém alguns traços distintivos.

Trata-se de procedimento gratuito, tanto na via administrativa, quanto na judicial, conforme prevê o artigo 21 da Lei nº 9.507/97.

No que tange à gratuidade, há divergência se essa previsão legal importa também em ausência de condenação em honorários advocatícios – a exemplo da sistemática do mandado de segurança.

Em doutrina, encontra-se o entendimento de que não há condenação em honorários advocatícios no *habeas data*.[9] Tal isenção seria decorrência da previsão de gratuidade do procedimento.

---

7. Nesse sentido: BUENO, Cassio Scarpinella. *Curso...* Vol. 2, t. III, p. 111.
8. STJ: HD 160/DF, Rel. Min. Denise Arruda, 1ª Seção, julgado em 27/08/2008.
9. É a posição de: BUENO, Cassio Scarpinella. *Curso...* Vol. 2, t. III, p. 108.

O STJ, porém, parece seguir outro entendimento, pois já destacou expressamente que a gratuidade não diz necessariamente com a sucumbência.[10]

Outra peculiaridade do processo de *habeas data* é sua tramitação prioritária pelo cartório sobre todos os demais feitos, exceto o mandado de segurança e o *habeas corpus* (art. 19). Após sua distribuição, os autos devem ser levados à conclusão no prazo de 24 horas (art. 19, p.ú.). No âmbito dos tribunais, o artigo 19 *segunda parte* determina que o processo seja levado a julgamento na primeira sessão seguinte à conclusão ao relator.

6. LEI DE ACESSO À INFORMAÇÃO

O *habeas data* protege fundamentalmente o direito à informação e, por isso, liga-se também à Lei nº 12.527/2011, a Lei de acesso à informação.

Essa lei tutela amplamente o direito ao acesso à informação de interesse público e seu alcance é vastíssimo. A ela se submetem: as três esferas de Poder – federal, estadual/distrital e municipal –, em suas diversas facetas: Executivo, Legislativo, Judiciário, MP, Tribunal de Contas; sejam formatadas como Administração Direta (ministérios, secretarias, órgãos), quanto Indireta: autarquias, fundações, empresas públicas e sociedades de economia mista (Art. 1º). E, ainda, no que couber, alcança também entidades privadas sem fins lucrativos que recebam recursos públicos diretamente do orçamento ou mediante subvenções sociais, contrato de gestão, termo de parceria, convênios, acordo, ajustes ou outros instrumentos congêneres (art. 2º).

A diretriz da Lei de acesso é bastante clara: a publicidade é a regra, o sigilo, exceção (art. 3º, I). Busca-se criar, no âmbito da Administração Pública, uma cultura de transparência.

O procedimento de acesso à informação está regulado nos artigos 10 a 20. Qualquer interessado pode apresentar pedido de acesso a informações (art. 10), e o Poder Público não pode opor exigências indevidas, tais como identificação pormenorizada do requerente ou motivos determinantes para a solicitação (art. 10, §§ 1º e 3º). O acesso à informação solicitada deve ser imediato (art. 11) ou, sendo este impossível, no prazo de 20 dias (prorrogáveis por mais 10). O Poder Público deve indicar ao interessado data e local para realizar a consulta (§ 1º, inc. I) ou esclarecer os motivos pelos quais o acesso foi recusado (inc. II) ou comunicar que não possui a informação solicitada (inc. III).

Caso o acesso à informação seja indeferido – ou o acesso às razões de indeferimento –, o interessado pode interpor recurso contra a decisão no prazo de 10 dias (art. 15), a ser apreciado pela autoridade hierarquicamente superior.

10. AgRg no REsp 1084695/RJ, Rel. Min. Francisco Falcão, 1ª Turma, julgado em 10/02/2009.

Ao tratar do acesso à informação no âmbito do Poder Executivo Federal, a Lei apresenta redação truncada, quase como se quisesse induzir o requerente a erro. No *caput* do artigo 16, afirma-se que o recurso contra a negativa de acesso será dirigido à Controladoria-Geral da União (CGU). Em seguida, o § 1º dispõe que o recurso somente poderá ser dirigido à CGU depois de submetido à apreciação de pelo menos uma autoridade superior àquela que proferiu a decisão impugnada. Isso significa que, na verdade, o recurso não é dirigido à CGU, mas à autoridade hierarquicamente superior; e, em caso de novo indeferimento, cabe recurso à CGU. Caso o recurso seja negado também pela CGU, cabe novo recurso à Comissão Mista de Reavaliação de Informações (art. 16, § 3º).

A sistemática confusa da Lei parece ser uma porta aberta para que diversos recursos recebam respostas desfavoráveis por questões formais ou processuais (incompetência, supressão de instância, intempestividade etc.) como se estivéssemos em um processo judicial.

Não custa lembrar que, antes de todos os formalismos procedimentais da Lei de acesso à informação, a Constituição da República estabelece o direito de petição a qualquer órgão público. Tratar com seriedade e dar aplicação plena à regra constitucional já deveria ser suficiente para proporcionar pleno acesso a grande parte das informações públicas. Afinal, a informação pública é pública, é de interesse de todos os cidadãos, é de interesse de nossa sociedade democrática. Formalismos, procedimentos, prazos (leiam-se obstáculos) não deveriam existir senão para uma pequena gama de informações referentes a segurança nacional, defesa territorial, operações de Forças Armadas, enfim, situações verdadeiramente excepcionais.

Não pretendemos realizar análise pormenorizada na Lei de acesso à informação, o que fugiria ao escopo deste livro, mas apenas pontuar ao leitor como esse diploma se soma à Lei do *habeas data* para jogar luz sobre a Administração Pública, a fim torná-la cada vez mais transparente, mais próxima dos interesses de todos nós.

Questões de Concurso

▶ **01. (CEF/Adv. – 2012 – Cesgranrio)** O correntista Y pretende obter dados sobre a conta corrente de sua genitora na instituição financeira W. Para isso, realiza o devido requerimento que vem a ser indeferido pelo gerente da agência onde a conta deveria ser cadastrada. Diante disso, Y impetra Habeas Data contra a instituição financeira. Sobre o Habeas Data, tem-se que

a) é instituto restrito à prestação de informações pessoais, não podendo ser utilizado por terceiros.

b) é instituto substitutivo de ação com preceito condenatório para obtenção de perdas e danos.

c) pode ser utilizado por pessoa física para acesso de informações de pessoa jurídica.

d) deve ser acessado por ente de núcleo familiar desde que autorizado por procuração.

e) guarda informações públicas, devendo o Banco de Dados, vinculado a qualquer instituição, fornecer as informações a quem as requeira.

► **02. (Proc. Bacen – 2013 – CESPE)** Para o cabimento do *habeas data*, não é necessário que o impetrante comprove prévia recusa do acesso a informações ou de sua retificação.

Questão	Gabarito	Breves comentários
01	A	V. item 2.
02	Errado	v. item 5.1.

CAPÍTULO XVI

MANDADO DE INJUNÇÃO

1. INTRODUÇÃO

O mandado de injunção é instituto afeto ao direito processual público – e, portanto, tema a ser tratado na presente obra.

Sua existência decorre de expressa previsão constitucional, como se lê do artigo 5º, inciso LXXI: *"conceder-se-á mandado de injunção sempre que a falta de norma regulamentadora torne inviável o exercício dos direitos e liberdades constitucionais e das prerrogativas inerentes à nacionalidade, à soberania e à cidadania"*.

Há Constituições Estaduais que também preveem o mandado de injunção.[1]

Trata-se, portanto, de procedimento constitucionalmente diferenciado.[2]

No plano infraconstitucional, foi editada a Lei nº 13.300/2016 para disciplinar o mandado de injunção. Tal lei foi editada após uma grande evolução da jurisprudência do Supremo Tribunal Federal sobre a matéria. Assim, cumpre fazer a análise do mandado de injunção com os olhos atentos aos entendimentos consolidados pelo STF em cotejo com o direito positivo.

2. EVOLUÇÃO JURISPRUDENCIAL DO MANDADO DE INJUNÇÃO

O mandado de injunção foi, seguramente, uma das ações constitucionais que mais evoluiu pela construção jurisprudencial do Supremo. Sem dúvida, esse fenômeno está ligado à falta de legislação específica para disciplinar esse remédio constitucional.

Durante os primeiros anos de vigência da Constituição da República de 1988, discutiu-se no meio acadêmico o alcance que poderia ser dado ao

1. É o caso, por exemplo, da Constituição do Estado do Paraná, que menciona a competência do Tribunal de Justiça para processar e julgar mandados de injunção (art. 101, VII, "c").
2. BUENO, Cassio Scarpinella. *Curso...* Vol. 2, t. III, p. 117.

mandado de injunção e, ao julgar as primeiras demandas sobre omissão legislativa, a interpretação dada pelo Supremo Tribunal Federal foi bastante tímida. Veja-se, por exemplo:

> MANDADO DE INJUNÇÃO: AUSÊNCIA DE LEI REGULAMENTADORA DO DIREITO AO AVISO PRÉVIO PROPORCIONAL; ILEGITIMIDADE PASSIVA DO EMPREGADOR SUPRIDA PELA INTEGRAÇÃO AO PROCESSO DO CONGRESSO NACIONAL; MORA LEGISLATIVA: CRITÉRIO OBJETIVO DE SUA VERIFICAÇÃO: PROCEDÊNCIA, PARA, DECLARADA A MORA, NOTIFICAR O LEGISLADOR PARA QUE A SUPRA.
>
> (MI 95, Relator Min. Carlos Velloso, Relator p/Acórdão Min. Sepúlveda Pertence, Tribunal Pleno, julgado em 07/10/1992)

Essa postura restritiva acabava por equiparar o mandado de injunção à ação direta de inconstitucionalidade por omissão, na medida em que ambas levavam à notificação do Legislativo para suprir a omissão. Embora fosse objeto de críticas por alguns doutrinadores[3], a postura contava com a adesão veemente de Hely Lopes Meirelles, que entendia caber mesmo ao STF tão somente a comunicação da mora ao Poder Legislativo.[4]

Em caso de persistência da mora legislativa, o Supremo Tribunal Federal indicava que a solução para o demandante seria o ingresso com nova demanda no primeiro grau de jurisdição:

> MANDADO DE INJUNÇÃO – PORTARIAS RESERVADAS DO MINISTÉRIO DA AERONÁUTICA – ADCT/88, ART. 8., PAR. 3. – REGIME DEMOCRÁTICO E SIGILO ESTATAL – INADIMPLEMENTO DA PRESTAÇÃO LEGISLATIVA – PERSISTÊNCIA DO ESTADO DE MORA DO CONGRESSO NACIONAL – DESNECESSIDADE DE NOVA COMUNICAÇÃO A INSTITUIÇÃO PARLAMENTAR – POSSIBILIDADE DO AJUIZAMENTO IMEDIATO DE AÇÃO DE REPARAÇÃO, COM FUNDAMENTO NO DIREITO COMUM – WRIT CONCEDIDO. COM A PERSISTÊNCIA DO ESTADO DE MORA DO CONGRESSO NACIONAL, QUE, NÃO OBSTANTE CIENTIFICADO PELO STF, DEIXOU DE ADIMPLIR A OBRIGAÇÃO DE LEGISLAR QUE LHE FOI IMPOSTA PELO ART. 8., PAR. 3., DO ADCT/88, RECONHECE-SE, DESDE LOGO, AOS BENEFICIÁRIOS DESSA NORMA TRANSITÓRIA A POSSIBILIDADE DE AJUIZAREM, COM FUNDAMENTO NO DIREITO COMUM, A PERTINENTE AÇÃO DE REPARAÇÃO ECONÔMICA.
>
> (MI 384, Relator Min. Carlos Velloso, Relator p/Acórdão Min. Celso de Mello, Tribunal Pleno, julgado em 05/08/1993)

3. BUENO, Cassio Scarpinella. *Curso*... Vol. 2, t. III, p. 118.
4. MEIRELLES, Hely Lopes; WALD, Arnoldo; MENDES, Gilmar Ferreira. op. cit., p. 298.

Aquela interpretação jurisprudencial era criticada pela doutrina por não atender ao que realmente propugnava a Constituição da República. Reconhecida e não suprida a mora legislativa, o máximo que o demandante poderia obter era reparação econômica. Nas palavras de Cassio Scarpinella Bueno, essa postura não atendia ao "modelo constitucional" de tutela jurisdicional, pois o mandado de injunção é vocacionado à prestação de tutela específica, ou seja, o que se espera obter do mandado de injunção são *"meios normativos suficientes para o exercício de um direito constitucionalmente assegurado"*.[5]

Com o tempo, a interpretação jurisprudencial evoluiu. A postura do Supremo Tribunal Federal se modificou significativamente. Para além de declarar a mora legislativa, a própria Corte Suprema tem definido parâmetros para o exercício dos direitos até a edição do ato legislativo pertinente.

Tome-se, como exemplo, a questão do direito de greve do servidor público. Trata-se de direito previsto na Constituição e nunca regulamentado pelo Poder Legislativo. O STF enfrentou a questão em 2008 e fez referência inclusive à evolução de sua interpretação para o mandado de injunção. Vale a pena ler o inteiro teor do voto do Ministro Gilmar Mendes no Mandado de Injunção nº 708, cuja ementa é a seguinte:

> MANDADO DE INJUNÇÃO. GARANTIA FUNDAMENTAL (CF, ART. 5º, INCISO LXXI). DIREITO DE GREVE DOS SERVIDORES PÚBLICOS CIVIS (CF, ART. 37, INCISO VII). EVOLUÇÃO DO TEMA NA JURISPRUDÊNCIA DO SUPREMO TRIBUNAL FEDERAL (STF). DEFINIÇÃO DOS PARÂMETROS DE COMPETÊNCIA CONSTITUCIONAL PARA APRECIAÇÃO NO ÂMBITO DA JUSTIÇA FEDERAL E DA JUSTIÇA ESTADUAL ATÉ A EDIÇÃO DA LEGISLAÇÃO ESPECÍFICA PERTINENTE, NOS TERMOS DO ART. 37, VII, DA CF. EM OBSERVÂNCIA AOS DITAMES DA SEGURANÇA JURÍDICA E À EVOLUÇÃO JURISPRUDENCIAL NA INTERPRETAÇÃO DA OMISSÃO LEGISLATIVA SOBRE O DIREITO DE GREVE DOS SERVIDORES PÚBLICOS CIVIS, FIXAÇÃO DO PRAZO DE 60 (SESSENTA) DIAS PARA QUE O CONGRESSO NACIONAL LEGISLE SOBRE A MATÉRIA. MANDADO DE INJUNÇÃO DEFERIDO PARA DETERMINAR A APLICAÇÃO DAS LEIS Nos 7.701/1988 E 7.783/1989.
>
> 1. SINAIS DE EVOLUÇÃO DA GARANTIA FUNDAMENTAL DO MANDADO DE INJUNÇÃO NA JURISPRUDÊNCIA DO SUPREMO TRIBUNAL FEDERAL (STF).
>
> 1.1. No julgamento do MI nº 107/DF, Rel. Min. Moreira Alves, DJ 21.9.1990, o Plenário do STF consolidou entendimento que conferiu ao mandado de injunção os seguintes elementos operacionais: i) os direitos constitucionalmente garantidos

5. BUENO, Cassio Scarpinella. *Curso*...Vol. 2, t. III, p. 119.

por meio de mandado de injunção apresentam-se como direitos à expedição de um ato normativo, os quais, via de regra, não poderiam ser diretamente satisfeitos por meio de provimento jurisdicional do STF; ii) a decisão judicial que declara a existência de uma omissão inconstitucional constata, igualmente, a mora do órgão ou poder legiferante, insta-o a editar a norma requerida; iii) a omissão inconstitucional tanto pode referir-se a uma omissão total do legislador quanto a uma omissão parcial; iv) a decisão proferida em sede do controle abstrato de normas acerca da existência, ou não, de omissão é dotada de eficácia erga omnes, e não apresenta diferença significativa em relação a atos decisórios proferidos no contexto de mandado de injunção; iv) o STF possui competência constitucional para, na ação de mandado de injunção, determinar a suspensão de processos administrativos ou judiciais, com o intuito de assegurar ao interessado a possibilidade de ser contemplado por norma mais benéfica, ou que lhe assegure o direito constitucional invocado; v) por fim, esse plexo de poderes institucionais legitima que o STF determine a edição de outras medidas que garantam a posição do impetrante até a oportuna expedição de normas pelo legislador.

1.2. Apesar dos avanços proporcionados por essa construção jurisprudencial inicial, o STF flexibilizou a interpretação constitucional primeiramente fixada para conferir uma compreensão mais abrangente à garantia fundamental do mandado de injunção. A partir de uma série de precedentes, o Tribunal passou a admitir soluções "normativas" para a decisão judicial como alternativa legítima de tornar a proteção judicial efetiva (CF, art. 5º, XXXV). Precedentes: MI no 283, Rel. Min. Sepúlveda Pertence, DJ 14.11.1991; MI no 232/RJ, Rel. Min. Moreira Alves, DJ 27.3.1992; MI nº 284, Rel. Min. Marco Aurélio, Red. para o acórdão Min. Celso de Mello, DJ 26.6.1992; MI nº 543/DF, Rel. Min. Octavio Gallotti, DJ 24.5.2002; MI nº 679/DF, Rel. Min. Celso de Mello, DJ 17.12.2002; e MI nº 562/DF, Rel. Min. Ellen Gracie, DJ 20.6.2003.

2. O MANDADO DE INJUNÇÃO E O DIREITO DE GREVE DOS SERVIDORES PÚBLICOS CIVIS NA JURISPRUDÊNCIA DO STF.

2.1. O tema da existência, ou não, de omissão legislativa quanto à definição das possibilidades, condições e limites para o exercício do direito de greve por servidores públicos civis já foi, por diversas vezes, apreciado pelo STF. Em todas as oportunidades, esta Corte firmou o entendimento de que o objeto do mandado de injunção cingir-se-ia à declaração da existência, ou não, de mora legislativa para a edição de norma regulamentadora específica. Precedentes: MI no 20/DF, Rel. Min. Celso de Mello, DJ 22.11.1996; MI nº 585/TO, Rel. Min. Ilmar Galvão, DJ 2.8.2002; e MI nº 485/MT, Rel. Min. Maurício Corrêa, DJ 23.8.2002.

2.2. Em alguns precedentes (em especial, no voto do Min. Carlos Velloso, proferido no julgamento do MI nº 631/MS, Rel. Min. Ilmar Galvão, DJ 2.8.2002), aventou-se a possibilidade de aplicação aos servidores públicos civis da lei que disciplina os movimentos grevistas no âmbito do setor privado (Lei nº 7.783/1989).

3. DIREITO DE GREVE DOS SERVIDORES PÚBLICOS CIVIS. HIPÓTESE DE OMISSÃO LEGISLATIVA INCONSTITUCIONAL. MORA JUDICIAL, POR DIVERSAS VEZES, DECLARADA PELO PLENÁRIO DO

STF. RISCOS DE CONSOLIDAÇÃO DE TÍPICA OMISSÃO JUDICIAL QUANTO À MATÉRIA. A EXPERIÊNCIA DO DIREITO COMPARADO. LEGITIMIDADE DE ADOÇÃO DE ALTERNATIVAS NORMATIVAS E INSTITUCIONAIS DE SUPERAÇÃO DA SITUAÇÃO DE OMISSÃO.

3.1. A permanência da situação de não regulamentação do direito de greve dos servidores públicos civis contribui para a ampliação da regularidade das instituições de um Estado democrático de Direito (CF, art. 1º). Além de o tema envolver uma série de questões estratégicas e orçamentárias diretamente relacionadas aos serviços públicos, a ausência de parâmetros jurídicos de controle dos abusos cometidos na deflagração desse tipo específico de movimento grevista tem favorecido que o legítimo exercício de direitos constitucionais seja afastado por uma verdadeira "lei da selva".

3.2. Apesar das modificações implementadas pela Emenda Constitucional nº 19/1998 quanto à modificação da reserva legal de lei complementar para a de lei ordinária específica (CF, art. 37, VII), observa-se que o direito de greve dos servidores públicos civis continua sem receber tratamento legislativo minimamente satisfatório para garantir o exercício dessa prerrogativa em consonância com imperativos constitucionais.

3.3. Tendo em vista as imperiosas balizas jurídico-políticas que demandam a concretização do direito de greve a todos os trabalhadores, o STF não pode se abster de reconhecer que, assim como o controle judicial deve incidir sobre a atividade do legislador, é possível que a Corte Constitucional atue também nos casos de inatividade ou omissão do Legislativo.

3.4. A mora legislativa em questão já foi, por diversas vezes, declarada na ordem constitucional brasileira. Por esse motivo, a permanência dessa situação de ausência de regulamentação do direito de greve dos servidores públicos civis passa a invocar, para si, os riscos de consolidação de uma típica omissão judicial. 3.5. Na experiência do direito comparado (em especial, na Alemanha e na Itália), admite-se que o Poder Judiciário adote medidas normativas como alternativa legítima de superação de omissões inconstitucionais, sem que a proteção judicial efetiva a direitos fundamentais se configure como ofensa ao modelo de separação de poderes (CF, art. 2º).

4. DIREITO DE GREVE DOS SERVIDORES PÚBLICOS CIVIS. REGULAMENTAÇÃO DA LEI DE GREVE DOS TRABALHADORES EM GERAL (LEI Nº 7.783/1989). FIXAÇÃO DE PARÂMETROS DE CONTROLE JUDICIAL DO EXERCÍCIO DO DIREITO DE GREVE PELO LEGISLADOR INFRACONSTITUCIONAL.

4.1. A disciplina do direito de greve para os trabalhadores em geral, quanto às "atividades essenciais", é especificamente delineada nos arts. 9º a 11 da Lei nº 7.783/1989. Na hipótese de aplicação dessa legislação geral ao caso específico do direito de greve dos servidores públicos, antes de tudo, afigura-se inegável o conflito existente entre as necessidades mínimas de legislação para o exercício do direito de greve dos servidores públicos civis (CF, art. 9º, caput, c/c art. 37, VII), de um lado, e o direito a serviços públicos adequados e prestados de forma contínua a todos os cidadãos (CF, art. 9º, § 1º), de outro. Evidentemente, nao se outorgaria ao legislador qualquer poder discricionário quanto à edição, ou não, da lei disciplinadora do direito de greve. O legislador poderia adotar um modelo mais ou menos rígido, mais ou menos restritivo do direito de greve no âmbito do serviço público, mas não poderia deixar de reconhecer direito previamente definido pelo texto da Constituição. Considerada a evolução jurisprudencial do tema perante o STF, em sede do mandado de injunção, não se pode atribuir amplamente ao legislador a última palavra acerca da concessão, ou não, do direito de greve dos servidores públicos civis, sob pena de se esvaziar direito fundamental positivado. Tal premissa, contudo, não impede que, futuramente, o legislador infraconstitucional confira novos contornos acerca da adequada configuração da disciplina desse direito constitucional.

4.2. Considerada a omissão legislativa alegada na espécie, seria o caso de se acolher a pretensão, tão-somente no sentido de que se aplique a Lei nº 7.783/1989 enquanto a omissão não for devidamente regulamentada por lei específica para os servidores públicos civis (CF, art. 37, VII).

4.3. Em razão dos imperativos da continuidade dos serviços públicos, contudo, não se pode afastar que, de acordo com as peculiaridades de cada caso concreto e mediante solicitação de entidade ou órgão legítimo, seja facultado ao tribunal competente impor a observância a regime de greve mais severo em razão de tratar-se de "serviços ou atividades essenciais", nos termos do regime fixado pelos arts. 9º a 11 da Lei nº 7.783/1989. Isso ocorre porque não se pode deixar de cogitar dos riscos decorrentes das possibilidades de que a regulação dos serviços públicos que tenham características afins a esses "serviços ou atividades essenciais" seja menos severa que a disciplina dispensada aos serviços privados ditos "essenciais".

4.4. O sistema de judicialização do direito de greve dos servidores públicos civis está aberto para que outras atividades sejam submetidas a idêntico regime. Pela complexidade e variedade dos serviços públicos e atividades estratégicas típicas do Estado, há outros serviços públicos, cuja essencialidade não está contemplada pelo rol dos arts. 9º a 11 da Lei nº 7.783/1989. Para os fins desta decisão, a enunciação do regime fixado pelos arts. 9º a 11 da Lei nº 7.783/1989 é apenas exemplificativa (*numerus apertus*).

5. O PROCESSAMENTO E O JULGAMENTO DE EVENTUAIS DISSÍDIOS DE GREVE QUE ENVOLVAM SERVIDORES PÚBLICOS CIVIS DEVEM OBEDECER AO MODELO DE COMPETÊNCIAS E ATRIBUIÇÕES APLICÁVEL AOS TRABALHADORES EM GERAL (CELETISTAS), NOS TERMOS DA REGULAMENTAÇÃO DA LEI Nº 7.783/1989. A APLICAÇÃO COMPLEMENTAR DA LEI Nº 7.701/1988 VISA À JUDICIALIZAÇÃO DOS CONFLITOS QUE ENVOLVAM OS SERVIDORES PÚBLICOS CIVIS NO CONTEXTO DO ATENDIMENTO DE ATIVIDADES RELACIONADAS A NECESSIDADES INADIÁVEIS DA COMUNIDADE QUE, SE NÃO ATENDIDAS, COLOQUEM "EM PERIGO IMINENTE A SOBREVIVÊNCIA, A SAÚDE OU A SEGURANÇA DA POPULAÇÃO" (LEI Nº 7.783/1989, PARÁGRAFO ÚNICO, ART. 11).

5.1. Pendência do julgamento de mérito da ADI nº 3.395/DF, Rel. Min. Cezar Peluso, na qual se discute a competência constitucional para a apreciação das "ações oriundas da relação de trabalho, abrangidos os entes de direito público externo e da administração pública direta e indireta da União, dos Estados, do Distrito Federal e dos Municípios" (CF, art. 114, I, na redação conferida pela EC nº 45/2004).

5.2. Diante da singularidade do debate constitucional do direito de greve dos servidores públicos civis, sob pena de injustificada e inadmissível negativa de prestação jurisdicional nos âmbitos federal, estadual e municipal, devem-se fixar também os parâmetros institucionais e constitucionais de definição de competência, provisória e ampliativa, para a apreciação de dissídios de greve instaurados entre o Poder Público e os servidores públicos civis.

5.3. No plano procedimental, afigura-se recomendável aplicar ao caso concreto a disciplina da Lei nº 7.701/1988 (que versa sobre especialização das turmas dos Tribunais do Trabalho em processos coletivos), no que tange à competência para apreciar e julgar eventuais conflitos judiciais referentes à greve de servidores públicos que sejam suscitados até o momento de colmatação legislativa específica da lacuna ora declarada, nos termos do inciso VII do art. 37 da CF.

5.4. A adequação e a necessidade da definição dessas questões de organização e procedimento dizem respeito a elementos de fixação de competência constitucional de modo a assegurar, a um só tempo, a possibilidade e, sobretudo, os limites ao exercício do direito constitucional de greve dos servidores públicos, e a continuidade na prestação dos serviços públicos. Ao adotar essa medida, este Tribunal passa a assegurar o direito de greve constitucionalmente garantido no art. 37, VII, da Constituição Federal, sem desconsiderar a garantia da continuidade de prestação de serviços públicos – um elemento fundamental para a preservação do interesse público em áreas que são extremamente demandadas pela sociedade.

6. DEFINIÇÃO DOS PARÂMETROS DE COMPETÊNCIA CONSTITUCIONAL PARA APRECIAÇÃO DO TEMA NO ÂMBITO DA JUSTIÇA FEDERAL E DA JUSTIÇA ESTADUAL ATÉ A EDIÇÃO DA LEGISLAÇÃO ESPECÍFICA PERTINENTE, NOS TERMOS DO ART. 37, VII, DA CF. FIXAÇÃO DO PRAZO DE 60 (SESSENTA) DIAS PARA QUE O CONGRESSO NACIONAL LEGISLE SOBRE A MATÉRIA. MANDADO DE INJUNÇÃO DEFERIDO PARA DETERMINAR A APLICAÇÃO DAS LEIS Nos 7.701/1988 E 7.783/1989.

6.1. Aplicabilidade aos servidores públicos civis da Lei nº 7.783/1989, sem prejuízo de que, diante do caso concreto e mediante solicitação de entidade ou órgão legítimo, seja facultado ao juízo competente a fixação de regime de greve mais severo, em razão de tratarem de "serviços ou atividades essenciais" (Lei nº 7.783/1989, arts. 9º a 11).

6.2. Nessa extensão do deferimento do mandado de injunção, aplicação da Lei nº 7.701/1988, no que tange à competência para apreciar e julgar eventuais conflitos judiciais referentes à greve de servidores públicos que sejam suscitados até o momento de colmatação legislativa específica da lacuna ora declarada, nos termos do inciso VII do art. 37 da CF.

6.3. Até a devida disciplina legislativa, devem-se definir as situações provisórias de competência constitucional para a apreciação desses dissídios no contexto nacional, regional, estadual e municipal. Assim, nas condições acima especificadas, se a paralisação for de âmbito nacional, ou abranger mais de uma região da justiça federal, ou ainda, compreender mais de uma unidade da federação, a competência para o dissídio de greve será do Superior Tribunal de Justiça (por aplicação analógica do art. 2º, I, "a", da Lei nº 7.701/1988). Ainda no âmbito federal, se a controvérsia estiver adstrita a uma única região da justiça federal, a competência será dos Tribunais Regionais Federais (aplicação analógica do art. 6º da Lei nº 7.701/1988). Para o caso da jurisdição no contexto estadual ou municipal, se a controvérsia estiver adstrita a uma unidade da federação, a competência será do respectivo Tribunal de Justiça (também por aplicação analógica do art. 6º da Lei nº 7.701/1988). As greves de âmbito local ou municipal serão dirimidas pelo Tribunal de Justiça ou Tribunal Regional Federal com jurisdição sobre o local da paralisação, conforme se trate de greve de servidores municipais, estaduais ou federais.

6.4. Considerados os parâmetros acima delineados, a par da competência para o dissídio de greve em si, no qual se discuta a abusividade, ou não, da greve, os referidos tribunais, nos âmbitos de sua jurisdição, serão competentes para decidir acerca do mérito do pagamento, ou não, dos dias de paralisação em consonância com a excepcionalidade de que esse juízo se reveste. Nesse contexto, nos termos do art. 7º da Lei nº 7.783/1989, a deflagração da greve, em princípio, corresponde à suspensão do contrato de trabalho. Como regra geral, portanto, os salários dos dias de paralisação não deverão ser pagos, salvo no caso em que a greve tenha sido provocada justamente por atraso no pagamento aos servidores públicos civis, ou por outras situações excepcionais que justifiquem o afastamento da premissa da suspensão do contrato de trabalho (art. 7º da Lei nº 7.783/1989, in fine).

6.5. Os tribunais mencionados também serão competentes para apreciar e julgar medidas cautelares eventualmente incidentes relacionadas ao exercício do direito de greve dos servidores públicos civis, tais como: i) aquelas nas quais se postule a preservação do objeto da querela judicial, qual seja, o percentual mínimo de servidores públicos que deve continuar trabalhando durante o movimento paredista, ou mesmo a proibição de qualquer tipo de paralisação; ii) os interditos possessórios para a desocupação de dependências dos órgãos públicos eventualmente tomados por grevistas; e iii) as demais medidas cautelares que apresentem conexão direta com o dissídio coletivo de greve.

6.6. Em razão da evolução jurisprudencial sobre o tema da interpretação da omissão legislativa do direito de greve dos servidores públicos civis e em respeito aos ditames de segurança jurídica, fixa-se o prazo de 60 (sessenta) dias para que o Congresso Nacional legisle sobre a matéria.

6.7. Mandado de injunção conhecido e, no mérito, deferido para, nos termos acima especificados, determinar a aplicação das Leis nos 7.701/1988 e 7.783/1989 aos conflitos e às ações judiciais que envolvam a interpretação do direito de greve dos servidores públicos civis.

(MI 708, Relator Min. Gilmar Mendes, Tribunal Pleno, julgado em 25/10/2007, DJe-206, divulg. 30/10/2008, publ. 31/10/2008)

Como se vê, houve significativa evolução jurisprudencial a respeito da eficácia do mandado de injunção como instrumento de tutela de direitos constitucionais.

Em 2016, foi editada pelo Congresso Nacional a Lei nº 13.300 para regular o mandado de injunção.

3. OBJETO E CABIMENTO

O objetivo do mandado de injunção é sanear um problema específico, uma omissão legislativa que não permita o exercício de direitos e liberdades asseguradas na Constituição da República, ou impeça a efetivação de prerrogativas inerentes à nacionalidade, soberania e cidadania – regra constitucional reproduzida no art. 2º da Lei nº 13.300/2016.

Em tese, seria possível cogitar de uma existência efêmera para o mandado de injunção. Afinal, se sua previsão no ordenamento está ligada a lacunas legislativas, gradualmente, com o preenchimento de tais lacunas, sua aplicabilidade seria reduzida até se tornar desnecessário. Na prática, porém, parece difícil admitir a existência de momento temporal futuro em que não haverá lacunas legislativas a serem preenchidas. Disso resulta que o mandado de injunção terá sempre espaço de aplicação no ordenamento jurídico.

Quando se fala de remédios jurídicos para sanar omissões do Poder Público, pensa-se, além do mandado de injunção, também na ação direta de inconstitucionalidade por omissão. É preciso diferenciar o campo de atuação e cabimento de cada uma dessas medidas.

A ação direta de inconstitucionalidade (ADI) por omissão somente comporta ciência da mora ao legislador, nos termos do que prevê o artigo 103, § 2º da CR: "*Declarada a inconstitucionalidade por omissão de medida para tornar efetiva norma constitucional, será dada ciência ao Poder competente para a adoção das providências necessárias e, em se tratando de órgão administrativo, para fazê-lo em trinta dias*". Já o mandado de injunção, como visto acima, tem recebido tratamento mais efetivo do Supremo Tribunal Federal, com imposição de dever ao Poder Legiferante e até mesmo a elaboração de regramento abstrato pela própria Corte constitucional. E essa posição jurisprudencial foi seguida pela Lei nº 13.330/2016, conforme será examinado neste capítulo.

Além disso, a ADI por omissão guarda as características típicas do processo objetivo, inclusive no que se refere ao seu rol de legitimados (CR, art. 103). Por sua vez, o mandado de injunção é um processo eminentemente subjetivo, baseado em caso concreto, sem rol de legitimados pré-definido.

Traçada essa distinção, pode-se seguir com a análise do cabimento do mandado de injunção.

Extrai-se da redação constitucional que seu cabimento está ligado à ausência de norma regulamentadora que impeça o exercício de direitos e liberdades constitucionais. Ao interpretar a regra constitucional, o Supremo Tribunal Federal delimitou as hipóteses de cabimento do mandado de injunção. Vejamos:

3.1. Impedimento ao exercício de direito ou liberdade constitucional

Para concessão do mandado de injunção, não basta a simples indicação de ausência de norma regulamentadora, é preciso que o demandante demonstre que tal ausência impede o exercício de seu direito ou liberdade constitucional. Vejam-se ementa e trecho do voto:

> AGRAVO REGIMENTAL NO MANDADO DE INJUNÇÃO.
>
> 1. IMPOSSIBILIDADE DE ASSEGURAR A CONTAGEM E A AVERBAÇÃO DE TEMPO DE SERVIÇO: ART. 57 DA LEI Nº 8.213/1991 PARA FUTURO PEDIDO DE APOSENTADORIA ESPECIAL.
>
> 2. INEXISTÊNCIA DO PRESSUPOSTO DE INVIABILIDADE DE EXERCÍCIO DE PRERROGATIVA CONSTITUCIONAL. PRECEDENTES. AGRAVO REGIMENTAL AO QUAL SE NEGA PROVIMENTO.
>
> (MI 2195 AgR, Relatora Min. Cármen Lúcia, Tribunal Pleno, julgado em 23/02/2011)
>
> Voto da Ministra Cármen Lúcia:
>
> "Para ser cabível o mandado de injunção, não basta que haja eventual obstáculo ao exercício de direito ou liberdade constitucional em razão de omissão legislativa, mas concreta inviabilidade de sua plena fruição pelo seu titular. Daí por que há de ser comprovada, de plano, a titularidade do direito (...) e a sua inviabilidade decorrente da ausência de norma regulamentadora do direito constitucional".

Esse entendimento jurisprudencial aparece consolidado na Lei nº 13.330/2016, como se vê do artigo 2º, que dá ênfase ao aspecto de que a falta total ou parcial da norma regulamentadora deve tornar inviável o exercício do direito. Por sua vez, o parágrafo único do artigo 2º esclarece que a regulamentação é parcial quando as normas editadas ainda forem insuficientes para o regular exercício do direito.

3.2. Perda de objeto pelo advento de norma regulamentadora

Se, no curso do processamento e julgamento do mandado de injunção, sobrevier norma regulamentadora, a ação fica prejudicada. O STF não prossegue o julgamento para regular o período de tempo pretérito, em que não havia lei. Confira-se:

AGRAVO REGIMENTAL EM MANDADO DE INJUNÇÃO. ALEGADA OMISSÃO DA NORMA REGULAMENTADORA DO ART. 7º, XXI, DA CONSTITUIÇÃO. SUPERVENIÊNCIA DA LEI 12.506/2011. PERDA DE OBJETO. AGRAVO DESPROVIDO.

I – A orientação do Supremo Tribunal Federal é pela prejudicialidade do mandado de injunção com a edição da norma regulamentadora então ausente.

II – Excede os limites da via eleita a pretensão de sanar a alegada lacuna normativa do período pretérito à edição da lei regulamentadora.

III – Agravo a que se nega provimento.

(MI 1011 AgR, Relator Min. Ricardo Lewandowski, Tribunal Pleno, julgado em 10/05/2012)

Essa posição jurisprudencial foi consolidada na Lei nº 13.300/2016, cujo parágrafo único do artigo 11 prevê que a impetração deve ser extinta sem resolução de mérito, quando for editada norma reguladora antes da decisão judicial.

4. COMPETÊNCIA

A Lei nº 13.300/2016 não tratou especificamente da fixação de competências, mas remeteu sua aplicação subsidiária à Lei do Mandado de Segurança (art. 14). Assim, a lógica a ser aplicada para identificar onde deve ser proposta a demanda está relacionada à autoridade responsável pela elaboração da norma jurídica faltante.

A partir das previsões constitucionais, é possível elaborar o seguinte quadro:

Órgão competente	Autoridade responsável pela elaboração da norma	Base legal e observações
Supremo Tribunal Federal	– Presidente da República; – Congresso Nacional; – Câmara dos Deputados; – Senado Federal; – Mesas de uma dessas Casas Legislativas; – Tribunal de Contas da União; – Tribunais Superiores; – próprio Supremo Tribunal Federal.	– art. 102, I, "q"; – competência originária do STF; – em grau de recurso, compete ao STF julgar o recurso ordinário do MI decidido em única instância pelos Tribunais Superiores, em caso de denegação da decisão (art. 102, II, "a").

Órgão competente	Autoridade responsável pela elaboração da norma	Base legal e observações
Superior Tribunal de Justiça	– órgão, entidade ou autoridade federal, da administração direta ou indireta; – exceção: casos de competência do Supremo Tribunal Federal e dos órgãos da Justiça Militar, da Justiça Eleitoral, da Justiça do Trabalho e da Justiça Federal.	– art. 105, I, "h"; – competência originária do STJ; – atenção para a exceção contida na própria Constituição para a competência da Justiça Federal.
Justiça Federal	– órgãos e entidades federais, inclusive autarquias.	– construção jurisprudencial; – exemplos: – Contran (STJ – MI 193/DF); – Bacen (STF – MI 571/SP) – Anatel (STJ – MI 174/DF) – CADE (STJ – AgRg no MI 185/DF).
Tribunal de Justiça	– órgãos ou entidades estaduais ou municipais	– é preciso verificar Constituição do Estado-membro.

Ao observar o quadro, é possível notar que as competências do STJ e da Justiça Federal parecem superpostas. Isso decorre da previsão constitucional da alínea "h" no inciso I do artigo 105, que faz uma ressalva ao final de sua redação.

Ao analisar a jurisprudência, a questão fica mais clara. O Supremo Tribunal Federal entende que a competência somente é do STJ quando o ato normativo supostamente faltante é de competência de Ministro de Estado – nas demais hipóteses em que se tratar de autoridade federal, a competência é mesmo da Justiça Federal. Confira-se ementa e trecho do voto do MI 571/SP, julgado pelo STF:

> Mandado de injunção: omissão normativa imputada a autarquia federal (Banco Central do Brasil): competência originária do Juiz Federal e não do Supremo Tribunal, nem do Superior Tribunal de Justiça: inteligência da ressalva final do art. 105, I, h, da Constituição.
>
> (MI 571 QO, Relator Min. Sepúlveda Pertence, Tribunal Pleno, julgado em 08/10/1998)
>
> Voto do Min. Sepúlveda Pertence:
>
> Ora, a Justiça Federal, de sua vez, detêm a competência geral para as suas causas em que sejam partes a União, entidade autárquica federal ou empresa

pública federal, salvo quando haja circunstância especial que a inclua na competência de uma Justiça especial ou de um dos dois órgãos judiciários de superposição, o Supremo Tribunal Federal ou o Superior Tribunal de Justiça.

Desse modo, a aparente regra geral de competência do STJ, previsto no art. 105, I h, CF, quando subtraída das áreas de competência do STF, de um lado, e da Justiça Federal, de outro, reduz-se a hipóteses excepcionais, entre as quais me ocorre, por exemplo, aquela em que, sendo-lhe imputada a omissão normativa, seja um Ministro de Estado a parte formal no processo de mandado de injunção.

Na prática, a competência do STJ para processar e julgar originalmente mandados de injunção acabou esvaziada. A maioria dos casos é examinada pelo STF, pela Justiça Federal e pelas Justiças Estaduais.

Como destacado, a competência do Supremo Tribunal Federal é fixada a partir da autoridade legiferante, e não a partir do legitimado ativo. Disso resulta que o STF é competente para conhecer e julgar mandados de injunção impetrados por servidores estaduais e municipais:

MANDADO DE INJUNÇÃO. EMBARGOS DE DECLARAÇÃO RECEBIDOS COMO AGRAVO REGIMENTAL. APOSENTADORIA ESPECIAL DE SERVIDOR PÚBLICO. ART. 40, § 4º, DA CONSTITUIÇÃO FEDERAL, APLICAÇÃO DAS NORMAS DO REGIME GERAL DE PREVIDÊNCIA SOCIAL. AGRAVOS DESPROVIDOS.

1. Segundo a jurisprudência do STF, a omissão legislativa na regulamentação do art. 40, § 4º, da Constituição, deve ser suprida mediante a aplicação das normas do Regime Geral de Previdência Social previstas na Lei 8.213/91 e no Decreto 3.048/99. Ainda, **o STF tem competência para apreciar os mandados de injunção impetrados por servidores públicos municipais, estaduais e distritais.** Fundamentos observados pela decisão agravada.

2. Agravos regimentais desprovidos.

(MI 930 AgR, Relator Min. Teori Zavascki, Tribunal Pleno, julgado em 17/10/2013)

O Supremo Tribunal Federal, no julgamento do RE 797.905-RG, sob a relatoria do Ministro Gilmar Mendes, reafirmou sua jurisprudência de que é o Presidente da República quem detém legitimidade passiva para mandado de injunção em que se discute a omissão relativa à edição da lei complementar a que se refere o art. 40, § 4º, da CF/88, ainda que nos âmbitos estadual, distrital e municipal. Ausência de argumentos capazes de infirmar a decisão agravada. Agravo regimental a que se nega provimento.

(RE 758338 AgR, Relator Min. Roberto Barros, Primeira Turma, julgado em 18/11/2014, PROCESSO ELETRÔNICO DJe-248 DIVULG 16-12-2014 PUBLIC 17-12-2014)

5. LEGITIMIDADE

5.1. Legitimidade ativa

A legitimidade individual é ampla, cabível a qualquer um que alegue violação ou ameaça de violação a direito próprio, às suas liberdades ou prerrogativas (art. 3º). A legitimidade para o mandado de injunção coletivo será analisada à frente em tópico próprio.

5.2. Legitimidade passiva

A legitimidade passiva no mandado de injunção está determinada no artigo 3º e alcança o Poder, o órgão ou a autoridade com atribuição para editar a norma regulamentadora.

Não há formação de litisconsórcio passivo entre autoridade pública e particulares, pois estes não podem ser compelidos à produção normativa.[6]

6. PROCEDIMENTO

O procedimento do mandado de injunção está regulado na Lei nº 13.300/2016, sendo em parte semelhante à dinâmica do mandado de segurança – tema exaustivamente estudado no capítulo pertinente do livro.

6.1. Petição inicial

A petição inicial deve atender aos requisitos dos artigos 319 e seguintes do CPC. A demanda é movida por aquele que se afirma titular do direito em face da pessoa jurídica de direito público responsável pela edição do ato normativo, que é o réu. A identificação do réu no mandado de injunção toma por base a autoridade coatora, aquela que se omite no exercício da atividade legiferante. Se houver mais de um impetrado (pessoa jurídica), a petição inicial deve ser apresentada com cópias correspondente ao número de réus (art. 4º, § 1º).

Além dessas cópias, a petição inicial já deve conter as provas necessárias à comprovação do estado de mora que inviabiliza o exercício do direito alegado. Sendo

6. É a posição do STF: "3. Pessoa jurídica de direito privado, sem poderes para elaborar ou aprovar a norma regulamentadora do direito constitucional, não é legitimada passiva no mandado de injunção. Ilegitimidade do empregador do impetrante." (MI 1008 AgR-segundo, Rel. Min. Teori Zavascki, Tribunal Pleno, julgado em 16/05/2013).

o mandado de injunção um procedimento de rito semelhante ao do mandado de segurança, há a necessidade de demonstração de direito líquido e certo de plano, pois este procedimento não contém fase específica de produção probatória. É preciso que o demandante demonstre por prova documental o fundamento de sua pretensão.[7]

Eventualmente, se a prova documental necessária à demonstração do direito estiver em poder da autoridade e não lhe for fornecida certidão ou cópia autenticada, o impetrante pode requerer ao juízo a determinação para exibição do documento no prazo de 10 dias (art. 4º, § 2º).

Se a petição inicial for manifestamente incabível ou manifestamente improcedente, o juízo pode desde logo indeferi-la (art. 6º). Contra tal decisão, cabe o agravo interno, cujo prazo é de 5 dias, dirigido ao órgão colegiado responsável pelo julgamento (art. 6º, p.ú.). É importante observar que esse prazo é específico, não sendo aplicável o prazo ordinário de 15 dias do CPC (art. 1.003, § 5º), mas a contagem é feita em dias úteis (CPC, art. 219).

6.2. Recebimento e processamento

O mandado de injunção não possui fase de produção probatória. Assim, se a petição inicial estiver em seus devidos termos, o juízo determina a notificação da autoridade coatora para prestar informações em 10 dias e dá ciência à advocacia pública da pessoa jurídica (art. 5º, incisos I e II). A redação do inciso II carece de maior precisão terminológica, pois prevê a cientificação da advocacia pública "para que, querendo, ingresse no feito". Não é bem assim. A advocacia pública não ingressa no feito, pois não é parte, nem é a autoridade coatora. Se a advocacia pública vai a juízo, é porque vai em nome do ente público, só que este já figura no polo passivo do processo. Disso resulta que a advocacia pública não precisa "querer ingressar no feito"; a advocacia pública já está no feito, já atua e diligencia no feito em defesa dos interesses do ente público. E mais, o CPC estabelece a intimação pessoal da advocacia pública, razão por que, mesmo que não haja "pedido expresso de ingresso no feito", os autos deverão ser encaminhados ao órgão (art. 183, § 1º).

Apresentadas as informações da autoridade coatora e da pessoa jurídica de direito público, os autos seguem para o Ministério Público para emitir parecer no prazo de 10 dias. Após, ainda que sem manifestação do órgão ministerial, os autos são conclusos para decisão.

6.3. Tutela provisória

No que tange à concessão de tutela provisória, percebe-se divergência entre a posição da doutrina e a da jurisprudência. A fonte normativa primária é a Lei nº

7. BUENO, Cassio Scarpinella. *Curso...* Vol. 2, t. III, p. 123.

13.300/2016, que não trata da matéria. Assim, deve-se buscar a aplicação subsidiária da Lei do Mandado de Segurança (art. 14).

Doutrinariamente, afirma-se possível a concessão de medidas liminares como forma de evitar lesões a direitos – ou, nos específicos termos do que prevê a Lei do Mandado de Segurança, sempre que houver "*fundamento relevante*" e "*perigo de ineficácia da medida*" (art. 7º, III). Tais requisitos, na linguagem do CPC-2015, equivalem a "*probabilidade do direito*" e "*perigo de dano ou risco ao resultado útil do processo*".[8]

A jurisprudência do STF, porém, inclina-se em sentido contrário, pois reiteradamente aponta para a impossibilidade de concessão de liminar no mandado de injunção:

> MANDADO DE INJUNÇÃO – LIMINAR. Os pronunciamentos da Corte são reiterados sobre a impossibilidade de se implementar liminar em mandado de injunção – Mandados de Injunção ns. 283, 542, 631, 636, 652 e 694, relatados pelos ministros Sepúlveda Pertence, Celso de Mello, Ilmar Galvão, Maurício Corrêa, Ellen Gracie e por mim, respectivamente. AÇÃO CAUTELAR – LIMINAR. Descabe o ajuizamento de ação cautelar para ter-se, relativamente a mandado de injunção, a concessão de medida acauteladora.
>
> (AC 124 AgR, Relator Min. Marco Aurélio, Tribunal Pleno, julgado em 23/09/2004)

6.4. Sentença, coisa julgada e recursos

Se o juízo reconhecer que há mora legislativa, o pedido será julgado procedente para (art. 8º):

I. determinar prazo razoável para que o impetrado promova a edição da norma regulamentadora;

II. estabelecer as condições em que se dará o exercício dos direitos, das liberdades ou das prerrogativas reclamados; ou

III. determinar as condições em que poderá o interessado promover ação própria visando ao exercício dos direitos, caso não seja suprida a mora.

Se o impetrado já tiver deixado de atender a mandado de injunção anterior para edição de ato normativo sobre a mesma matéria, o juízo pode dispensar a providência do item I, ou seja, não se assinala prazo para edição normativa (art. 8º, p.ú.). A previsão é absolutamente coerente com a evolução por que passou o

8. Nesse sentido: BUENO, Cassio Scarpinella. *Curso...* Vol. 2, t. III, p. 123. MEIRELLES, Hely Lopes; WALD, Arnoldo; MENDES, Gilmar Ferreira. op. cit., p. 292.

mandado de injunção na jurisprudência do STF. Como visto anteriormente, a postura inicial era a de apenas declarar a mora, mas se evoluiu para permitir que o direito fosse efetivamente tutelado, com a construção de parâmetros para sua aplicação. O artigo 8º consolida esse entendimento ao prever que o juízo pode estabelecer diretamente as condições para exercício dos direitos, liberdades ou prerrogativas reclamados.

Quanto ao conteúdo da sentença que permite o exercício do direito objetivo do litígio, o artigo 9º estabelece que seus efeitos são produzidos até o advento da norma regulamentadora. Vale perceber que a sentença tem como objetivo suprir provisória e temporariamente a falta do desempenho da função legislativa. Por isso, editada a norma regulamentadora, ainda que mais restritiva ou de conteúdo distinto, a sentença deixa de produzir efeitos, ou seja, deixa de regular o exercício do direito do demandante. Tal eficácia é *ex nunc*, salvo se a aplicação da norma for mais benéfica do que o conteúdo da sentença (art. 11).

Quanto à eficácia subjetiva da sentença, como regra base, o mandado de injunção produz efeitos entre as partes. Entretanto a Lei nº 13.300/2016 traz dois mecanismos de ampliação nos parágrafos 1º e 2º do artigo 9º, a saber:

a) pode ser conferida eficácia *ultra partes* ou *erga omnes* à decisão, quando isso for inerente ou indispensável ao exercício do direito, da liberdade ou da prerrogativa objeto da impetração.

b) transitada em julgado a decisão, seus efeitos poderão ser estendidos aos casos análogos por decisão monocrática do relator.

Por fim, se o pedido for julgado improcedente por insuficiência de provas, é possível o ajuizamento de nova ação com base em novos elementos probatórios (art. 9º, § 3º).

O mandado de injunção não comporta condenação em honorários – mais uma vez, por aplicação das regras estabelecidas para o Mandado de Segurança.

Quanto à recorribilidade, não há maiores distinções quanto ao regime do mandado de segurança. Sendo a decisão contrária ao demandante, cabe a interposição de recurso ordinário. Em caso de procedência, o Poder Público disporá de recurso especial ou extraordinário conforme o caso.

7. MANDADO DE INJUNÇÃO COLETIVO

A Lei nº 13.300/2016 possibilitou que o regramento do mandado de injunção fosse consolidado no direito positivo, a partir da construção jurisprudencial do STF. Os artigos 12 e 13 tratam de forma mais específica do mandado de injunção coletivo.

No que toca à legitimidade ativa, o tratou do tema partiu da construção jurisprudencial do STF, que aproximava seu rol daquele previsto para o mandado de segurança coletivo, previsto no artigo 5º, inc. LX: "a) partido político com representação no Congresso Nacional; b) organização sindical, entidade de classe ou associação legalmente constituída e em funcionamento há pelo menos um ano, em defesa dos interesses de seus membros ou associados". Confira-se:

> I – A jurisprudência desta Corte sedimentou a possibilidade de as entidades de classe, desde que legalmente constituídas e em funcionamento há pelo menos um ano, utilizarem o mandado de injunção coletivo.
>
> (MI 4503 AgR, Relator Min. Ricardo Lewandowski, Tribunal Pleno, julgado em 07/11/2013)

Com o advento da Lei nº 13.300/2016, o rol passou a ser expressamente previsto no artigo 12, a saber:

- Ministério Público;
- Partido político com representação no Congresso Nacional;
- Organização sindical, entidade de classe ou associação legalmente constituída há pelo menos um ano;
- Defensoria Pública.

Quanto aos efeitos da sentença, o artigo 13 estabelece que a coisa julgada se forma limitadamente às pessoas integrantes da coletividade, do grupo, da classe ou da categoria substituídos pelo impetrante. Esse regramento não foge do trato ordinário previsto no microssistema de processo coletivo. Entretanto, as ferramentas de ampliação do alcance subjetivo da sentença, previstas no artigo 9º e acima examinadas, são aplicáveis também ao mandado de injunção.

A propositura do mandado de injunção coletivo não induz litispendência em relação aos individuais, mas os efeitos da coisa julgada não beneficiarão o impetrante que não requerer a desistência da demanda individual no prazo de 30 dias a contar da ciência comprovada da impetração coletiva (art. 13, p.ú.).

Questões de Concurso

► **01. (AGU/Adv. União – 2013 – CESPE)** Compete ao STF processar e julgar originariamente o mandado de injunção quando a elaboração da norma regulamentadora for atribuição do TCU.

► **02. (Proc. Bacen – 2013 – CESPE)** O STF não tem competência para apreciar mandado de injunção impetrado por servidor público municipal.

► **03. (Cartório – Remoção – TJ-CE – 2018 – Ieses)** Os mandados de segurança, os habeas data e os mandados de injunção decididos em única instância pelos tribunais superiores, quando denegatória a decisão, serão julgados em recurso ordinário pelo:

a) Superior Tribunal de Justiça.

b) Supremo Tribunal Federal.

c) Tribunal Regional Federal.

d) Tribunal de Justiça.

Questão	Gabarito	Breves comentários
01	Certo	CR, artigo 102, I, "q"; v. item 3.
02	Errado	V. item 3
03	B	V. item 4

Questão discursiva

► **(AGE-MG – 2011 – Fumarc)**

O mandado de injunção e a ação direta de inconstitucionalidade por omissão têm por objetivo a concreção de determinados direitos constitucionais. Entretanto, são institutos distintos. Aponte diferenças em relação às duas ações, abordando os seguintes fatores: (i) cabimento da ação; (ii) competência para processar e julgar; (iii) legitimidade ativa; e (iv) autoridade ou órgão responsável pela omissão.

Fundamentos para resposta
– o leitor encontra neste capítulo elementos suficientes para apresentar as características referentes ao mandado de injunção;
– em relação à ação direta de inconstitucionalidade por omissão, destacam-se os seguintes aspectos: a legitimidade ativa está restrita à previsão constitucional do artigo 103; é instrumento de controle concentrado, cuja competência é do STF ou do Tribunal de Justiça (em caso de lei estadual).

CAPÍTULO XVII
AÇÃO POPULAR

1. INTRODUÇÃO

A ação popular é um instrumento jurídico-processual previsto na Constituição da República, no rol de direitos e garantias fundamentais do artigo 5º. De acordo com o inciso LXXIII: "*qualquer cidadão é parte legítima para propor ação popular que vise a anular ato lesivo ao patrimônio público ou de entidade de que o Estado participe, à moralidade administrativa, ao meio ambiente e ao patrimônio histórico e cultural, ficando o autor, salvo comprovada má-fé, isento de custas judiciais e do ônus da sucumbência.*"

A partir da previsão constitucional, é possível extrair diversas características do instituto, que serão examinadas no presente capítulo. No plano infraconstitucional, a Lei nº 4.717/65 regula o procedimento da ação popular – além de dispositivos de ordem material, que não serão objeto de nosso estudo.

O tema é ligado ao direito processual público porque se relaciona à defesa do patrimônio público e da moralidade administrativa.

2. OBJETO

A ação popular figura em nosso ordenamento jurídico desde a Constituição de 1934, sempre voltada à proteção do patrimônio público. A Constituição de 1988 ampliou o alcance desse instrumento processual, pois alargou seu objeto. De acordo com o inciso LXXIII do art. 5º, a ação popular é voltada à proteção dos seguintes direitos difusos:

- Patrimônio público ou de entidade de que o Estado participe;
- Moralidade administrativa;
- Meio ambiente;
- Patrimônio histórico e cultural.

O ato que atinja qualquer desses direitos pode ser questionado através de ação popular.

3. AÇÃO POPULAR, MANDADO DE SEGURANÇA E AÇÃO DE IMPROBIDADE ADMINISTRATIVA: DISTINÇÕES

A ação popular não se confunde com a ação de improbidade administrativa e com o mandado de segurança coletivo. Embora todas permitam o controle jurisdicional dos atos administrativos, cada qual tem seu próprio espaço no ordenamento jurídico.[1]

Há significativas diferenças entre a ação popular e o mandado de segurança. Este tutela o direito líquido e certo de qualquer pessoa frente à ocorrência de ilegalidade ou abuso de poder pela autoridade pública. No âmbito do mandado de segurança coletivo, tutelam-se direitos coletivos *lato sensu*, desde que líquidos e certos – requisito não exigido na ação popular e na ação de improbidade administrativa, que permitem ampla fase probatória. Além disso, o rol de legitimados dessas ações é distinto.

Bem por isso, o Supremo Tribunal Federal editou súmula que demonstra a subsistência de ambos institutos na ordem jurídica:

> **Súmula 101.** O mandado de segurança não substitui a ação popular.

O confronto entre a ação popular e a ação de improbidade administrativa também indica características distintas entre ambas. Primeiro, em virtude de seus procedimentos, que estão previstos em leis distintas (ação popular, Lei nº 4.717/65; ação de improbidade administrativa, Lei nº 8.429/92). Segundo, diante do rol de legitimados distintos, pois a ação popular tem como legitimado o cidadão, ao passo em que a ação de improbidade administrativa pode ser proposta pelo Ministério Público e pela pessoa jurídica de direito público interessada. Por fim, a ação popular visa exclusivamente à anulação do ato lesivo e o ressarcimento do desfalque patrimonial sofrido, ao passo em que a ação de improbidade administrativa alcança a punição do agente público, através da suspensão dos direitos políticos, da perda da função pública, da proibição de contratar com o Poder Público e da aplicação de multa.

4. COMPETÊNCIA

A competência na ação popular não comporta distinções acerca de foro por prerrogativa de função, ou seja, não importa se a origem do ato questionado nos

1. BUENO, Cassio Scarpinella. *Curso...* Vol. 2, t. III, p. 129.

remete a agente público que goza de foro por prerrogativa de função, como o presidente da República.[2] A competência originária da ação popular é o juízo monocrático do primeiro grau de Jurisdição, federal ou estadual (ou distrital), conforme o caso concreto. Se o ato questionado tem origem federal, se foi praticado por órgão federal, a demanda será proposta no juízo de primeiro grau da Justiça Federal (CR, art. 109, inc. I). Se o ato administrativo que consubstancia a demanda tem origem em ente estadual ou municipal, é competente a Justiça Estadual. Essa é a orientação do artigo 5º da Lei nº 4.717/65.

A competência originária do STF somente ocorrerá nas excepcionais hipóteses das alíneas "n" (interesse ou impedimento dos membros da magistratura local) e "f" (conflito ente União e demais pessoas federadas), do inciso I do artigo 102 da Constituição.

Acerca da prevenção, a Lei nº 4.717/65 prevê que o juízo se torna prevento com a simples propositura da ação popular (art. 5º, § 3º). Essa sistemática – diversa do CPC-1973, que fixava a prevenção pela citação válida – é a que vigora no CPC-2015, cujo artigo 59 estabelece que a prevenção se dá com a distribuição da petição inicial.

5. LEGITIMIDADE

5.1. Legitimidade ativa

A ação popular tem regramento próprio da legitimidade ativa para a propositura e a condução do processo. A legitimidade ativa decorre da própria Constituição da República, que prevê a utilização desse instrumento processual pelo cidadão (art. 5º, inc. LXXIII). A Lei nº 4.717/65 complementa a regra constitucional para estabelecer que a prova da cidadania se faz mediante a apresentação do título de eleitor ou documento equivalente, como a certidão de quitação da Justiça Eleitoral (art. 1º, § 3º).

Disso resulta uma distinção importante entre a capacidade civil, alcançada aos 18 anos (CC, art. 5º), e a capacidade eleitoral, alcançada aos 16 anos (CR, art. 14, § 1º, inc. II, al. "c"). Para fins de propositura da ação popular, é suficiente a capacidade eleitoral, de modo que o demandante de 16 ou 17 anos não precisa estar assistido para ingressar em juízo.[3]

2. BUENO, Cassio Scarpinella. *Curso...* Vol. 2, t. III, p. 130; MEDINA, José Miguel Garcia; *et. alli.* op. cit., p. 398.
3. BUENO, Cassio Scarpinella. *Curso...* Vol. 2, t. III, p. 134; MEDINA, José Miguel Garcia; *et. alli.* op. cit., p. 396.

A pessoa jurídica não tem legitimidade para propor ação popular, conforme pontificou o Supremo Tribunal Federal em sua súmula:

Súmula 365. Pessoa jurídica não tem legitimidade para propor ação popular.

A ação popular visa à tutela de direitos difusos – higidez do patrimônio público, moralidade administrativa, meio ambiente e patrimônio histórico e cultural –, cuja titularidade é de toda a sociedade. Assim, o cidadão é legitimado extraordinário, que atua como substituto processual.

A Lei nº 4.717/65 expressamente prevê a possibilidade de haver litisconsórcio ativo, logicamente facultativo, entre cidadãos (art. 6º, § 5º). Além de poder ingressar como litisconsorte, o cidadão pode também ingressar como assistente do autor.

Ao Ministério Público, compete acompanhar o processo como *custos legis*, de modo a zelar pela produção probatória e a buscar a responsabilização civil e criminal dos que praticarem atos lesivos ao patrimônio público, sendo-lhe absolutamente vedado atuar na defesa do ato impugnado ou dos réus (art. 6º, § 4º). Embora não seja legitimado para a propositura da ação popular, o Ministério Público pode vir a assumir a condução do processo, caso o autor desista do processo ou o feito seja extinto sem resolução de mérito (art. 9º). Trata-se de hipótese de legitimação ativa extraordinária subsidiária.[4]

5.2. Legitimidade passiva

O polo passivo na ação popular é ocupado amplamente por todos aqueles que tomaram participação no ato lesivo e dele se beneficiaram (art. 6º). Em relação à participação dos envolvidos, as condutas abrangidas pelo dispositivo da Lei nº 4.717/65 são as mais variadas, pois alcançam tanto aqueles que praticaram condutas comissivas ("*autorizado, aprovado, ratificado e praticado o ato impugnado*"), quanto omissivas ("*ou que, por omissas, tiverem dado oportunidade à lesão*").

A hipótese é de litisconsórcio necessário e simples; necessário, pois todos os envolvidos devem integrar o polo passivo, e simples, pois cada um será punido na medida de sua responsabilidade.[5]

5.3. Pessoa jurídica interessada

A pessoa jurídica de direito público ou de direito privado cujo ato é questionado na ação popular recebe tratamento específico da Lei nº 4.717/65. Estabelece o § 3º do artigo 6º que a pessoa jurídica pode optar por:

4. BUENO, Cassio Scarpinella. *Curso*... Vol. 2, t. III, p. 141; MEDINA, José Miguel Garcia; *et. alli*. op. cit., p. 395.
5. BUENO, Cassio Scarpinella. *Curso*... Vol. 2, t. III, p. 137.

(i) atuar no polo passivo, em defesa do ato impugnado;

(ii) abster-se de contestar o pedido ou, ainda;

(iii) por atuar ao lado do demandante, contra os réus.

O que baliza a opção da entidade é o interesse público (art. 6º, § 3º), ou seja, é preciso verificar no caso concreto qual forma de atuação mais preza pelos princípios constitucionais inerentes à Administração Pública. A mesma regra é aplicável também à ação de improbidade administrativa (Lei nº 8.429/92, art. 17, § 3º).

Além disso, adotada uma posição na relação jurídica processual, é ainda possível à entidade trocar de polo – do passivo para o ativo e vice-versa. Essa possibilidade deriva do artigo 17, que trata da possibilidade de a entidade, não obstante ter apresentado contestação, promover o cumprimento da sentença. Trata-se de norma de exceção ao princípio da estabilização da demanda (CPC, art. 329).[6]

6. PROCEDIMENTO

6.1. Petição inicial

A petição inicial deve apresentar como causa de pedir uma lesão ou ameaça de lesão a um dos direitos difusos protegidos na ação popular – patrimônio público, moralidade administrativa, meio ambiente, patrimônio histórico e cultural. Os artigos 2º, 3º e 4º dispõem sobre hipóteses de nulidade e anulabilidade de atos administrativos lesivos ao patrimônio público e servem para balizar a causa de pedir da ação popular.

O pedido da ação popular é bastante específico e delineado desde a previsão constitucional do instituto (CR, art. 5º, inc. LXXIII). A ação popular se volta à obtenção de uma sentença cujo conteúdo pode ser declaratório, desconstitutivo (constitutivo negativo) e ou condenatório (art. 11). Em outras palavras, de acordo com a mácula contida no ato lesivo, a ação (ou a sentença) pode ser declaratória ou desconstitutiva e, caso tenha havido prejuízos patrimoniais, pode também haver a condenação pecuniária ao dever de reparar.

6.2. Documentação pertinente

A petição inicial da ação popular, assim como qualquer outra, deve obedecer à previsão dos artigos 319 e 320 do Código de Processo Civil; é dizer, a petição inicial deve ser instruída com os documentos indispensáveis à propositura da demanda. No

6. BUENO, Cassio Scarpinella. *Curso...* Vol. 2, t. III, p. 139.

caso da ação popular, o autor deve anexar a documentação referente ao ato lesivo impugnado. É possível, porém, que tais documentos não estejam à disposição do autor. Por essa razão, os §§ 4º e 5º do artigo 1º expressamente preveem a possibilidade de o autor requerer às autoridades públicas certidões e informações sobre os atos que pretende impugnar. Trata-se de previsão que atende plenamente ao direito constitucional de petição (CR., art. 5º, inc. XXXIV, al. "a"). As informações somente poderão ser negadas ao cidadão nos casos em que o interesse público impuser o sigilo (art. 1º, § 6º), hipótese em que a demanda pode ser proposta desacompanhada dos documentos, sendo possível ao magistrado, no despacho liminar positivo, requisitar novamente tais dados (art. 1º, § 7º e art. 7º, inc. I, al. "b").

6.3. Citação

A citação dos réus na ação popular merece interpretação cuidadosa. O artigo 7º, inc. II, dispõe que o autor, quando preferir, poderá promover a citação dos beneficiários por edital. Na verdade, não se trata de pura e simples prerrogativa do demandante a opção da citação pela via editalícia. Os réus indicados na petição inicial como responsáveis pelo ato lesivo devem ser citados pessoalmente, para lhes preservar o direito ao contraditório e à ampla defesa. De igual modo, os beneficiários efetivamente conhecidos devem ser citados pessoalmente, pois integram o polo passivo (art. 6º, § 1º) e podem ser condenados a ressarcir o erário (art. 11). A citação por edital somente pode ser efetivada se os beneficiários forem desconhecidos ou estiverem em local incerto.[7]

6.4. Prazo para a defesa

O prazo para a apresentação da defesa dos réus na ação popular não segue o regramento ordinário do CPC. A contestação deve ser ofertada no prazo de 20 dias, prorrogável por mais 20 dias a critério do juízo, em razão da dificuldade da produção de prova documental. A contagem não é especificada na Lei de Ação Popular; logo, deve ser contada em dias úteis, nos termos da regra geral do CPC (art. 219). Consta expressamente do inciso IV do artigo 7º que o prazo é comum a todos os interessados, de modo que não são aplicáveis os artigos 183 (prerrogativa de prazo para a advocacia pública) e 229(contagem em dobro de prazos para litisconsortes com advogados diferentes).[8]

Mais uma vez, é preciso atentar quanto ao início de contagem do prazo de apresentação da contestação. O CPC estabeleceu que o procedimento se inicia

7. MEDINA, José Miguel Garcia; *et. alli.* op. cit., p. 401.

8. BUENO, Cassio Scarpinella. *Curso*...Vol. 2, t. III, p. 150; MEDINA, José Miguel Garcia; *et. alli.* op. cit., p. 402. Essas posições foram manifestadas à luz do CPC-1973.

com uma audiência de conciliação e de mediação (art. 334). Inviável a composição amigável ou manifestada expressamente sua desnecessidade, aí então se passa à contestação (art. 335).

6.5. Tutela provisória

É sempre possível a concessão de tutela provisória que vise à preservação do direito material objeto da demanda ou à preservação da efetividade do processo. Na Lei nº 4.717/65, apenas o § 4º do artigo 5º trata do tema, ao prever a possibilidade de suspensão liminar do ato lesivo impugnado. Ainda assim, a ação popular comporta a concessão de tutela provisória, cautelar ou antecipada, com base nos artigos 300 e seguintes do CPC.

Contra a decisão que concede ou nega a medida urgente, cabe agravo de instrumento. Além disso, a decisão que concede medida desfavorável ao Poder Público pode ser objeto de pedido de suspensão.

6.6. Alegações finais

Caso a prova a ser produzida no processo seja exclusivamente documental e já conste dos autos, sendo desnecessária a perícia e a audiência de instrução para oitiva de testemunha, antes de proferir sentença, o juízo deve abrir vista às partes para alegações finais pelo prazo de 10 dias (art. 7º, inc. V).

6.7. Sentença

Ao analisar a petição inicial da ação popular, tratamos dos pedidos que podem ser deduzidos e que, por isso, pautam o conteúdo da sentença. A procedência dos pedidos leva à invalidação do ato impugnado e à condenação dos réus à reparação dos danos.

A ação popular se processa sem a necessidade do adiantamento das custas processuais e do preparo, que são pagos ao final do procedimento (art. 10). Se o autor for vitorioso, a sentença condenará os vencidos nos ônus sucumbenciais, ou seja, honorários advocatícios e despesas judiciais e extrajudiciais. Assim, as despesas que o autor teve com emolumentos lhe serão ressarcidas em caso de procedência do pedido.

Por outro lado, se o pedido for julgado improcedente, não há condenação em custas e honorários, exceto no caso de o juízo considerar que houve má-fé, que a lide foi temerária, hipótese em que o autor será condenado ao pagamento do décuplo das custas (art. 13).

6.8. Coisa julgada

A disciplina da coisa julgada na ação popular não segue o regramento base do Código de Processo Civil. Caso a sentença julgue improcedente o pedido por falta de provas, não há formação de coisa julgada material, de modo que a pretensão pode ser novamente deduzida, por qualquer cidadão, mediante nova prova (art. 18).

A circunstância de que a improcedência se deu por falta de provas não precisa constar de forma expressa da parte dispositiva – embora seja desejável que o juiz expressamente o declare. Se, a partir da fundamentação, verificar-se que a improcedência decorreu de falta de provas, é possível o ajuizamento de nova demanda, diante do surgimento de prova nova.

6.9. Remessa necessária

O regime da remessa necessária é absolutamente peculiar na ação popular, pois seu cabimento não está relacionado ao julgamento desfavorável ao Poder Público, mas sim à improcedência do pedido do cidadão. Conforme estabelece o artigo 19, a sentença deve ser submetida ao duplo grau obrigatório de jurisdição quando não acolher o pedido do autor, seja através de extinção sem resolução de mérito, seja de improcedência do mérito.

6.10. Recursos

A legitimidade recursal na ação popular não é apenas do cidadão-demandante e dos réus. A sentença e as decisões interlocutórias desfavoráveis ao autor podem ser objeto de recurso interposto por qualquer outro cidadão e também pelo Ministério Público (art. 19, § 2º).

6.11. Cumprimento

O cumprimento da sentença na ação popular deve ser feito de acordo com o seu conteúdo. Se a decisão se limita a anular um ato administrativo lesivo ou ilegal, a expedição de mandado ao órgão competente é suficiente para efetivar a prestação jurisdicional no plano material. Por sua vez, se houver condenação ao dever de reparar os prejuízos causados ao erário, há a necessidade de se iniciar a fase de cumprimento de sentença, prevista nos artigos 523 e seguintes do CPC.

Se o autor não iniciar a fase de cumprimento da sentença, qualquer cidadão está igualmente legitimado para assumir o polo ativo do processo. Decorridos 60 dias do trânsito em julgado sem que seja iniciado o cumprimento, seja pelo autor ou por terceiro, o Ministério Público assumirá a condução do processo (art. 16).

Questões de Concurso

► **01. (Analista MP-RJ – 2016 – FGV)** Ajuizada ação popular para o fim de se desconstituir ato da Administração Pública que tenha se mostrado lesivo ao erário estadual, a intervenção do Ministério Público no processo se dá na qualidade de:

a) órgão agente, como legitimado ordinário;

b) litisconsorte ativo necessário;

c) órgão interveniente, podendo assumir, ao longo da tramitação do feito, o seu polo passivo, caso conclua pela legalidade do ato estatal impugnado;

d) órgão interveniente, não podendo assumir, ao longo da tramitação do feito, o seu polo ativo;

e) órgão interveniente, podendo assumir, ao longo da tramitação do feito, o seu polo ativo, desde que observadas certas condições.

► **02. (Procurador – Várzea Paulista-SP – 2016 – Vunesp)** No que diz respeito à ação popular como mecanismo para o cidadão pleitear a anulação ou a declaração de nulidade de atos lesivos ao patrimônio público:

a) o prazo de contestação é de 15 (quinze) dias, prorrogáveis por mais 15 (quinze).

b) a intervenção do Ministério Público ocorrerá a critério do órgão ministerial.

c) a sentença que concluir pela carência da ação não está sujeita ao duplo grau de jurisdição.

d) no caso de haver sido a ação julgada improcedente por deficiência de prova, qualquer cidadão poderá intentar outra ação com idêntico fundamento, valendo-se de nova prova.

e) a sentença que, apreciando o fundamento de direito do pedido, julgar a lide manifestamente temerária, condenará o autor ao pagamento do quíntuplo das custas.

► **03. (Promotor MP-SC – 2016)** Segundo a Lei nº 4.717/65 (Ação Popular), ao Ministério Público cabe, além de acompanhar a ação popular, apressar a produção probatória do feito, podendo recorrer da sentença contra a pretensão do autor da aludida ação, faculdade aberta, ainda, a qualquer outro cidadão.

► **04. (Procurador Sertãozinho-SP – 2016 – Vunesp)** Quanto à ação popular, assinale a alternativa correta.

a) A ação popular pode ser proposta pelo cidadão para pleitear anulação de atos lesivos ao patrimônio público, desde que tenha mais de 18 anos de idade, quando adquire a capacidade plena para os atos da vida civil.

b) O Ministério Público possui legitimidade para propor ação popular, na defesa do patrimônio público, da moralidade administrativa, do meio ambiente e do patrimônio histórico e cultural.

c) É facultado a qualquer cidadão habilitar-se como litisconsorte ou assistente do autor da ação popular.

d) Não é possível a condenação do autor no pagamento de custas e honorários advocatícios.

e) O prazo para a propositura da ação popular é de dois anos e tem natureza decadencial.

▶ **05. (Procurador Jurídico – CFO-DF – 2017 – Quadrix)** De acordo com o entendimento do STF, a ação popular não poderá ser sucedânea dos instrumentos de controle concentrado de constitucionalidade e não competirá àquele Tribunal processar e julgar, originariamente, ação popular ajuizada contra o presidente da República.

▶ **06. (Assistente jurídico – Município de Prata-PB – 2017 – Conpass)** Sobre os sujeitos passivos da ação popular (Lei 4717/65), NÃO podemos afirmar:

▶ **a)** O Ministério Público acompanhará a ação, cabendo-lhe apressar a produção da prova e promover a responsabilidade, civil ou criminal, dos que nela incidirem, sendo-lhe vedado, em qualquer hipótese, assumir a defesa do ato impugnado ou dos seus autores.

▶ **b)** É proibido a qualquer cidadão habilitar-se como litisconsorte ou assistente do autor da ação popular.

▶ **c)** A ação será proposta contra as pessoas públicas ou privadas e as entidades referidas no art. 1º da lei, contra as autoridades, funcionários ou administradores que houverem autorizado, aprovado, ratificado ou praticado o ato impugnado, ou que, por omissas, tiverem dado oportunidade à lesão, e contra os beneficiários diretos do mesmo.

▶ **d)** A pessoa jurídica de direito público ou de direito privado, cujo ato seja objeto de impugnação, poderá abster-se de contestar o pedido, ou poderá atuar ao lado do autor, desde que isso se afigure útil ao interesse público, a juízo do respectivo representante legal ou dirigente.

▶ **e)** Quando o valor real do bem for inferior ao da avaliação, citar-se-ão como réus, além das pessoas públicas ou privadas e entidades referidas no art. 1º, apenas os responsáveis pela avaliação inexata e os beneficiários da mesma, em determinado caso previsto em lei.

▶ **07. (Analista judiciário – TRE-PE – 2017 – Cespe)** Acerca dos aspectos processuais das ações coletivas, assinale a opção correta.

a) Em ação civil pública, fará coisa julgada erga omnes a sentença cujo pedido tiver sido julgado improcedente por insuficiência de provas.
b) O processamento e o julgamento das ações civis públicas competem ao juízo do domicílio do causador do dano.
c) Em ação de improbidade administrativa, é facultado ao Ministério Público agir no processo como fiscal da lei, desde que ele não atue como parte.
d) Partido político tem legitimidade para impetrar mandado de segurança coletivo, sem a necessidade de demonstrar representação no Congresso Nacional.
e) A legitimidade para propor ação popular é do cidadão; se ele desistir da ação, poderá o Ministério Público promover o seu prosseguimento.

▶ **08. (Analista judiciário – TRF 1ª Região – 2017 – Cespe)** Na ação popular, em regra, a produção de prova testemunhal poderá ser requerida enquanto não for encerrada a instrução probatória.

Questão	Gabarito	Breves comentários
01	E	Art. 9º; v. item 5.1.
02	D	A questão cobra conhecimento de diferentes itens do capítulo.
03	Certo	Art. 6º, § 4º; v. item 5.1.
04	C	Art. 6º, § 5º; v. item 5.1.
05	Certo	V. item 4.
06	B	V. item 5.1.
07	E	V. item 5.1.
08	Errado	V. item 6.6.

CAPÍTULO XVIII

AÇÃO DE IMPROBIDADE ADMINISTRATIVA

1. INTRODUÇÃO

A ação de improbidade administrativa é tema afeto ao direito processual público, uma vez que se volta à apuração e à punição da prática de atos lesivos à Administração Pública. Sua previsão parte da Constituição da República, cujo § 4º do artigo 37 prevê: "*Os atos de improbidade administrativa importarão a suspensão dos direitos políticos, a perda a função pública, a indisponibilidade dos bens e o ressarcimento ao erário, na forma e gradação previstas em lei, sem prejuízo da ação penal cabível*".

Para disciplinar a norma constitucional, foi editada a Lei nº 8.429/92, que estabelece o procedimento de apuração e punição de agentes públicos pela prática de atos de improbidade. Quando do advento da Lei, foi proposta ação direta de inconstitucionalidade no Supremo Tribunal Federal (ADI nº 2182), julgada improcedente pela Corte máxima.

A punição prevista na Lei nº 8.429/92 tem natureza cível, conforme se extrai da parte final do § 4º do artigo 37 ("*sem prejuízo da ação penal cabível*"). Assim, não se está diante de diploma normativo que prevê penas privativas de liberdades. O agente público que pratica o ato ímprobo pode vir a ser processado e condenado na esfera penal, com base em regramento próprio (Código Penal, Código de Processo Penal e leis penais especiais), mas no âmbito da Lei nº 8.429/92 as consequências têm estritamente natureza cível: suspensão de direitos políticos, perda da função pública, indisponibilidade de bens, ressarcimento ao erário, perda de bens e valores acrescidos ilicitamente, multa civil e proibição de contratar com a Administração Pública ou dela receber benefícios.

2. ALCANCE

O patrimônio público protegido pela Lei nº 8.429/92 é de conteúdo amplo. A partir da leitura do artigo 1º, é possível identificar as hipóteses em que a pessoa jurídica tem seu patrimônio lesado, a permitir a propositura da ação de improbidade administrativa.

São os casos em que o ato de improbidade atinge o patrimônio de(a):

- Administração Direta ou Indireta em qualquer das esferas de Poder;
- Empresa incorporada ao patrimônio público;
- Entidade para cuja criação ou custeio o erário haja concorrido ou concorra com mais de cinquenta por cento do patrimônio ou da receita anual;
- Entidade que receba subvenção, benefício ou incentivo, fiscal ou creditício, de órgão público;
- Entidade para cuja criação ou custeio o erário haja concorrido ou concorra com menos de cinquenta por cento do patrimônio ou da receita anual, limitando-se, nestes casos, a sanção patrimonial à repercussão do ilícito sobre a contribuição dos cofres públicos.

3. COMPETÊNCIA

Os critérios de fixação de competência para a ação de improbidade administrativa não guardam particularidades, são aqueles já estabelecidos pela Constituição da República e pelo Código de Processo Civil.

Importante é destacar que não há foro por prerrogativa de função. A esse respeito, já se manifestou o Superior Tribunal de Justiça em mais de uma oportunidade.[1]

Esse entendimento está relacionado à natureza cível da ação de improbidade administrativa. Como o foro por prerrogativa está relacionado a condutas tipificadas como crimes, não se tratando a ação de improbidade de medida punitiva de natureza criminal, a conclusão é a de que não se aplicam tais regras.

Se o patrimônio lesado for de ente público federal, a demanda deve ser proposta na Justiça Federal (CR, art. 109, inc. I). Por sua vez, se a ofensa se dá a bem jurídico do ente estadual (ou distrital) ou municipal, a competência é da Justiça Estadual (ou Distrital).

Fixada a competência entre o juízo federal ou estadual, a demanda deve ser proposta com base no local do dano, ou seja, na seção judiciária ou comarca onde ocorreu a lesão ao patrimônio público. Embora não haja previsão expressa da Lei

1. AgRg no AREsp 553.972/MG, Rel. Min. Herman Benjamin, 2ª Turma, julgado em 16/12/2014.

nº 8.429/92, a jurisprudência utiliza esse critério com base no art. 2º da Lei nº 7.347/85 (Lei de Ação Civil Pública).[2]

O entendimento do STJ leva em consideração os princípios da celeridade processual, da economia e da efetividade da Jurisdição.

Prevê o § 5º do artigo 17 que o juízo se torna prevento com a simples propositura da ação de improbidade administrativa, de modo que outras demandas com identidade da mesma causa de pedir e do pedido devem ser distribuídas àquele juízo. O CPC-2015 adotou também esse critério de prevenção pela distribuição da petição inicial (art. 59).

4. LEGITIMIDADE

4.1. Legitimidade ativa

A ação de improbidade administrativa pode ser proposta pelo Ministério Público ou pela pessoa jurídica de direito público prejudicada pelo ato de improbidade (art. 17). Trata-se de legitimidade extraordinária, concorrente e disjuntiva: extraordinária, pois atua na defesa de direito difuso, em nome da coletividade, que tem o direito de ser governada e administrada com probidade, por agentes que respeitem o ordenamento jurídico; concorrente e disjuntiva, já que ambos os entes (MP e pessoa jurídica de direito público) podem ingressar em juízo de modo independente.[3]

Acerca da legitimidade do Ministério Público, é de se destacar que sua atuação na defesa do patrimônio público não destoa das funções institucionais que lhe foram outorgadas pela Constituição da República (art. 129, inc. III). Sobre esse assunto, há súmula do Superior Tribunal de Justiça:

> **Súmula 329.** O Ministério Público tem legitimidade para propor ação civil pública em defesa do patrimônio público.

A ação de improbidade administrativa é, segundo autorizada doutrina, uma ação civil pública com uma causa de pedir própria, o ato de improbidade.[4] O Ministério Público deve utilizar a ação que melhor se amoldar ao direito a ser tutelado. Em relação ao ato de improbidade, há procedimento próprio, regido

---

2. STJ: AgRg no REsp 1447388/SP, Rel. Min. Herman Benjamin, 2ª Turma, julgado em 12/02/2015.
3. Tudo conforme: BUENO, Cassio Scarpinella. *Curso... Vol. 2, t. III*, p. 167; MEDINA, José Miguel Garcia; *et. alli.* op. cit., p. 421.
4. MEDINA, José Miguel Garcia; *et. alli.* op. cit., p. 408.

pela Lei nº 8.429/92, mas em nada se altera a tutela do direito coletivo *lato sensu* pelo Ministério Público. Sua legitimidade alcança, inclusive, atos de improbidade praticados antes da Constituição da República de 1988, conforme destaque feito pelo Superior Tribunal de Justiça.[5]

Por sua vez, a pessoa jurídica de direito público legitimada à propositura da demanda é aquela que foi prejudicada pelo ato inquinado do vício da improbidade. Nesse caso, o Ministério Público atua como *custos legis* (art. 17, § 4º).

4.2. Legitimidade passiva

Quanto à legitimidade passiva, o artigo 2º da Lei nº 8.429/92 indica quem pode ser processado pelo ato de improbidade administrativa: "*Reputa-se agente público, para os efeitos desta lei, todo aquele que exerce, ainda que transitoriamente ou sem remuneração, por eleição, nomeação, designação, contratação ou qualquer outra forma de investidura ou vínculo, mandato, cargo, emprego ou função nas entidades mencionadas no artigo anterior*". Além disso, o particular também pode ocupar o polo passivo da ação de improbidade administrativa, quando "induza ou concorra para a prática do ato de improbidade ou dele se beneficie sob qualquer forma direta ou indireta" (art. 3º), sendo certo que o agente público também deve figurar no polo passivo da demanda. Como se vê da leitura dos dispositivos legais, o conceito de agente público para fins de propositura de ação de improbidade administrativa é bastante amplo, o que encontra respaldo na jurisprudência do Superior Tribunal de Justiça.

> 1. A ação de improbidade administrativa foi ajuizada contra sociedade empresária e integrantes de seu quadro diretivo, sob a acusação da prática de "diversas fraudes no sistema de pesagem do lixo residencial e hospitalar que era coletado, transportado e estocado, segundo as estipulações do contrato de serviços" (e-STJ, fl. 46).
>
> 2. Não ocorre contrariedade ao art. 535, inc. II, do CPC, quando o Tribunal de origem decide fundamentadamente todas as questões postas ao seu exame, assim como não há que se confundir entre decisão contrária aos interesses da parte e inexistência de prestação jurisdicional.
>
> 3. De acordo com a jurisprudência do STJ, é inviável o manejo da ação civil de improbidade exclusivamente contra o particular, sem a concomitante presença de agente público no polo passivo da demanda.
>
> 4. O conceito de agente público, por equiparação, para responder à ação de improbidade, pressupõe aquele que exerça, ainda que transitoriamente ou sem remuneração, por eleição, nomeação, designação, contratação ou qualquer outra

5. STJ: REsp 1113294/MG, Rel. Min. Luiz Fux, 1ª Turma, julgado em 09/03/2010.

forma de investidura ou vínculo, mandato, cargo, emprego ou função nas entidades descritas no art. 1º da Lei 8.429/92.

5. No caso, é inviável a ação de improbidade ajuizada exclusivamente contra a sociedade empresária contratada por meio de processo licitatório e seus diretores, seja porque não se enquadram no conceito de agente público previsto na LIA, seja porque a ilicitude da conduta narrada pressupõe a participação de pessoa integrante da estrutura administrativa. Fica ressalvada a possibilidade de se buscar a responsabilização dos envolvidos pelos meios admissíveis em direito, considerando-se a imprescritibilidade das ações de ressarcimento de danos ao erário.

6. Recurso especial a que se dá provimento.

(REsp 1409940/SP, Rel. Min. Og Fernandes, 2ª Turma, julgado em 04/09/2014, DJe 22/09/2014)

Nesse caso, tem-se a hipótese do particular que concorre com o agente público para a prática do ato de improbidade. Ambos devem ser processados em litisconsórcio passivo, necessário e simples.[6]

Em relação aos agentes políticos, há divergência entre doutrina e jurisprudência. No campo doutrinário, é amplamente majoritária a posição de que os agentes políticos devem ser processados e julgados com base na Lei nº 8.429/92.[7]

Entretanto, o Supremo Tribunal Federal seguiu orientação diversa. No julgamento da Reclamação nº 2.138-6/DF, a Corte entendeu que os agentes políticos não estariam submetidos à Lei nº 8.429/92, mas sim à Lei nº 1.079/50, que trata dos crimes de responsabilidade. Confira-se a ementa:

II. MÉRITO.

II.1. Improbidade administrativa. Crimes de responsabilidade. Os atos de improbidade administrativa são tipificados como crime de responsabilidade na Lei nº 1.079/1950, delito de caráter político-administrativo.

II.2. Distinção entre os regimes de responsabilização político-administrativa. O sistema constitucional brasileiro distingue o regime de responsabilidade dos agentes políticos dos demais agentes públicos. A Constituição não admite a concorrência entre dois regimes de responsabilidade político-administrativa para os agentes políticos: o previsto no art. 37, § 4º (regulado pela Lei nº 8.429/1992) e o regime fixado no art. 102, I, "c", (disciplinado pela Lei nº 1.079/1950). Se a competência para processar e julgar a ação de improbidade (CF, art. 37, § 4º) pudesse abranger também atos praticados pelos agentes políticos, submetidos a regime de responsabilidade especial, ter-se-ia uma interpretação ab-rogante do disposto no art. 102, I, "c", da Constituição.

---

6. BUENO, Cassio Scarpinella. *Curso... Vol. 2, t. III*, p. 170.
7. BUENO, Cassio Scarpinella. *Curso...Vol. 2, t. III*, p. 169; MEDINA, José Miguel Garcia; *et. alli.* op. cit., p. 410.

> II.3. Regime especial. Ministros de Estado. Os Ministros de Estado, por estarem regidos por normas especiais de responsabilidade (CF, art. 102, I, "c"; Lei nº 1.079/1950), não se submetem ao modelo de competência previsto no regime comum da Lei de Improbidade Administrativa (Lei nº 8.429/1992).
>
> II.4. Crimes de responsabilidade. Competência do Supremo Tribunal Federal. Compete exclusivamente ao Supremo Tribunal Federal processar e julgar os delitos político-administrativos, na hipótese do art. 102, I, "c", da Constituição. Somente o STF pode processar e julgar Ministro de Estado no caso de crime de responsabilidade e, assim, eventualmente, determinar a perda do cargo ou a suspensão de direitos políticos.
>
> II.5. Ação de improbidade administrativa. Ministro de Estado que teve decretada a suspensão de seus direitos políticos pelo prazo de 8 anos e a perda da função pública por sentença do Juízo da 14ª Vara da Justiça Federal – Seção Judiciária do Distrito Federal. Incompetência dos juízos de primeira instância para processar e julgar ação civil de improbidade administrativa ajuizada contra agente político que possui prerrogativa de foro perante o Supremo Tribunal Federal, por crime de responsabilidade, conforme o art. 102, I, "c", da Constituição.
>
> III. RECLAMAÇÃO JULGADA PROCEDENTE.
>
> (Rcl 2138, Relator Min. Nelson Jobim, Relator p/Acórdão Min. Gilmar Mendes (art. 38, IV, b, do RISTF), Tribunal Pleno, julgado em 13/06/2007, DJe-070, divulgado em 17/04/2008)

Apesar dessa decisão emblemática, não se pode dizer que esse é o entendimento consolidado naquela Corte, pois a composição atual conta com vários Ministros que não compuseram o julgamento. Inclusive, o Superior Tribunal de Justiça dá interpretação restritiva ao precedente do STF, pois entende que não alcança vereadores ou prefeitos, mas tão somente Ministros de Estado. A esse respeito, confira-se:

> 3. Consoante a firme jurisprudência do Superior Tribunal de Justiça, a Lei nº 8.429/1992 é aplicável aos Prefeitos Municipais, não cabendo falar em incompatibilidade com o Decreto-Lei nº 201/1967.
>
> 4. Agravo regimental a que se nega provimento.
>
> (AgRg no AREsp 173.359/AM, Rel. Min. Sérgio Kukina, 1ª Turma, julgado em 17/03/2015, DJe 24/03/2015)

A posição da doutrina parece-nos a mais adequada – e, sem dúvida, a posição restritiva do STJ é positiva. Primeiro, porque o conteúdo do art. 2º contempla especificamente no conceito de agente público aquele que exerce, por eleição, mandato, ainda que transitoriamente. Segundo, porque a existência da Lei nº 1.079/1950, que dispõe sobre os crimes de responsabilidade não inibe a proteção constitucional do § 4º do art. 37 da Constituição, acerca da probidade da Administração Pública.

Por fim, é preciso destacar que o agente público é processado em nome próprio, e não em nome do ente público – inclusive, a própria pessoa jurídica de direito público pode ser a demandante da ação de improbidade. Disso resulta que a defesa técnica do agente não pode ser realizada pela advocacia pública (procuradores do estado, do município e advogados públicos federais).[8]

A Lei nº 8.429/92 contempla também a hipótese de sucessão processual em razão do falecimento do agente público, hipótese em que o sucessor responde somente até o limite do valor da herança (art. 8º).

4.3. Participação do ente público no processo

A ação de improbidade administrativa é movida em face do agente público, em nome próprio, no intuito de zelar pelo erário e pelos princípios constitucionais da Administração Pública. Assim como na ação popular, a participação do ente público pode variar conforme o caso concreto. Genericamente, há a previsão de sua legitimidade ativa para a propositura da ação de improbidade (art. 17). Quando, porém, a ação é movida pelo Ministério Público, a pessoa jurídica pode adotar diferentes condutas processuais. É o que se extrai da previsão do § 3º do artigo 17, que remete ao § 3º do artigo 6º da Lei nº 4.717/65 (Lei de Ação Popular), cuja redação é a seguinte: "A pessoa jurídica de direito público ou de direito privado, cujo ato seja objeto de impugnação, poderá abster-se de contestar o pedido, ou poderá atuar ao lado do autor, desde que isso se afigure útil ao interesse público, a juízo do respectivo representante legal ou dirigente".

Há três possibilidades de atuação do ente público:

- ingresso no polo ativo;
- omissão quanto à participação;
- ingresso no polo passivo para contestar a demanda.

Quanto ao ingresso no polo ativo, há divergência doutrinária acerca do modo como isso ocorre. Há posição no sentido de que é possível o ingresso como litisconsorte facultativo ou assistente[9], bem como o entendimento de que a hipótese é de *amicus curiae*.[10] Por fim, há o entendimento de que a pessoa jurídica de direito público pode optar entre a assistência litisconsorcial e a atuação como *amicus curiae*.[11]

8. BUENO, Cassio Scarpinella. *Curso...Vol. 2, t. III*, p. 171.
9. MEDINA, José Miguel Garcia; *et. alli.* op. cit., p. 410.
10. BUENO, Cassio Scarpinella. *Curso... Vol. 2, t. III*, p. 172.
11. DIDIER JR., Fredie; ZANETI JR., Hermes. *Curso de direito processual civil: processo coletivo. Vol. 4.* 4ª ed., rev., ampl. e atual. Salvador: Jus Podivm, 2009, p. 250.

Em relação ao ingresso no polo passivo, é preciso que o ente público justifique sua conduta com base em interesse público legítimo, sob pena de se descaracterizar seu papel institucional.

Por fim, o § 13 do artigo 17 prevê (*ope legis*) a legitimidade do ente tributante quando o ato de improbidade se referir ao recolhimento do ISS. Trata-se de regra inserida na Lei nº 8.429/92 pela LC 157/2016.

5. PROCEDIMENTO

O artigo 17 da Lei nº 8.429/92 dispõe que a ação de improbidade administrativa deve seguir o procedimento ordinário. No entanto, a própria Lei contém regras que afastam um pouco o procedimento da ação de improbidade daquele previsto no CPC.

5.1. Representação do particular

A Lei nº 8.429/92, em seu artigo 14, prevê que qualquer pessoa pode representar à autoridade competente para que seja instaurada investigação sobre a prática de atos de improbidade administrativa. O dispositivo consagra, no plano infraconstitucional, o direito constitucional de petição aos órgãos Públicos (CR, art. 5º, inc. XXXIV, al. "a"). A representação pode ser dirigida à autoridade administrativa competente ou mesmo ao Ministério Público (art. 22).

A representação deve conter a qualificação do representante, a descrição dos fatos e sua autoria, bem como a indicação das provas de que tenha conhecimento (art. 14, § 1º), sob pena de rejeição liminar (§ 2º). Estando em seus devidos termos, instaura-se processo administrativo para apuração dos fatos descritos na representação, sendo naturalmente garantidas ao representado a ampla defesa e o contraditório (CR, art. 5º, inc. LV).

Para evitar a proliferação de representações infundadas, a Lei nº 8.429/92 tipifica como crime a conduta daquele que representa contra o agente público ou beneficiário tendo ciência de que não houve conduta criminosa (art. 19).

A instauração do processo administrativo ou inquérito civil pelo Ministério Público não é condição essencial para a posterior propositura da ação de improbidade administrativa. Se já existem elementos de convicção suficientes para a propositura da demanda, a pessoa jurídica interessada ou Ministério Público pode ingressar diretamente com a demanda judicial.

5.2. Petição inicial

A petição inicial da ação de improbidade administrativa tem como causa de pedir uma das condutas elencadas nos artigos 9º a 11 da Lei nº 8.429/92, que trazem o elenco dos atos que são caracterizados como ímprobos. A divisão legal é feita com base na consequência danosa do ato, de modo que se distinguem entre atos que importam enriquecimento ilícito (art. 9º), atos que causam prejuízo ao erário (art. 10) e atos que atentam contra os princípios da Administração Pública (art. 11). Além disso, a LC nº 157/2016 inseriu o artigo 10-A, que tipifica também como ato de improbidade conduta que conceda, aplique ou mantenha de forma indevida benefício financeiro ou tributário da lei do ISS (LC nº 116/2003).

Por sua vez, o pedido pode ser dirigido a diferentes cominações, a serem aplicadas isolada ou cumulativamente, conforme previsão dos incisos do artigo 12.

Confira-se o quadro a seguir:

PREVISÃO LEGAL: art. 9º
Rol de condutas ímprobas
I – receber, para si ou para outrem, dinheiro, bem móvel ou imóvel, ou qualquer outra vantagem econômica, direta ou indireta, a título de comissão, percentagem, gratificação ou presente de quem tenha interesse, direto ou indireto, que possa ser atingido ou amparado por ação ou omissão decorrente das atribuições do agente público;
II – perceber vantagem econômica, direta ou indireta, para facilitar a aquisição, permuta ou locação de bem móvel ou imóvel, ou a contratação de serviços pelas entidades referidas no art. 1º por preço superior ao valor de mercado;
III – perceber vantagem econômica, direta ou indireta, para facilitar a alienação, permuta ou locação de bem público ou o fornecimento de serviço por ente estatal por preço inferior ao valor de mercado;
IV – utilizar, em obra ou serviço particular, veículos, máquinas, equipamentos ou material de qualquer natureza, de propriedade ou à disposição de qualquer das entidades mencionadas no art. 1º desta lei, bem como o trabalho de servidores públicos, empregados ou terceiros contratados por essas entidades;
V – receber vantagem econômica de qualquer natureza, direta ou indireta, para tolerar a exploração ou a prática de jogos de azar, de lenocínio, de narcotráfico, de contrabando, de usura ou de qualquer outra atividade ilícita, ou aceitar promessa de tal vantagem;

PREVISÃO LEGAL: art. 9º
VI – receber vantagem econômica de qualquer natureza, direta ou indireta, para fazer declaração falsa sobre medição ou avaliação em obras públicas ou qualquer outro serviço, ou sobre quantidade, peso, medida, qualidade ou característica de mercadorias ou bens fornecidos a qualquer das entidades mencionadas no art. 1º desta lei;
VII – adquirir, para si ou para outrem, no exercício de mandato, cargo, emprego ou função pública, bens de qualquer natureza cujo valor seja desproporcional à evolução do patrimônio ou à renda do agente público;
VIII – aceitar emprego, comissão ou exercer atividade de consultoria ou assessoramento para pessoa física ou jurídica que tenha interesse suscetível de ser atingido ou amparado por ação ou omissão decorrente das atribuições do agente público, durante a atividade;
IX – perceber vantagem econômica para intermediar a liberação ou aplicação de verba pública de qualquer natureza;
X – receber vantagem econômica de qualquer natureza, direta ou indiretamente, para omitir ato de ofício, providência ou declaração a que esteja obrigado;
XI – incorporar, por qualquer forma, ao seu patrimônio bens, rendas, verbas ou valores integrantes do acervo patrimonial das entidades mencionadas no art. 1º desta lei;
XII – usar, em proveito próprio, bens, rendas, verbas ou valores integrantes do acervo patrimonial das entidades mencionadas no art. 1º desta lei.
Consequência danosa → Enriquecimento ilícito
Cominações
– perda dos bens ou valores acrescidos ilicitamente ao patrimônio; – ressarcimento integral do dano, quando houver; – perda da função pública; – suspensão dos direitos políticos de oito a dez anos; – pagamento de multa civil de até três vezes o valor do acréscimo patrimonial; – proibição de contratar com o Poder Público ou receber benefícios ou incentivos fiscais ou creditícios, direta ou indiretamente, ainda que por intermédio de pessoa jurídica da qual seja sócio majoritário, pelo prazo de dez anos.

PREVISÃO LEGAL: art. 10
Rol de condutas ímprobas
I – facilitar ou concorrer por qualquer forma para a incorporação ao patrimônio particular, de pessoa física ou jurídica, de bens, rendas, verbas ou valores integrantes do acervo patrimonial das entidades mencionadas no art. 1º desta lei;
II – permitir ou concorrer para que pessoa física ou jurídica privada utilize bens, rendas, verbas ou valores integrantes do acervo patrimonial das entidades mencionadas no art. 1º desta lei, sem a observância das formalidades legais ou regulamentares aplicáveis à espécie;
III – doar à pessoa física ou jurídica bem como ao ente despersonalizado, ainda que de fins educativos ou assistências, bens, rendas, verbas ou valores do patrimônio de qualquer das entidades mencionadas no art. 1º desta lei, sem observância das formalidades legais e regulamentares aplicáveis à espécie;

PREVISÃO LEGAL: art. 10
IV – permitir ou facilitar a alienação, permuta ou locação de bem integrante do patrimônio de qualquer das entidades referidas no art. 1º desta lei, ou ainda a prestação de serviço por parte delas, por preço inferior ao de mercado;
V – permitir ou facilitar a aquisição, permuta ou locação de bem ou serviço por preço superior ao de mercado;
VI – realizar operação financeira sem observância das normas legais e regulamentares ou aceitar garantia insuficiente ou inidônea;
VII – conceder benefício administrativo ou fiscal sem a observância das formalidades legais ou regulamentares aplicáveis à espécie;
VIII – frustrar a licitude de processo licitatório ou de processo seletivo para celebração de parcerias com entidades sem fins lucrativos, ou dispensá-los indevidamente;
IX – ordenar ou permitir a realização de despesas não autorizadas em lei ou regulamento;
X – agir negligentemente na arrecadação de tributo ou renda, bem como no que diz respeito à conservação do patrimônio público;
XI – liberar verba pública sem a estrita observância das normas pertinentes ou influir de qualquer forma para a sua aplicação irregular;
XII – permitir, facilitar ou concorrer para que terceiro se enriqueça ilicitamente;
XIII – permitir que se utilize, em obra ou serviço particular, veículos, máquinas, equipamentos ou material de qualquer natureza, de propriedade ou à disposição de qualquer das entidades mencionadas no art. 1º desta lei, bem como o trabalho de servidor público, empregados ou terceiros contratados por essas entidades.
XIV – celebrar contrato ou outro instrumento que tenha por objeto a prestação de serviços públicos por meio da gestão associada sem observar as formalidades previstas na lei;
XV – celebrar contrato de rateio de consórcio público sem suficiente e prévia dotação orçamentária, ou sem observar as formalidades previstas na lei.
XVI – facilitar ou concorrer, por qualquer forma, para a incorporação, ao patrimônio particular de pessoa física ou jurídica, de bens, rendas, verbas ou valores públicos transferidos pela administração pública a entidades privadas mediante celebração de parcerias, sem a observância das formalidades legais ou regulamentares aplicáveis à espécie;
XVII – permitir ou concorrer para que pessoa física ou jurídica privada utilize bens, rendas, verbas ou valores públicos transferidos pela administração pública a entidade privada mediante celebração de parcerias, sem a observância das formalidades legais ou regulamentares aplicáveis à espécie;
XVIII – celebrar parcerias da administração pública com entidades privadas sem a observância das formalidades legais ou regulamentares aplicáveis à espécie;
XIX – agir negligentemente na celebração, fiscalização e análise das prestações de contas de parcerias firmadas pela administração pública com entidades privadas;
XX – liberar recursos de parcerias firmadas pela administração pública com entidades privadas sem a estrita observância das normas pertinentes ou influir de qualquer forma para a sua aplicação irregular.

PREVISÃO LEGAL: art. 10
XXI – liberar recursos de parcerias firmadas pela administração pública com entidades privadas sem a estrita observância das normas pertinentes ou influir de qualquer forma para a sua aplicação irregular.
Consequência danosa → Prejuízo ao erário
Cominações
– ressarcimento integral do dano; – perda dos bens ou valores acrescidos ilicitamente ao patrimônio, se concorrer esta circunstância; – perda da função pública; – suspensão dos direitos políticos de cinco a oito anos; – pagamento de multa civil de até duas vezes o valor do dano; – proibição de contratar com o Poder Público ou receber benefícios ou incentivos fiscais ou creditícios, direta ou indiretamente, ainda que por intermédio de pessoa jurídica da qual seja sócio majoritário, pelo prazo de cinco anos.

PREVISÃO LEGAL: art. 10-A
– Constitui ato de improbidade administrativa qualquer ação ou omissão para conceder, aplicar ou manter benefício financeiro ou tributário contrário ao que dispõem o caput e o § 1º do art. 8º-A da Lei Complementar nº 116/2003.
Consequência danosa = prejuízo ao erário
Cominações
– perda da função pública, suspensão dos direitos políticos de 5 (cinco) a 8 (oito) anos e multa civil de até 3 (três) vezes o valor do benefício financeiro ou tributário concedido

PREVISÃO LEGAL: art. 11
Rol de condutas ímprobas
I – praticar ato visando fim proibido em lei ou regulamento ou diverso daquele previsto, na regra de competência; II – retardar ou deixar de praticar, indevidamente, ato de ofício; III – revelar fato ou circunstância de que tem ciência em razão das atribuições e que deva permanecer em segredo; IV – negar publicidade aos atos oficiais; V – frustrar a licitude de concurso público; VI – deixar de prestar contas quando esteja obrigado a fazê-lo; VII – revelar ou permitir que chegue ao conhecimento de terceiro, antes da respectiva divulgação oficial, teor de medida política ou econômica capaz de afetar o preço de mercadoria, bem ou serviço. VIII – descumprir as normas relativas à celebração, fiscalização e aprovação de contas de parcerias firmadas pela administração pública com entidades privadas. IX – deixar de cumprir a exigência de requisitos de acessibilidade previstos na legislação.

PREVISÃO LEGAL: art. 11
Consequência danosa → Atentado aos princípios da Administração Pública
Cominações
– ressarcimento integral do dano, se houver; – perda da função pública; – suspensão dos direitos políticos de três a cinco anos; – pagamento de multa civil de até cem vezes o valor da remuneração percebida pelo agente; – proibição de contratar com o Poder Público ou receber benefícios ou incentivos fiscais ou creditícios, direta ou indiretamente, ainda que por intermédio de pessoa jurídica da qual seja sócio majoritário, pelo prazo de três anos.

A conduta administrativa que se pretende punir através da Lei nº 8.429/92 é aquela eivada de má-fé, voltada deliberadamente para o desrespeito à coisa pública e ao erário. Não é toda e qualquer conduta contrária à lei que deve ser punida, pois são recorrentes os casos em que o administrador está de boa-fé, mas é inábil na utilização dos mecanismos administrativos e jurídicos. A esse respeito, confira-se o que tem decidido o Superior Tribunal de Justiça:

> 1. A hipótese dos autos diz respeito ao ajuizamento de ação civil pública por ato de improbidade administrativa, pelo Ministério Público do Estado de Minas Gerais, sob o argumento de que o então prefeito de São João Batista da Glória, teria exercido influência junto ao Serviço Autônomo de Água e Esgoto – SAAE, pra que o diretor do referido órgão isentasse os contribuintes da cobrança pelo fornecimento de água, satisfazendo interesses próprios e de terceiros.
>
> 2. A jurisprudência desta Corte Superior de Justiça é no sentido de que não se pode confundir improbidade com simples ilegalidade. A improbidade é a ilegalidade tipificada e qualificada pelo elemento subjetivo da conduta do agente. Assim, para a tipificação das condutas descritas nos artigos 9º e 11 da Lei 8.429/92 é indispensável, para a caracterização de improbidade, que o agente tenha agido dolosamente e, ao menos, culposamente, nas hipóteses do artigo 10.
>
> 3. Os atos de improbidade administrativa descritos no artigo 11 da Lei nº 8429/92 dependem da presença do dolo genérico, mas dispensam a demonstração da ocorrência de dano para a Administração Pública ou enriquecimento ilícito do agente.
>
> 4. Da leitura do acórdão, verifica-se que, na espécie, o juízo de origem esclareceu que "ao advogar isenções de tarifas para determinadas pessoas ou grupo de pessoas, o requerido arrostou os princípios da legalidade, da impessoalidade, da moralidade, da pessoalidade e da eficiência, inscritos em nossa constituição, proporcionando uma evasão de divisas que deveriam ser empregadas nas necessidades sociais de toda a comunidade", daí porque não há que se falar na inexistência do elemento subjetivo doloso.

> 5. Resta evidenciado, portanto, o elemento subjetivo dolo genérico na conduta do agente, independentemente da ocorrência de dano ao erário, razão pela qual fica caracterizado o ato de improbidade previsto no art. 11 da Lei 8429/92. 6. Agravo regimental não provido.
>
> (AgRg no REsp 1355136/MG, Rel. Min. Mauro Campbell Marques, 2ª Turma, julgado em 16/04/2015, DJe 23/04/2015)

De acordo com o STJ, a conduta punível através da ação de improbidade administrativa deve estar caracterizada por um elemento subjetivo voltado à lesão ao erário ou à violação dos princípios da Administração Pública.

Outro ponto importante destacado pelo STJ é o de que pode haver condenação por ato de improbidade administrativa com base no art. 9º, mesmo que não haja dano ao erário. Confira-se:

> ADMINISTRATIVO E PROCESSUAL CIVIL. RECURSO ESPECIAL. AÇÃO CIVIL PÚBLICA. IMPROBIDADE ADMINISTRATIVA. ENRIQUECIMENTO ILÍCITO. ART. 9º e 12, I, DA LEI 8.429/92. COMPROVAÇÃO. DEMONSTRAÇÃO DE DANO AO ERÁRIO. DESNECESSIDADE. ELEMENTO SUBJETIVO. DOLO. DEMONSTRADO.
>
> TIPICIDADE DA CONDUTA. DOSIMETRIA. PROPORCIONALIDADE E RAZOABILIDADE OBSERVADOS NO ACÓRDÃO RECORRIDO. REVISÃO. SÚMULA 7/STJ. RECURSO ESPECIAL NÃO PROVIDO, DIVERGINDO DO EMINENTE RELATOR MINISTRO NAPOLEÃO NUNES MAIA FILHO.
>
> (REsp 1412214/PR, Rel. Min. Napoleão Nunes Maia Filho, Rel. p/ Acórdão Min. Benedito Gonçalves , 1ª Turma, julgado em 08/03/2016, DJe 28/03/2016).

Além das cominações previstas na Lei nº 8.429/92, é possível haver a cumulação com pedidos não constantes desse rol, como *v.g.* a anulação do ato administrativo viciado.[12]

5.3. Juízo de admissibilidade

O procedimento da Lei nº 8.429/92 guarda peculiaridade importante que o diferencia do procedimento ordinário. Trata-se da regra dos §§ 7º a 9º do artigo 17, que preveem a notificação do demandado para oferecer manifestação por escrito acerca da demanda no prazo de 15 dias; em seguida, o juízo decide se recebe a ação ou se a rejeita. Caso a receba, o réu é citado para contestar.

Quanto à recorribilidade dessa decisão inicial, tem-se que a rejeição da ação leva à extinção do processo, de modo que o recurso cabível é a apelação,

12. BUENO, Cassio Scarpinella. *Curso...* Vol. 2, t. III, p. 180.

ao passo em que a decisão que recebe e manda citar o réu desafia o agravo de instrumento.

Essa sistemática aproxima a ação civil de improbidade administrativa do processo penal movido em face de funcionário público (CPP, artigos 516 e 517).

Questão objeto de profundos debates toca à consequência da falta de notificação para manifestação prévia, antes do recebimento da ação. Nesse ponto, houve modificação da posição do Superior Tribunal de Justiça. Inicialmente, entendia-se ser hipótese de nulidade absoluta do procedimento, mas os julgados mais recentes sobre a matéria indicam a necessidade de demonstração de prejuízo à defesa– posição que conta com adesão doutrinária.[13]

5.4. Tutela provisória

A ação de improbidade administrativa tem por objetivo tutelar o patrimônio público, que deve ser preservado, hígido para atender à sua função social. No intuito de resguardar o erário contra lesões de grande porte, a Lei nº 8.429/92 prevê a possibilidade de concessão de tutela provisória. Os artigos 7º e 16 preveem a possibilidade de decretação da indisponibilidade de bens do indiciado, bem como de sequestro de bens do agente ou de terceiro que se tenha enriquecido ilicitamente. A medida pode alcançar, inclusive, ativos financeiros no exterior (art. 16, § 2º).

O objetivo dessas medidas é garantir a efetividade da prestação jurisdicional posterior, que terá o condão de repor ao patrimônio público o desfalque sofrido pela conduta ilícita do agente público e de terceiros. Nesse contexto, e por expressa previsão legal (art. 7º, p.ú.), a constrição patrimonial está limitada ao valor suficiente à reparação do dano.

Além disso, é possível se determinar o afastamento do agente público do exercício de suas atividades, sem prejuízo da percepção de sua remuneração, para permitir a adequada instrução processual (art. 20, p.ú.).

A tutela provisória de urgência de natureza cautelar pode ser requerida e efetivada de modo antecedente, conforme previsão do artigo 305 e seguinte do CPC-2015, ou incidental, no curso da ação de improbidade.

Há plena compatibilidade entre o regramento da tutela provisória no CPC e a ação de improbidade administrativa – bem como a ação civil pública. Esse é o entendimento do Fórum Permanente de Processualistas Civis:

13. BUENO, Cassio Scarpinella. *Curso*... Vol. 2, t. III, p. 182. Em jurisprudência: REsp 812.162/RS, Rel. Min. Eliana Calmon, 2ª Turma, julgado em 04/06/2009.

> **En. 503.** (arts. 305-310; art. 4º da Lei 7347/1985; art. 16 da Lei 8.249/1992) O procedimento da tutela cautelar, requerida em caráter antecedente ou incidente, previsto no Código de Processo Civil é compatível com o microssistema do processo coletivo.

Sendo preparatória, o prazo para a propositura da ação principal começa a correr a partir da efetivação do primeiro ato constritivo, conforme entendimento do Superior Tribunal de Justiça.[14]

Esse entendimento do STJ sobre o marco inicial para contagem do prazo de propositura da ação principal pode receber uma releitura. Para adequar o entendimento ao CPC-2015, é importante notar que não há propositura de ação principal, ao lado da cautelar antecedente. Conforme estabelece o artigo 308, no prazo de 30 dias, o autor deve formular o pedido principal nos mesmos autos da cautelar.

A legitimação é a mesma da ação de improbidade, ou seja, tanto o Ministério Público, quanto a pessoa jurídica interessada, podem requerer o sequestro de bens.

Ao observar a jurisprudência do STJ a respeito, verifica-se que a Corte admite a concessão de medida liminar *inaudita altera parte*, bem como a decretação da indisponibilidade antes do efetivo recebimento da petição inicial. Veja-se julgado a esse respeito:

> 2. "O fato de a Lei 8.429/1992 prever contraditório prévio ao recebimento da petição inicial (art. 17, §§ 7º e 8º) não restringe o cabimento de tais medidas, que têm amparo em seus arts. 7º e 16 e no poder geral de cautela do magistrado, passível de ser exercido mesmo inaudita altera pars (art. 804 do CPC)" (EDcl no Ag 1.179.873/PR, Rel. Ministro Herman Benjamin, Segunda Turma, DJe 12.3.2010). No mesmo sentido: [...]
>
> 3. A jurisprudência do STJ encontra-se pacificada, inclusive sob o rito do art. 543-C do CPC e da Resolução STJ 8/2008 (REsp 1.366.721/BA, Relator Ministro Napoleão Nunes Maia Filho, Relator para acórdão Ministro Og Fernandes, julgamento em 26.2.2014, ainda não publicado), no sentido de que, para a Medida Cautelar de indisponibilidade de bens, prevista na LIA, basta comprovar a verossimilhança das alegações, pois, pela própria natureza do bem protegido, o legislador dispensou o requisito do perigo da demora. Nesse sentido: REsp 1.319.515/ES, Rel. Ministro Napoleão Nunes Maia Filho, Rel. p/Acórdão Ministro Mauro Campbell Marques, Primeira Seção, DJe 21.9.2012.
>
> 4. O acórdão recorrido está de acordo, portanto, com a jurisprudência do STJ. Aplica-se a Súmula 83/STJ.
>
> 5. O Tribunal a quo (fl. 1104/e-STJ) assentou que "o fumus boni iuris decorre dos diversos indícios de desrespeito da legislação atinente às licitações (Lei nº

14. STJ: REsp 945.439/PR, Rel. Min. Teori Albino Zavascki, 1ª Turma, julgado em 27/04/2010.

8.666/93), apurados pelo inquérito civil nº 001/2005" e que "observa-se a juntada de várias notas fiscais emitidas pelo estabelecimento comercial sem a emissão de qualquer nota de empenho correspondente, inclusive com fortes indícios de fracionamento de licitação".

6. O acolhimento da tese de que não se faz presente o fumus boni iuris que fundamentou a decretação cautelar de indisponibilidade de bens remete ao exame dos fatos e provas dos autos, providência impossibilitada, no âmbito do Recurso Especial, pela Súmula 7/STJ.

7. Agravo Regimental não provido

(AgRg no AREsp 460.279/MS, Rel. Min. Herman Benjamin, 2ª Turma, julgado em 07/10/2014, DJe 27/11/2014)

5.5. Instrução probatória

No campo probatório, as provas admitidas pelo procedimento da Lei nº 8.429/92 são as mesmas previstas ordinariamente pelo CPC – documental, pericial e testemunhal. O modo de colheita da prova testemunhal é que é peculiar, pois o § 12 do artigo 17 determina que se obedeça ao rito do artigo 221 do Código de Processo Penal.

O CPP estabelece que o presidente e vice-presidente da República, senadores, deputados federais, ministros de Estado, governadores, secretários de Estado, prefeitos, deputados estaduais, membros do Judiciário, membros dos Tribunais de Contas e do Tribunal Marítimo serão inquiridos em local, dia e hora previamente ajustados entre eles e o juiz. Além disso, o presidente e vice-presidente da República, presidentes do Senado, da Câmara e do STF poderão prestar seus depoimentos por escrito.

No CPC-2015, ampliaram-se os poderes do juízo para amoldar a marcha processual às peculiaridades do litígio e do direito material em exame. Exemplo disso é a regra do inciso VI do artigo 139, que autoriza o juiz a "*dilatar os prazos processuais e alterar a ordem de produção dos meios de prova, adequando-os às necessidades do conflito de modo a conferir maior efetividade à tutela do direito*".

Esse dispositivo é aplicável ao processo de improbidade administrativa, segundo o entendimento do Fórum Permanente de Processualistas Civis:

En. 251. (art. 139, VI) O inciso VI do art. 139 do CPC aplica-se ao processo de improbidade administrativa.

5.6. Transação

De acordo com o § 1º do artigo 17 da Lei nº 8.429/92, não se admitia transação, acordo ou conciliação na ação de improbidade administrativa. Em 2015, foi editada a Medida Provisória nº 703, que revogou o referido artigo, com o objetivo claro de permitir a celebração de acordos. Além da Lei de Improbidade Administrativa, foram modificados também dispositivos na Lei nº 12.846/2013, que trata de acordos de leniência.

A MP nº 703 teve seu período de vigência encerrado. Com isso, voltou a vigorar o § 1º do artigo 17, que veda transação, acordo ou conciliação em ação de improbidade administrativa. Antes mesmo de sua revogação temporária, a norma já era interpretada com algum tempero. De fato, não é possível ao Ministério Público ou à pessoa jurídica interessada efetuar acordo ou transação que importem em renúncia ao ressarcimento do dano, uma vez que o interesse público é indisponível. Isso não significa, porém, que não se possa acordar a forma de ressarcimento do patrimônio público.

É possível a conciliação entre o demandante e o demandado que implique em reconhecimento do dever de reparação do prejuízo causado e fixe *v.g.* prazo para pagamento parcelado do valor. Nesse caso, não há violação do interesse público; ao contrário, há seu pleno atendimento, pois se evita a fase de cumprimento de sentença e a prática de atos de constrição patrimonial.[15]

O Fórum Permanente de Processualistas Civis também firmou posição pela possibilidade conciliação e mediação nas ações de improbidade administrativa:

> **En. 617.** (art. 3º, §2º; art. 36, §4º da Lei 13.140/2015; art. 17, §1º da Lei n.º 8.429/1992) A mediação e a conciliação são compatíveis com o processo judicial de improbidade administrativa.

O STJ teve a oportunidade de analisar hipótese em que foi celebrado TAC em ação de improbidade administrativa e chancelou o ato. Confira-se:

> 1. Em qualquer fase do processo, reconhecida a inadequação da ação de improbidade, o feito poderá ser extinto (art. 17, § 11 da Lei 8.429/92). É desnecessário e atentatório à Lógica do Razoável - a que tanto estudou o filósofo LUIS RECASENS SICHES - que o Poder Judiciário pretenda submeter as partes ao desate de inúmeras e demoradas etapas recursais no feito de origem para que, no futuro, esta Corte Superior venha a apreciar questão que se encontra totalmente sacramentada em sua matéria de fundo com a efetivação de alvissareira solução amigável consubstaciada no TAC. Inteligência dos arts. 6o. e 488 do CPC/15, que prestigiam a ideologia efetivista.
>
> 2. Cumpridas pelas partes transigentes as obrigações do TAC firmado na ação de origem, não se justifica a protelação da homologação do acordo pelo julgador a quo, sob o fundamento de ser inconstitucional a MP 703/15, que revogou o art.

15. MEDINA, José Miguel Garcia; *et. alli.* op. cit., p. 423.

17, § 1o. da Lei 8.429/92, o qual vedava a transação, o acordo ou a conciliação nas ações de improbidade; neste caso, ademais, deve ser assinalado que o Estado de Mato Grosso apresentou postulação escrita (fls. 965/982), anuindo expressamente com o pedido de extinção da ACP por improbidade administrativa, ressaltando que a assinatura do TAC satisfez as pretensões dos pedidos formulados.

(AgRg no AREsp 780.833/MT, Rel. Min. Napoleão Nunes Maia Filho, 1ª Turma, julgado em 03/05/2016, DJe 24/05/2016)

5.7. Sentença

A sentença da ação de improbidade administrativa exige especial esforço do magistrado na fixação das punições a que estão sujeitos os réus. É que o artigo 12 da Lei nº 8.429/92 contém um elenco de cominações bastante amplo, que variam de aplicação de multa civil até suspensão de direitos políticos. É preciso observar atentamente os princípios da proporcionalidade e da razoabilidade na fixação das cominações.[16] A lição é materializada no parágrafo único do artigo 12, que determina ao juiz atentar para a extensão do dano e para o proveito patrimonial obtido pelo agente.

Ponto importante destacado pelo STJ a respeito do tema é o de que a condenação não pode ficar abaixo do mínimo legal previsto na lei de improbidade. Confira-se:

1. Recurso especial proveniente de ação civil pública, por improbidade administrativa, em decorrência de ausência de prestação de contas de recursos do PNATE - Programa Nacional de Apoio ao Transporte Escolar, firmado com o FUNDEF.

2. A sentença de Primeiro Grau julgou procedente os pedidos do Ministério Público Federal, reconhecendo a existência de atos de improbidade administrativa, condenando o recorrido nas disposições do art. 11, VI, da Lei 8.429/92, fixando a dosimetria, em conformidade com o art. 12, III, da referida lei.

3. O Tribunal de origem, ao revisar a condenação, deu parcial provimento à apelação, para reduzir a suspensão dos direitos políticos e proibição de contratar com o poder público ou receber benefícios ou incentivos fiscais ou creditícios, direta ou indiretamente, ainda que por intermédio de pessoa jurídica da qual seja sócio majoritário, para dois anos.

4. No caso dos autos, ao fixar a condenação baseado no art. 12, III, da Lei 8.429/92, não poderia o acórdão regional revisar para aquém do mínimo legal a penalidade imposta, qual seja, dois anos, por manifesta ausência de previsão legal. Recurso especial provido.

(REsp 1582014/CE, Rel. Min. Humberto Martins, 2ª Turma, julgado em 07/04/2016, DJe 15/04/2016)

Outra questão referente à sentença na ação de improbidade administrativa é o cabimento de remessa necessária. O STJ discutiu e divergiu marcadamente sobre

16. A referência vem tanto da jurisprudência, quanto da doutrina. A esse respeito: BUENO, Cassio Scarpinella. *Curso...* Vol. 2, t. III, p. 186; MEDINA, José Miguel Garcia; *et. alli.* op. cit., p. 425.

a aplicação da remessa necessária quando a sentença for de carência ou improcedência. A matéria foi pacificada em embargos de divergência. Confira-se:

> 1. Verifica-se que, no acórdão embargado, a Primeira Turma decidiu que não há falar em aplicação subsidiária do art. 19 da Lei 4.717/65, mormente por ser o reexame necessário instrumento de exceção no sistema processual.
>
> 2. Já o v. acórdão paradigma da Segunda Turma decidiu admitir o reexame necessário na Ação de Improbidade.
>
> 7. Diante do exposto, dou provimento aos Embargos de Divergência para que prevaleça a tese do v. acórdão paradigma de que é cabível o reexame necessário na Ação de Improbidade Administrativa, nos termos do artigo 475 do CPC/1973, e determino o retorno dos autos para o Tribunal de origem a fim de prosseguir no julgamento.
>
> (EREsp 1220667/MG, Rel. Min. Herman Benjamin, 1ª Seção, julgado em 24/05/2017, DJe 30/06/2017)

Como se vê, o entendimento atual é de que a remessa necessária é aplicada à ação de improbidade administrativa, quando a sentença julgar improcedente o pedido ou extinguir o feito sem resolução de mérito.

5.8. Cumprimento da sentença

O modo de cumprimento da sentença na ação de improbidade administrativa varia de acordo com seu conteúdo – não há regras específicas a esse respeito. Assim, o capítulo da sentença referente à condenação pecuniária será cumprido com base nos artigos 523 e seguintes do CPC. A legitimidade para a persecução da reparação do dano é a mesma da fase de conhecimento, ou seja, tanto o MP quanto a pessoa jurídica interessada são legitimados para buscar a expropriação patrimonial do agente ímprobo.

Os capítulos da sentença que tratam da suspensão de direitos políticos, da perda da função e da proibição de contratar com o Poder Público serão cumpridos mediante a expedição de mandado judicial ao órgão público competente (execução imprópria).[17] Conforme previsão expressa do artigo 20, a perda da função pública e a suspensão dos direitos políticos somente se efetivam com o trânsito em julgado da sentença.

Questão interessante analisada pelo STJ se refere a um possível *bis in idem* em caso de condenação por órgão de controle, como o Tribunal de Contas, e a condenação em ação de improbidade administrativa pelo mesmo fato. O entendimento do STJ é de que podem ser formados dois títulos executivos distintos – aquele oriundo do órgão de contas e o outro da condenação judicial na ação de

17. MEDINA, José Miguel Garcia; *et. alli.* op. cit., p. 425.

improbidade. No momento da execução, deve ser observada a dedução dos valores de cada execução, já que o fato em si foi o mesmo.[18]

5.9. Prescrição

A prescrição está disciplinada pelo artigo 23 da Lei nº 8.429/92 e varia de acordo com o agente público envolvido na demanda. No caso de agente público que exerce mandato, cargo em comissão ou função de confiança, o prazo de 5 anos se inicia após o término do exercício do mandato (inciso I). Em relação ao servidor ocupante de cargo ou emprego público, o prazo prescricional varia de acordo com a falta disciplinar cometida (inciso II). No caso de entidades que recebem benefício, subvenção ou incentivo (art. 1º, p.ú.), o prazo é contado da apresentação à Administração Pública da prestação de contas final (inciso III).

Discussão bastante intensa em doutrina e jurisprudência diz respeito à prescrição da ação de ressarcimento de dano. Na Constituição da República, o § 5º do artigo 37 dispõe o seguinte: *"A lei estabelecerá os prazos de prescrição para ilícitos praticados por qualquer agente, servidor ou não, que causem prejuízos ao erário, ressalvadas as respectivas ações de ressarcimento"*.

A partir da parte final do dispositivo, abriu-se a divergência. Majoritariamente, a doutrina entende que o texto constitucional consagrou a imprescritibilidade das ações de ressarcimento de dano ao erário.[19] É dizer, diante da lesão ao patrimônio público, as sanções penais, administrativas e civis – dentre elas as previstas na Lei nº 8.429/92 – prescrevem pelo decurso do tempo, mas o ressarcimento do prejuízo causado ao ente público pode ser cobrado a qualquer tempo.

Com entendimento oposto, há balizada doutrina que esclarece que a ressalva da parte final do § 5º do art. 37 se refere ao direito de regresso do Estado, a ser exercido em face do servidor público causador do dano de que trata o § 6º do art. 37.[20]

O entendimento jurisprudencial do Superior Tribunal de Justiça é o de que a pretensão de ressarcimento dos prejuízos ao erário é imprescritível:

> 1. O prazo prescricional para as ações de improbidade administrativa é, em regra, de cinco anos, ressalvando-se a imprescritibilidade da pretensão de ressarcimento ao erário. No caso de agente político detentor de mandado eletivo ou de ocupantes de cargos em comissão e de função de confiança inseridos no

18. REsp 1413674/SE, Rel. Min. Olindo Menezes (Des. convocado do TRF 1ª Região), Rel. p/ Acórdão Min. Benedito Gonçalves, 1ª Turma, julgado em 17/05/2016.
19. Nesse sentido: MEDINA, José Miguel Garcia; *et. alli.* op. cit., p. 426.
20. É a posição de: BUENO, Cassio Scarpinella. *Curso...* Vol. 2, t. III, p. 194.

polo passivo da ação, inicia-se a contagem do prazo com o fim do mandato. Exegese do art. 23, I, da Lei 8.429/92. Precedentes.

2. O Tribunal de origem afastou a ocorrência da prescrição, reconhecendo que a demora da citação deu-se por mecanismos inerentes ao Judiciário. Portanto, aferir as circunstâncias que deram causa à demora na citação demandaria o reexame de todo o contexto fático-probatório dos autos, o que é defeso a esta Corte em razão do óbice da Súmula 7/STJ. Agravo regimental improvido.

(AgRg no AREsp 663.951/MG, Rel. Min. Humberto Martins, 2ª Turma, julgado em 14/04/2015, DJe 20/04/2015)

Para aqueles que entendem imprescritível a pretensão de reparação do dano, o prazo prescricional do art. 23 se refere apenas às demais sanções do artigo 12; por sua vez, quem adota a tese da prescritibilidade aplica os prazos prescricionais do art. 23 também para o ressarcimento do dano ao erário.

Questões de Concurso

▶ **01. (Promotor MP-SC – 2016)** A ação de improbidade administrativa é instrumento típico para a tutela de direito subjetivamente transindividual, enquanto o mandado de segurança coletivo destina-se a tutelar direitos coletivos e individuais homogêneos, sendo que, em ambas as ações, há limite temporal fixado em lei, para o ajuizamento, sob pena de extinção por prescrição ou decadência.

▶ **02. (Auditor fiscal TCE-SC – 2016 – Cespe)** Em se tratando de ação de improbidade administrativa, sendo imputada ao réu conduta lesiva ao erário, configura-se o periculum in mora, requisito para a concessão de medida cautelar de indisponibilidade patrimonial.

▶ **03. (Procurador Jurídico – CFO-DF – 2017 – Quadrix)** As ações destinadas a levar a efeito as sanções de improbidade administrativa são imprescritíveis.

▶ **04. (Agente de Fiscalização – TCE-SP – 2017 – Vunesp)** Hércules das Dores deixou de prestar contas quando estava obrigado a fazê-lo, praticando conduta prevista na Lei de Improbidade Administrativa. Nessa hipótese, a Lei no 8.429/92 estabelece que Hércules

(A) sofrerá sanções da Lei, sendo servidor público ou não, desde que constatado, no caso, efetivo prejuízo aos cofres públicos.

(B) ficará, se servidor público, sujeito à pena de perda da função pública, desde que tenha ocorrido prejuízo material aos cofres públicos em razão de sua conduta.

(C) não sofrerá penalidade dessa Lei, se não for servidor público, mas poderá sofrer sanções criminais e civis.

(D) estará sujeito, dentre outras, à pena de ressarcimento integral do dano, se houver, e pode ser proibido de contratar com o poder público por 3 anos.

(E) ficará sujeito à pena de ressarcimento integral do dano, perda da função pública, se servidor público, e cassação dos seus direitos políticos.

▶ **05. (Analista de Controle Externo – TCE-MG – 2018 – Cespe)** De acordo com a Lei n.° 8.429/1992, agente público que pratique dolosamente ato de improbidade administrativa estará sujeito, entre outras, às penalidades de

A) suspensão dos direitos políticos e proibição de contratar com o poder público, no caso de concessão indevida de benefício tributário.

B) ressarcimento integral do dano e perda da função pública, no caso de ordenação de despesas não autorizadas por lei.

C) perda dos bens acrescidos ilicitamente ao patrimônio e proibição de receber benefícios fiscais, no caso de ato que frustra a licitude de concurso público.

D) detenção e ressarcimento integral do dano, no caso de utilização, em proveito próprio, de bens integrantes do acervo patrimonial de autarquia estadual.

E) reclusão e pagamento de multa, no caso de omissão do dever de prestar contas.

▶ **06. (Cartório – Remoção – TJ-SP – 2018 – Vunesp)** Para caracterização do ato de improbidade que importe em enriquecimento ilícito, nos termos da Lei Federal no 8.429/92, é correto afirmar:

(A) o sujeito ativo do ato de improbidade, que importe em enriquecimento ilícito, pode ser somente agente público.

(B) ser dispensável a presença do dano ao erário.

(C) a caracterização do ato de improbidade que importa enriquecimento ilícito pode decorrer de culpa ou dolo.

(D) imprescindível a presença de dano material à Administração.

Questão	Gabarito	Breves comentários
01	Certo	Art. 23; v. item 5.9
02	Certo	Art. 7º; v. item 5.4.
03	Errado	v. item 5.9. As ações de ressarcimento são imprescritíveis.
04	D	Art. 11; v. item 5.2
05	B	Art. 11; v. item 5.2
06	B	Art. 11; v. item 5.2

Questão discursiva

▶ **(Procurador do Estado – PGE – SE – 2018 - Cespe)** No que concerne à ação de improbidade administrativa, redija um texto dissertativo que responda, de forma fundamentada e de acordo com a jurisprudência atual do STJ, aos seguintes questionamentos.

1. A sentença de improcedência se submete ao regime de remessa necessária?

2. Pode ser considerada válida a sentença condenatória prolatada em processo se não tiver ocorrido a notificação do acusado para a apresentação de defesa preliminar prevista em lei?

Fundamentos para resposta:
- esses dois pontos questionados foram tratados neste capítulo, inclusive com a indicação das divergências no STJ a respeito.

CAPÍTULO XIX

DESAPROPRIAÇÃO

1. INTRODUÇÃO

A desapropriação é uma das modalidades de intervenção do Estado na propriedade privada; na verdade, a mais agressiva delas. Trata-se de uma intervenção supressiva, uma vez que ocasiona a transferência do domínio, que sai das mãos do particular para as do Estado, podendo alcançar tanto bens móveis quanto bens imóveis.

Como não decorre da celebração de um negócio jurídico de compra-e-venda, mas sim de uma imposição unilateral do ente público, caracteriza-se como forma de aquisição originária da propriedade.[1]

O direito processual público se ocupa do estudo do procedimento através do qual o Poder Público efetiva a desapropriação.

2. LEGISLAÇÃO PERTINENTE

A desapropriação tem assento constitucional e infraconstitucional. Na Constituição da República, a desapropriação está prevista nos seguintes dispositivos:

> **Art. 5º.** [...]
>
> XXIV – a lei estabelecerá o procedimento para desapropriação por necessidade ou utilidade pública, ou por interesse social, mediante justa e prévia indenização em dinheiro, ressalvados os casos previstos nesta Constituição;
>
> **Art. 182.** [...]
>
> § 3º – As desapropriações de imóveis urbanos serão feitas com prévia e justa indenização em dinheiro.

1. CARVALHO FILHO, José dos Santos. *Manual de direito administrativo*. 19ª ed. rev., ampl. e atual. Rio de Janeiro: Lumen Juris, 2008, p. 734.

§ 4º – É facultado ao Poder Público municipal, mediante lei específica para área incluída no plano diretor, exigir, nos termos da lei federal, do proprietário do solo urbano não edificado, subutilizado ou não utilizado, que promova seu adequado aproveitamento, sob pena, sucessivamente, de:

I – parcelamento ou edificação compulsórios;

II – imposto sobre a propriedade predial e territorial urbana progressivo no tempo;

III – desapropriação com pagamento mediante títulos da dívida pública de emissão previamente aprovada pelo Senado Federal, com prazo de resgate de até dez anos, em parcelas anuais, iguais e sucessivas, assegurados o valor real da indenização e os juros legais.

Art. 184. Compete à União desapropriar por interesse social, para fins de reforma agrária, o imóvel rural que não esteja cumprindo sua função social, mediante prévia e justa indenização em títulos da dívida agrária, com cláusula de preservação do valor real, resgatáveis no prazo de até vinte anos, a partir do segundo ano de sua emissão, e cuja utilização será definida em lei.

§ 1º – As benfeitorias úteis e necessárias serão indenizadas em dinheiro.

§ 2º – O decreto que declarar o imóvel como de interesse social, para fins de reforma agrária, autoriza a União a propor a ação de desapropriação.

§ 3º – Cabe à lei complementar estabelecer procedimento contraditório especial, de rito sumário, para o processo judicial de desapropriação.

Art. 185. São insuscetíveis de desapropriação para fins de reforma agrária:

I – a pequena e média propriedade rural, assim definida em lei, desde que seu proprietário não possua outra;

II – a propriedade produtiva.

Art. 243. As propriedades rurais e urbanas de qualquer região do País onde forem localizadas culturas ilegais de plantas psicotrópicas ou a exploração de trabalho escravo na forma da lei serão expropriadas e destinadas à reforma agrária e a programas de habitação popular, sem qualquer indenização ao proprietário e sem prejuízo de outras sanções previstas em lei, observado, no que couber, o disposto no art. 5º.

Parágrafo único. Todo e qualquer bem de valor econômico apreendido em decorrência do tráfico ilícito de entorpecentes e drogas afins e da exploração de trabalho escravo será confiscado e reverterá a fundo especial com destinação específica, na forma da lei.

O grande número de normas constitucionais sobre o tema demonstra a relevância que a desapropriação tem na ordem jurídica. As diretrizes fundamentais do instituto já podem ser extraídas a partir dos dispositivos acima elencados. Doutrinariamente, as desapropriações se dividem em ordinárias e extraordinárias. São ordinárias as realizadas por necessidade ou utilidade pública ou por interesse social, sendo exigida a prévia indenização em dinheiro (art. 5º, inc. XXIV). Por sua vez, as desapropriações extraordinárias são as decorrentes do inadequado aproveitamento do solo urbano (art. 182) e da improdutividade do imóvel rural (art. 184).[2] Vale a ressalva de que o artigo 243 não trata propriamente de hipótese de desapropriação, mas sim de expropriação, uma vez que a União não indeniza o particular pela terra.

As diferentes modalidades de desapropriação possuem regramento na legislação infraconstitucional. Para melhor visualização do tema, confira-se o quadro abaixo:

Modalidade	Constituição	Legislação infraconstitucional	Observações
Desapropriação por necessidade ou utilidade pública	Art. 5º, inc. XXIV	Dec-Lei nº 3.365/41	
Desapropriação por interesse social	Art. 5º, inc. XXIV	Lei nº 4.132/62	Segue o procedimento do Dec-Lei nº 3.365/41
Desapropriação urbanística	Art. 182, § 4º, inc. III	Lei nº 10.257/2001	Segue o procedimento do Dec-Lei nº 3.365/41
Desapropriação para reforma agrária	Art. 184	LC nº 76/1993	Matéria regulada por LC
Expropriação	Art. 243	Lei nº 8.257/91	

3. DESAPROPRIAÇÃO POR UTILIDADE PÚBLICA OU INTERESSE SOCIAL

O procedimento de desapropriação é dividido em duas fases, a administrativa e a judicial. A fase administrativa consiste em processo administrativo de verificação de um dos requisitos necessários à desapropriação, necessidade ou utilidade pública, ou interesse social. A declaração de utilidade pública ou interesse social é feita por decreto do Poder Executivo (Decreto-Lei nº 3.365/41, art. 6º) ou por lei de feitos concretos do Poder Legislativo (art. 8º). Tal declaração não traz, em si, qualquer implicação no direito de propriedade do particular. Os direitos de uso, gozo e fruição relativos ao seu direito real continuam íntegros. A declaração de utilidade pública não passa de uma carta de intenções do Poder Público, uma manifestação de vontade, que pode, ou não, desaguar em atos administrativos e judiciais posteriores para efetivar a desapropriação.[3] A efetivação da desapropriação

2. CUNHA, Leonardo José Carneiro da. op. cit., p. 634.
3. CARVALHO FILHO, José dos Santos. op. cit., p. 740.

é ato discricionário da Administração Pública, sujeito aos requisitos de conveniência e oportunidade que lhe são típicos. Disso resulta que nada é devido a título de indenização ao particular pela edição do decreto de utilidade pública do bem.

Estabelecida a necessidade de transferência do bem para o domínio público, o Poder Público pode celebrar acordo com o particular para pagamento em dinheiro do valor da indenização. Na prática, o encerramento da desapropriação já nessa fase administrativa é de rara ocorrência, pois normalmente o particular não concorda com os valores ofertados pelo Estado – que, a bem da verdade, não são lá muito atrativos.

Encerrada a fase administrativa com a declaração expropriatória, sem acordo quanto ao valor a ser pago, passa-se à fase judicial.

3.1. Caracterização da utilidade pública e do interesse social

As desapropriações por utilidade pública e por interesse social tem o objetivo de atender ao interesse público em determinada situação de fato. Os diplomas legais que regem essas hipóteses de desapropriação trazem um elenco de situações que caracterizam a utilidade pública e o interesse social.

No Decreto-Lei nº 3.365/41, o artigo 5º delimita as hipóteses em que se caracteriza a utilidade pública:

> **Art. 5º** Consideram-se casos de utilidade pública:
>
> a) a segurança nacional;
>
> b) a defesa do Estado;
>
> c) o socorro público em caso de calamidade;
>
> d) a salubridade pública;
>
> e) a criação e melhoramento de centros de população, seu abastecimento regular de meios de subsistência;
>
> f) o aproveitamento industrial das minas e das jazidas minerais, das águas e da energia hidráulica;
>
> g) a assistência pública, as obras de higiene e decoração, casas de saúde, clínicas, estações de clima e fontes medicinais;
>
> h) a exploração ou a conservação dos serviços públicos;
>
> i) a abertura, conservação e melhoramento de vias ou logradouros públicos; a execução de planos de urbanização; o parcelamento do solo, com ou sem edificação, para sua melhor utilização econômica, higiênica ou estética; a construção ou ampliação de distritos industriais;
>
> j) o funcionamento dos meios de transporte coletivo;

k) a preservação e conservação dos monumentos históricos e artísticos, isolados ou integrados em conjuntos urbanos ou rurais, bem como as medidas necessárias a manter-lhes e realçar-lhes os aspectos mais valiosos ou característicos e, ainda, a proteção de paisagens e locais particularmente dotados pela natureza;

l) a preservação e a conservação adequada de arquivos, documentos e outros bens moveis de valor histórico ou artístico;

m) a construção de edifícios públicos, monumentos comemorativos e cemitérios;

n) a criação de estádios, aeródromos ou campos de pouso para aeronaves;

o) a reedição ou divulgação de obra ou invento de natureza científica, artística ou literária;

p) os demais casos previstos por leis especiais.

Por sua vez, o rol de casos que caracterizam o interesse social consta do artigo 2º da Lei nº 4.132/62:

Art. 2º Considera-se de interesse social:

I – o aproveitamento de todo bem improdutivo ou explorado sem correspondência com as necessidades de habitação, trabalho e consumo dos centros de população a que deve ou possa suprir por seu destino econômico;

II – a instalação ou a intensificação das culturas nas áreas em cuja exploração não se obedeça a plano de zoneamento agrícola; (VETADO)

III – o estabelecimento e a manutenção de colônias ou cooperativas de povoamento e trabalho agrícola:

IV – a manutenção de posseiros em terrenos urbanos onde, com a tolerância expressa ou tácita do proprietário, tenham construído sua habilitação, formando núcleos residenciais de mais de 10 (dez) famílias;

V – a construção de casa populares;

VI – as terras e águas suscetíveis de valorização extraordinária, pela conclusão de obras e serviços públicos, notadamente de saneamento, portos, transporte, eletrificação armazenamento de água e irrigação, no caso em que não sejam ditas áreas socialmente aproveitadas;

VII – a proteção do solo e a preservação de cursos e mananciais de água e de reservas florestais;

VIII – a utilização de áreas, locais ou bens que, por suas características, sejam apropriados ao desenvolvimento de atividades turísticas.

Na primeira fase da desapropriação, o processo administrativo verifica a caracterização de uma dessas hipóteses, a fim de expedir o decreto expropriatório.

É comum a situação em que o Poder Público declara a utilidade pública ou o interesse social com vistas a utilizar o imóvel em determinado projeto, mas por razões de conveniência e oportunidade a Administração dá ao imóvel outra destinação diversa. Desde que essa finalidade seja também voltada ao interesse público, o particular não tem direito de retrocessão, ou seja, de reaver o imóvel. É o que se chama tredestinação lícita.

3.2. Prazo para propositura da demanda judicial

A edição do decreto expropriatório indica o interesse do Estado em desapropriar determinada propriedade, mas, como frisado, não importa ainda em desapropriação. Tal manifestação de interesse não perdura indefinidamente. O ente público dispõe do prazo de 5 anos para fazer acordo ou propor a demanda judicial, a contar da edição do decreto expropriatório, no caso de necessidade ou utilidade pública (DL, art. 10). Em relação à desapropriação por interesse social, o prazo é de apenas 2 anos (Lei nº 4.132/62, art. 3º). Caso não seja intentada a ação no referido prazo, nova declaração de necessidade ou utilidade pública do bem somente pode ser efetivada após decorrido um ano da data em que o decreto anterior caducou (DL, art. 10). A doutrina indica que a natureza desse prazo é decadencial.[4]

3.3. Legitimidade de partes

A desapropriação se caracteriza como uma modalidade de intervenção do Estado na propriedade privada. Assim, logicamente, o legitimado ativo é o ente público que edita o decreto expropriatório – União, Estado, Distrito Federal ou Município. Além disso, a desapropriação pode ser proposta pela concessionária de serviço público no exercício de função delegada, mediante autorização expressa em lei ou contrato (DL, art. 3º).

Quanto ao polo passivo, este é ocupado pelo proprietário do bem.

Embora não seja de ocorrência frequente, a desapropriação pode-se dar entre entes públicos. A União tem legitimidade para desapropriar bens dos Estados e do Distrito Federal, ao passo em que estes últimos podem desapropriar bens dos Municípios (DL, art. 2º, § 2º).

A recíproca, porém, não é verdadeira. O Município, por exemplo, não pode desapropriar bens do Estado ou da União – salvo autorização prévia por ato normativo.[5]

3.4. Competência

A competência é verificada, inicialmente, pelo ente expropriante. Se a intervenção na propriedade privada é feita pela União ou por outro ente federal, a

4. CUNHA, Leonardo José Carneiro da. op. cit., p. 638.
5. STJ: REsp 1188700/MG, Rel. Min. Eliana Calmon, 2ª Turma, julgado em 18/05/2010.

competência é da Justiça Federal (CR, art. 109, inc. I). Caso o expropriante seja outro ente público – estadual, distrital ou municipal –, a competência é da Justiça Estadual (ou Distrital). Se houve delegação do Poder Público para que a desapropriação seja feita por ente privado, a competência é da Justiça Estadual, ainda que o delegante seja a União ou outro ente federal.

Definida a "Justiça" em que será proposta a demanda, o juízo competente é aferido com base no critério da localização do bem a ser desapropriado (CPC, art. 47). Em relação às ações de desapropriação, não há competência delegada da Justiça Federal para a Justiça Estadual, ou seja, se o bem não estiver situado em cidade sede de Justiça Federal, a ação de desapropriação deve ser proposta na Seção Judiciária da Justiça Federal com competência para aquela região.[6]

As desapropriações propostas por um ente público em face de outro recebem diferentes soluções do ponto de vista da competência. Veja-se o quadro abaixo:

Expropriante	Expropriado	Competência	Base legal
União	Estado ou Distrito Federal	STF	CR, art. 102, inc. I, al. "f"
União	Município	Justiça Federal	CR, art. 109, inc. I
Estado ou DF	Município	Justiça Comum	Competência residual

Em suma, esses são os critérios gerais de fixação de competência. No caso concreto, será preciso observar a divisão judiciária do local em que a demanda vai ser proposta, a fim de verificar se há vara especializada para a matéria, como *v.g.* Vara de Fazenda Pública.

O Decreto-Lei nº 3.365/41 traz a previsão de que os processos de desapropriação somente serão processados e julgados por juízes que já possuem vitaliciedade (art. 12). A norma, muito antiga, não tem mais sentido em nosso ordenamento jurídico atual, uma vez que a Constituição da República de 1988 não faz qualquer distinção entre o exercício da jurisdição por um magistrado recém empossado e por outro vitalício. Trata-se de regra que não foi recepcionada pela nova ordem jurídica.

3.5. Procedimento

A ação de desapropriação se desenvolve pelo procedimento comum do Código de Processo Civil (DL, art. 19). O que se busca verificar é qual valor deverá ser efetivamente pago pelo ente público ao particular pela perda da propriedade. Em outras palavras, o processo de desapropriação se presta à verificação da acuidade do

6. CUNHA, Leonardo José Carneiro da. op. cit., p. 646.

valor a ser pago pelo ente público para atender ao princípio da justa indenização a que faz jus o expropriado.

3.5.1. *Petição inicial*

A petição inicial da demanda de desapropriação segue as exigências gerais do Código de Processo Civil, em seus artigos 319 e 320. Como requisito específico, a petição inicial deve indicar o valor da oferta de preço feita pelo ente público expropriante. Quanto aos documentos essenciais que acompanham a petição inicial, deve-se juntar: **(i)** exemplar do contrato ou exemplar ou cópia autenticada do jornal oficial onde houver sido publicado o decreto expropriatório; e **(ii)** a planta dos bens com suas confrontações (DL, art. 13).

3.5.2. *Citação*

A citação deve ser feita ao proprietário do bem, que ocupa o polo passivo da demanda. O art. 16 do Decreto-Lei nº 3.365/41 estabelece que a citação do marido dispensa a da mulher. Conforme esclarece a doutrina sobre o assunto, a regra é inconstitucional por violar o princípio constitucional do devido processo legal.[7] Na medida em que a mulher também é proprietária do imóvel, ela deve ser citada para integrar a relação jurídica processual. O mesmo raciocínio é aplicado aos coproprietários. A citação de um deles não supre a dos demais.

3.5.3. *Contestação*

Embora o rito da ação de desapropriação seja o comum, a amplitude da cognição neste procedimento não é a do regime comum do CPC. No plano horizontal, a cognição é limitada à discussão sobre o valor da indenização a ser paga pelo ente público expropriante.

Proposta a demanda, o réu é intimado para comparecer à audiência de mediação ou conciliação. Se o autor manifestar desinteresse na realização da conciliação e o réu fizer o mesmo, a audiência não se realiza e abre-se o prazo para contestação (CPC, art. 334 e 335). Em sua defesa, o réu pode alegar quaisquer matérias preliminares (CPC, art. 337), mas, no mérito, a controvérsia cinge-se à acuidade do valor da indenização (DL, art. 20).[8] Quaisquer outras alegações que o réu pretenda deduzir devem ser levadas ao conhecimento do Poder Judiciário através de ação

---

7. CUNHA, Leonardo José Carneiro da. op. cit., p. 651.
8. CARVALHO FILHO, José dos Santos. op. cit., p. 748.

própria. Diante dessa limitação cognitiva, tem-se como incabível a apresentação de reconvenção no processo de desapropriação.[9]

Há, porém, uma exceção no que se refere à defesa do particular. A jurisprudência consagrou o entendimento de que é possível a alegação do direito de extensão. Trata-se de hipótese em que o ente público pretende a desapropriação parcial do bem, mas a parte remanescente é imprestável ao particular, de modo que este pode pretender que a expropriação alcance todo o bem imóvel.[10] De acordo com o entendimento do STJ, o direito de extensão não viola a limitação cognitiva do art. 20 do DL nº 3.365/41, por estar intrinsecamente relacionado à verificação do valor ofertado pelo ente público. É, pois, matéria alegável na defesa do réu no processo de desapropriação.

A ausência de contestação induz à revelia do réu. Não se verifica, porém, o efeito material da revelia, ou seja, o valor ofertado pelo ente público não é tido por correto. A realização da perícia é imprescindível para verificação do valor a ser pago na desapropriação.

É que o artigo 23 exige a "*concordância expressa*" do réu acerca do preço a ser pago pelo ente público, motivo por que a revelia não atende à exigência legal. A esse respeito, há súmula do extinto Tribunal Federal de Recursos: "***Súmula 118.*** *Na ação expropriatória, a revelia do expropriado não implica em aceitação do valor da oferta e, por isso, não autoriza a dispensa da avaliação*".

Esse entendimento já pacificado há muito tempo subsiste.[11] A perícia somente é dispensada em caso de aceitação expressa do réu, podendo ser determinada pelo juízo até mesmo de ofício, uma vez que visa a determinar o valor da justa indenização a que faz jus o particular.

3.5.4. Participação do Ministério Público

Não há consenso em relação à necessidade de participação do Ministério Público nos processos de desapropriação. Nos diplomas legais referentes à desapropriação por utilidade pública e por interesse social (DL nº 3.365/41 e Lei nº 4.132/62), não há tal exigência. Em contrapartida, na desapropriação para fins de reforma

9. CUNHA, Leonardo José carneiro da. op. cit., p. 652.
10. STJ: REsp 986.386/SP, Rel. Min. Castro Meira, 2ª Turma, julgado em 04/03/2008, DJe 17/03/2008.
11. Em doutrina: CUNHA, Leonardo José Carneiro da. op. cit., p. 653. Em jurisprudência: 2. A prova técnica, em sede de desapropriação, só é dispensável quando há expressa concordância com o valor da oferta inicial, em todos os seus termos. O magistrado pode determinar até mesmo de ofício a realização da perícia técnica com vistas à apuração da justa indenização constitucionalmente assegurada. (REsp 930.212/RO, Rel. Min. Denise Arruda, 1ª Turma, julgado em 19/05/2009).

agrária, regulada pela Lei Complementar nº 76/93, é obrigatória a participação do Ministério Público Federal no processo (art. 18, § 2º).

Há divergência entre doutrina e jurisprudência a esse respeito. Em doutrina, colhe-se o entendimento de que a participação do Ministério Público deve alcançar todos os processos de desapropriação, pois há interesse público relevante no litígio. É o que indica a previsão da LC nº 76/93, o mais recente dos diplomas legais que tratam da matéria e, portanto, o mais afinado com a posição que o Ministério Público ocupa atualmente na ordem jurídica. Diante disso, apesar da omissão daqueles regramentos mais antigos, o MP deve participar obrigatoriamente dos processos de desapropriação.[12] No CPC-2015, há referência expressa à necessidade de participação do MP em litígios com interesse público ou social (art. 178, inc. I), o que poderia englobar processos de desapropriação.

Entretanto, a jurisprudência do Superior Tribunal de Justiça segue linha de raciocínio diversa:

> 1. "Em regra, a ação de desapropriação direta ou indireta não pressupõe automática intervenção do Parquet, exceto quando envolver, frontal ou reflexamente, proteção ao meio ambiente, interesse urbanístico ou improbidade administrativa" (EREsp 506.226/DF, Rel. Ministro Humberto Martins, Primeira Seção, DJe 5.6.2013).
>
> (AgRg no AREsp 211.911/RJ, Rel. Min. Herman Benjamini, 2ª Turma, julgado em 11/03/2014, DJe 19/03/2014)

De acordo com o julgado acima, percebe-se que o entendimento do STJ é o de que o conflito de interesses presente no processo de desapropriação é eminentemente econômico, de modo que não há necessidade de participação do Ministério Público.

3.5.5. *Imissão provisória na posse*

O procedimento de desapropriação comporta a antecipação de tutela para que o ente público seja imitido na posse do imóvel. Não há a imediata transferência da propriedade, mas tão somente a permissão para que o ente público ingresse no bem e exerça posse.

A imissão provisória na posse recebe tratamento distinto em razão do tipo de imóvel que é objeto de desapropriação, uma vez que o imóvel residencial urbano possui disciplina própria. A disciplina normativa é a seguinte: para imissão provisória na posse de prédio residencial urbano, aplica-se o Decreto-Lei nº 1.075-70; para imóvel residencial em zona rural ou prédio urbano não residencial, a

12. É a posição de: CARVALHO FILHO, José dos Santos. op. cit., p. 753.

disciplina é a do art. 15 do Decreto-Lei nº 3.365/41.[13] Vejamos separadamente cada procedimento.

3.5.5.1. Procedimento comum

O procedimento comum de imissão provisória na posse é regulado pelo artigo 15 do Decreto-Lei nº 3.3.65/41:

> **Art. 15.** Se o expropriante alegar urgência e depositar quantia arbitrada de conformidade com o art. 685 do Código de Processo Civil, o juiz mandará imiti-lo provisoriamente na posse dos bens;
>
> § 1º A imissão provisória poderá ser feita, independente da citação do réu, mediante o depósito:
>
> a) do preço oferecido, se este for superior a 20 (vinte) vezes o valor locativo, caso o imóvel esteja sujeito ao imposto predial;
>
> b) da quantia correspondente a 20 (vinte) vezes o valor locativo, estando o imóvel sujeito ao imposto predial e sendo menor o preço oferecido;
>
> c) do valor cadastral do imóvel, para fins de lançamento do imposto territorial, urbano ou rural, caso o referido valor tenha sido atualizado no ano fiscal imediatamente anterior;
>
> d) não tendo havido a atualização a que se refere o inciso c, o juiz fixará independente de avaliação, a importância do depósito, tendo em vista a época em que houver sido fixado originalmente o valor cadastral e a valorização ou desvalorização posterior do imóvel.

A previsão legal faz referência ao artigo 685 do CPC-1973, cujo equivalente na legislação atual é o artigo 874, que trata da avaliação do bem. O artigo 15 do D-L nº 3.365 exige do expropriante a alegação de urgência e o depósito de determinada quantia em juízo. Já houve diversos questionamentos acerca da constitucionalidade da imissão provisória na posse do imóvel expropriando, em razão da exigência constitucional de haver indenização prévia e em dinheiro (CR, art. 5º, inc. XXIV). O entendimento dominante é o de que não há inconstitucionalidade, pois, como mencionado acima, esse provimento de urgência não importa a transferência de domínio.

A esse respeito, há súmula do Supremo Tribunal Federal:

> **Súmula 652.** Não contraria a Constituição o art. 15, § 1º, do Decreto-Lei 3365/1941 (Lei da desapropriação por utilidade pública).

13. CARVALHO FILHO, José dos Santos. op. cit., p. 749.

O entendimento do STF é o de que a imissão provisória não acarreta transferência da propriedade, de modo que o provimento antecipatório pode ser concedido mediante o depósito de valores que estejam aquém da correta indenização a ser paga ao expropriante. Naturalmente, aferido o valor correto a ser pago, após a realização de perícia judicial, o ente público precisará pagar o saldo remanescente para efetivar a transferência do imóvel.

Além disso, em caso de imissão provisória na posse, o réu faz jus ao recebimento de juros compensatórios, que objetivam recompor seu prejuízo pela perda antecipada da posse (art. 15-A).

Efetivada a imissão do ente público na posse do imóvel, é necessário registrá-la no cartório de imóveis competente (art. 15, § 4º), para dar publicidade a esse fato administrativo.

3.5.5.2. Imóvel residencial urbano

Em relação ao imóvel residencial urbano, a imissão provisória na posse tem sistemática um pouco diversa. Confira-se a redação do Decreto-Lei nº 1.075/70:

> **Art. 1º** Na desapropriação por utilidade pública de prédio urbano residencial, o expropriante, baseado urgência, poderá imitir-se provisoriamente na posse do bem, mediante o depósito do preço oferecido, se este não for impugnado pelo expropriado em cinco dias da intimação da oferta.
>
> **Art. 2º** Impugnada a oferta pelo expropriado, o juiz, servindo-se, caso necessário, de perito avaliador, fixará em quarenta e oito horas o valor provisório do imóvel.
>
> **Parágrafo único.** O perito, quando designado, deverá apresentar o laudo no prazo máximo de cinco dias.
>
> **Art. 3º** Quando o valor arbitrado for superior à oferta, o juiz só autorizará a imissão provisória na posse do imóvel, se o expropriante complementar o depósito para que este atinja a metade do valor arbitrado.
>
> **Art. 4º** No caso do artigo anterior, fica, porém, fixado em 2.300 (dois mil e trezentos) salários-mínimos vigentes na região, e máximo do depósito a que será obrigado o expropriante.
>
> **Art. 5º** O expropriado, observadas as cautelas previstas no artigo 34 do Decreto-lei nº 3.365, de 21 de junho de 1941, poderá levantar toda a importância depositada e complementada nos termos do artigo 3º.
>
> **Parágrafo único.** Quando o valor arbitrado for inferior ou igual ao dobro do preço oferecido, é lícito ao expropriado optar entre o levantamento de 80% (oitenta por cento) do preço oferecido ou da metade do valor arbitrado.

A imissão provisória na posse do imóvel residencial urbano exige o pedido de urgência e o depósito do preço ofertado. Antes da concessão da liminar, o juízo intima o réu para se manifestar no prazo de 5 dias (art. 1º). Se o réu impugnar o valor ofertado, o juízo determina a realização de avaliação prévia, que pode implicar na necessidade de o ente público complementar o depósito realizado inicialmente (art. 3º).

Em suma, a sistemática para imissão provisória na posse do imóvel residencial urbano é um pouco diversa daquela prevista no regramento comum das desapropriações.

3.5.6. Levantamento parcial do depósito

Realizado o depósito em dinheiro da quantia para concessão de liminar de imissão na posse, o réu tem direito ao levantamento de parte desse montante. Mais uma vez, a sistemática é um pouco diversa entre o regramento do Decreto-Lei nº 3.365/41 (lei geral da desapropriação) e do Decreto-Lei nº 1.075/70 (desapropriação do imóvel residencial urbano).

Estabelece o § 2º do art. 33 do DL nº 3.365/41 que o desapropriado pode levantar até 80% do depósito feito pelo expropriante, o que não implica sua concordância com o valor ofertado. Vale dizer, o particular tem direito ao levantamento de parte do depósito, mas o processo de desapropriação tem seu regular prosseguimento, com realização de perícia para aferição do valor correto da justa indenização.

Para efetuar o levantamento, o réu deve juntar **(i)** prova da propriedade do bem objeto da demanda; **(ii)** prova de quitação de dívidas fiscais do bem; e **(iii)** editais publicados para conhecimento de terceiros (art. 34). Se houver dúvida acerca do real proprietário do bem, o valor não poderá ser levantado, permanecendo depositado em juízo, enquanto os supostos proprietários discutem a matéria em ação própria (art. 34, p.ú.).

3.5.7. Perícia

O objeto do processo de desapropriação é a aferição do valor justo a ser pago pelo ente público ao particular em razão da perda de propriedade. Por isso, a perícia é elemento essencial no curso do processo. Somente dispensa-se sua realização se houver concordância expressa do réu com o valor ofertado pelo Poder Público. Compete ao juiz nomear perito de sua confiança para a realização do trabalho.

Os honorários periciais devem ser custeados pelo expropriante e seu pagamento ocorre antes do início dos trabalhos. A esse respeito, há súmula do Superior Tribunal de Justiça:

> **Súmula 232.** A Fazenda Pública, quando parte no processo, fica sujeita à exigência do depósito prévio dos honorários do perito.

Nesse caso, não se aplica a prerrogativa do Poder Público de pagamento de custas ao final do processo (CPC, art. 91). As partes podem nomear assistente técnico e apresentar quesitos para serem respondidos pelo perito. As regras gerais do CPC sobre a realização da prova pericial (artigos 464 a 480) são aplicadas à produção probatória da ação de desapropriação.

3.5.8. *Sentença: aspectos da condenação*

A sentença no processo de desapropriação estabelece o valor da justa indenização a ser paga pelo expropriante. Na parte dispositiva, o juízo deve fixar o valor da indenização, bem como a incidência de juros e correção monetária, além da condenação em honorários advocatícios e custas processuais. Há diversos pontos a tratar acerca da condenação; são assuntos que foram objeto de constante deliberação nos Tribunais Superiores, a ocasionar a edição de diversos enunciados sumulares.

3.5.8.1. *Juros compensatórios*

Os juros compensatórios são devidos em razão da perda da posse pelo particular em virtude de imissão provisória do expropriante no bem. Historicamente, seu valor era fixado à razão de 12% ao ano, conforme súmula do Supremo Tribunal Federal:

> **Súmula 618.** Na desapropriação, direta ou indireta, a taxa de juros compensatórios é de 12% (doze por cento) ao ano.

Além disso, o marco de incidência dos juros compensatórios é a imissão provisória da posse pelo ente público, pois este é o momento em que o particular perde a possibilidade de usufruir o bem. Os juros compensatórios incidem sobre o valor da indenização, corrigido monetariamente. Há súmulas sobre o tema:

> **STF**
>
> **Súmula 164.** No processo de desapropriação, são devidos juros compensatórios desde a antecipada imissão de posse, ordenada pelo juiz, por motivo de urgência.
>
> **STJ**
>
> **Súmula 69.** Na desapropriação direta, os juros compensatórios são devidos desde a antecipada imissão na posse e, na desapropriação indireta, a partir da efetiva ocupação do imóvel.
>
> **Súmula 113.** Os juros compensatórios, na desapropriação direta, incidem a partir da imissão na posse, calculados sobre o valor da indenização, corrigido monetariamente.

Por meio da Medida Provisória nº 2.183-56, foi inserido o artigo 15-A no Decreto-Lei nº 3.365/41, que deu nova disciplina aos juros compensatórios. O dispositivo fixou os juros compensatórios em 6% ao ano. O dispositivo foi objeto de ação direta de inconstitucionalidade e, em sede cautelar, o Supremo Tribunal Federal suspendeu a eficácia desse dispositivo.[14]

O julgamento da medida cautelar na ação direta levou à suspensão da eficácia da taxa de juros compensatórios de 6% ao ano e estabeleceu que sua base de cálculo é o valor apurado pela diferença entre 80% do preço ofertado e o valor do bem fixado na sentença.

A concessão da liminar em medida cautelar tem apenas o condão de suspender a eficácia na norma impugnada (efeitos *ex nunc*), diferentemente da declaração de mérito na ação direta, que retira a validade da norma (efeitos *ex tunc*). Diante disso, tem-se que a regra do artigo 15-A, que fixou os juros compensatórios de 6% ao ano, foi eficaz e produziu efeitos no ordenamento jurídico durante certo período de tempo. Essa questão foi examinada pelo Superior Tribunal de Justiça, que editou a seguinte súmula:

> **Súmula 408.** Nas ações de desapropriação, os juros compensatórios incidentes após a Medida Provisória nº 1.577, de 11/06/1997, devem ser fixados em 6% ao ano até 13/09/2001 e, a partir de então, em 12% ao ano, na forma da Súmula nº 618 do Supremo Tribunal Federal.

Portanto, atualmente os juros compensatórios são devidos desde a imissão na posse, no valor de 12% ao ano, exceto no período de 11/06/1997 a 13/09/2001, período em que incide o montante de 6%.

Em 2015, foi editada a MP nº 700 para dar nova redação ao artigo 15-A, cujo teor é o seguinte:

> **Art. 15-A.** No caso de imissão prévia na posse, na desapropriação por necessidade ou utilidade pública e interesse social prevista na Lei nº 4.132, de 10 de setembro de 1962, na hipótese de haver divergência entre o preço ofertado em juízo e o valor do bem fixado na sentença, expressos em termos reais, poderão incidir juros compensatórios de até doze por cento ao ano sobre o valor da diferença eventualmente apurada, contado da data de imissão na posse, vedada a aplicação de juros compostos.
>
> § 1º Os juros compensatórios destinam-se apenas a compensar danos correspondentes a lucros cessantes comprovadamente sofridos pelo proprietário, não incidindo nas indenizações relativas às desapropriações que tiverem como pressuposto o descumprimento da função social da propriedade, previstas nos art. 182, § 4º, inciso III, e art. 184 da Constituição.
>
> § 2º O disposto no caput aplica-se também às ações ordinárias de indenização por apossamento administrativo ou por desapropriação indireta e às ações que visem à indenização por restrições decorrentes de atos do Poder Público.

14. ADI 2332 MC, Relator Min. Moreira Alves, Tribunal Pleno, julgado em 05/09/2001.

> § 3º Nas ações referidas no § 2º, o Poder Público não será onerado por juros compensatórios relativos a período anterior à aquisição da propriedade ou da posse titulada pelo autor da ação.

Essa modificação feita pela MP nº 700/2015 perdeu sua vigência em 17 de maio de 2016.

Os juros compensatórios são devidos ainda que o imóvel seja improdutivo. A esse respeito, já se manifestou o Superior Tribunal de Justiça:

> 3. No REsp 1.116.364/PI, julgado sob o rito dos recursos repetitivos, sedimentou-se o entendimento de que eventual improdutividade do imóvel não afastaria o direito aos juros compensatórios, pois esses juros compensam não só o que o expropriado deixou de ganhar com a perda antecipada, mas também o óbice do uso e gozo econômico do bem. 4."A incidência dos juros moratórios sobre os compensatórios, nas ações expropriatórias, não constitui anatocismo vedado em lei" (Súmula 102/STJ). 5. Inadmissível o recurso especial que se fundamenta na existência de divergência jurisprudencial, mas se limita, para a demonstração da similitude fático-jurídica, à mera transcrição de ementas e de trechos de votos, assim como tampouco indica qual preceito legal fora interpretado de modo divergente. 6. Agravo regimental não provido.
>
> (AgRg no REsp 1441387/BA, Rel. Min. Mauro Campbell Marques, 2ª Turma, julgado em 20/05/2014, DJe 26/05/2014)

Na visão do STJ, os juros compensatórios somente não serão pagos se o imóvel for impassível de qualquer exploração econômica.

3.5.8.2. Juros moratórios

No que tange aos juros moratórios, sua incidência decorre do atraso no pagamento do valor da indenização. Nesse ponto, é preciso observar o marco adequado para fixação dos juros de mora. O sistema de pagamentos de pecúnia pelo Poder Público é o dos precatórios, já estudado anteriormente. Naquela oportunidade, verificou-se que o ente público somente ficava em mora depois de ultrapassado o exercício financeiro em que o precatório deveria ser pago.

O Superior Tribunal de Justiça havia editado súmula em sentido diverso, nos seguintes termos:

> **Súmula 70.** Os juros moratórios, na desapropriação direta ou indireta, contam-se desde o trânsito em julgado da sentença.

O entendimento sumulado pelo STJ está superado. O que deve prevalecer é a aplicação da regra do artigo 15-B do Decreto-Lei nº 3.365/41, ou seja, os juros moratórios, cujo valor é de 6% ao ano, são devidos a partir de 1º de janeiro seguinte ao exercício financeiro em que o pagamento deveria ter sido efetuado.

A esse respeito, confira-se informativo do STJ:

> 3. "Os juros compensatórios destinam-se a compensar o que o desapropriado deixou de ganhar com a perda antecipada do imóvel, ressarcir o impedimento do uso e gozo econômico do bem, ou o que deixou de lucrar, motivo pelo qual incidem a partir da imissão na posse do imóvel expropriado, consoante o disposto no verbete sumular nº 69 desta Corte: 'Na desapropriação direta, os juros compensatórios são devidos desde a antecipada imissão na posse e, na desapropriação indireta, a partir da efetiva ocupação do imóvel'" (AgRg no REsp 1.458.700/SC, Rel. Ministro BENEDITO GONÇALVES, PRIMEIRA TURMA, julgado em 03/03/2015, DJe 18/03/2015.)
>
> 4. "Segundo a jurisprudência assentada no STJ, a Medida Provisória 1.577/97, que reduziu a taxa dos juros compensatórios em desapropriação de 12% para 6% ao ano, é aplicável no período compreendido entre 11.06.1997, quando foi editada, até 13.09.2001, quando foi publicada a decisão liminar do STF na ADIn 2.332/DF, suspendendo a eficácia da expressão 'de até seis por cento ao ano', do caput do art. 15-A do Decreto-lei 3.365/41, introduzida pela referida MP. Nos demais períodos, a taxa dos juros compensatórios é de 12% (doze por cento) ao ano, como prevê a súmula 618/STF" (REsp 1.111.829/SP, Rel. Ministro TEORI ALBINO ZAVASCKI, PRIMEIRA SEÇÃO, julgado em 13/05/2009, DJe 25/5/2009).
>
> 5. Conforme dispõe o art. 15-B do Decreto-lei 3.365/41, introduzido pela Medida Provisória 1.997-34, de 13.01.2000, o termo inicial dos juros moratórios em desapropriações é o dia "1º de janeiro do exercício seguinte àquele em que o pagamento deveria ser feito, nos termos do art. 100 da Constituição", de modo que os juros compensatórios, em desapropriação, somente incidem até a data da expedição do precatório original, enquanto que os moratórios somente incidirão se o precatório expedido não for pago no prazo constitucional.
>
> 6. A base de cálculo dos juros moratórios é a mesma dos juros compensatórios, qual seja, a diferença entre os 80% do valor da oferta inicial depositada e o que foi fixado em sentença para a indenização, ou seja, os valores que ficaram indisponíveis ao expropriado, que somente serão recebidos após o trânsito em julgado. Recurso especial conhecido em parte e, nessa extensão, provido.
>
> (REsp 1272487/SE, Rel. Min. Humberto Martins, 2ª Turma, julgado em 14/04/2015, DJe 20/04/2015)

O entendimento do STJ está em perfeita consonância com o que propugnam o STF e a doutrina acerca da caracterização da mora do Poder Público no pagamento de seus precatórios. Veja-se a súmula vinculante do STF:

> **Súmula vinculante 17.** Durante o período previsto no parágrafo 1º do artigo 100 da Constituição, não incidem juros de mora sobre os precatórios que nele sejam pagos.

A menção do § 1º da súmula vinculante hoje deve ser lido como § 5º do artigo 100. O que a súmula vinculante demonstra é que entre a expedição do precatório e o prazo do final do exercício financeiro seguinte não há incidência de juros. Afinal, esse é o período fixado para pagamento pela Constituição Federal; esse é o prazo de pagamento regular do ente público. Como os juros moratórios têm a natureza de compensar pelo atraso, não há sentido em sua incidência quando o Estado cumpre o prazo de pagamento.

3.5.8.3. *Correção monetária*

Em relação à correção monetária, cujo objetivo é a recomposição do valor real da dívida, esta é sempre devida. O entendimento está sumulado tanto pelo Superior Tribunal de Justiça quanto pelo Supremo Tribunal Federal:

> **STJ**
>
> **Súmula 67.** Na desapropriação, cabe a atualização monetária, ainda que por mais de uma vez, independente do decurso de prazo superior a um ano entre o cálculo e o efetivo pagamento da indenização.
>
> **STF**
>
> **Súmula 561.** Em desapropriação, é devida a correção monetária até a data do efetivo pagamento da indenização, devendo proceder-se à atualização do cálculo, ainda que por mais de uma vez.

Diante desses enunciados, vê-se que o entendimento consolidado por nossas Cortes Superiores é no sentido de que a correção monetária deve ser sempre realizada – ainda que mais de uma vez, se necessário.

3.5.8.4. *Incidência de juros moratórios e compensatórios*

Os juros compensatórios e os moratórios incidem na desapropriação, cada qual em seu momento específico, uma vez que suas naturezas são distintas. Os juros compensatórios se prestam ao ressarcimento do particular pela perda antecipada da posse em razão da imissão provisória, sendo computados até a data de expedição do precatório. Já os juros moratórios são devidos em razão do atraso no pagamento do valor da indenização pelo expropriante.

A esse respeito, confira-se a súmula do Superior Tribunal de Justiça:

> **Súmula 12.** Em desapropriação, são cumuláveis juros compensatórios e moratórios.

A Súmula deve ser entendida em seus devidos termos. Ambas as modalidades não são cumuláveis para cobrança de juros sobre juros (anatocismo). Eles são somados para totalizar o pagamento final ao particular. Confira-se entendimento do STJ:

> 1. Orientou-se a jurisprudência do Superior Tribunal de Justiça (Súmulas 12 e 102/STJ) no sentido de que "os juros moratórios podem incidir sobre os juros compensatórios, não consistindo anatocismo vedado em lei" (REsp 766.495/SP, Rel. Ministra Eliana Calmon, DJ 13.8.2007).
>
> 2. Ademais, na atual sistemática constitucional, os juros moratórios não recairiam sobre os compensatórios. Isso porque estes últimos são calculados tão só até a expedição do precatório original, e os primeiros, somente após esgotamento do prazo para pagamento do requisitório. Precedente do STJ em repetitivo.
>
> 3. Agravo Regimental não provido.
>
> (AgRg no Ag 1402314/PR, Rel. Min. Herman Benjamin, 2ª Turma, julgado em 02/02/2012, DJe 24/02/2012)

Afora esses valores, o particular não tem direito a outros em razão do atraso no pagamento da indenização da desapropriação. O assunto foi sumulado pelo Supremo Tribunal Federal:

> **Súmula 416.** Pela demora no pagamento do preço da desapropriação, não cabe indenização complementar além dos juros.

A referência do enunciado acima abrange os juros compensatórios e moratórios.

3.5.8.5. Honorários advocatícios

Os honorários advocatícios estão regidos pelo § 1º do artigo 27 do DL nº 3.365/41 e são fixados em percentual que varia de 0,5 a 5% do valor apurado pela diferença entre a oferta inicial do Poder Público e o montante fixado pelo juiz na sentença. O dispositivo estabelece um teto para os honorários de R$ 151 mil, mas essa parte do dispositivo está com sua eficácia suspensa em virtude da decisão na medida cautelar da ação direta de inconstitucionalidade nº 2.332-2, acima transcrita. Não há limitação à fixação dos honorários. Há enunciados de nossos Tribunais Superiores sobre o tema:

> **STJ**
>
> **Súmula 131.** Nas ações de desapropriação incluem-se no cálculo da verba advocatícia as parcelas relativas aos juros compensatórios e moratórios, devidamente corrigidas.
>
> **Súmula 141.** Os honorários de advogado em desapropriação direta são calculados sobre a diferença entre a indenização e a oferta, corrigidas monetariamente.

STF

Súmula 617. A base de cálculo dos honorários de advogado em desapropriação é a diferença entre a oferta e a indenização, corrigidas ambas monetariamente.

A partir do entendimento sumulado pelo STJ e pelo STF, é possível concluir que a base de cálculo dos honorários advocatícios é a diferença entre a oferta e a indenização, além dos valores devidos a título de juros compensatórios e moratórios, tudo corrigido monetariamente. Sobre esse valor, incide o percentual fixado na sentença, à razão de 0,5 a 5%.

3.5.8.6. *Custas processuais*

As custas processuais na ação de desapropriação estão reguladas pelo artigo 30, que estabelece o ônus do autor caso o réu aceite o preço oferecido; do contrário, aplica-se normalmente o princípio da sucumbência (CPC, art. 82 e seguintes).

3.5.8.7. *Indicação do valor do imóvel na petição inicial*

Na petição inicial, o Poder Público indica um valor que entende devido pelo imóvel, sendo que, no curso do processo, é realizada perícia para confrontação de valores, a fim de identificar o montante justo da indenização a ser paga ao particular.

É possível, inclusive, que a sentença venha a acolher um valor menor do que o indicado na petição inicial.

Conforme entendimento do STJ, não há que se falar em julgamento *ultra petita* quando a fixação da indenização fica abaixo do que fora proposto inicialmente pelo Poder Público.[15] Afinal, o pagamento pelo imóvel desapropriado rege-se pelo princípio da justa indenização, de assento constitucional.

3.5.8.8. *Tributação da indenização pela desapropriação*

O pagamento de indenização pela desapropriação não está sujeito à tributação por imposto de renda.

Conforme entendimento do STJ, a indenização não caracteriza acréscimo patrimonial, porque o particular teve o desfalque em seu patrimônio referente à perda do domínio.[16]

15. REsp 1181032/PR, Rel. Min. Herman Benjamin, 2ª Turma, julgado em 16/11/2010.
16. AgRg no REsp 1266748/RS, Rel. Min. Herman Benjamin, 2ª Turma, julgado em 11/04/2013.

3.5.9. *Sentença: coisa julgada, recursos e remessa necessária*

Verificados os diversos aspectos referentes à condenação do ente público ao pagamento do justo valor da indenização, cumpre verificar agora outros pontos ligados à sentença, quais sejam a formação da coisa julgada, a recorribilidade da decisão e sua submissão ao regime do reexame necessário.

(i) coisa julgada

O objeto da ação de desapropriação, como já ressaltado anteriormente, é aferir o preço da justa indenização a ser paga ao particular pela perda da propriedade. Por isso, a cognição no plano horizontal é reduzida, limitada à discussão acerca do valor da indenização. A verificação da propriedade do bem não forma coisa julgada, pois é examinada pelo juiz apenas na fundamentação – e não na parte dispositiva –, de modo que pode ser objeto de discussão em outras demandas judiciais.

(ii) recorribilidade da decisão

Naturalmente, cabe apelação contra a sentença que julga o pedido de desapropriação, cujo recebimento se dá apenas no efeito devolutivo se o recorrente é o particular e, no duplo efeito, se o recorrente for o Poder Público (D-L nº 3365, art. 28). No curso do processo, as decisões interlocutórias desafiam o agravo de instrumento.

(iii) remessa necessária

Por fim, a remessa necessária é exigida quando o valor fixado na sentença for o dobro do ofertado inicialmente pelo ente público (D-L, art. 28, § 1º).

3.6. Desistência da desapropriação

No processo de desapropriação, a desistência do Poder Público é possível até mesmo após a ocorrência do trânsito em julgado. O entendimento doutrinário e jurisprudencial é o de que a desistência da desapropriação pode ser manifestada pelo ente público enquanto não tiver ocorrido o pagamento integral do preço.[17]

Além disso, conforme destaca o STJ, é ônus do expropriado provar a existência de fato impeditivo do direito à desistência da desapropriação pelo Poder Público. Confira-se:

17. Em doutrina: CARVALHO FILHO, José dos Santos. op. cit., p. 767. CUNHA, Leonardo José Carneiro da. op. cit., p. 660. Em jurisprudência: 2. A desistência da expropriação pode ser feita até o pagamento integral e, no caso dos autos, apenas algumas parcelas foram pagas. Precedente. Agravo regimental improvido. (AgRg no REsp 1090549/SP, Rel. Min. Humberto Martins, 2ª Turma, julgado em 15/10/2009, DJe 23/10/2009)

HISTÓRICO DA DEMANDA

1. Com autorização dada pela Aneel, a Cesp ajuizou diversas ações de desapropriação de imóveis para formação do lago de usina hidrelétrica, entre as quais quatro relativas a imóveis da recorrida. Posteriormente, registra o acórdão recorrido, foram formulados pedidos de desistência das desapropriações, diante do fato de que, por imposição do Ibama, a cota de inundação foi diminuída de 259m para 257m, de sorte que os imóveis foram excluídos da área a ser inundada pelo lago da Usina Hidrelétrica Sérgio Motta.

É POSSÍVEL A DESISTÊNCIA DA DESAPROPRIAÇÃO A QUALQUER TEMPO, DESDE QUE NÃO SEJA IMPOSSÍVEL O IMÓVEL SER UTILIZADO COMO ANTES

5. A jurisprudência do STJ consolidou-se no sentido de que é possível a desistência da desapropriação, a qualquer tempo, mesmo após o trânsito em julgado, desde que ainda não tenha havido o pagamento integral do preço e o imóvel possa ser devolvido sem alteração substancial que impeça que seja utilizado como antes. Entendimento fixado a partir do REsp 38.966/SP, Rel. Min. Antônio de Pádua Ribeiro, Segunda Turma, julgado em 21/2/1994.

A DESISTÊNCIA É DIREITO DO EXPROPRIANTE E A IMPOSSIBILIDADE É FATO IMPEDITIVO DO SEU EXERCÍCIO - QUESTÃO JURÍDICA - NÃO INCIDÊNCIA DA SÚMULA 7/STJ

6. A alegada violação ao art. 267, VIII, do CPC/1973 é passível de conhecimento, não havendo óbice trazido pela Súmula 7/STJ. O problema se resolve por uma questão de direito, pertinente ao ônus da prova.

7. O acórdão recorrido imputou indevidamente à desapropriante o ônus de provar que o imóvel de cuja expropriação pretende desistir não foi afetado fisicamente ou em sua finalidade econômica.

8. Se a desapropriação se faz por utilidade pública ou interesse social, uma vez que o imóvel já não se mostre indispensável para o atingimento dessas finalidades, deve ser, em regra, possível a desistência da desapropriação, com a ressalva do direito do atingido à ação de perdas e danos. Essa desistência só não será possível se já tiver sido pago integralmente o preço, pois nessa hipótese já terá se consolidado a transferência da propriedade do expropriado para o expropriante, ou se tiverem sido feitas alterações de tal monta no imóvel que impeçam que ele possa ser utilizado como antes.

9. A regra é a possibilidade de desistência da desapropriação. Contra essa, pode ser alegado fato impeditivo do direito de desistência, consistente na impossibilidade de o imóvel ser devolvido como recebido ou com danos de pouca monta.

10. Por ser fato impeditivo do direito de o expropriante desistir da desapropriação, é ônus do expropriado provar sua existência, por aplicação da regra que vinha consagrada no art. 333, II, do CPC/1973, hoje repetida no art. 373 do CPC/2015.

CONCLUSÃO

19. Como a regra é a possibilidade de desistência da desapropriação, o desistente não tem de provar nada para desistir, cabendo ao expropriado requerer as perdas e danos a que tiver direito por ação própria. Pretendendo o réu, porém, impedir a desistência, poderá alegar que não há condição de o bem ser devolvido no estado em que recebido ou com danos de pouca monta, mas é seu o ônus da prova.

20. No caso concreto, não cabia à Cesp fazer a prova pretendida pelo acórdão recorrido. Ela, como expropriante, tinha o direito de desistir da desapropriação, com base no art. 267, VIII, do CPC/1973, podendo a Aeroceânica buscar a reparação de perdas e danos em ação própria. Se esta pretendia impedir a desistência sob o fundamento de que a sua atividade mineradora tinha sido inviabilizada, cabia a ela provar esse fato impeditivo do direito de desistência e não o contrário.

21. Recurso Especial parcialmente conhecido, no que tange à alegação de violação ao art. 267, VIII, do CPC/1973, e, nessa parte, provido para homologar o pedido de desistência da desapropriação formulado pela Cesp em 1º grau, ressalvado o direito da Aeroceânica promover ação de perdas e danos para reparação de prejuízos que eventualmente lhe tenham, concretamente, sido causados.

(REsp 1368773/MS, Rel. Min. Og Fernandes, Rel. p/ Acórdão Min. Herman Benjamin, 2ª Rurma, julgado em 06/12/2016, DJe 02/02/2017)

4. DESAPROPRIAÇÃO PARA FINS DE REFORMA AGRÁRIA

A desapropriação para fins de reforma agrária está prevista na Constituição da República no artigo 184. Essa modalidade de desapropriação é baseada no interesse social – tal qual aquela prevista na Constituição no artigo 5º, inc. XXIV, e regulada pela Lei nº 4.132/62 –, mas possui uma finalidade específica, que é a reforma agrária.

A matéria está regulada não em lei ordinária, mas sim em Lei Complementar, LC nº 76/1993, por exigência constitucional (art. 184, § 4º). O confronto entre esse diploma legal e os regramentos da desapropriação por utilidade pública e por interesse social (DL nº 3.365/41 e Lei nº 4.132/62) indica haver diferenças marcantes entre esses regramentos. É o que passamos a destacar.

4.1. Requisitos

A desapropriação para fins de reforma agrária é realizada em imóveis rurais que não estejam cumprindo sua função social (CR, art. 184). A Constituição apresenta dois requisitos específicos, não exigidos na desapropriação por utilidade pública ou interesse social (CR, art. 5º, XXIV). Primeiro, os imóveis a serem desapropriados devem ser de área rural; afinal, o objetivo é fazer o assentamento de família da zona rural que não possuem terras para viver. O segundo requisito específico toca ao não cumprimento da função social. Historicamente, o direito de propriedade sempre recebeu tratamento de destaque nas ordens jurídicas brasileiras, europeias e anglo-saxônicas. Já se teve tal direito como mais caro na estruturação da sociedade, notadamente nos séculos anteriores, que viveram uma fase essencialmente patrimonialista do direito. A partir da segunda metade do século XX, o eixo central da ordem jurídica se desloca do patrimônio para a pessoa.[18] Nesse sentido, o direito de propriedade tem grande relevância e recebe a devida proteção social, quando e enquanto atender à sua função social. Quer dizer, o direito de propriedade não é mais estanque, absoluto, um fim em si mesmo; pelo contrário, a propriedade tem sua existência voltada para o atendimento das necessidades do homem e da sociedade. Essa relação entre o direito de propriedade e a função social está consagrada na Constituição da República, cujos incisos XXII e XXIII do artigo 5º se complementam: "*XXII – é garantido o direito de propriedade*" e "*XXIII – a propriedade atenderá a sua função social*".

Fixada essa visão, compreende-se a exigência do artigo 184 acerca da desapropriação para fins de reforma agrária. O imóvel passível de desapropriação é somente aquele que não atende à sua função social. E o objetivo da desapropriação é justamente dar função social a esse bem, através do assentamento de famílias rurais carentes.

4.2. Legitimidade

No que toca à legitimidade ativa, a desapropriação por utilidade pública (ou interesse social) pode ser proposta por qualquer ente público ou mesmo particular no exercício de função delegada (DL, arts. 2º e 3º). Na desapropriação para reforma agrária, a legitimidade para expedir o decreto expropriatório é privativa da União, e a legitimidade para propositura da ação judicial é do Incra, autarquia federal responsável pela reforma agrária (LC, art. 2º, *caput* e § 1º). Os demais entes públicos não podem realizar desapropriação para fins de reforma agrária, nem é possível a concessão de tal atividade a um ente privado.

4.3. Procedimento

O prazo para a propositura da ação de desapropriação é de dois anos (LC, art. 3º).

Verificado que o autor da demanda é o Incra, logicamente a competência para o processamento e julgamento da causa é da Justiça Federal (CR, art. 109, inc.

18. Para uma visão geral desse tema, consulte-se a excelente obra de: NEGREIROS, Teresa. *Teoria do contrato*. Rio de Janeiro: Renovar, 2002, p. 1-24.

I). Quaisquer outras ações que sejam relativas ao bem desapropriando devem ser distribuídas por dependência à vara onde tramita o processo de desapropriação (LC, art. 18, § 1º).

A petição inicial da demanda desapropriatória deve atender aos requisitos dos artigos 319 e 320 do CPC. Os documentos essenciais que acompanham a inicial estão previstos no art. 5º da LC nº 76/93. Além disso, deve haver o depósito do preço ofertado pelo ente federal.

A contestação na ação de desapropriação para reforma agrária é mais abrangente do que aquela prevista no DL nº 3.365/41, pois o réu pode alegar qualquer matéria de defesa, exceto a relativa à existência do interesse social declarado no ato expropriatório (LC, art. 9º). Disso resulta que a cognição no plano horizontal na desapropriação para reforma agrária é mais ampla do que a da desapropriação por utilidade pública.

Ainda sobre a contestação, a possibilidade de o particular alegar direito de extensão está expressamente prevista (art. 4º).

A intervenção do Ministério Público Federal é obrigatória (art. 18, § 2º).

O processo de desapropriação para reforma agrária possui um impacto social muito grande e é objeto de enormes pressões políticas e sociais. Comumente, organismos sociais tentam pressionar o Poder Público a apressar a reforma agrária através de invasões. Para tentar coibir esse instrumento de pressão, o § 6º do artigo 2º da Lei nº 8.629/93, que regula justamente as regras constitucionais pertinentes à reforma agrária, estabelece o seguinte:

> **Art. 2º** [...]
>
> § 6º O imóvel rural de domínio público ou particular objeto de esbulho possessório ou invasão motivada por conflito agrário ou fundiário de caráter coletivo não será vistoriado, avaliado ou desapropriado nos dois anos seguintes à sua desocupação, ou no dobro desse prazo, em caso de reincidência; e deverá ser apurada a responsabilidade civil e administrativa de quem concorra com qualquer ato omissivo ou comissivo que propicie o descumprimento dessas vedações.

A jurisprudência do Superior Tribunal de Justiça já consolidou o entendimento acerca da plena aplicabilidade desse dispositivo. A matéria está sumulada:

> **Súmula 354.** A invasão do imóvel é causa de suspensão do processo expropriatório para fins de reforma agrária.

O enunciado do STJ ratifica a norma de direito positivo que impede o prosseguimento de ações desapropriatórias de terras invadidas.

4.4. Sentença

O processo de desapropriação para reforma agrária também gira em torno da verificação do valor da justa indenização a ser paga ao particular pela perda da propriedade. O sistema de pagamentos é diferente. Nessa modalidade de desapropriação, o valor de terra nua é pago em títulos da dívida agrária, e as benfeitorias úteis e necessárias são pagas em dinheiro (CR, art. 184, *caput* e § 1º). Os artigos14 e 15 da LC nº 76, que tratavam do pagamento da desapropriação, foram revogados pela Lei nº 13.465/2017. O trato do tema agora está pormenorizado no art. 5º da Lei nº 8.629/1993.

Os títulos da dívida agrária devem conter cláusula assecuratória de preservação de seu valor real e são resgatáveis a partir do segundo ano (art. 5º, § 3º). Quando o pagamento pela desapropriação for de prazo igual ou superior a 10 anos, o ente público expropriante e o particular podem chegar a acordo para reduzir em 5 anos o prazo, desde que o particular aceite receber também o pagamento das benfeitorias úteis e necessárias via títulos da dívida agrária (art. 5º, §§ 5º e 6º).

Se ao final do processo de desapropriação a sentença fixar a indenização pela terra nua ou benfeitorias em valor superior ao ofertado pelo expropriante, a diferença deve ser paga na forma de precatório (ou RPV) (art. 5º, § 8º).

Especificamente quanto aos juros compensatórios, o § 9º do art. 5º prevê o seguinte:

> **Art. 5º** [...]
>
> § 9º Se houver imissão prévia na posse e, posteriormente, for verificada divergência entre o preço ofertado em juízo e o valor do bem fixado na sentença definitiva, expressos em termos reais, sobre a diferença eventualmente apurada incidirão juros compensatórios a contar da imissão de posse, em percentual correspondente ao fixado para os títulos da dívida agrária depositados como oferta inicial para a terra nua, vedado o cálculo de juros compostos.

Os demais aspectos da condenação, como correção monetária e juros, são os mesmos.

A recorribilidade da sentença e seus efeitos são os mesmos da desapropriação por utilidade pública (LC, art. 13; DL, art. 28). A remessa necessária na desapropriação para reforma agrária tem incidência mais rigorosa do que na desapropriação por utilidade pública. No regime do DL nº 3.365/41, o duplo grau de jurisdição é obrigatório se a sentença fixar a indenização no dobro do valor ofertado pelo Poder Público (art. 28, § 1º). Por sua vez, na desapropriação para reforma agrária, a remessa necessária deve ser realizada se a sentença fixar a indenização em valor 50% superior ao ofertado inicialmente (LC, art. 13, § 1º).

A fixação de honorários também tem regime peculiar na desapropriação da reforma agrária. Estabelece o § 1º do artigo 19 que os honorários advocatícios serão fixados em até 20% do valor da diferença entre a oferta e o preço final.

Por fim, o STJ analisou a situação em que o expropriado é sucumbente no processo de desapropriação. A questão estava em saber se é cabível a condenação em custas pelos honorários periciais de técnicos do INCRA e do MPF. No entender do STJ, a condenação não é devida, pois esses profissionais já são remunerados pela atividade de ofício que exercem para seus órgãos de origem. Confira-se:

> 5. Não se pode admitir que, sucumbente o expropriado, tenha ele que restituir honorários periciais aos assistentes técnicos do INCRA e do MPF, porquanto tais órgão se utilizam de servidores de seus quadros.
>
> (REsp 1306051/MA, Rel. Min. Napoleão Nunes Mais Filho, 1ª Turma, julgado em 08/05/2018, DJe 28/05/2018)

5. DESAPROPRIAÇÃO PARA FINS URBANÍSTICOS

Outra modalidade de desapropriação é a voltada à zona urbana e está prevista no artigo 182, § 3º, inciso III da Constituição da República. No plano infraconstitucional, encontra disciplina no artigo 8º da Lei nº 10.257/2001 (Estatuto da Cidade).

Os requisitos dessa desapropriação são **(i)** a localização do imóvel em área urbana e **(ii)** sua caracterização como não edificado, subutilizado ou não utilizado. Em outras palavras, trata-se de uma desapropriação ligada ao não preenchimento da função social do imóvel da área urbana.

A legitimidade ativa para a realização da desapropriação é exclusiva do Município.

Para se chegar à desapropriação, a Constituição exige que se tentem outras formas de estimular o particular a dar destinação social ao imóvel, quais sejam o parcelamento ou a edificação compulsória e a cobrança de IPTU progressivo no tempo.

O artigo 8º do Estatuto da Cidade estabelece que: "*Decorridos cinco anos de cobrança do IPTU progressivo sem que o proprietário tenha cumprido a obrigação de parcelamento, edificação ou utilização, o Município poderá proceder à desapropriação do imóvel, com pagamento em títulos da dívida pública*".

O pagamento pela desapropriação não é feito em dinheiro, mas sim em títulos da dívida pública.

6. EXPROPRIAÇÃO DE GLEBAS COM PLANTAÇÕES ILEGAIS E TRABALHO ESCRAVO

O artigo 243 da Constituição determina que devem ser expropriadas, sem direito a indenização, as terras em que forem localizadas culturas ilegais de plantas psicotrópicas e com exploração de trabalho escravo. O instituto está regulamentado pela Lei nº 8.257/91.

Não se trata propriamente de modalidade de desapropriação, uma vez que não há a contraprestação do Poder Público com o pagamento de indenização, mas sim de uma sanção pelo ato ilegal. As terras expropriadas devem ter como destinação a reforma agrária e programas de habitação popular. Se a utilização não puder ser realizada no prazo de 120 dias a partir do trânsito em julgado da sentença, o bem fica incorporado ao patrimônio da União para posterior utilização em sua finalidade social (art. 15, p.ú.).

7. DESAPROPRIAÇÃO INDIRETA

A desapropriação indireta não está prevista como uma modalidade de desapropriação, pois não decorre de um procedimento regular e legítimo do Poder Público. Trata-se de um fato administrativo, consistente na apropriação indevida pelo Estado de um bem particular, o que caracteriza um verdadeiro esbulho possessório.[19]

De certa forma, essa conduta abusiva do ente público encontra respaldo legal no art. 35 do Decreto-Lei nº 3.365/41, que veda ao particular a propositura de demandas que busquem a reivindicação do bem expropriado, determinando a solução da questão em perdas e danos. Uma vez expropriado o bem pelo Estado, estaria caracterizado o fato consumado, a impedir o retorno do bem ao domínio do particular.

A jurisprudência do Superior Tribunal de Justiça já examinou a questão nos seguintes termos:

> 1. A chamada "desapropriação indireta" é construção pretoriana criada para dirimir conflitos concretos entre o direito de propriedade e o princípio da função social das propriedades, nas hipóteses em que a Administração ocupa propriedade privada, sem observância de prévio processo de desapropriação, para implantar obra ou serviço público.
>
> 2. Para que se tenha por caracterizada situação que imponha ao particular a substituição da prestação específica (restituir a coisa vindicada) por prestação

19. CARVALHO FILHO, José dos Santos. op. cit., p. 768.

alternativa (indenizá-la em dinheiro), com a conseqüente transferência compulsória do domínio ao Estado, é preciso que se verifiquem, cumulativamente, as seguintes circunstâncias: (a) o apossamento do bem pelo Estado, sem prévia observância do devido processo de desapropriação; (b) a afetação do bem, isto é, sua destinação à utilização pública; e (c) a impossibilidade material da outorga da tutela específica ao proprietário, isto é, a irreversibilidade da situação fática resultante do indevido apossamento e da afetação.

3. No caso concreto, não está satisfeito qualquer dos requisitos acima aludidos, porque (a) a mera edição do Decreto 37.536/93 não configura tomada de posse, a qual pressupõe necessariamente a prática de atos materiais; (b) a plena reversibilidade da situação fática permite aos autores a utilização, se for o caso, dos interditos possessórios, com indubitável possibilidade de obtenção da tutela específica.

4. Não se pode, salvo em caso de fato consumado e irreversível, compelir o Estado a efetivar a desapropriação, se ele não a quer, pois se trata de ato informado pelos princípios da conveniência e da oportunidade.

5. Recurso especial a que se nega provimento.

(REsp 628.588/SP, Rel. Min. Luiz Fux, Rel. p/Acórdão Min. Teori Albino Zavascki, 1ª Turma, julgado em 02/06/2005, DJ 01/08/2005 p. 327)

O entendimento do STJ é o de que a proteção possessória do particular somente está afastada quando o bem já se encontra afetado à finalidade pública e a medida é irreversível, hipótese em que o particular faz jus a perdas e danos.

Não há amparo constitucional a essa conduta, pois a desapropriação legítima, direta, exige, em regra, o pagamento prévio e em dinheiro da justa indenização. A conduta ilegal da desapropriação indireta ocasiona a responsabilidade civil do Estado (CR, art. 37, § 6º).

Questões de Concurso

► **01. (AGU/Adv. União – 2012 – CESPE)** Sujeitam-se à desapropriação o espaço aéreo, o subsolo, a posse, bem como direitos e ações, entre outros bens, desde que sejam privados e se tornem objeto de declaração de utilidade pública ou de interesse social.

► **02. (AGU/Adv. União – 2012 – CESPE)** Tratando-se de desapropriação por zona, o domínio do expropriante sobre as áreas que sofrem valorização extraordinária é provisório, ficando, por isso, os novos adquirentes sujeitos ao pagamento da contribuição de melhoria, conforme dispõe a CF.

► **03. (AGU/Adv. União – 2012 – CESPE)** O ato de a União desapropriar, mediante prévia e justa indenização, para fins de reforma agrária, imóvel rural que não esteja cumprindo a sua função social configura desapropriação por utilidade pública.

Questão	Gabarito	Breves comentários
01	Errado	V. item 3.3
02	Errado	V. item 2.
03	Errado	V. item 2.

CAPÍTULO XX

JUIZADOS ESPECIAIS

1. INTRODUÇÃO

A Constituição da República garante que nenhuma lesão ou ameaça a direito será excluída da apreciação do Judiciário (art. 5º, inc. XXXV), o que significa que a legislação infraconstitucional deve possuir procedimentos moldáveis às mais diversas pretensões materiais da sociedade – das mais complexas às mais simples.

Os juizados especiais são a materialização do ideal de acesso à Justiça. Não há como negar tal assertiva diante de um sistema marcadamente informal, gratuito e célere. É através dele que o Judiciário alcança todo e qualquer cidadão que sinta seu direito violado em um litígio usualmente "não judicializável", ou seja, pretensões que não seriam levadas ao conhecimento do Judiciário no sistema tradicional em razão da complexidade inerente ao processo civil (contratação de advogado, pagamento de custas, instrução probatória custosa e sistema recursal intrincado, ineficácia da execução etc.). Os juizados especiais são, pois, um importante mecanismo de realização da Jurisdição, de entrega da Justiça.

2. LEGISLAÇÃO PERTINENTE

A previsão normativa dos juizados especiais se inicia pela Constituição da República, cujo artigo 98, inciso I determina a criação de juizados especiais voltados à resolução de causas de menor complexidade, mediante procedimento oral e sumaríssimo, com julgamento de recursos por turma de juízes de primeiro grau.

Diante da imposição constitucional, foram editadas três leis sobre juizados especiais:

- Lei nº 9.099/95: lei dos juizados cíveis e criminais;
- Lei nº 10.259/2001: lei dos juizados cíveis e criminais no âmbito da Justiça Federal;

- Lei nº 12.153/2009: lei dos juizados especiais da Fazenda Pública nos Estados e no Distrito Federal.

Os três diplomas formam o microssistema dos juizados especiais, de modo que eventuais lacunas de uma lei devem ser supridas com apoio nas demais legislações afins, sendo a aplicação de regras do Código de Processo Civil secundária.

Ao direito processual público, interessam precipuamente as Leis nº 10.259/2001 e nº 12.153/2009, que disciplinam os litígios envolvendo os entes públicos.

3. JUIZADOS ESPECIAIS FEDERAIS

3.1. Competência

Os juizados especiais foram idealizados para resolver litígios de pequeno valor e baixa complexidade. Os critérios de valor e complexidade são utilizados simultaneamente pelas leis dos juizados para delimitar sua competência.

O Juizado Especial Federal é competente para processar causas de até 60 salários mínimos (art. 3º). Entretanto, em razão de sua complexidade, o legislador deixou de fora da competência do juizado litígios que envolvam as seguintes matérias (art. 3º, § 1º):

- Causas que envolvem o Estado estrangeiro ou organismo internacional e Município ou pessoa domiciliada ou residente no País (CR, art. 109, inc. II);
- Causas relativas a tratado ou contrato da União com Estado estrangeiro ou organismo internacional (CR, art. 109, inc. III);
- Ações de mandado de segurança, de desapropriação, de divisão e demarcação, populares, execuções fiscais e por improbidade administrativa e as demandas sobre direitos ou interesses difusos, coletivos ou individuais homogêneos;
- Disputa sobre direitos indígenas;
- Litígios sobre imóveis dos entes federais;
- Anulação ou cancelamento de ato administrativo federal, exceto previdenciário e de lançamento fiscal;
- Impugnação de pena de demissão imposta a servidores públicos civis e sanções disciplinares de militares.

Ainda que se trate de litígio cujo valor econômico não exceda o teto de 60 salários mínimos, nos casos acima indicados a demanda deverá tramitar perante o juízo federal ordinário, e não o Juizado Especial Federal.

A competência do Juizado Especial é absoluta, nos locais em que estiver instalado (art. 3º, § 3º).

Diante de conflito de competência entre o juizado especial federal e o juízo federal, da mesma região, caberá ao respectivo Tribunal Regional Federal dirimir o conflito. A esse respeito, havia enunciado do Superior Tribunal de Justiça em sentido contrário:

> **Súmula 348.** Compete ao Superior Tribunal de Justiça decidir os conflitos de competência entre juizado especial federal e juízo federal, ainda que da mesma seção judiciária.

A posição do STJ não prevaleceu, pois o Supremo Tribunal Federal deu entendimento contrário à matéria. Por essa razão, a súmula 348 foi cancelada e o entendimento atual foi sumulado:

> **Súmula 428.** Compete ao Tribunal Regional Federal decidir os conflitos de competência entre juizado especial federal e juízo federal da mesma seção judiciária.

No que tange ao exercício da competência delegada, é preciso observar que a Constituição da República permite o exercício da competência federal pelo juízo estadual quando não houver na comarca sede da Justiça Federal, em causas previdenciárias e outras definidas em lei (CR, art. 109, § 3º). A Lei nº 10.259/2001 dá ao jurisdicionado a possibilidade de optar pela propositura da demanda no Juizado Especial Federal mais próximo ou perante o juízo estadual, mas neste último caso o procedimento a ser aplicado não é o previsto na lei especial (art. 20).

Por fim, há uma peculiaridade do sistema do juizado especial em relação ao regramento ordinário do CPC. Em caso de declaração de incompetência do juízo, não há remessa dos autos ao juízo competente, mas sim a extinção sem resolução do mérito. A previsão da Lei nº 9.099/95 (art. 51, incisos II e III) é aplicável a todos os procedimentos dos juizados especiais.

3.2. Legitimidade

Nos Juizados Especiais Federais, a legitimidade ativa é da pessoa física, das microempresas e das empresas de pequeno porte, ao passo em que a legitimidade passiva é da União, de suas autarquias e fundações e das empresas públicas federais (art. 6º). Em doutrina, entende-se que a legitimidade ativa alcança também as pessoas jurídicas qualificadas como Organização da Sociedade Civil de Interesse Público e as sociedades de crédito ao microempreendedor, ambas com base na teoria do microssistema dos Juizados Especiais.[1] É que tais entidades privadas foram inseridas no rol de legitimados ativos da Lei nº 9.099/95 (art. 8º, § 1º), pela Lei nº 12.126/2009. Tal ampliação alcança todos os procedimentos dos juizados especiais.

Em relação à legitimidade ativa do incapaz, há divergência entre doutrina e jurisprudência. Embora haja entendimento de que o incapaz não pode ocupar o polo ativo da demanda no Juizado Especial Federal[2], parece-nos que se deve seguir o entendimento de outra ala doutrinária que entende pela legitimidade do incapaz, devidamente assistido ou representado.[3] Essa é a posição da jurisprudência, consolidada no enunciado nº 10 do Fórum Nacional dos Juizados Especiais Federais (Fonajef): "*O incapaz pode ser parte autora nos Juizados Especiais Federais, dando-se-lhe curador especial, se ele não tiver representante constituído.*"

O ente público federal não pode propor demanda em face de um particular (pessoa física ou jurídica) no âmbito do Juizado Especial Federal.

O litisconsórcio ativo é plenamente admitido no Juizado Especial Federal (Lei nº 9.099/95, art. 10), mas suscita dúvida quanto à fixação do valor da causa para verificação da competência, já que o teto é de 60 salários mínimos. Há enunciado do Fonajef a esse respeito, o de nº 18: "*No caso de litisconsorte ativo, o valor da causa, para fins de fixação de competência deve ser calculado por autor*". Portanto, verifica-se que o Juizado Especial é competente para a demanda, ainda que a soma dos benefícios pleiteados pelos autores em litisconsórcio ultrapasse os 60 salários mínimos.

Por sua vez, o litisconsórcio passivo também é possível e pode contemplar tanto a presença de entes públicos, como, excepcionalmente, a de um ente privado ao lado de um ente federal, em razão do litígio que envolve as partes.[4] Acerca do cabimento de litisconsórcio nos Juizados Especiais Federais, manifestou-se o Superior Tribunal de Justiça nos seguintes termos:

> 2. Esta Corte Superior de Justiça firmou entendimento de que os Juizados Especiais Federais possuem competência para o julgamento das ações de fornecimento de medicamentos em que haja litisconsórcio passivo necessário entre a União, o Estado e o Município, cujo valor da causa não exceda sessenta salários mínimos, sendo desinfluente o grau de complexidade da demanda ou o fato de ser necessária a realização de perícia técnica (REsp nº 1.205.956/SC, Relator Ministro Castro Meira, Segunda Turma, in DJe 1º/12/2010 e CC nº 107.369/SC, Relator Ministro Luiz Fux, Primeira Seção, in DJe 19/11/2009).

---

1. MEDINA, José Miguel Garcia; ARAÚJO, Fábio Caldas de; GAJARDONI, Fernando da Fonseca. *Processo civil moderno: procedimentos cautelares e especiais*. Vol. 4. 2ª ed. rev., atual. e ampl. São Paulo: RT, 2010, p. 479; CUNHA, Leonardo José Carneiro da. op. cit., p. 693.
2. CUNHA, Leonardo José Carneiro da. op. cit., p. 693.
3. MEDINA, José Miguel Garcia; *et. alli*. op. cit., p. 479.
4. CUNHA, Leonardo José Carneiro da. op. cit., p. 696.

3. Agravo regimental improvido.

(AgRg no REsp 1222345/SC, Rel. Min. Hamilton Carvalhido, 1ª Turma, julgado em 08/02/2011, DJe 18/02/2011)

Não é cabível qualquer forma de assistência e de intervenção de terceiro (Lei nº 9.099/95, art. 10).

3.3. Procedimento

3.3.1. Petição inicial

A demanda é proposta no Juizado Especial Federal através da petição inicial, que pode ser apresentada na forma escrita ou por meio eletrônico. É possível também a apresentação da demanda na forma oral – usualmente, os juizados disponibilizam um servidor para atender o jurisdicionado e reduzir a termo sua pretensão (Lei nº 9.099/95, art. 14, § 3º).

Importante peculiaridade diz respeito à desnecessidade de advogado para litigar no sistema dos Juizados Especiais. A própria pessoa que afirma a lesão ou ameaça ao direito possui capacidade postulatória para ingressar em juízo – sendo a presença do advogado necessária apenas na fase recursal. A previsão está expressa no artigo 10 da Lei nº 10.259/2001, que permite às partes designar representantes para a causa, independentemente da qualificação como advogado. Há uma diferença entre a dispensa de advogado nos Juizados Especiais Federais e nos Juizados Especiais Estaduais: nestes, a dispensa de advogado alcança apenas causas de até 20 salários mínimos (Lei nº 9.099/95, art. 9º), ao passo em que naqueles (Juizados Federais) a dispensa alcança todos os procedimentos no primeiro grau. Em ambos, a presença do advogado é imprescindível em grau recursal.

Em relação ao ente público federal, sua representação judicial pelo advogado público está regulada pelo Decreto nº 4.250/2002.

3.3.2. Citação e intimação

Recebida a petição inicial, designa-se audiência de conciliação, devendo o ente público ser citado com antecedência mínima de 30 dias. Esse, aliás, é o único prazo específico concedido às pessoas jurídicas de direito público, pois não há prazos diferenciados para a prática de atos processuais, nem mesmo para a interposição de recursos, no âmbito dos Juizados Especiais, conforme previsão expressa do artigo 9º da Lei nº 10.259/2001.

Diante da previsão expressa do artigo 9º, tem-se como inaplicável aos Juizados Especiais Federais a prerrogativa de contagem em dobro de prazos para a advocacia pública, constante do artigo 183 do CPC-2015.

O § 2º do artigo 8º estabelece a possibilidade de intimação das partes por meio eletrônico, o que está em consonância com a crescente informatização do Judiciário brasileiro. Inclusive, o CPC dá preferência à realização de comunicação atos por meio eletrônico (CPC, art.270)

No que tange à intimação pessoal dos procuradores federais no âmbito dos Juizados Especiais, o Supremo Tribunal Federal firmou entendimento de que não subsiste tal prerrogativa. Confira-se julgado sobre o tema:

> 1. A isonomia é um elemento ínsito ao princípio constitucional do contraditório (art. 5º, LV, da CRFB), do qual se extrai a necessidade de assegurar que as partes gozem das mesmas oportunidades e faculdades processuais, atuando sempre com paridade de armas, a fim de garantir que o resultado final jurisdicional espelhe a justiça do processo em que prolatado. Doutrina [...]
>
> 2. As exceções ao princípio da paridade de armas apenas têm lugar quando houver fundamento razoável baseado na necessidade de remediar um desequilíbrio entre as partes, e devem ser interpretadas de modo restritivo, conforme a parêmia *exceptiones sunt strictissimae interpretationis.*
>
> 3. O rito dos Juizados Especiais é talhado para ampliar o acesso à justiça (art. 5º, XXXV, da CRFB) mediante redução das formalidades e aceleração da marcha processual, não sendo outra a exegese do art. 98, I, da Carta Magna, que determina sejam adotados nos aludidos Juizados "os procedimentos oral e sumariíssimo", devendo, portanto, ser apreciadas cum grano salis as interpretações que pugnem pela aplicação "subsidiária" de normas alheias ao microssistema dos Juizados Especiais que importem delongas ou incremento de solenidades.
>
> 4. O espírito da Lei nº 10.259/01, que rege o procedimento dos Juizados Especiais Federais, é inequivocamente o de afastar a incidência de normas que alberguem prerrogativas processuais para a Fazenda Pública, máxime em razão do que dispõe o seu art. 9º, *verbis*: "Não haverá prazo diferenciado para a prática de qualquer ato processual pelas pessoas jurídicas de direito público, inclusive a interposição de recursos".
>
> **5. Não se aplica aos Juizados Especiais Federais a prerrogativa de intimação pessoal dos ocupantes de cargo de Procurador Federal, prevista no art. 17 da Lei nº 10.910/2004, na medida em que neste rito especial, ante a simplicidade das causas nele julgadas, particular e Fazenda Pública apresentam semelhante, se não idêntica, dificuldade para o adequado exercício do direito de informação dos atos do processo, de modo que não se revela razoável a incidência de norma que restringe a paridade de armas, além de comprometer a informalidade e a celeridade do procedimento.**
>
> 6. Agravo conhecido para negar provimento ao Recurso Extraordinário.
>
> (ARE 648629, Relator Min. Luiz Fux, Tribunal Pleno, julgado em 24/04/2013)

O entendimento do STF a respeito do tema tem relevância no caso de Juizados Especiais Federais ainda não eletrônicos, cujos processos tramitam em meio físico. De acordo com a posição do Supremo Tribunal Federal, os advogados públicos têm de acompanhar a contagem de seus prazos por meio das publicações no diário oficial. Embora o CPC-2015 consagre a prerrogativa da intimação pessoal para todas as esferas da advocacia pública, não há razões para crer em mudança de entendimento do STF a esse respeito. É que a decisão transcrita acima examinou justamente essa prerrogativa, constante na Lei 10.910/2004, e afastou sua incidência nos Juizados Especiais Federais. Assim, a despeito do novo sistema processual, acredita-se em manutenção do entendimento do STF.

No processo eletrônico, não há maiores problemas para o exercício da atividade do advogado público, pois as intimações são dirigidas sempre de forma pessoal à sua caixa de prazos.

Por fim, quanto à contagem dos prazos, o CPC-2015 estabeleceu que somente valem os dias úteis (art. 219). Essa regra deveria ter incidência plena a todos os procedimentos processuais, inclusive aqueles que tramitam nos Juizados Especiais, como destacou também o Fórum Permanente de Processualistas Civis:

> **En. 415.** (arts. 212 e 219; Lei 9.099/1995, Lei 10.259/2001, Lei 12.153/2009) Os prazos processuais no sistema dos Juizados Especiais são contados em dias úteis.
>
> **En. 416.** (art. 219) A contagem do prazo processual em dias úteis prevista no art. 219 aplica-se aos Juizados Especiais Cíveis, Federais e da Fazenda Pública.

Apesar do entendimento nos debates doutrinários acima indicado, a percepção dos juízes envolvidos nos Juizados foi diversa. Por meio do enunciado nº 165 do Fórum Nacional dos Juizados Especiais – Fonaje, firmou-se o entendimento de que os prazos devem ser contados de forma contínua:

> **En. 165.** Nos Juizados Especiais Cíveis, todos os prazos serão contados de forma contínua.

O enunciado contraria a lógica do sistema jurídico processual, cujo pilar estruturante é o CPC. Naturalmente, as leis dos Juizados formam um microssistema, mas que não está infenso àquilo que estabelece o CPC. Ora, ausentes quaisquer regras que deem trato diverso nas leis de juizados, a regra que regula a contagem de prazos é indubitavelmente a do CPC, que prevê a contagem em dias úteis (art. 219).

Infelizmente não houve argumentação lógica ou doutrinária capaz de demover o entendimento do Judiciário a respeito do tema. A solução, então, foi editar lei específica para tratar do assunto. A Lei n. 13.728/2018 modificou a Lei n. 9.099/95 para prever especificamente a contagem de prazos em dias úteis: *"Art. 12-A. Na contagem de prazo em dias, estabelecido por lei ou pelo juiz, para a prática de qualquer ato processual, inclusive para a interposição de recursos, computar-se-ão somente os dias úteis.*"

Em época em que se discute tanto o custo do Estado, o gasto público, é notável o desserviço prestado pelo entendimento isolado do Judiciário a respeito do procedimento nos Juizados. Não bastasse todo custo de movimentar o Poder Legislativo para editar um novo Código de Processo Civil – trabalho que consome milhares de horas de servidores caros à máquina pública (deputados, senadores, assessores) –, toda essa máquina tem de ser novamente acionada para editar um dispositivo para prever... o que já estava previsto no sistema. É lamentável.

3.3.3. Audiência e instrução probatória

A primeira audiência realizada no juizado tem por objetivo conciliar as partes. Se não houver conciliação, o ente público apresenta sua defesa, sendo designada data para audiência de instrução e julgamento.

Se houver necessidade de prova pericial – muito comum em questões relativas à assistência social –, o juiz designará profissional habilitado, cujos honorários serão pagos antecipadamente pelo próprio Tribunal (art. 12, *caput* e § 1º). Não há qualquer incompatibilidade do procedimento dos Juizados Especiais com esse tipo de prova técnica. Caso o ente público seja sucumbente na demanda, o valor antecipado será ressarcido ao Tribunal.

Além disso, caso haja documentos em poder do ente público que sejam importantes para a resolução do litígio, estes deverão ser fornecidos ao juízo (art. 11).

3.3.4. Concessão de tutela provisória

É possível a concessão de tutela provisória de urgência no procedimento do Juizado Especial Federal, por expressa previsão legal (arts. 4º e 5º). Embora a redação da Lei nº 10.259/2001 se refira a medidas cautelares, há consenso doutrinário de que, diante da fungibilidade da tutela provisória de urgência (CPC, art. 305, p.ú.), a tutela provisória de urgência pode ter a natureza de tutela antecipada. O sistema de tutela provisória do CPC-2015 é plenamente aplicável ao microssistema dos juizados especiais. Confiram-se manifestações do Fórum Permanente de Processualistas Civis:

> **En. 418.** (arts. 294 a 311; Leis 9.099/1995, 10.259/2001 e 12.153/2009). As tutelas provisórias de urgência e de evidência são admissíveis no sistema dos Juizados Especiais.
>
> **En. 502.** (art. 305, parágrafo único) Caso o juiz entenda que o pedido de tutela antecipada em caráter antecedente tenha natureza cautelar, observará o disposto no art. 305 e seguintes.

Contra a decisão que aprecia o pedido de medida urgente, seja concessiva ou denegatória, cabe o recurso de agravo de instrumento (arts. 4º e 5º), prazo esse contado de forma simples em razão do artigo 9º. Quanto ao prazo, omisso o microssistema dos Juizados, aplica-se a regra ordinária do CPC, que prevê 15 dias para interposição do agravo de instrumento (art. 1.003, § 5º).

3.4. Sentença e recursos

A sentença no sistema dos juizados especiais dispensa relatório e sua fundamentação deve ser concisa (Lei nº 9.099/95, art. 38). Ainda assim, permitir sentença concisa não significa que não seja necessário ao juiz proferir uma sentença suficientemente fundamentada. O CPC-2015 deu tratamento específico ao tema no artigo 489, § 1º, que estabelece parâmetros mínimos para que a sentença seja considerada fundamentada.

Como já expôs o Fórum Permanente de Processualistas Civis, esse dispositivo tem plena aplicação ao sistema do Juizados Especiais:

> **En. 309.** (art. 489) O disposto no § 1º do art. 489 do CPC é aplicável no âmbito dos Juizados Especiais.

Quanto ao sistema recursal no âmbito dos Juizados Especiais, há inúmeros pontos a analisar:

3.4.1. Dispensa da remessa necessária

Por expressa previsão legal da Lei nº 10.259/2001, a sentença não está sujeita à remessa necessária (art. 13).

3.4.2. Recurso cabível

A fase recursal demanda obrigatoriamente a presença de advogado (Lei nº 9.099/95, art. 41, § 2º). Contra a sentença, é cabível o recurso de apelação. Há doutrinadores que se referem ao cabimento de "recurso inominado" contra a sentença.[5] Discordamos desse entendimento, pois o recurso cabível contra a sentença não é inominado, seu *nomen juris* é apelação, como deixa absolutamente claro o artigo 1.009 do CPC: "Da sentença cabe apelação."[6] A peculiaridade diz respeito apenas ao prazo de sua interposição, que é de 10 dias. Há, inegavelmente, uma assimetria entre o sistema ordinário do CPC e o

5. Dentre muitos: MEDINA, José Miguel Garcia; *et. alli.* op. cit., p. 483.
6. Nesse sentido: CÂMARA, Alexandre Freitas. *Juizados especiais estaduais, federais e da Fazenda Pública.* 6ª edição, rev., atual. e ampl. Rio de Janeiro: Lumen Juris, 2010, p. 110.

microssistema dos juizados. O CPC unificou o prazo recursal em 15 dias, ressalvados os embargos de declaração; já o sistema dos juizados tratou expressamente apenas do prazo de 10 dias para interposição de recurso (de apelação) contra a sentença. Assim, há prazo maior para recorrer de decisão interlocutória de cognição não exauriente do que da sentença, cuja cognição é exauriente.

O julgamento da apelação não é feito pelos desembargadores que atuam na segunda instância do Tribunal Regional Federal, mas sim por Turmas Recursais, formadas por juízes em exercício no primeiro grau de jurisdição.

3.4.3. *Exercício da retratação pelo juízo sentenciante*

Quando a sentença não resolve o mérito, interposta a apelação, o juízo sentenciante pode exercer retratação, conforme previsão do § 7º do artigo 485. Também no caso de julgamento de improcedência liminar do mérito há possibilidade de retratação (art. 332, § 3º). Essa sistemática é aplicável também ao âmbito dos Juizados Especiais, segundo entendimento do Fórum Permanente de Processualistas Civis:

> **En. 507.** (art. 332; Lei nº 9.099/1995) O art. 332 aplica-se ao sistema de Juizados Especiais.
>
> **En. 508.** (art. 332, § 3º; Lei 9.099/1995; Lei 10.259/2001; Lei 12.153/2009) Interposto recurso inominado contra sentença que julga liminarmente improcedente o pedido, o juiz pode retratar-se em cinco dias.
>
> **En. 520.** (art. 485, § 7º; Lei 9.099/1995; Lei 12.153/2009) Interposto recurso inominado contra sentença sem resolução de mérito, o juiz pode se retratar em cinco dias.

3.4.4. *Juízo de admissibilidade*

O CPC-2015 retirou do juízo de primeiro grau o exercício do juízo de admissibilidade do recurso. No caso de apelação (ou para aqueles que preferem, recurso inominado), os autos são remetidos, após as contrarrazões, ao órgão *ad quem*, a turma recursal, para exercício do juízo de admissibilidade, bem como a concessão do efeito suspensivo.

A despeito dessa nova sistemática, é possível perceber a resistência que lhe opõem os juízes dos Juizados Especiais. Mais uma vez – tal como no caso da contagem em dias úteis –, o Fonaje editou enunciado que afasta os juizados do modelo do CPC. Confira-se:

> **En. 166.** Nos Juizados Especiais Cíveis, o juízo prévio de admissibilidade do recurso será feito em primeiro grau.

O sistema do CPC não gera qualquer violação da lógicas ou dos princípios que informam os procedimentos dos Juizados. Esse tipo de decisão apenas amplia a insegurança jurídica e aumenta o custo de descoberta das regras aplicáveis. O melhor entendimento parece ser o de que o novo sistema do CPC é integralmente aplicável aos Juizados Especiais. Confiram-se enunciados do Fórum Permanente de Processualistas Civis a respeito dessa temática:

> **En. 464.** (arts. 932 e 1.021; Lei 9.099/1995; Lei 10.259/2001; Lei 12.153/2009) A decisão unipessoal (monocrática) do relator em Turma Recursal é impugnável por agravo interno.
>
> **En. 465.** (arts. 995, parágrafo único; 1.012, § 3º; Lei 9.099/1995, Lei 10.259/2001, Lei 12.153/2009) A concessão do efeito suspensivo ao recurso inominado cabe exclusivamente ao relator na turma recursal.
>
> **En. 474.** (art. 1.010, § 3º, fine; art. 41 da Lei 9.099/1995) O recurso inominado interposto contra sentença proferida nos juizados especiais será remetido à respectiva turma recursal independentemente de juízo de admissibilidade.

Por fim, as decisões proferidas pelo juiz da turma recursal são impugnáveis via agravo interno.

3.4.5. Embargos de declaração

Em relação aos embargos de declaração, há dois pontos importantes a destacar. Primeiro, é que a previsão legal do art. 48 da Lei nº 9.099/95, aplicável aos Juizados Federais, menciona o cabimento dos embargos de declaração em caso de obscuridade, contradição, omissão (como no art. 1.022 do CPC) e, também, dúvida.

Segundo, e mais importante, com o advento do CPC-2015, os embargos de declaração interrompem o prazo recursal, como prevê a nova redação do artigo 50 da Lei nº 9.099/95: "*Os embargos de declaração interrompem o prazo para a interposição de recurso*".

O Fórum Permanente de Processualistas Civis editou enunciado a respeito do tema:

> **En. 483.** (art. 1.065; art. 50 da Lei 9.099/1995; Res. 12/2009 do STJ). Os embargos de declaração no sistema dos juizados especiais interrompem o prazo para a interposição de recursos e propositura de reclamação constitucional para o Superior Tribunal de Justiça.

3.4.6. Ampliação do colegiado

O CPC-2015 extinguiu os embargos infringentes, mas criou o sistema de ampliação de colegiado para julgamentos não unânimes (art. 942). Tal sistemática não é aplicável aos Juizados Especiais, como entendeu o Fórum Permanente de Processualistas Civis:

> **En. 552.** (art. 942; Lei nº 9.099/1995) Não se aplica a técnica de ampliação do colegiado em caso de julgamento não unânime no âmbito dos Juizados Especiais.

3.4.7. *Pedido de uniformização*

Cabe pedido de uniformização de jurisprudência, quando houver divergência de entendimentos entre Turmas Recursais sobre o direito material em exame (art. 14). No que toca à competência para processar e julgar o pedido de uniformização, tem-se o seguinte: se a divergência estiver relacionada a julgados (acórdão recorrido e acórdão paradigma) de Turmas Recursais da mesma Região Federal (não é estado-membro), o julgamento é realizado pela reunião conjunta das Turmas em conflito (art. 14, § 1º); se a divergência se der entre Turmas de Regiões Federais diferentes ou entre o acórdão recorrido e o entendimento do STJ, o julgamento é feito pela Turma Nacional de Uniformização (§ 2º).[7]

É possível ainda levar a questão ao STJ, quando o julgamento da Turma de Uniformização contrariar súmula ou entendimento dominante da Corte Especial (§ 4º).

O Fórum Permanente de Processualistas Civis editou enunciado a respeito desse instituto com o CPC-2015:

> **En. 478.** (art. 1.030, parágrafo único; art. 14 da Lei 10.259/2001; arts. 18 e 19 da Lei 12.153/2009) Os pedidos de uniformização previstos no art. 14 da Lei 10.259/2001 e nos arts. 18 e 19 da Lei 12.153/2009 formulados contra acórdão proferido pela Turma Recursal devem ser remetidos à Turma Nacional de Uniformização ou à Turma Regional de Uniformização respectiva independentemente de juízo de admissibilidade, aplicando-se por analogia a regra decorrente do art. 1.030, parágrafo único.

3.4.8. *Recurso especial*

Os julgamentos do segundo grau de jurisdição das Turmas Recursais são definitivos, não sendo cabíveis outros recursos para discussão de matéria fática. No entanto, as Turmas Recursais não são órgãos fracionários de 2ª Instância, ou seja, não compõem o Tribunal Regional Federal. Dessa forma, não é possível a

---

7. A composição da Turma Nacional de Uniformização está disciplinada pela Resolução nº 345/2015 do CJF.

interposição de recurso especial ao Superior Tribunal de Justiça, cujo cabimento, nos termos do art. 105, inc. III da CR, se limita às decisões proferidas em única ou última instância pelo TRF ou pelo TJ.

Há súmula do Superior Tribunal de Justiça nesse sentido:

> **Súmula 203.** Não cabe recurso especial contra decisão proferida por órgão de segundo grau dos Juizados Especiais.

3.4.9. Recurso extraordinário

Quanto ao recurso extraordinário, a previsão constitucional é distinta, pois prevê seu cabimento contra decisão de última ou única instância, sem a menção ao Tribunal (CR, art. 102, III), de modo que é possível sua interposição no âmbito dos Juizados Especiais Federais.

A matéria está sumulada:

> **Súmula 640.** É cabível recurso extraordinário contra decisão proferida por juiz de primeiro grau nas causas de alçada, ou por turma recursal de juizado especial cível e criminal.

A dificuldade maior que se apresenta ao recurso extraordinário contra decisão do âmbito dos Juizados Especiais diz respeito à demonstração de sua repercussão geral. Esse requisito tem assento constitucional (art. 102, § 3º), e a análise de sua presença no caso concreto é feita pelo próprio Supremo Tribunal Federal. Entretanto, tornou-se comum a negativa de seguimento ao recurso extraordinário contra a decisão das Turmas Recursais pela presidência dos Tribunais de Justiça e Tribunais Regionais Federais, ao argumento de falta de repercussão geral. Em seguida, diante da interposição de agravo contra essa decisão (CPC-1973, art. 544; CPC-2015, art. 1.042), a presidência do Tribunal deixava de encaminhar o recurso para análise da Corte Suprema.

Diante disso, o STF editou a seguinte súmula:

> **Súmula 727.** Não pode o magistrado deixar de encaminhar ao Supremo Tribunal Federal o agravo de instrumento interposto da decisão que não admite recurso extraordinário, ainda que referente a causa instaurada no âmbito dos juizados especiais.

O objetivo é deixar claro o entendimento de que a competência para processar e julgar o agravo contra decisão que nega seguimento ao recurso extraordinário é exclusivamente do STF.

3.4.10. Sistema de julgamento de recursos repetitivos

O CPC-2015 consagrou um amplo sistema para julgamento de demandas repetitivas e de recursos repetitivos, como forma de garantir soluções mais céleres, segurança, uniformes e isonômicas para o jurisdicionado.

Há diversos dispositivos no Código de Processo Civil para tratar da matéria. No incidente de resolução de demandas repetitivas, por exemplo, há previsão de suspensão de processos pendentes, por ocasião da admissão do incidente (art. 982, I).

No que tange ao julgamento dos recursos extraordinários pelo rito dos repetitivos, o artigo 1.037 prevê o sobrestamento do processamento dos recursos. Por sua vez, o artigo 1.040, inciso I prevê que *"Publicado o acórdão paradigma: I – o presidente ou o vice-presidente do tribunal de origem negará seguimento aos recursos especiais ou extraordinários sobrestados na origem, se o acórdão recorrido coincidir com a orientação do tribunal superior"*.

Essa sistemática é plenamente aplicável ao sistema dos Juizados Especiais, como destacou o entendimento do Fórum Permanente de Processualistas Civis em diferentes enunciados:

> **En. 469.** (Art. 947). A "grande repercussão social", pressuposto para a instauração do incidente de assunção de competência, abrange, dentre outras, repercussão jurídica, econômica ou política.
>
> **En. 470.** (art. 982, I) Aplica-se no âmbito dos juizados especiais a suspensão prevista no art. 982, I.
>
> **En. 480.** (arts. 1.037, II, 928 e 985, I) Aplica-se no âmbito dos juizados especiais a suspensão dos processos em trâmite no território nacional, que versem sobre a questão submetida ao regime de julgamento de recursos especiais e extraordinários repetitivos, determinada com base no art. 1.037, II.
>
> **En. 482.** (art. 1.040, I) Aplica-se o art. 1.040, I, aos recursos extraordinários interpostos nas turmas ou colégios recursais dos juizados especiais cíveis, federais e da fazenda pública.

3.4.11. A cultura do precedente

Um dos pilares do sistema processual vigente é a tentativa de criar uma cultura de precedentes e de respeito aos entendimentos anteriores, de modo a garantir segurança jurídica e tratamento isonômico aos jurisdicionados. Nesse sentido, o artigo 927 do CPC pontua que juízes e tribunais devem observar **(i)** decisões do STF em controle concentrado; **(ii)** súmulas vinculantes e do STF e do STJ a respeito de suas respectivas competências; **(iii)** acórdãos julgados sob o sistema de julgamentos repetitivos; e **(iv)** orientação do plenário ou do órgão especial do tribunal a que estão vinculados.

Tal dispositivo tem aplicabilidade plena no âmbito dos Juizados Especiais. A esse respeito, confira-se enunciado do Fórum Permanente de Processualistas Civis:

> **En. 549.** (art. 927; Lei nº 10.259/2001) – O rol do art. 927 e os precedentes da Turma Nacional de Uniformização dos Juizados Especiais Federais deverão ser observados no âmbito dos Juizados Especiais.

3.5. Cumprimento de sentença

O cumprimento da sentença nos Juizados Federais deve observar o conteúdo da condenação imposta ao ente público. Para obrigações de fazer, não fazer ou entregar coisa, o juízo expede ofício à autoridade com cópia da sentença ou do acordo (art. 16). Caso a condenação seja ao pagamento de quantia certa, segue-se a sistemática da requisição de pequeno valor (art. 17). O procedimento de pagamento da requisição de pequeno valor (RPV) está disciplinado na Resolução nº 168/2011 do Conselho da Justiça Federal.

O teto de pagamento da RPV é de 60 salários mínimos. Se a condenação ultrapassar esse valor, a parte pode optar pelo recebimento através de precatório ou pela renúncia ao excedente (art. 17, § 4º).

4. JUIZADOS ESPECIAIS DA FAZENDA PÚBLICA

Os Juizados Especiais da Fazenda Pública nos estados e no Distrito Federal foram instituídos pela Lei nº 12.153/2009. Seu objetivo é facilitar o acesso à Justiça daquelas pessoas que possuem pretensões em face do Poder Público estadual (ou distrital), mas que não pleiteavam seus direitos em juízo por conta das dificuldades e vicissitudes referentes ao procedimento comum. Ao lado dos Juizados Especiais Federais, os Juizados da Fazenda Pública aproximam o cidadão comum do Judiciário e, especificamente, do Poder Público, como importante instrumento de pacificação de conflitos.

4.1. Competência

A competência dos Juizados da Fazenda Pública é fixada a partir de dois critérios, econômico (causas de pequeno valor) e material (direito material afirmado em juízo).

Quanto ao critério de causas de pequeno valor, a competência do Juizado Fazenda Pública tem como teto 60 salários mínimos (art. 2º), assim como os Juizados Federais.

Quanto à complexidade da matéria, o rol de causas que não podem tramitar no Juizado Estadual é o seguinte (art. 2º, § 1º):

- Ações de mandado de segurança, de desapropriação, de divisão e demarcação, populares, por improbidade administrativa, execuções fiscais e as demandas sobre direitos ou interesses difusos e coletivos;
- Causas sobre bens imóveis dos Estados, Distrito Federal, Territórios e Municípios, autarquias e fundações públicas a eles vinculadas;
- Causas que tenham como objeto a impugnação da pena de demissão imposta a servidores públicos civis ou sanções disciplinares aplicadas a militares.

A regra de competência é a mesma do sistema federal, ou seja, onde estiver instalado o Juizado Estadual da Fazenda Pública, sua competência é absoluta (art. 2º, § 4º).

A Lei nº 12.153/2009 previu uma norma transitória de competência. Os Juizados da Fazenda Pública devem ser instalados no prazo de 2 anos (art. 22), mas, durante os primeiros cinco anos de vigência da lei (junho de 2010 a junho de 2015), os Tribunais de Justiça poderão limitar a competência dos Juizados (art. 23). O objetivo da norma é dar tempo aos Estados (e ao Distrito Federal) de organizarem eficazmente os juizados para que alcancem plena operação em cinco anos, de modo que a competência seja aumentada gradativamente. De fato, até do ponto de vista orçamentário, os Estados precisarão de alguns anos para instalar e operacionalizar o funcionamento dos Juizados Especiais. Bem por isso, a lei veda a remessa de processos já em trâmite no momento da instalação de um novo juizado (art. 24).

4.2. Composição

Com relação à composição dos Juizados Especiais, a Constituição da República, ao tratar da criação dos Juizados Especiais, determinou que seu provimento deveria dar-se por juízes togados ou togados e leigos (art. 98, inc. I). A Lei dos Juizados Estaduais da Fazenda Pública tratou expressamente do tema no artigo 15, que prevê a designação de juízes leigos para atuar nos juizados. É requisito para o cargo ser advogado com, no mínimo, dois anos de experiência (§ 1º), sendo que sua atividade não é de dedicação exclusiva; o juiz leigo pode continuar a exercer advocacia, ficando impedido apenas de litigar perante os Juizados Especiais da Fazenda Pública (§ 2º).

4.3. Legitimidade

Nos Juizados Especiais da Fazenda Pública, a legitimidade ativa é da pessoa física, das microempresas e das empresas de pequeno porte (art. 5º, inc. I), ao passo em que a legitimidade passiva é dos estados, do Distrito Federal, dos municípios, de suas autarquias e fundações e das empresas públicas (art. 5º, inc. II).

O ente público não pode propor demanda em face de um particular (pessoa física ou jurídica) no âmbito do Juizado da Fazenda Pública.

Em caso de litisconsórcio ativo, há divergência doutrinária acerca a fixação da competência do Juizado Especial da Fazenda Pública. É o que o § 3º do artigo 2º da Lei nº 12.153/2009, que previa que competência seria aferida pelo valor da pretensão deduzida por cada litisconsorte individualmente, foi vetado pela Presidência da República. Diante do veto, abrem-se dois entendimentos: **(i)** a competência é fixada pelo total postulado[8]; e **(ii)** apesar do veto a essa previsão expressa, subsiste o entendimento, já consolidado inclusive jurisprudencialmente (Enunciado 18 do Fonajef) de que deve ser considerado cada litisconsorte individualmente.[9] Esse último entendimento conta com nossa adesão, pois atende mais adequadamente aos princípios da economia processual, da celeridade e da efetividade da prestação Jurisdicional.

Não é cabível qualquer forma de assistência e de intervenção de terceiro (Lei nº 9.099/95, art. 10).

4.4. Procedimento

O procedimento no Juizado Especial da Fazenda Pública não destoa completamente daquele previsto para o Juizado Especial Federal, de modo que, para evitar a repetição exaustiva do que ficou consignado acima, cumpre destacar apenas os pontos mais relevantes da Lei nº 12.153/2009.

Quanto à dispensa de advogado para litigar nos Juizados da Fazenda Pública, a Lei nº 12.153/2009 não traz disciplina específica, sendo aplicável, diante de uma interpretação harmônica do sistema dos Juizados Especiais, a previsão do art. 10 da Lei 10.259/2001, que permite à parte postular diretamente em juízo – sendo a presença do advogado necessária apenas na fase recursal.[10]

Recebida a petição inicial, designa-se audiência de conciliação, devendo o ente público ser citado com antecedência mínima de 30 dias (art. 7º). Esse é, tal como no

8. CUNHA, Leonardo José Carneiro da. op. cit., p. 725.
9. MEDINA, José Miguel Garcia; *et. alli.* op. cit., p. 487.
10. CUNHA, Leonardo José Carneiro da. op. cit., p. 730.

Juizado Especial Federal, o único prazo específico concedido às pessoas jurídicas de direito público, pois não há prazos diferenciados para a prática de atos processuais, nem mesmo para a interposição de recursos, no âmbito dos Juizados Especiais.

Até o momento da realização da audiência de conciliação, o ente público deve fornecer ao Juizado a documentação de que disponha para o esclarecimento do litígio (art. 9º).

A concessão de medidas urgentes e a sistemática recursal são as mesmas do Juizado Especial Federal.

4.5. Cumprimento de sentença

O cumprimento de sentença nos Juizados Especiais da Fazenda Pública tem sistemática um pouco diversa daquela prevista para os Juizados Especiais Federais. No que se refere às obrigações de fazer, não fazer e entregar coisa, o cumprimento é semelhante, através da expedição de ofício à autoridade com cópia da sentença ou do acordo (art. 12). Em relação à obrigação de pagar quantia, porém, é preciso observar se o pagamento se dará por requisição de pequeno valor (RPV) ou por precatório.

É que o Juizado da Fazenda Pública é competente para processar e julgar causas de até 60 salários mínimos, mas o valor para pagamento das obrigações pecuniárias através de RPV é inferior a esse teto. Conforme determina o § 2º do artigo 13, cada ente político pode editar lei própria para fixação do valor de referência para as obrigações de pequeno valor. E, na ausência de lei específica, prevalecem os valores previstos no § 3º: 40 salários mínimos para Estados e Distrito Federal e 30 salários mínimos para Municípios.

Assim, se a condenação for de valor superior ao referido para pagamento por RPV, é necessária a expedição de precatório, sendo possível à parte vencedora renunciar ao montante excedente para receber seu crédito prontamente dentre do limite legal do pequeno valor (art. 13, § 5º).

Questões de Concurso

► **01. (PGM – São Paulo – 2015 – Vunesp)** Assinale a alternativa correta acerca do Juizado Especial da Fazenda Pública.

(A) Não podem ser ajuizadas perante o Juizado Especial da Fazenda Pública causas cujo valor supere 40 salários-mínimos.

(B) Admite-se a interposição de mandado de segurança perante o Juizado Especial da Fazenda Pública, desde que respeitado o valor limite de sua competência.

(C) Todas as sentenças estão sujeitas a reexame necessário pela Turma Recursal.

(D) No foro onde estiver instalado, sua competência é absoluta.

(E) O prazo para recorrer da sentença será contado em dobro quando o recorrente for pessoa jurídica de direito público.

► **02. (Defensor Público DP-MT – 2016 – UFMT)** Considerando o Sistema dos Juizados Especiais, tendo como norte a legislação vigente, marque V para as assertivas verdadeiras e F para as falsas.

( ) No sistema do Juizado Especial da Lei nº 9.099/1995, os embargos de declaração interrompem o prazo para a interposição de recurso, nos termos dos artigos 50 e 83 do referido diploma legal.

( ) O Juizado Especial Cível (Lei nº 9.099/1995) apresenta-se como uma opção ao autor. Como regra, sua competência abarca as causas cujo valor não exceda a quarenta vezes o salário mínimo e as ações possessórias sobre bens imóveis de valor não excedente a também quarenta vezes o salário mínimo.

( ) O Juizado Especial da Fazenda Pública (Lei nº 12.153/2009) ostenta competência absoluta, não opcional e de curso obrigatório. Como regra é competente para processar, conciliar e julgar causas cíveis de interesse dos Estados, do Distrito Federal, dos Territórios e dos Municípios, até o valor de 60 (sessenta) salários mínimos.

( ) Não é cabível ação rescisória no sistema do Juizado Especial Cível (Lei nº 9.099/1995).

( ) No âmbito do Juizado Especial Cível, é possível atacar decisão proferida pela Turma Recursal por meio de reclamação dirigida ao Superior Tribunal de Justiça, o que não ocorre no âmbito do Juizado da Fazenda Pública.

Assinale a sequência correta.

a) V, V, V, V, F

b) F, V, V, F, V

c) V, F, V, F, F

d) V, V, F, V, V

e) F, F, F, V, V

► **03. (Analista técnico – DPU – 2016 – Cespe)** Compete ao juizado especial federal cível processar, conciliar e julgar ações populares e mandados de segurança que impugnem atos de autoridades federais, se os valores das causas forem inferiores a sessenta salários mínimos.

► **04. (Analista técnico – DPU – 2016 – Cespe)** Nos juizados especiais cíveis, em razão de o processo seguir critérios de oralidade, economia processual e celeridade, é inaplicável o princípio do duplo grau de jurisdição.

► **05. (Analista técnico-administrativo DPU – 2016 – Cespe)** Nos juizados especiais federais cíveis, não há reexame necessário nem prazos diferenciados, em relação ao particular, para a fazenda pública.

► **06. (Procurador – Porto Alegre-RS – 2016 – Fundatec)** Em matéria de Juizados Especiais da Fazenda Pública (Lei nº 12.153/09), assinale a alternativa INCORRETA.

a) A competência em razão do Juizado Especial da Fazenda Pública é absoluta.

b) As autarquias, fundações e empresas públicas vinculadas a determinado Município podem ser partes como réus nos Juizados Especiais da Fazenda Pública.

c) Nos Juizados Especiais da Fazenda Pública, não há prazo diferenciado para a prática de qualquer ato processual pelas pessoas jurídicas de direito público, salvo a interposição de recursos e a contestação.

d) Não se incluem na competência do Juizado Especial da Fazenda Pública, as ações por improbidade administrativa, mandado de segurança, desapropriação e as demandas sobre direitos ou interesses difusos e coletivos.

e) A entidade pública ré deverá fornecer ao Juizado a documentação de que disponha para o esclarecimento da causa, apresentando-a até o momento de instalação da audiência de conciliação.

Questão	Gabarito	Breves comentários
01	D	Lei nº 12.153/2009, art. 3º, § 4º; v. item 4.1.
02	A	A questão cobra conhecimento de diferentes itens deste capítulo.
03	Errado	Art. 3º, § 1º, inc. I Lei nº 10.259/2001; v. item 3.1
04	Errado	V. item 3.4.1.
05	Certo	Art. 13 Lei nº 10.259/2001; v. item 3.4.1
06	C	Art. 7º Lei nº 12.153/2009; v. item 4.4.

Questão discursiva

► **(PGE-RJ – 2012)** Discorra sobre os meios de impugnação das decisões dos Juizados Especiais da Fazenda Pública.

Fundamentos para resposta
– é preciso fazer referência à interação entre as diferentes leis de juizados especiais – é possível indicar o cabimento do recurso de apelação (ou inominado, como preferem alguns), agravo de instrumento contra decisão de antecipação da tutela e pedido de uniformização de jurisprudência.

CAPÍTULO XXI

ARBITRAGEM COM O PODER PÚBLICO

1. INTRODUÇÃO[1]

Os tempos mudam. O palco de atuação da advocacia pública foi desde sempre e por excelência o Poder Judiciário. Não por outra razão, o nome deste livro é o Poder Público em *juízo*. E a associação é imediata com o Poder Judiciário, estatal, público.

Entretanto, o sentido de acesso à Justiça tem sofrido importantes releituras nas últimas duas décadas. De um lado, o Judiciário brasileiro dá sinais de esgotamento com números inacreditáveis de uma litigiosidade sem fim. Dados recentes do CNJ indicam a existência de mais de 100 milhões de ações em trâmite. Não há estrutura pública capaz de apresentar soluções efetivas e rápidas a um custo de recursos públicos eficiente. Disso resultam insatisfação social, certeza de anos litigando, descrença e insegurança jurídica.

De outro lado, cresceu entre os estudiosos e litigantes a certeza de que há outras formas de solucionar litígios, queixas, imbróglios que não estão limitadas à fórmula "*eu vou te processar*".[2]

Como consequência, o Brasil vê a ampliação dos meios alternativos de solução de controvérsias – hoje já chamados de meios adequados. Compõem esse elenco a negociação, a mediação e arbitragem.

O presente capítulo estuda um desses métodos, a arbitragem, mas com o escopo específico de trabalhar os institutos a partir do Poder Público.

---

1. O presente capítulo contou com a valiosa contribuição da acadêmica da faculdade de direito e membro da equipe de arbitragem da PUC-PR, Paula Aya Azevedo Arima.
2. Essa é uma tradução da frase *I will sue you*, repetida à exaustão em filmes norte-americanos.

2. CONCEITO

A solução de controvérsias pode ser dada de três maneiras distintas. Autotutela, autocomposição e heterocomposição.

A autotutela é a forma mais antiga de resolução de conflitos, porque está relacionada diretamente ao uso da força física para impor, sobrepor e subjugar o outro contendor. Já a autocomposição consiste na obtenção de um consenso entre as partes, um acordo, seja por meio de negociação direta entre as partes ou com o intermédio de um terceiro que auxilie e promova o diálogo. Nessa categoria estão a negociação, a conciliação e a mediação.

Por fim, a heterocomposição se caracteriza pela imposição cogente de uma solução por um terceiro. O papel do juiz ao sentenciar um litígio é justamente o de heterocomposição, pois impõe àquelas partes sua decisão. A arbitragem também é um método heterocompositivo, mas que não é administrada e provida pelo Estado. A arbitragem é forma de heterocomposição privada, ou seja, um terceiro escolhido pelas partes de comum acordo e sem vínculo com o Poder Judiciário proferirá a decisão a respeito do litígio, que será vinculante e terá a mesma força cogente de uma decisão judicial.[3] Ao ser escolhida a arbitragem, por meio de uma convenção, esse método de resolução de conflito se torna obrigatório; vale dizer, por ato voluntário, as partes abdicam da solução pela via da jurisdição estatal.

No Brasil, a arbitragem é regulada pela Lei nº 9.307/1996, alterada recentemente pela Lei n. 13.129/2015.

3. CONSTITUCIONALIDADE

A escolha da arbitragem importa renúncia à jurisdição estatal. Ocorre que a Constituição da República consagra o princípio da inafastabilidade do controle jurisdicional, conforme prevê o inciso XXXV do seu artigo 5º: "*a lei não excluirá da apreciação do Poder Judiciário lesão ou ameaça a direito*".

Por ocasião da edição da Lei nº 9.307/1996, foi suscitada a inconstitucionalidade desse mecanismo de solução de controvérsias, justamente ao argumento de que violaria garantia fundamental.

3. Nesse sentido: CARMONA, Carlos Alberto. *Arbitragem e Processo: um comentário à Lei nº 9.307/96*. 3ª ed. ver., atual. e ampl. – São Paulo: Atlas, 2009, p. 26; BERALDO, Leonardo de Faria. *Curso de Arbitragem: nos termos da Lei no 9.307/96*. São Paulo: Atlas, 2014, p. 1-5.

O STF examinou a matéria por ocasião da homologação de uma sentença estrangeira.[4] Após longa discussão, prevaleceu o entendimento de que as partes podem voluntariamente renunciar ao direito de recorrer à Justiça. O que se exclui por meio do compromisso arbitral é a via judicial, e não a jurisdição. As partes podem optar por levar o litígio (ou futuro litígio) à jurisdição arbitral, ao invés da jurisdição estatal, no exercício da autonomia da vontade. Trata-se, unicamente, do fim do monopólio da jurisdição estatal, da abertura para outros métodos de realização da justiça.[5]

Portanto, conclui-se que não há violação à Constituição a opção por celebrar convenções arbitrais para afastar o Judiciário da solução de litígios.

4. VANTAGENS DA ARBITRAGEM

O procedimento arbitral possui características próprias, que são vistas ora como vantagens, ora como desvantagens.

4.1. Escolha do árbitro

Uma vantagem bastante enaltecida é a possibilidade de escolha dos árbitros, conforme sua expertise na matéria. O juiz estatal, embora qualificado, transita por diferentes áreas do direito ao longo de sua judicatura – do cível ao penal, do administrativo ao ambiental. A arbitragem cresce cada vez mais na área de litígios empresariais. Em disputas como essas, os temas muitas vezes não fazem parte da expertise do juiz estatal – como discussões societárias, acordos de acionistas, contratos internacionais de operações bancárias etc.

Por meio da arbitragem, as partes podem escolher como julgador um árbitro que seja advogado experimentado naquela área ou um professor consagrado que dedicou décadas ao estudo do tema.

4.2. Flexibilidade procedimental

O procedimento arbitral pode ser modulado conforme o litígio a ser resolvido. Por não ser tão formal quanto o judicial, as partes têm maior espaço para dialogar com o árbitro como levarão adiante o procedimento arbitral.

4. STF: SE n. 5.206/ES, Rel. Min. Sepúlveda Pertence, Tribunal Pleno, julgado em 12/12/2001.
5. Neste sentido, BERALDO, Leonardo de Faria. op cit, 2014, pp. 5-7

É bem verdade que hoje o CPC-2015 abre espaço para as convenções processuais, mas, enquanto no Judiciário essa é uma prática ainda nova, na arbitragem se trata de questão já bem sedimentada. Além disso, o juiz estatal administra milhares de ações, o que torna difícil amoldar cada procedimento às peculiaridades e exigências do direito material. Por sua vez, o árbitro não se envolve em mais do que uma dezena de arbitragens simultaneamente, o que lhe possibilita focar especificamente nas peculiaridades de cada caso.

4.3. Possibilidade de escolha da lei aplicável

Além de questões procedimentais, outro aspecto relevante se refere à possibilidade de escolha do direito material que vai reger a arbitragem. Em contratos internacionais, essa é uma ferramenta extremamente útil. É possível, inclusive, afastar a aplicação de um direito positivo específico e optar pelo julgamento por equidade (art. 2º).

4.4. Confidencialidade

No Judiciário, a regra é a publicidade do trâmite dos processos. Já na arbitragem, prevalece a confidencialidade dos processos, o que é especialmente relevante no mundo empresarial. A notícia de um litígio pode gerar consequências negativas para os negócios da empresa.

4.5. Celeridade

Tramitam no Judiciário brasileiro mais de 100 milhões de ações. Ainda que a estrutura seja muito grande, o tempo médio de tramitação dos litígios é muito longo. Em demandas com o Poder Público, comumente se noticiam ações que tramitam há décadas sem solução definitiva.

O cenário na arbitragem é muito diferente. Como esse não é um método massificado para solução de milhares de litígios, cada instituição arbitral e cada árbitro lida com uma pequena quantidade de causas. Com isso, não há tempo morto de processos arbitrais em secretarias para aguardar a juntada de peças ou na *pilha da conclusão*. Além disso, a sentença arbitral é irrecorrível, de modo que encerrado procedimento, apresentadas alegações finais, o árbitro profere sentença arbitral, e o litígio chega ao fim. Processos arbitrais, mesmo de maior complexidade, são resolvidos, em geral, em menos de 2 anos.

5. PRINCÍPIOS DA ARBITRAGEM

O procedimento arbitral é informado por princípios do direito processual de base constitucional, como o devido processo legal, o contraditório e a ampla defesa. Há, porém, alguns princípios que orientam especificamente esse procedimento, a saber.

5.1. Autonomia da vontade das partes

Não há arbitragem compulsória no Brasil. Assim, a arbitragem depende da autonomia da vontade das partes, de uma manifestação de vontade de se vincular e se submeter ao que for decidido pelo árbitro.[6] Esse é um fator chave para entender a compatibilidade da arbitragem com a Constituição da República e o princípio da inafastabilidade do controle jurisdicional.

5.2. Autonomia da cláusula compromissória

O poder do árbitro para julgar o litígio advém da cláusula compromissória, em que as partes manifestam o desejo de resolver o litígio por meio de arbitragem. Uma vez concedido esse poder ao árbitro, seu poder decisório é pleno, inclusive para considerar o contrato nulo. É o que se extrai do artigo 8º da Lei de Arbitragem:

> **Art. 8º** A cláusula compromissória é autônoma em relação ao contrato em que estiver inserta, de tal sorte que a nulidade deste não implica, necessariamente, a nulidade da cláusula compromissória.

5.3. Kompetenz-kompetenz

O parágrafo único do artigo 8º da Lei de Arbitragem consagra o princípio Kompetenz-Kompetenz, de origem alemã. Esse princípio transmite a ideia de que cabe ao árbitro decidir sobre seu próprio poder de julgar. Por exemplo, se alguma das partes desafiar a jurisdição do árbitro, quem decide é ele próprio, e não o Poder Judiciário.

6. ESPÉCIES DE ARBITRAGEM

A arbitragem pode ser classificada em avulsa (*ad hoc*) ou institucional e em nacional ou internacional.

6.1. Arbitragem institucional ou avulsa (ad hoc)

Esse critério de classificação da arbitragem tem como parâmetro a identificação do responsável pela administração do litígio, ou seja, guarda dos autos, comunicações às partes, regulação das atividades etc.

6. BERALDO, Leonardo de Faria, op. cit, 2014, p. 8.

Na arbitragem avulsa ou *ad hoc*, as partes elegem um árbitro, a quem caberá julgar e também administrar o procedimento. Já na arbitragem institucional as partes escolhem uma instituição que desempenha papel semelhante ao de uma secretaria judicial. Além disso, as instituições arbitrais possuem seus próprios regulamentos, o que dá segurança às partes sobre a forma como o procedimento será conduzido. Algumas instituições arbitrais bastante conhecidas são a Corte Internacional de Arbitragem da Câmara de Comércio Internacional (CCI), a Câmara de Arbitragem Empresarial-Brasil (CAMARB) e o Centro de Comércio e Mediação da Câmara de Comércio Brasil Canadá (CAM-CCBC).

A Lei de Arbitragem estabelece no seu artigo 5º que "*Reportando-se as partes, na cláusula compromissória, às regras de algum órgão arbitral institucional ou entidade especializada, a arbitragem será instituída e processada de acordo com tais regras, podendo, igualmente, as partes estabelecer na própria cláusula, ou em outro documento, a forma convencionada para a instituição da arbitragem*".

Assim, caso as partes optem pela arbitragem institucional, deverão adotar o Regulamento da instituição arbitral escolhida.

O Poder Público pode se submeter a ambas as espécies de arbitragem. Esse é o entendimento do Fórum Permanente de Processualistas Civis:

> **En. 572.** (art. 1º, § 1º, da Lei 9.307/1996) A Administração Pública direta ou indireta pode submeter-se a uma arbitragem ad hoc ou institucional.

6.2. Arbitragem nacional ou internacional

A arbitragem pode também ser classificada em nacional e internacional. Não há distinção legal quanto aos procedimentos a serem adotados em cada uma das espécies.

O critério adotado para diferenciar a nacionalidade, e expresso no artigo 34, parágrafo único da Lei de Arbitragem é o local em que a sentença arbitral é proferida: "*considera-se sentença arbitral estrangeira a que tenha sido proferida fora do território nacional*".

Com a tendência, cada vez mais crescente, da internacionalização dos atos jurisdicionais, faz-se necessário o reconhecimento de sentenças arbitrais ou judiciais proferidas fora do território nacional. Para que produza efeitos no Brasil, a sentença arbitral estrangeira deve passar por processo de homologação no STJ. Após ser homologada, a sentença será executada na Justiça Federal.

Cabe aqui ressaltar a diferença entre reconhecimento da sentença arbitral estrangeira e sua execução em si. O reconhecimento, feito pelo STJ no processo de homologação, consiste em atribuir à sentença arbitral internacional o mesmo valor de uma proferida internamente. Por sua vez, a execução é feita perante a Justiça Federal para adimplemento da sentença arbitral já reconhecida.

7. ARBITRABILIDADE

Questão comumente posta é relativa à aplicabilidade da arbitragem. Quais conflitos podem ser resolvidos por arbitragem? Esse tema é conhecido na arbitragem como arbitrabilidade, conceito que se subdivide em subjetiva e objetiva.

O artigo 1º da Lei de Arbitragem prevê que "*as pessoas capazes de contratar poderão valer-se da arbitragem para dirimir litígios relativos a direitos patrimoniais disponíveis*". A partir da redação do dispositivo, vê-se que quem pode participar de procedimento arbitral são as pessoas capazes de contratar (arbitrabilidade subjetiva). Essas pessoas podem resolver litígios que tenham por objeto direitos patrimoniais disponíveis (arbitrabilidade objetiva).

Houve grande discussão sobre a possibilidade de submeter litígios com o Poder Público à arbitragem. Hoje a matéria está consolidada por expressa previsão legal. O § 1º do artigo 1º da Lei de Arbitragem prevê: "*A administração pública direta e indireta poderá utilizar-se da arbitragem para dirimir conflitos relativos a direitos patrimoniais disponíveis*".

Há, porém, algumas características e regras específicas para a arbitragem com o Poder Público. A arbitragem deve ser sempre de direito – afasta-se a possibilidade de julgamento por equidade. Além disso, não pode haver confidencialidade dos processos arbitrais que envolvam ente público (art. 1º, § 3º).

A manifestação de vontade para arbitragem deve ser dada pela autoridade ou órgão do Poder Público com competência para celebrar acordos ou transações (§ 2º).

8. CONVENÇÃO DE ARBITRAGEM

A convenção de arbitragem tem decorrência direta da autonomia da vontade das partes. Trata-se do acordo de vontades para resolver o litígio por arbitragem. É gênero, do qual são espécies o compromisso arbitral e a cláusula compromissória (art. 3º).

A diferença entre ambas diz respeito apenas ao momento de sua celebração. A cláusula compromissória é celebrada antes de surgir o litígio – como ocorre na assinatura de um contrato de concessão de serviços públicos com previsão de arbitragem. Já o compromisso arbitral é o acordo celebrado após o surgimento do litígio. A convenção de arbitragem possui natureza de negócio jurídico e pode ser bilateral ou multilateral.

A cláusula arbitral não precisa figurar obrigatoriamente no edital de licitação. Esse é o entendimento do Fórum Permanente de Processualistas Civis:

> **En. 571.** (art. 1º, §§1º e 2º, da Lei 9.307/1996) A previsão no edital de licitação não é pressuposto para que a Administração Pública e o contratado celebrem convenção arbitral.

No direito brasileiro não é admitida convenção de arbitragem oral – a convenção deve ser sempre escrita.

9. ÁRBITRO

O árbitro é a pessoa física indicada pelas partes – ou por delegação delas – para julgamento do litígio. É o patrimônio intelectual da arbitragem.

Como se diz comumente nos meios da comunidade arbitralista, ninguém "é árbitro". Não existe, em regra, uma profissão ou uma carreira fixa enquanto árbitro. A condição é de "estar árbitro". É uma condição restrita ao procedimento, ou seja, a jurisdição atribuída pelas partes é temporária.

De acordo com o artigo 13º da Lei de arbitragem, "*pode ser árbitro qualquer pessoa capaz e que tenha a confiança das partes*".

A escolha do árbitro deve tomar como ponto de partida a convenção arbitral. As partes podem prever critérios para escolha dos árbitros como, por exemplo, titulação mínima, formação acadêmica, área de atuação etc. Podem também as partes elaborar listas com nomes de árbitros para que seja, então, facultada a escolha à outra parte.

Em caso de arbitragem institucional, o processo de escolha deve seguir o regulamento escolhido. Algumas câmaras trabalham com lista fechada para árbitro ou presidente do painel, ou seja, as partes devem escolher os membros a compor o painel a partir de lista fechada oferecida pela instituição escolhida para dirimir o litígio.

Tal lista objetiva garantir o controle e a qualidade das decisões. Assim, não se pode dizer que tal prática viole o princípio da autonomia da vontade das partes visto que elas já exercem tal princípio ao escolher a câmara que tem por procedimento a escolha dos árbitros através de uma lista fechada.

As características do árbitro estão previstas no § 6º do artigo 13 da Lei de arbitragem, a saber:

(i) imparcialidade;

(ii) independência;

(iii) competência;

(iv) diligência; e

(v) discrição.

Imparcialidade é a isenção do árbitro em relação às partes. Não pode o árbitro ter qualquer tipo e interesse no resultado do conflito. O descumprimento da imparcialidade autoriza a invalidação da sentença (art. 32, inc. VIII da Lei de Arbitragem.)

A independência assemelha-se à imparcialidade, mas o foco é nos aspectos objetivos. O árbitro deve ser independente das partes em todas as formas. Não pode a elas estar sujeito ou ter qualquer tipo de vínculo, seja ele econômico, profissional, moral, social ou afetivo. Com isso objetiva-se garantir o livre convencimento sem influência de fatores externos.

A competência se refere ao conhecimento técnico a respeito do assunto objeto do litígio. Pode ser definida a partir de parâmetros previstos na convenção arbitral. O árbitro ser um especialista, entretanto, não dispensa possível perícia que possa vir a ser necessária. O perito é contratado para fazer a constatação técnica de um fato. Cabe ao árbitro fazer a valoração desse fato.

Diligência consiste na responsabilidade na condução e no gerenciamento do procedimento. Para poder aceitar ser árbitro, deve a pessoa ter disponibilidade de tempo para se comprometer com uma atuação ativa, leitura dedicada dos autos e preparação prévia para as audiências.

Por último, a discrição deve estar presente tanto em procedimentos confidenciais – que são a regra – quanto aquele sem confidencialidade. Não pode o árbitro propagar ou comentar fatos, provas ou detalhes pormenorizados do procedimento.

O árbitro, no exercício das funções, é equiparado ao funcionário público. Assim, pode o árbitro responder, inclusive, penalmente. No âmbito civil o árbitro é juiz de fato e de direito (art. 18).

10. PROCEDIMENTO ARBITRAL

O procedimento arbitral se inicia com a instauração e a organização do procedimento para em seguida se desenvolver. Vejamos essas etapas.

10.1. Instauração e organização

A base da instauração é a análise da convenção arbitral. Deve-se observar se a cláusula prevê arbitragem avulsa ou institucional, por exemplo. Caso seja arbitragem avulsa (*ad hoc*), o pedido deverá ser dirigido à pessoa indicada como árbitro no compromisso arbitral. Aceito o encargo, devem ser seguidas as regras de procedimento estabelecidas pelas partes ou definidas pelo próprio árbitro. A parte adversária é convocada para a assinatura do termo de arbitragem.

A parte adversária poderá apresentar defesa referente a nomeação do árbitro ou vícios da convenção. A decisão a esse respeito caberá ao árbitro, salvo previsão diversa na convenção arbitral.

Caso seja arbitragem institucional, é necessária a observância do regulamento. Em geral, os regulamentos exigem a apresentação de requerimento de arbitragem dirigido à entidade com: **(i)** notícia do conflito (através de uma narrativa sucinta); **(ii)** comprovação de existência de cláusula arbitral ou compromisso arbitral; **(iii)** indicação de árbitro ou pedido de nomeação; e **(iv)** o pedido e valor da causa.

Após o requerimento, a entidade arbitral procede à nomeação do árbitro eleito pela parte ou escolhido pela própria instituição. Posteriormente comunica a parte contrária e a convida para assinatura do termo de arbitragem.

Com a aceitação do presidente e dos coárbitros, fica instituída a arbitragem; é o momento em que se considera formada a jurisdição do tribunal arbitral.

Na etapa seguinte, faz-se a organização da arbitragem, cujo objetivo é definir como se processará o litígio. Ocorrerá, então, uma audiência inicial ou reunião para assinatura do termo de arbitragem ou ata de missão. Trata-se de um documento por meio do qual a convenção arbitral é explicitada. É nele que são corrigidas falhas e sanadas irregularidades. Indicam-se a sede, a lei aplicável, o idioma e o local de desenvolvimento bem como destinatários das peças e manifestações.

É por meio desse documento que se fixa o objeto da arbitragem. Tem-se a identificação precisa do litígio. A indicação das questões controvertidas, com detalhes de sua extensão, bem como o valor em disputa e a responsabilidade pelo pagamento de custas. Definem-se também os poderes do árbitro, determinando, por exemplo, que este poderá proferir sentenças parciais.

Por fim, o termo de arbitragem tem por objetivo estabelecer o cronograma ou calendário provisório a ser seguido pelas partes.

10.2. Fase postulatória

Ao contrário do que se dá com o procedimento judicial comum, a fase postulatória não se dá com a primeira manifestação do requerente. No processo judicial, a parte autora apresenta em sua petição inicial todos os argumentos para sustentar sua pretensão.

Na arbitragem, o requerimento de instauração da arbitração é simples e sucinto. Apenas depois de instaurada a arbitragem, com formação do tribunal arbitral e assinatura do termo de arbitragem é que o requerente e o requerido apresentam suas alegações iniciais e pedidos contrapostos.

10.3. Fase probatória

É nessa fase que serão ouvidos os depoimentos das partes. Trata-se de etapa útil para litígios que discutem fatos e não apenas teses jurídicas. A informalidade é sempre ressaltada no procedimento arbitral, não seria diferente na oitiva das partes; qualquer integrante do Tribunal Arbitral e advogados fazem perguntas diretas ao depoente, seguidas de reperguntas – obviamente com a devida urbanidade.

Não há condução coercitiva para depoimento das partes. Em caso de ausência de um dos depoentes, não há confissão ficta, mas o árbitro pode levar em consideração a falta da parte (art. 22, § 2º).

No depoimento de testemunhas são esclarecidas questões fáticas. As testemunhas não podem opinar ou valorar os fatos questionados. Não há exigência expressa de intimação para comparecimento, sendo, geralmente, os advogados responsáveis pela entrega das notificações. Por não haver carta precatória, é necessário que o Tribunal Arbitral se desloque para ouvir as testemunhas no local de residência.

10.4. Tutela provisória na arbitragem

Havendo probabilidade do direito e perito de dano ao resultado útil do processo, pode ser requerida tutela provisória. Enquanto não instituída a arbitragem, a medida deve ser requerida diretamente ao Judiciário. Assim que deferida a medida, a parte requerente tem prazo de 30 dias para requerer a instituição de procedimento arbitral, conforme estabelece o artigo 22-A da Lei de Arbitragem.

Em seguida, instaurada a arbitragem, cabe ao árbitro manter, modificar ou revogar a tutela de urgência concedida (art. 22-B).

11. SENTENÇA ARBITRAL

A sentença arbitral é o pronunciamento do árbitro que entrega a prestação jurisdicional. Não há necessidade de homologação da sentença arbitral pelo Judiciário. Será na sentença que o árbitro decidirá sobre pagamento de custas e despesas.

Não cabe recurso de mérito contra a sentença arbitral, mas as partes podem apresentar pedido de esclarecimento ou correção de erro material (art. 30).

Caso não seja cumprida espontaneamente, a sentença arbitral passará por procedimento judicial de cumprimento, por se tratar de título executivo judicial.

Questões de Concurso

► **01. (IESES – Cartório – Provimento – TJ – CE/2018)** Analise as assertivas abaixo e, de acordo com o que dispõe a legislação vigente sobre arbitragem (lei 9.307/96), assinale a alternativa correta:

I. As pessoas capazes poderão contratar a arbitragem para dirimir litígios relativos a direitos patrimoniais, disponíveis ou indisponíveis.

II. A administração pública direta poderá contratar a arbitragem para dirimir litígios relativos a direitos patrimoniais disponíveis.

III. A cláusula compromissória arbitral escrita pode estar inserta no próprio contrato ou em documento apartado que a ele se refira.

IV. O árbitro deverá ser capaz e ter concluído curso superior.

a) Todas as assertivas estão incorretas.

b) Todas as assertivas estão corretas.

c) As assertivas II e III estão corretas.

d) Apenas a assertiva I está incorreta.

► **02. (Cartório – Remoção – TJ-CE – 2018 – Ieses)** Em relação à Lei de arbitragem, é correto afirmar, EXCETO:

a) Poderão as partes escolher, livremente, as regras de direito que serão aplicadas na arbitragem, desde que não haja violação aos bons costumes e à ordem pública.

b) É vedada a administração pública direta e indireta utilizar-se da arbitragem para dirimir conflitos relativos a direitos patrimoniais disponíveis.

c) A arbitragem poderá ser de direito ou de equidade, a critério das partes.

d) As pessoas capazes de contratar poderão valer-se da arbitragem para dirimir litígios relativos a direitos patrimoniais disponíveis.

Questão	Gabarito	Breves comentários
01	C	Art. 1º,§ 1º, art. 4º, § 1º; v. itens 7 e 8.
02	B	Art. 1º, § 1º; v. item 7

ANEXO I

SÚMULAS DO STJ E STF SOBRE DIREITO PROCESSUAL PÚBLICO

SUPERIOR TRIBUNAL DE JUSTIÇA

Súmula 2. Não cabe o habeas data (CF, art. 5º, LXXII, letra "a") se não houve recusa de informações por parte da autoridade administrativa.

Súmula 12. Em desapropriação, são cumuláveis juros compensatórios e moratórios.

Súmula 45. No reexame necessário, é defeso, ao Tribunal, agravar a condenação imposta à Fazenda Pública.

Súmula 46. Na execução por carta, os embargos do devedor serão decididos no juízo deprecante, salvo se versarem unicamente vícios ou defeitos da penhora, avaliação ou alienação de bens.

Súmula 58. Proposta a execução fiscal, a posterior mudança de domicílio do executado não desloca a competência já fixada.

Súmula 66. Compete à Justiça Federal processar e julgar execução fiscal promovida por conselho de fiscalização profissional.

Súmula 67. Na desapropriação, cabe a atualização monetária, ainda que por mais de uma vez, independente do decurso de prazo superior a um ano entre o cálculo e o efetivo pagamento da indenização.

Súmula 69. Na desapropriação direta, os juros compensatórios são devidos desde a antecipada imissão na posse e, na desapropriação indireta, a partir da efetiva ocupação do imóvel.

Súmula 70. Os juros moratórios, na desapropriação direta ou indireta, contam-se desde o trânsito em julgado da sentença.

Obs.: entendimento superado

Súmula 85. Nas relações de trato sucessivo em que a Fazenda Pública figure como devedor, quando não tiver sido negado o próprio direito reclamado, a prescrição atinge apenas as prestações vencidas antes do quinquênio anterior à propositura da ação.

Súmula 105. Na ação de mandado de segurança não se admite condenação em honorários advocatícios.

Súmula 106. Proposta a ação no prazo fixado para o seu exercício, a demora na citação, por motivos inerentes ao mecanismo da Justiça, não justifica o acolhimento da arguição de prescrição ou decadência.

Súmula 111. Os honorários advocatícios, nas ações previdenciárias, não incidem sobre as prestações vencidas após a sentença.

Súmula 112. O depósito somente suspende a exigibilidade do crédito tributário se for integral e em dinheiro.

Súmula 113. Os juros compensatórios, na desapropriação direta, incidem a partir da imissão na posse, calculados sobre o valor da indenização, corrigido monetariamente.

Súmula 121. Na execução fiscal, o devedor deverá ser intimado, pessoalmente, do dia e da hora da realização do leilão.

Súmula 128. Na execução fiscal, haverá segundo leilão, se no primeiro não houver lanço superior à avaliação.

Súmula 131. Nas ações de desapropriação incluem-se no cálculo da verba advocatícia as parcelas relativas aos juros compensatórios e moratórios, devidamente corrigidas.

Súmula 141. Os honorários de advogado em desapropriação direta são calculados sobre a diferença entre a indenização e a oferta, corrigidas monetariamente.

Súmula 144. Os créditos de natureza alimentícia gozam de preferência, desvinculados os precatórios da ordem cronológica dos créditos de natureza diversa.

Súmula 150. Compete à Justiça Federal decidir sobre a existência de interesse jurídico que justifique a presença, no processo, da União, suas autarquias ou empresas públicas.

Súmula 153. A desistência da execução fiscal, após o oferecimento dos embargos, não exime o exequente dos encargos da sucumbência.

Súmula 175. Descabe o depósito prévio nas ações rescisórias propostas pelo INSS.

Súmula 178. O INSS não goza de isenção do pagamento de custas e emolumentos, nas ações acidentárias e de benefícios propostas na Justiça Estadual.

Súmula 189. É desnecessária a intervenção do Ministério Público nas execuções fiscais.

Súmula 190. Na execução fiscal, processada perante a Justiça Estadual, cumpre à Fazenda Pública adiantar o numerário destinado ao custeio das despesas com o transporte dos oficiais de justiça.

Súmula 196. Ao executado que, citado por edital ou por hora certa, permanecer revel, será nomeado curador especial, com legitimidade para apresentação de embargos.

Súmula 202. A impetração de segurança por terceiro, contra ato judicial, não se condiciona à interposição de recurso.

Súmula 203. Não cabe recurso especial contra decisão proferida por órgão de segundo grau dos Juizados Especiais.

Súmula 212. A compensação de créditos tributários não pode ser deferida em ação cautelar ou por medida liminar cautelar ou antecipatória.

Súmula 213. O mandado de segurança constitui ação adequada para a declaração do direito à compensação tributária.

Súmula 217. Não cabe agravo de decisão que indefere o pedido de suspensão da execução da liminar, ou da sentença em mandado de segurança.

Obs.: súmula cancelada.

Súmula 232. A Fazenda Pública, quando parte no processo, fica sujeita à exigência do depósito prévio dos honorários do perito.

Súmula 253. O art. 557 do CPC, que autoriza o relator a decidir o recurso, alcança o reexame necessário.

Súmula 279. É cabível execução por título extrajudicial contra a Fazenda Pública.

Súmula 311. Os atos do presidente do tribunal que disponham sobre o processamento e pagamento de precatório não tem caráter jurisdicional.

Súmula 314. Em execução fiscal, não localizados bens penhoráveis, suspende-se o processo por um ano, findo o qual se inicia o prazo da prescrição quinquenal intercorrente.

Súmula 325. A remessa oficial devolve ao Tribunal o reexame de todas as parcelas da condenação suportadas pela Fazenda Pública, inclusive dos honorários de advogado.

Súmula 329. O Ministério Público tem legitimidade para propor ação civil pública em defesa do patrimônio público.

Súmula 333. Cabe mandado de segurança contra ato praticado em licitação promovida por sociedade de economia mista ou empresa pública.

Súmula 345. São devidos honorários advocatícios pela Fazenda Pública nas execuções individuais de sentença proferida em ações coletivas, ainda que não embargadas.

Súmula 348. Compete ao Superior Tribunal de Justiça decidir os conflitos de competência entre juizado especial federal e juízo federal, ainda que da mesma seção judiciária.

Observação: súmula cancelada.

Súmula 349. Compete à Justiça Federal ou aos juízes com competência delegada o julgamento das execuções fiscais de contribuições devidas pelo empregador ao FGTS.

Súmula 354. A invasão do imóvel é causa de suspensão do processo expropriatório para fins de reforma agrária.

Súmula 376. Compete à turma recursal processar e julgar o mandado de segurança contra ato de juizado especial.

Súmula 392. A Fazenda Pública pode substituir a certidão de dívida ativa (CDA) até a prolação da sentença de embargos, quando se tratar de correção de erro material ou formal, vedada a modificação do sujeito passivo da execução.

Súmula 393. A exceção de pré-executividade é admissível na execução fiscal relativamente às matérias conhecíveis de ofício que não demandem dilação probatória.

Súmula 394. É admissível, em embargos à execução, compensar os valores de imposto de renda retidos indevidamente na fonte com os valores restituídos apurados na declaração anual.

Súmula 400. O encargo de 20% previsto no DL nº 1.025/1969 é exigível na execução fiscal proposta contra a massa falida.

Súmula 406. A Fazenda Pública pode recusar a substituição do bem penhorado por precatório.

Súmula 409. Em execução fiscal, a prescrição ocorrida antes da propositura da ação pode ser decretada de ofício (art. 219, § 5º, do CPC).

Súmula 414. A citação por edital na execução fiscal é cabível quando frustradas as demais modalidades.

Súmula 428. Compete ao Tribunal Regional Federal decidir os conflitos de competência entre juizado especial federal e juízo federal da mesma seção judiciária.

Súmula 435. Presume-se dissolvida irregularmente a empresa que deixar de funcionar no seu domicílio fiscal, sem comunicação aos órgãos competentes, legitimando o redirecionamento da execução fiscal para o sócio-gerente.

Súmula 451. É legítima a penhora da sede do estabelecimento comercial.

Súmula 452. A extinção das ações de pequeno valor é faculdade da Administração Federal, vedada a atuação judicial de ofício.

Súmula 460. É incabível o mandado de segurança para convalidar a compensação tributária realizada pelo contribuinte.

Súmula 461. O contribuinte pode optar por receber, por meio de precatório ou por compensação, o indébito tributário certificado por sentença declaratória transitada em julgado.

Súmula 462. Nas ações em que representa o FGTS, a CEF, quando sucumbente, não está isenta de reembolsar as custas antecipadas pela parte vencedora.

Súmula 467. Prescreve em cinco anos, contados do término do processo administrativo, a pretensão da Administração Pública de promover a execução da multa por infração ambiental.

Súmula 483. O INSS não está obrigado a efetuar depósito prévio do preparo por gozar das prerrogativas e privilégios da Fazenda Pública.

Súmula 490. A dispensa de reexame necessário, quando o valor da condenação ou do direito controvertido for inferior a sessenta salários mínimos, não se aplica a sentenças ilíquidas.

Súmula 497. Os créditos das autarquias federais preferem aos créditos da Fazenda estadual desde que coexistam penhoras sobre o mesmo bem.

Súmula 515. A reunião de execuções fiscais contra o mesmo devedor constitui faculdade do Juiz.

Súmula 521. A legitimidade para a execução fiscal de multa pendente de pagamento imposta em sentença condenatória é exclusiva da Procuradoria da Fazenda Pública.

Súmula 525. A Câmara de Vereadores não possui personalidade jurídica, apenas personalidade judiciária, somente podendo demandar em juízo para defender os seus direitos institucionais.

Súmula 558. Em ações de execução fiscal, a petição inicial não pode ser indeferida sob o argumento da falta de indicação do CPF e/ou RG ou CNPJ da parte executada.

Súmula 559. Em ações de execução fiscal, é desnecessária a instrução da petição inicial com o demonstrativo de cálculo do débito, por tratar-se de requisito não previsto no art. 6º da Lei nº 6.830/1980.

Súmula 560. A decretação da indisponibilidade de bens e direitos, na forma do art. 185-A do CTN, pressupõe o exaurimento das diligências na busca por bens penhoráveis, o qual fica caracterizado quando infrutíferos o pedido de constrição sobre ativos financeiros e a expedição de ofícios aos registros públicos do domicílio do executado, ao Denatran ou Detran.

Súmula 583. O arquivamento provisório previsto no art. 20 da Lei nº 10.522/2002, dirigido aos débitos inscritos como dívida ativa da União pela Procuradoria-Geral da Fazenda Nacional ou por ela cobrados, não se aplica às execuções fiscais movidas pelos conselhos de fiscalização profissional ou pelas autarquias federais.

Súmula 604. O mandado de segurança não se presta para atribuir efeito suspensivo a recurso criminal interposto pelo Ministério Público.

Súmula 622. A notificação do auto de infração faz cessar a contagem da decadência para a constituição do crédito tributário; exaurida a instância administrativa com o decurso do prazo para a impugnação ou com a notificação de seu julgamento definitivo e esgotado o prazo concedido pela Administração para o pagamento voluntário, inicia-se o prazo prescricional para a cobrança judicial.

Súmula 625. O pedido administrativo de compensação ou de restituição não interrompe o prazo prescricional para a ação de repetição de indébito tributário de que trata o art. 168 do CTN nem o da execução de título judicial contra a Fazenda Pública.

Súmula 628. A teoria da encampação é aplicada no mandado de segurança quando presentes, cumulativamente, os seguintes requisitos: a) existência de vínculo hierárquico entre a autoridade que prestou informações e a que ordenou a prática do ato impugnado; b) manifestação a respeito do mérito nas informações prestadas; e c) ausência de modificação de competência estabelecida na Constituição Federal.

SUPREMO TRIBUNAL FEDERAL

Súmula 101. O mandado de segurança não substitui a ação popular.

Súmula 164. No processo de desapropriação, são devidos juros compensatórios desde a antecipada imissão de posse, ordenada pelo juiz, por motivo de urgência.

Súmula 266. Não cabe mandado de segurança contra lei em tese.

Súmula 267. Não cabe mandado de segurança contra ato judicial passível de recurso ou correição.

Súmula 268. Não cabe mandado de segurança contra decisão judicial com trânsito em julgado.

Súmula 269. O mandado de segurança não é substitutivo da ação de cobrança.

Súmula 271. Concessão de mandado de segurança não produz efeitos patrimoniais em relação a período pretérito, os quais devem ser reclamados administrativamente ou pela via judicial própria.

Súmula 272. Não se admite como ordinário recurso extraordinário de decisão denegatória de mandado de segurança.

Súmula 304. Decisão denegatória de mandado de segurança, não fazendo coisa julgada contra o impetrante, não impede o uso da ação própria.

Súmula 365. Pessoa jurídica não tem legitimidade para propor ação popular.

Súmula 368. Não há embargos infringentes no processo de reclamação

---

Súmula 383. A prescrição em favor da Fazenda Pública recomeça a correr, por dois anos e meio, a partir do ato interruptivo, mas não fica reduzida aquém de cinco anos, embora o titular do direito a interrompa durante a primeira metade do prazo.

Súmula 405. Denegado o mandado de segurança pela sentença, ou no julgamento do agravo, dela interposto, fica sem efeito a liminar concedida, retroagindo os efeitos da decisão contrária.

Súmula 416. Pela demora no pagamento do preço da desapropriação, não cabe indenização complementar além dos juros.

Súmula 423. Não transita em julgado a sentença por haver omitido o recurso *ex officio*, que se considera interposto *ex lege*.

Súmula 430. O pedido de reconsideração na via administrativa não interrompe o prazo para o mandado de segurança.

Súmula 506. O agravo a que se refere o art. 4º da Lei nº 4.348, de 26.6.64, cabe, somente, do despacho do Presidente do Supremo Tribunal Federal que defere a suspensão da liminar, em mandado de segurança; não do que a denega.

Obs.: a súmula foi cancelada.

Súmula 507. A ampliação dos prazos a que se refere o art. 32 do código de processo civil aplica-se aos executivos fiscais.

Súmula 510. Praticado o ato por autoridade no exercício de competência delegada, contra ela cabe o mandado de segurança ou a medida judicial.

Súmula 512. Não cabe condenação em honorários de advogado na ação de mandado de segurança.

Súmula 519. Aplica-se aos executivos fiscais o princípio da sucumbência a que se refere o art. 64 do código de processo civil

Súmula 561. Em desapropriação, é devida a correção monetária até a data do efetivo pagamento da indenização, devendo proceder-se à atualização do cálculo, ainda que por mais de uma vez.

Súmula 597. Não cabem embargos infringentes de acórdão que, em mandado de segurança, decidiu por maioria de votos, a apelação.

Súmula 617. A base de cálculo dos honorários de advogado em desapropriação é a diferença entre a oferta e a indenização, corrigidas ambas monetariamente.

Súmula 618. Na desapropriação, direta ou indireta, a taxa de juros compensatórios é de 12% (doze por cento) ao ano.

Súmula 620. A sentença proferida contra autarquias não está sujeita a reexame necessário, salvo quando sucumbente em execução de dívida ativa.

Obs.: A súmula está superada.

Súmula 622. Não cabe agravo regimental contra decisão do relator que concede ou indefere liminar em mandado de segurança.

Obs.: A súmula não é mais aplicável (LMS, art. 19, p.ú.).

Súmula 625. Controvérsia sobre matéria de direito não impede concessão de mandado de segurança.

Súmula 626. A suspensão da liminar em mandado de segurança, salvo determinação em contrário da decisão que a deferir, vigorará até o trânsito em julgado da decisão definitiva de concessão da segurança ou, havendo recurso, até a sua manutenção pelo Supremo Tribunal Federal, desde que o objeto da liminar deferida coincida, total ou parcialmente, com o da impetração.

Súmula 627. No mandado de segurança contra a nomeação de magistrado da competência do presidente da república, este é considerado autoridade coatora, ainda que o fundamento da impetração seja nulidade ocorrida em fase anterior do procedimento.

Súmula 629. A impetração de mandado de segurança coletivo por entidade de classe em favor dos associados independe da autorização destes.

Súmula 630. A entidade de classe tem legitimação para o mandado de segurança ainda quando a pretensão veiculada interesse apenas a uma parte da respectiva categoria.

Súmula 631. Extingue-se o processo de mandado de segurança se o impetrante não promove, no prazo assinado, a citação do litisconsorte passivo necessário.

Súmula 632. É constitucional lei que fixa o prazo de decadência para a impetração de mandado de segurança.

Súmula 640. É cabível recurso extraordinário contra decisão proferida por juiz de primeiro grau nas causas de alçada, ou por turma recursal de juizado especial cível e criminal.

Súmula 652. Não contraria a Constituição o art. 15, § 1º, do Decreto-Lei 3365/1941 (Lei da desapropriação por utilidade pública).

Súmula 655. A exceção prevista no art. 100 *caput*, da Constituição, em favor dos créditos de natureza alimentícia, não dispensa a expedição de precatório, limitando-se a isentá-los da observância da ordem cronológica dos precatórios decorrentes de condenação de outra natureza.

Súmula 727. Não pode o magistrado deixar de encaminhar ao Supremo Tribunal Federal o agravo de instrumento interposto da decisão que não admite recurso extraordinário, ainda que referente a causa instaurada no âmbito dos juizados especiais.

Súmula 733. Não cabe recurso extraordinário contra decisão proferida no processamento de precatórios.

Súmula 734. Não cabe reclamação quando já houver transitado em julgado o ato judicial que se alega tenha desrespeitado decisão do Supremo Tribunal Federal.

SÚMULAS VINCULANTES DO STF

Súmula Vinculante 17. Durante o período previsto no parágrafo 1º do artigo 100 da Constituição, não incidem juros de mora sobre os precatórios que nele sejam pagos.

Súmula vinculante 21. É inconstitucional a exigência de depósito ou arrolamento prévios de dinheiro ou bens para admissibilidade de recurso administrativo.

Súmula Vinculante 28. É inconstitucional a exigência de depósito prévio como requisito de admissibilidade de ação judicial na qual se pretenda discutir a exigibilidade de crédito tributário.

Súmula Vinculante 47. Os honorários advocatícios incluídos na condenação ou destacados do montante principal devido ao credor consubstanciam verba de natureza alimentar cuja satisfação ocorrerá com a expedição de precatório ou requisição de pequeno valor, observada ordem especial restrita aos créditos dessa natureza.

ANEXO II

SÚMULAS E ORIENTAÇÕES NORMATIVAS DA AGU

Este Anexo II contém as súmulas e orientações normativas da AGU. Ao contrário das súmulas do STJ e do STF do anexo anterior, não nos limitamos àquelas que tratam do direito processual.

Como boa parte do público leitor almeja as carreiras da advocacia pública federais, pareceu-nos adequado disponibilizar esse material para leitura. Muitas vezes, questões de segunda fase aliam questões de direito processual e material. Por isso, conhecer a posição da Instituição sobre os temas das questões pode ser determinante para a aprovação. Ainda que sem a pretensão de nos aventurarmos em digressões teóricas sobre os diversos assuntos tratados abaixo, montamos este anexo para dar uma singela contribuição aos leitores.

Naturalmente, aqueles focados em concursos de advocacia pública estadual ou municipal podem prescindir da leitura deste material.

SÚMULAS DA AGU

Súmula nº 01/1997. A decisão judicial que conceder reajustes referentes à URP de abril e maio de 1988 na proporção de 7/30 (sete trinta avos) de 16,19 %, incidentes sobre a remuneração do mês de abril e, no mesmo percentual, sobre a do mês de maio, não cumulativos, não será impugnada por recurso.

Súmula nº 02/1997. Não se recorrerá da decisão judicial que reconhecer o direito de reajuste, nos termos do art. 8º do Decreto-Lei nº 2.335, de 12 de junho de 1987, ao adiantamento pecuniário concedido em janeiro de 1988 aos servidores do Ministério da Previdência e Assistência Social e dos extintos Instituto Nacional de Assistência Médica da Previdência Social – INAMPS, Instituto Nacional de Previdência Social – INPS e Instituto de Administração Financeira da Previdência e Assistência Social – IAPAS, por conta do Plano de Classificação de Cargos e Salários (PCCS).

Obs.: Revogada pelo Ato do Advogado-Geral da União de 19.7.2004 (DOU I 26, 27, e 28.7.2004).

Súmula nº 03/2000. Não se recorrerá da decisão judicial que conceder reajuste de 28,86% sobre os vencimentos do servidor público civil, em decorrência da Lei nº 8.627/93, com a dedução dos percentuais concedidos ao servidor, pela mesma lei, a título de reposicionamento. Os recursos já interpostos contra decisões semelhantes serão objeto de pedidos de desistência.

Obs.: Revogada pelo Ato do Advogado-Geral da União de 19.7.2004, em razão da expedição da IN-3/2004 (AGU) (DOU I 26.7.2004).

Súmula nº 04/2000. Salvo para defender o seu domínio sobre imóveis que estejam afetados ao uso público federal, a União não reivindicará o domínio de terras situadas dentro dos perímetros dos antigos aldeamentos indígenas de São Miguel e de Guarulhos, localizados no Estado de São Paulo, e desistirá de reivindicações que tenham como objeto referido domínio.

Obs.: Redação alterada pelo Ato de 19 de julho de 2004.

Súmula nº 05/2001. Da decisão que negar seguimento a recurso trabalhista, exclusivamente por inobservância de pressupostos processuais de sua admissibilidade, não se interporá recurso extraordinário.

Obs.: Revogada pelo Ato do Advogado-Geral da União de 19.7.2004, em razão da expedição da IN-4/2004 (AGU) (DOU I 26.7.2004).

Súmula nº 06/2001. A companheira ou companheiro de militar falecido após o advento da Constituição de 1988 faz jus à pensão militar, quando o beneficiário da pensão esteja designado na declaração preenchida em vida pelo contribuinte ou quando o beneficiário comprove a união estável, não afastadas situações anteriores legalmente amparadas.

Obs.: Redação alterada pelo ato de 27 de setembro de 2005.

Súmula nº 07/2001. A aposentadoria de servidor público tem natureza de benefício previdenciário e pode ser recebida cumulativamente com a pensão especial prevista no art. 53, inciso II, do Ato das Disposições Constitucionais Transitórias, devida a ex-combatente (no caso de militar, desde que haja sido licenciado do serviço ativo e com isso retornado à vida civil definitivamente – art.1º da Lei nº 5.315, de 12.9.1967).

Obs.: Redação alterada pelo Ato de 1º de agosto de 2006.

Súmula nº 08/2001. O direito à pensão de ex-combatente é regido pelas normas legais em vigor à data do evento morte. Tratando-se de reversão do benefício à filha mulher, em razão do falecimento da própria mãe que a vinha recebendo, consideram-se não os preceitos em vigor quando do óbito desta última, mas do primeiro, ou seja, do ex-combatente.

Obs.: Redação alterada pelo Ato de 27 de setembro de 2005.

Súmula nº 09/2001. Da decisão judicial que determinar a aplicação do índice de 3,17% aos vencimentos dos servidores públicos, com fundamento na Lei nº 8.880/94, não se interporá recurso.

Obs.: Revogada pelo Ato do Advogado-Geral da União de 19.7.2004, em razão da expedição da IN-5/2004 (AGU) (DOU I 26.7.2004).

Súmula nº 10/2002. Não está sujeita a recurso a decisão judicial que entender incabível a remessa necessária nos embargos à execução de título judicial opostos pela Fazenda Pública,

ressalvadas aquelas que julgarem a liquidação por arbitramento ou artigo, nas execuções de sentenças ilíquidas.

Obs.: Redação alterada pelo Ato AGU de 19 de julho de 2004.

Súmula nº 11/2002. A faculdade, prevista no art. 557 do CPC, de se negar seguimento, monocraticamente, a recurso manifestamente inadmissível, improcedente, prejudicado ou em confronto com súmula ou com jurisprudência dominante do respectivo tribunal, do Supremo Tribunal Federal, ou dos Tribunais Superiores, alcança também a remessa necessária.

Obs.: Redação alterada pelo Ato de 19 de julho de 2004.

Súmula nº 12/2002. É facultado ao segurado ajuizar ação contra a instituição previdenciária perante o Juízo Federal do seu domicílio ou nas Varas Federais da capital do Estado-membro.

Obs.: Redação alterada pelo Ato de 19 de julho de 2004.

Súmula nº 13/2002. A multa fiscal moratória, por constituir pena administrativa, não se inclui no crédito habilitado em falência regida pela legislação anterior à Lei nº 11.101, de 9 de fevereiro de 2005.

Obs.: Redação alterada pelo Ato de 06 de fevereiro de 2007.

Súmula nº 14/2002. Aplica-se apenas a taxa SELIC, em substituição à correção monetária e juros, a partir de 1º de janeiro de 1996, nas compensações ou restituições de contribuições previdenciárias.

Obs.: Redação alterada pelo Ato de 06 de fevereiro de 2007.

Súmula nº 15/2002. A suspeita de fraude na concessão de benefício previdenciário não enseja, de plano, a sua suspensão ou cancelamento, mas dependerá de apuração em procedimento administrativo, observados os princípios do contraditório e da ampla defesa.

Obs.: Redação alterada pelo Ato de 16 de outubro de 2008.

Súmula nº 16/2002. O servidor estável investido em cargo público federal, em virtude de habilitação em concurso público, poderá desistir do estágio probatório a que é submetido com apoio no art. 20 da Lei nº 8.112, de 11 de dezembro de 1990, e ser reconduzido ao cargo inacumulável de que foi exonerado, a pedido.

Obs.: Redação alterada pelo Ato de 19 de julho de 2004.

Súmula nº 17/2002. Suspensa a exigibilidade do crédito pelo parcelamento concedido, sem a exigência de garantia, esta não pode ser imposta como condição para o fornecimento da certidão positiva de débito com efeito de negativa, estando regular o parcelamento da dívida, com o cumprimento, no prazo, das obrigações assumidas pelo contribuinte.

Obs.: Redação alterada pelo Ato de 6 de fevereiro de 2007.

Súmula nº 18/2002. Da decisão judicial que determinar a concessão de Certidão Negativa de Débito (CND), em face da inexistência de crédito tributário constituído, não se interporá recurso.

Súmula nº 19/2002. Não se recorrerá da decisão judicial que declarar a inconstitucionalidade da contribuição social de servidor público civil inativo e de pensionista dos três Poderes da União, instituída pela Lei nº 9.783, de 28 de janeiro de 1999.

Obs.: Revogada pelo Ato do Advogado-Geral da União de 1.8.2006 em razão da publicação da IN-5/2006 (AGU) (DOU I 2.8.2006 p.6).

Súmula nº 20/2002. Redação original. Os servidores administrativos do Poder Judiciário e do Ministério Público da União têm direito ao percentual de 11,98%, relativo à conversão de seus vencimentos em URV, no período de abril de 1994 a dezembro de 1996 para os servidores do Poder Judiciário, e de abril de 1994 a janeiro de 2000, para os servidores do Ministério Público.

Alterado pela Súmula nº 42/2008: Os servidores administrativos do Poder Judiciário e do Ministério Público da União têm direito ao percentual de 11,98%, relativo à conversão de seus vencimentos em URV.

Súmula nº 21/2004. Os integrantes da Carreira Policial Civil dos extintos Territórios Federais têm direito às gratificações previstas no art. 4º da Lei nº 9.266, de 15 de março de 1996, concedidas igualmente aos Policiais Federais.

Súmula nº 22/2006. Não se exigirá prova de escolaridade ou habilitação legal para inscrição em concurso público destinado ao provimento de cargo público, salvo se a exigência decorrer de disposição legal ou, quando for o caso, na segunda etapa de concurso que se realize em duas etapas.

Súmula nº 23/2006. É facultado a autor domiciliado em cidade do interior o aforamento de ação contra a União também na sede da respectiva Seção Judiciária (capital do Estado-membro).

Súmula nº 24/2008. É permitida a contagem, como tempo de contribuição, do tempo exercido na condição de aluno-aprendiz referente ao período de aprendizado profissional realizado em escolas técnicas, desde que comprovada a remuneração, mesmo que indireta, à conta do orçamento público e o vínculo empregatício. (*) Mantida, apenas, a jurisprudência dos Tribunais Superiores (art. 2º do Decreto nº 2.346/97).

Súmula nº 25/2008. Será concedido auxílio-doença ao segurado considerado temporariamente incapaz para o trabalho ou sua atividade habitual, de forma total ou parcial, atendidos os demais requisitos legais, entendendo-se por incapacidade parcial aquela que permita sua reabilitação para outras atividades laborais.

Súmula nº 26/2008. Para a concessão de benefício por incapacidade, não será considerada a perda da qualidade de segurado decorrente da própria moléstia incapacitante.

Súmula nº 27/2008. Para concessão de aposentadoria no RGPS, é permitido o cômputo do tempo de serviço rural exercido anteriormente à Lei nº 8.213, de 24 de julho de 1991, independente do recolhimento das contribuições sociais respectivas, exceto para efeito de carência.

Súmula nº 28/2008. O pagamento das parcelas atrasadas de benefício previdenciário deve ocorrer sempre com correção monetária, independentemente de ocorrência de mora e de quem lhe deu causa, vez que representa mera atualização da moeda.

Obs.: Alterado pela Súmula nº 38/2008.

Súmula nº 29/2008. Atendidas as demais condições legais, considera-se especial, no âmbito do RGPS, a atividade exercida com exposição a ruído superior a 80 decibéis até 05/03/97, superior a 90 decibéis desta data até 18/11/2003, e superior a 85 decibéis a partir de então.

Súmula nº 30/2008. A incapacidade para prover a própria subsistência por meio do trabalho é suficiente para a caracterização da incapacidade para a vida independente, conforme estabelecido no art. 203, V, da Constituição Federal, e art. 20, II, da Lei nº 8.742, de 7 de dezembro de 1993.

Obs.: Revogada pelo Ato de 31 de janeiro de 2011, publicado no DOU, Seção I, de 26, 27 e 28/07/2004.

Súmula nº 31/2008. É cabível a expedição de precatório referente à parcela incontroversa, em sede de execução ajuizada em face da Fazenda Pública.

Súmula nº 32/2008. Para fins de concessão dos benefícios dispostos nos artigos 39, inciso I e seu parágrafo único, e 143 da Lei 8.213, de 24 de julho de 1991, serão considerados como início razoável de prova material documentos públicos e particulares dotados de fé pública, desde que não contenham rasuras ou retificações recentes, nos quais conste expressamente a qualificação do segurado, de seu cônjuge, enquanto casado, ou companheiro, enquanto durar a união estável, ou de seu ascendente, enquanto dependente deste, como rurícola, lavrador ou agricultor, salvo a existência de prova em contrário.

Súmula nº 33/2008. É devida aos servidores públicos federais civis ativos, por ocasião do gozo de férias e licenças, no período compreendido entre outubro/1996 e dezembro/2001, a concessão de auxílio-alimentação, com fulcro no art. 102 da Lei nº 8.112/90, observada a prescrição quinquenal.

Súmula nº 34/2008. Redação original: "Não estão sujeitos à repetição os valores recebidos de boa-fé pelo servidor público, em decorrência de errônea ou inadequada interpretação da lei por parte da Administração Pública". Redação alterada pela Súmula nº 71/2013, que passa a vigorar com a seguinte redação: "É incabível a restituição de valores de caráter alimentar percebidos de boa-fé, por servidor público, em virtude de interpretação errônea, má aplicação da lei ou erro da Administração." Três semanas depois, a Súmula nº 71/2013 foi cancelada pela Súmula nº 72/2013: cancela a Súmula nº 71, da Advocacia-Geral da União, restabelecendo os efeitos da Súmula nº 34 com a seguinte redação: "Não estão sujeitos à repetição os valores recebidos de boa-fé pelo servidor público, em decorrência de errônea ou inadequada interpretação da lei por parte da Administração Pública".

Súmula nº 35/2008. O exame psicotécnico a ser aplicado em concurso público deverá observar critérios objetivos, previstos no edital, e estará sujeito a recurso administrativo.

Súmula nº 36/2008. O ex-combatente que tenha efetivamente participado de operações bélicas durante a Segunda Guerra Mundial, nos termos da Lei nº 5.315, de 12 de setembro de 1967, tem direito à assistência médica e hospitalar gratuita, extensiva aos dependentes, prestada pelas Organizações Militares de Saúde, nos termos do artigo 53, IV, do Ato das Disposições Constitucionais Transitórias.

Súmula nº 37/2008. Incidem juros de mora sobre débitos trabalhistas dos órgãos e entidades sucedidos pela União, que não estejam sujeitos ao regime de intervenção e liquidação extrajudicial previsto pela Lei nº 6.024/74, ou cuja liquidação não tenha sido decretada por iniciativa do Banco Central do Brasil.

Súmula nº 38/2008. Incide a correção monetária sobre as parcelas em atraso não prescritas, relativas aos débitos de natureza alimentar, assim como aos benefícios previdenciários,

desde o momento em que passaram a ser devidos, mesmo que em período anterior ao ajuizamento de ação judicial.

Obs.: Alterou a Súmula 28, da AGU.

Súmula nº 39/2008. São devidos honorários advocatícios nas execuções, não embargadas, contra a Fazenda Pública, de obrigações definidas em lei como de pequeno valor (art. 100, § 3º, da Constituição Federal).

Súmula nº 40/2008. Os servidores públicos federais, quando se tratar de aposentadoria concedida na vigência do Regime Jurídico Único, têm direito à percepção simultânea do benefício denominado 'quintos', previsto no art. 62, § 2º, da Lei nº 8.112/1990, com o regime estabelecido no art. 192 do mesmo diploma.

Súmula nº 41/2008. A multa prevista no artigo 15, inciso I, alínea e, da Lei nº 8.025/90, relativa à ocupação irregular de imóvel funcional, será aplicada somente após o trânsito em julgado da ação de reintegração de posse, ou da ação em que se discute o direito à aquisição do imóvel funcional.

Súmula nº 42/2008. Os servidores administrativos do Poder Judiciário e do Ministério Público da União têm direito ao percentual de 11,98%, relativo à conversão de seus vencimentos em URV, por se tratar de simples recomposição estipendiária, que deixou de ser aplicada na interpretação das Medidas Provisórias nºs 434/94, 457/94 e 482/94.

Obs.: Alterou a Súmula 20, da AGU.

Súmula nº 43/2009. Os servidores públicos inativos e pensionistas, com benefícios anteriores à edição da Lei nº 10.404/2002, têm direito ao pagamento da Gratificação de Desempenho de Atividade Técnico-Administrativa – GDATA nos valores correspondentes a:

(i) 37,5 (trinta e sete vírgula cinco) pontos no período de fevereiro a maio de 2002 (art. 6º da Lei nº 10.404/2002 e Decreto nº 4.247/2002);

(ii) 10 (dez) pontos, no período de junho de 2002 até a conclusão dos efeitos do último ciclo de avaliação a que se refere o art. 1º da Medida Provisória nº 198/2004 (art. 5º, parágrafo único, da Lei nº 10.404/2002, art. 1º da Lei nº 10.971/2004 e 7º da Emenda Constitucional nº 41/2003); e

(iii) 60 (sessenta) pontos, a partir do último ciclo de avaliação de que trata o art. 1º da Medida Provisória nº 198/2004 até a edição da Lei nº 11.357, de 16 de outubro de 2006.

Súmula nº 44/2009. Para a acumulação do auxílio-acidente com proventos de aposentadoria, a lesão incapacitante e a concessão da aposentadoria devem ser anteriores as alterações inseridas no art. 86 § 2º, da Lei 8.213/91, pela Medida Provisória nº 1.596-14, convertida na Lei nº 9.528/97.

Obs.: Alterada pela Súmula 65/2012.

Súmula nº 45/2009. Os benefícios inerentes à Política Nacional para a Integração da Pessoa Portadora de Deficiência devem ser estendidos ao portador de visão monocular, que possui direito de concorrer, em concurso público, à vaga reservada aos deficientes.

Súmula nº 46/2009. Será liberada da restrição decorrente da inscrição do município no SIAFI ou CADIN a prefeitura administrada pelo prefeito que sucedeu o administrador faltoso, quando tomadas todas as providências objetivando o ressarcimento ao erário.

Súmula nº 47/2009. Os militares beneficiados com reajustes menores que o percentual de 28,86%, concedido pelas Leis nº 8.622/93 e 8.627/93, têm direito ao recebimento da respectiva diferença, observada a limitação temporal decorrente da MP nº 2.131/2000, bem assim as matérias processuais referidas no § 3º do art. 6º do Ato Regimental nº 1/2008.

Súmula nº 48/2009. No reajuste de 28,86%, a correção monetária é devida a partir da data em que deveria ter sido efetuado o pagamento de cada parcela.

Obs.: Alterada pela Súmula 56/2011.

Súmula nº 49/2010. A regra de transição que estabelece o percentual de 80% do valor máximo da GDPGTAS, a ser pago aos servidores ativos, deve ser estendida aos servidores inativos e pensionistas, até a regulamentação da mencionada gratificação.

Súmula nº 50/2010. Não se atribui ao agente marítimo a responsabilidade por infrações sanitárias ou administrativas praticadas no interior das embarcações.

Súmula nº 51/2010. A falta de prévia designação da (o) companheira (o) como beneficiária (o) da pensão vitalícia de que trata o art. 217, inciso i, alínea "c", da Lei nº 8.112, de 11 de dezembro de 1990, não impede a concessão desse benefício, se a união estável restar devidamente comprovada por meios idôneos de prova.

Súmula nº 52/2010. É cabível a utilização de embargos de terceiros fundados na posse decorrente do compromisso de compra e venda, mesmo que desprovido de registro.

Súmula nº 53/2010. O acordo ou a transação realizada entre o servidor e o Poder Público sobre o percentual de 28,86%, sem a participação do advogado do autor, não afasta o direito aos honorários advocatícios na ação judicial.

Súmula nº 54/2010. A indenização de campo, criada pelo artigo 16 da Lei nº 8.216/91, deve ser reajustada na mesma data e no mesmo percentual de revisão dos valores das diárias, de modo que corresponda sempre ao percentual de 46,87% das diárias.

Súmula nº 55/2011. A não observância do prazo estabelecido na Instrução Normativa nº 06/2002 para o recadastramento do criador amadorista de passeriforme não inviabilizará a efetivação do ato pelo IBAMA, desde que preenchidos os demais requisitos legais.

Súmula nº 56/2011. Para fins de concessão do reajuste de 28,86%, a incidência da correção monetária é devida a partir da data em que deveria ter sido efetuado o pagamento administrativo de cada parcela, previsto na MP 2.169/2001, ou judicial, nos termos do art. 1º da Lei 6.899/81, observado o disposto no artigo 6º e §§ do Ato Regimental nº 1/2008-AGU c/c os artigos 1º e 6º do Decreto nº 20.910/32.

Obs.: Alterou a Súmula 48, da AGU.

Súmula nº 57/2011. São devidos honorários advocatícios pela Fazenda Pública nas execuções individuais de sentença proferida em ações coletivas, ainda que não embargadas.

Súmula nº 58/2011. O percentual de 28,86% deve incidir sobre o vencimento básico dos servidores públicos civis ou do soldo, no caso dos militares, bem como sobre as parcelas que

não possuam como base de cálculo o próprio vencimento, observada a limitação temporal decorrente da MP nº 2.131/2000 e as disposições da MP 2.169-43/2001, bem assim as matérias processuais referidas no § 3º do art. 6º do Ato Regimental nº 1/2008.

Súmula nº 59/2011. O prazo prescricional para propositura da ação executiva contra a Fazenda Pública é o mesmo da ação de conhecimento.

Súmula nº 60/2011. Não há incidência de contribuição previdenciária sobre o vale transporte pago em pecúnia, considerando o caráter indenizatório da verba.

Súmula nº 61/2012. É cabível a inclusão de expurgos inflacionários, antes da homologação da conta, nos cálculos, para fins de execução da sentença, quando não fixados os índices de correção monetária no processo de conhecimento.

Súmula nº 62/2012. Não havendo no processo relativo à multa de trânsito a notificação do infrator da norma, para lhe facultar, no prazo de trinta dias, o exercício do contraditório e da ampla defesa, opera-se a decadência do direito de punir para os órgãos da União, impossibilitado o reinício do procedimento administrativo.

Súmula nº 63/2012. A Administração deve observar o devido processo legal em que sejam assegurados os princípios da ampla defesa e do contraditório para proceder ao desconto em folha de pagamento de servidor público, para fins de ressarcimento ao erário.

Súmula nº 64/2012. As contribuições sociais destinadas às entidades de serviço social e formação profissional não são executadas pela Justiça do Trabalho.

Súmula nº 65/2012. Altera a Súmula nº 44, da Advocacia-Geral da União, que passa a vigorar com a seguinte redação: "Para a acumulação do auxílio-acidente com proventos de aposentadoria, a lesão incapacitante e a concessão da aposentadoria devem ser anteriores as alterações inseridas no art. 86 § 2º, da Lei 8.213/91, pela Medida Provisória nº 1.596-14, convertida na Lei nº 9.528/97."

Súmula nº 66/2012. Redação original: "O cálculo dos honorários de sucumbência deve levar em consideração o valor total da condenação, conforme fixado no título executado, sem exclusão dos valores pagos na via administrativa". Redação alterada pela Súmula nº 73/2013, que a seguinte nova redação à Súmula 66/2012: "Nas ações judiciais movidas por servidor público federal contra a União, as autarquias e as fundações públicas federais, o cálculo dos honorários de sucumbência deve levar em consideração o valor total da condenação, conforme fixado no título executado, sem exclusão dos valores pagos na via administrativa."

Súmula nº 67/2012. Na Reclamação Trabalhista, até o trânsito em julgado, as partes são livres para discriminar a natureza das verbas objeto do acordo judicial para efeito do cálculo da contribuição previdenciária, mesmo que tais valores não correspondam aos pedidos ou à proporção das verbas salariais constantes da petição inicial.

Súmula nº 68/2013. Nos contratos de prestação de serviços médico-hospitalares no âmbito do SUS, o fator para conversão de cruzeiros reais em reais, a partir de 1º de julho de 1994, deve ser de Cr$ 2.750,00, como determinado pelo art. 1º, § 3º, da MP 542/95, convertida na Lei nº 9.069/95, combinado com o Comunicado nº 4.000, de 29.06.94, do BACEN, obedecida a prescrição das parcelas relativas ao quinquênio anterior ao ajuizamento da demanda, bem como a limitação da condenação até outubro de 1999.

Súmula nº 69/2013. A partir da edição da Lei nº 9.783/99, não é devida pelo servidor público federal a contribuição previdenciária sobre parcela recebida a título de cargo em comissão ou função de confiança.

Súmula nº 70/2013. Os embargos do devedor constituem-se em verdadeira ação de conhecimento, autônomos à ação de execução, motivo pelo qual é cabível a fixação de honorários advocatícios nas duas ações, desde que a soma das condenações não ultrapasse o limite máximo de 20% estabelecido pelo art. 20, § 3º, do CPC.

Súmula nº 71/2013. Alteração da Súmula nº 34, da Advocacia-Geral da União, de 2008, que passa a vigorar com a seguinte redação: "É incabível a restituição de valores de caráter alimentar percebidos de boa-fé, por servidor público, em virtude de interpretação errônea, má aplicação da lei ou erro da Administração".

Súmula nº 72/2013. Cancela a Súmula nº 71, da Advocacia-Geral da União, restabelecendo os efeitos da Súmula nº 34 com a seguinte redação: "Não estão sujeitos à repetição os valores recebidos de boa-fé pelo servidor público, em decorrência de errônea ou inadequada interpretação da lei por parte da Administração Pública".

Súmula nº 73/2013. altera a Súmula nº 66, da AGU, que passa a vigorar com a seguinte redação: "Nas ações judiciais movidas por servidor público federal contra a União, as autarquias e as fundações públicas federais, o cálculo dos honorários de sucumbência deve levar em consideração o valor total da condenação, conforme fixado no título executado, sem exclusão dos valores pagos na via administrativa."

Súmula nº 75/2013. altera a Súmula nº 65, da AGU, que passa a vigorar com a seguinte redação: "Para a acumulação do auxílio-acidente com proventos de aposentadoria, a consolidação das lesões decorrentes de acidentes de qualquer natureza, que resulte sequelas definitivas, nos termos do art. 86 da Lei nº 8.213/91, e a concessão da aposentadoria devem ser anteriores às alterações inseridas no art. 86, § 2º da Lei nº 8.213/91, pela Medida Provisória nº 1.596-14, convertida na Lei nº 9.528/97".

Súmula nº 74/2014. Na Reclamação Trabalhista, quando o acordo for celebrado e homologado após o trânsito em julgado, a contribuição previdenciária incidirá sobre o valor do ajuste, respeitada a proporcionalidade das parcelas de natureza salarial e indenizatória deferidas na decisão condenatória.

Súmula nº 75/2014. Para a acumulação do auxílio-acidente com proventos de aposentadoria, a consolidação das lesões decorrentes de acidentes de qualquer natureza, que resulte sequelas definitivas, nos termos do art. 86, da Lei nº 8.213/91, e a concessão da aposentadoria devem ser anteriores às alterações inseridas no art. 86, § 2º da Lei nº 8.213/91, pela Medida Provisória nº 1.596-14, convertida na Lei n° 9.528/97.

ORIENTAÇÕES NORMATIVAS DA AGU

Orientação normativa nº 1/2009. A vigência do contrato de serviço contínuo não está adstrita ao exercício financeiro.

Orientação normativa nº 2/2009. Os instrumentos dos contratos, convênios e demais ajustes, bem como os respectivos aditivos, devem integrar um único processo administrativo, devidamente autuado em sequência cronológica, numerado, rubricado, contendo cada volume os respectivos termos de abertura e encerramento.

Orientação normativa nº 3/2009. Na análise dos processos relativos à prorrogação de prazo, cumpre aos órgãos jurídicos verificar se não há extrapolação do atual prazo de vigência, bem como eventual ocorrência de solução de continuidade nos aditivos precedentes, hipóteses que configuram a extinção do ajuste, impedindo a sua prorrogação.

Orientação normativa nº 4/2009. A despesa sem cobertura contratual deverá ser objeto de reconhecimento da obrigação de indenizar nos termos do art. 59, parágrafo único, da Lei nº 8.666, de 1993, sem prejuízo da apuração da responsabilidade de quem lhe der causa.

Orientação normativa nº 5/2009. Na contratação de obra ou serviço de engenharia, o instrumento convocatório deve estabelecer critérios de aceitabilidade dos preços unitários e global.

Orientação normativa nº 6/2009. A vigência do contrato de locação de imóveis, no qual a Administração Pública é locatária, rege-se pelo art. 51 da Lei nº 8.245, de 1991, não estando sujeita ao limite máximo de sessenta meses, estipulado pelo inc. II do art. 57, da Lei nº 8.666, de 1993.

Orientação normativa nº 7/2009. O tratamento favorecido de que tratam os arts. 43 a 45 da Lei Complementar nº 123, de 2006, deverá ser concedido às microempresas e empresas de pequeno porte independentemente de previsão editalícia.

Orientação normativa nº 8/2009. O fornecimento de passagens aéreas e terrestres enquadra-se no conceito de serviço previsto no inc. II do art. 6º da Lei nº 8.666, de 1993.

Orientação normativa nº 9/2009. Comprovação da regularidade fiscal na celebração do contrato ou no pagamento de serviços já prestados, no caso de empresas que detenham o monopólio de serviço público, pode ser dispensada em caráter excepcional, desde que previamente autorizada pela autoridade maior do órgão contratante e concomitantemente, a situação de irregularidade seja comunicada ao agente arrecadador e à agência reguladora.

Orientação normativa nº 10/2009. A definição do valor da contratação levará em conta o período de vigência do contrato e as possíveis prorrogações para: a) a realização de licitação exclusiva (microempresa, empresa de pequeno porte e sociedade cooperativa); b) a escolha de uma das modalidades convencionais (concorrência, tomada de preços e convite); e c) o enquadramento das contratações previstas no art. 24, inc. I e II, da Lei nº 8.666, de 1993.

Orientação normativa nº 11/2009. A contratação direta com fundamento no inc. IV do art. 24 da Lei nº 8.666, de 1993, exige que, concomitantemente, seja apurado se a situação emergencial foi gerada por falta de planejamento, desídia ou má gestão, hipótese que, quem lhe deu causa será responsabilizado na forma da lei.

Orientação normativa nº 12/2009. Não se dispensa licitação, com fundamento nos incs. V e VII do art. 24 da Lei no 8.666, de 1993, caso a licitação fracassada ou deserta tenha sido realizada na modalidade convite.

Orientação normativa nº 13/2009. Empresa pública ou sociedade de economia mista que exerça atividade econômica não se enquadra como órgão ou entidade que integra a Administração Pública, para os fins de dispensa de licitação com fundamento no inc. VIII do art. 24 da Lei no 8.666, de 1993.

Orientação normativa nº 14/2009. Os contratos firmados com as fundações de apoio com base na dispensa de licitação prevista no inc. XIII do art. 24 da Lei nº 8.666, de 1993, devem estar diretamente vinculados a projetos com definição clara do objeto e com prazo determinado, sendo vedadas a subcontratação; a contratação de serviços contínuos ou de manutenção; e a contratação de serviços destinados a atender as necessidades permanentes da instituição.

Orientação normativa nº 15/2009. A contratação direta com fundamento na inexigibilidade prevista no art. 25, inc. I, da Lei nº 8.666, de 1993, é restrita aos casos de compras, não podendo abranger serviços.

Orientação normativa nº 16/2009. Compete à Administração averiguar a veracidade do atestado de exclusividade apresentado nos termos do art. 25, inc. I, da Lei nº 8.666, de 1993.

Orientação normativa nº 17/2009. A razoabilidade do valor das contratações decorrentes de inexigibilidade de licitação poderá ser aferida por meio da comparação da proposta apresentada com os preços praticados pela futura contratada junto a outros entes públicos e/ou privados, ou outros meios igualmente idôneos.

Orientação normativa nº 18/2009. Contrata-se por inexigibilidade de licitação com fundamento no art. 25, inc. II, da Lei nº 8.666, de 1993, conferencistas para ministrar cursos para treinamento e aperfeiçoamento de pessoal, ou a inscrição em cursos abertos, desde que caracterizada a singularidade do objeto e verificado tratar-se de notório especialista.

Orientação normativa nº 19/2009. O prazo de validade da ata de registro de preços é de no máximo um ano, nos termos do art. 15, § 3º, inc. III, da Lei nº 8.666, de 1993, razão porque eventual prorrogação da sua vigência, com fundamento no § 2º do art. 4º do Decreto nº 3.931, de 2001, somente será admitida até o referido limite, e desde que devidamente justificada, mediante autorização da autoridade superior e que a proposta continue se mostrando mais vantajosa.

Orientação normativa nº 20/2009. Na licitação para registro de preços, a indicação da dotação orçamentária é exigível apenas antes da assinatura do contrato.

Orientação normativa nº 21/2009. É vedada aos órgãos públicos federais a adesão à ata de registro de preços quando a licitação tiver sido realizada pela Administração Pública estadual, municipal ou do Distrito Federal, bem como por entidades paraestatais.

Orientação normativa nº 22/2009. O reequilíbrio econômico-financeiro pode ser concedido a qualquer tempo, independentemente de previsão contratual, desde que verificadas as circunstâncias elencadas na letra "d" do inc. II do art. 65, da Lei no 8.666, de 1993.

Orientação normativa nº 23/2009. O edital ou o contrato de serviço continuado deverá indicar o critério de reajustamento de preços, sob a forma de reajuste em sentido estrito, admitida a adoção de índices gerais, específicos ou setoriais, ou por repactuação, para os

contratos com dedicação exclusiva de mão de obra, pela demonstração analítica da variação dos componentes dos custos.

Orientação normativa nº 24/2009. O contrato de serviço continuado sem dedicação exclusiva de mão de obra deve indicar que o reajuste dar-se-á após decorrido o interregno de um ano contado da data limite para a apresentação da proposta.

Orientação normativa nº 25/2009. No contrato de serviço continuado com dedicação exclusiva de mão de obra, o interregno de um ano para que se autorize a repactuação deverá ser contado da data do orçamento a que a proposta se referir, assim entendido o acordo, convenção ou dissídio coletivo de trabalho, para os custos decorrentes de mão de obra, e da data limite para a apresentação da proposta em relação aos demais insumos.

Orientação normativa nº 26/2009. No caso das repactuações subsequentes à primeira, o interregno de um ano deve ser contado da última repactuação correspondente à mesma parcela objeto da nova solicitação. Entende-se como última repactuação a data em que iniciados seus efeitos financeiros, independentemente daquela em que celebrada ou apostilada.

Orientação normativa nº 27/2009. Vedado aos membros da Advocacia-Geral da União e de seus órgãos vinculados o exercício da advocacia privada e figurar como sócio em sociedade de advogados, mesmo durante o período de gozo de licença para tratar de interesses particulares, ou de licença incentivada sem remuneração, ou durante afastamento para o exercício de mandato eletivo, salvo o exercício da advocacia em causa própria e a advocacia *pro bono.*

Orientação normativa nº 28/2009. A competência para representar judicial e extrajudicialmente a União, suas autarquias e fundações públicas, bem como para exercer as atividades de consultoria e assessoramento jurídico do Poder Executivo Federal, é exclusiva dos membros da Advocacia-Geral da União e de seus órgãos vinculados.

Orientação normativa nº 29/2010. Administração Pública pode firmar termo de parceria ou convênio com as organizações sociais de interesse público – OSCIPS. Há necessidade da devida motivação e justificação da escolha efetuada. Após a celebração do instrumento, não é possível alterar o respectivo regime jurídico, vinculando os partícipes.

Orientação normativa nº 30/2010. Os dados constantes no sistema de gestão de convênios e contratos de repasse (SICONV) possuem fé pública. Logo, os órgãos jurídicos não necessitam solicitar ao gestor público a apresentação física, a complementação e a atualização de documentação já inserida no ato de cadastramento no SICONV, salvo se houver dúvida fundada.

Orientação normativa nº 31/2010. A celebração de convênio com entidade privada sem fins lucrativos poderá ser precedida de chamamento público. Nos casos em que não for realizado tal procedimento deverá haver a devida fundamentação.

Orientação normativa nº 32/2010. As Leis nºs 11.945 e 11.960, de 2009, aplicam-se somente aos convênios celebrados após o início das respectivas vigências. Admite-se a possibilidade de aditamento dos convênios antigos para adequá-los às regras das referidas leis.

Orientação normativa nº 33/2011. O ato administrativo que autoriza a contratação direta (art. 17, §§ 2º e 4º, art. 24, inc. III e seguintes, e art. 25 da Lei nº 8.666, de 1993) deve ser publicado na imprensa oficial, sendo desnecessária a publicação do extrato contratual.

Orientação normativa nº 34/2011. As hipóteses de inexigibilidade (art. 25) e dispensa de licitação (incisos III e seguintes do art. 24) da Lei nº 8.666, de 1993, cujos valores não ultrapassem aqueles fixados nos incisos I e II do art. 24 da mesma lei, dispensam a publicação na imprensa oficial do ato que autoriza a contratação direta, em virtude dos princípios da economicidade e eficiência, sem prejuízo da utilização de meios eletrônicos de publicidade dos atos e da observância dos demais requisitos do art. 26 e de seu parágrafo único, respeitando-se o fundamento jurídico que amparou a dispensa e a inexigibilidade.

Orientação normativa nº 35/2011. Nos contratos cuja duração ultrapasse o exercício financeiro, a indicação do crédito orçamentário e do respectivo empenho para atender a despesa relativa ao exercício futuro poderá ser formalizada por apostilamento.

Orientação normativa nº 36/2011. A Administração pode estabelecer a vigência por prazo indeterminado nos contratos em que seja usuária de serviços públicos essenciais de energia elétrica e água e esgoto, desde que no processo da contratação estejam explicitados os motivos que justificam a adoção do prazo indeterminado e comprovadas, a cada exercício financeiro, a estimativa de consumo e a existência de previsão de recursos orçamentários.

Orientação normativa nº 37/2011. A antecipação de pagamento somente deve ser admitida em situações excepcionais, devidamente justificada pela Administração, demonstrando-se a existência de interesse público, observados os seguintes critérios: 1) represente condição sem a qual não seja possível obter o bem ou assegurar a prestação do serviço, ou propicie sensível economia de recursos; 2) existência de previsão no edital de licitação ou nos instrumentos formais de contratação direta; e 3) adoção de indispensáveis garantias, como as do art. 56 da Lei nº 8.666/93, ou cautelas, como por exemplo a previsão de devolução do valor antecipado caso não executado o objeto, a comprovação de execução de parte ou etapa do objeto e a emissão de título de crédito pelo contratado, entre outras.

Orientação normativa nº 38/2011. Nos contratos de prestação de serviços de natureza continuada deve-se observar que: a) o prazo de vigência originário, de regra, é de até 12 meses; b) excepcionalmente, este prazo poderá ser fixado por período superior a 12 meses nos casos em que, diante da peculiaridade e/ou complexidade do objeto, fique tecnicamente demonstrado o benefício advindo para a Administração; e c) é juridicamente possível a prorrogação do contrato por prazo diverso do contratado originariamente.

Orientação normativa nº 39/2011. A vigência dos contratos regidos pelo art. 57, *caput*, da Lei 8.666, de 1993, pode ultrapassar o exercício financeiro em que celebrados, desde que as despesas a eles referentes sejam integralmente empenhadas até 31 de dezembro, permitindo-se, assim, sua inscrição em restos a pagar.

Orientação normativa nº 1/2012. I – Nas ações ajuizadas até 21.08.2008 objetivando a restituição de taxa de matrícula referente a cursos de graduação, devem os órgãos jurídicos reconhecer a procedência do pedido, não contestar, não recorrer ou desistir dos recursos já interpostos, ressalvada a arguição de questões processuais, de prescrição, de decadência, das matérias do art. 301 do Código de Processo Civil e de outras de ordem pública;

II – Nas ações ajuizadas a partir de 22.08.2008, mas referentes a cobranças anteriores a esta data, não é devida a restituição em razão da modulação de efeitos procedida pelo plenário do Supremo Tribunal Federal no julgamento de embargos de declaração no RE nº 500.171/GO, a qual deve ser expressamente alegada como matéria de defesa.

III – Nas ações ajuizadas a partir de 22.08.2008, mas referentes a cobranças efetuadas desta data em diante, devem os órgãos jurídicos adotar as providências do item I desta orientação.

Orientação normativa nº 2/2012. Orientar as unidades de contencioso da Advocacia-Geral da União a não apresentarem recurso extraordinário (ou agravo com o objetivo de destrancar o inadmitido na origem) que discuta o conceito de ex-combatente para fins de concessão de pensão especial.

Orientação normativa nº 40/2014. Nos convênios cuja execução envolva a alocação de créditos de leis subsequentes, a indicação do crédito orçamentário e respectivo empenho para atender à despesa relativa aos exercícios posteriores poderá ser formalizada, relativamente a cada exercício, por meio de apostila. Tal medida dispensa o prévio exame e aprovação pela assessoria jurídica.

Orientação normativa nº 41/2014. A celebração de quaisquer convênios entre a União e os demais entes federativos não deve ser inferior a R$ 100.000,00 (cem mil reais), sendo que para obras e serviços de engenharia, exceto elaboração de projetos, deve ser igual ou superior a R$ 250.000,00 (duzentos e cinquenta mil reais). A vedação alcança todas as dotações orçamentárias, inclusive as decorrentes de emendas parlamentares. Para o alcance dos respectivos valores, admitem-se, exclusivamente, as hipóteses previstas no parágrafo único do art. 2º do Decreto nº 6.170, de 2007.

Orientação normativa nº 42/2014. A despeito do limite de 18 meses previsto no § 3º do art. 37 da Portaria Interministerial CGU/MF/MP nº 507, de 2011, o prazo para a apresentação do Projeto Básico/Termo de Referência deve ser fixado de forma compatível com o prazo previsto no § 2º do art. 68 do Decreto nº 93.872, de 1986, e com o prazo de diligência previsto na respectiva lei de diretrizes orçamentárias, ressalvadas as exceções previstas no citado decreto.

Orientação normativa nº 43/2014. A publicação do extrato de convênio é condição de eficácia do ajuste e a sua ausência admite convalidação, sem prejuízo de eventual apuração de responsabilidade administrativa.

Orientação normativa nº 44/2014. I – A vigência do convênio deverá ser dimensionada segundo o prazo previsto para o alcance das metas traçadas no plano de trabalho, não se aplicando o inciso ii do art. 57 da lei nº 8.666, de 1993. II – Ressalvadas as hipóteses previstas em lei, não é admitida a vigência por prazo indeterminado, devendo constar no plano de trabalho o respectivo cronograma de execução. III- É vedada a inclusão posterior de metas que não tenham relação com o objeto inicialmente pactuado.

Orientação normativa nº 45/2014. O acréscimo do valor do convênio com entidades privadas sem fins lucrativos submete-se ao limite do § 1º do art. 65 da Lei nº 8.666, de 1993. I – O limite deve ser aferido pelo cotejo entre o valor total original do convênio e a sono dos aportes adicionais realizados pelo concedente e pelo convenente. II – O acréscimo exige aquiescência dos partícipes e formalização por meio de aditivo. III – Se houver contrapartida, seu valor será acrescido em equivalência ao acréscimo realizado no objeto pactuado.

Orientação normativa nº 46/2014. Somente é obrigatória a manifestação jurídica nas contratações de pequeno valor com fundamento no art. 24, I ou II, da Lei nº 8.666, de 21 de junho de 1993, quando houver minuta de contrato não padronizada ou haja, o administrador, suscitado dúvida jurídica sobre tal contratação. Aplica-se o mesmo entendimento às contratações fundadas no art. 25 da Lei nº 8.666, de 1993, desde que seus valores subsumam-se aos limites previstos nos incisos I e II do art. 24 da Lei nº 8.666, de 1993.

Orientação normativa nº 47/2014. Em licitação dividida em itens ou lotes/grupos, deverá ser adotada a participação exclusiva de microempresa, empresa de pequeno porte ou sociedade cooperativa (art. 34 da Lei nº 11.488, de 2007) em relação aos itens ou lotes/grupos cujo valor seja igual ou inferior a R$ 80.000,00 (oitenta mil reais), desde que não haja a subsunção a quaisquer das situações previstas pelo art. 9º do Decreto nº 6.204, de 2007.

Orientação normativa nº 48/2014. É competente para a aplicação das penalidades previstas nas Leis nºs 10.520, de 2002, e 8.666, de 1993, excepcionada a sanção de declaração de inidoneidade, a autoridade responsável pela celebração do contrato ou outra prevista em regimento.

Orientação normativa nº 49/2014. A aplicação das sanções de impedimento de licitar e contratar no âmbito da União (art. 7º da Lei nº 10.520, de 2002) e de declaração de inidoneidade (art. 87, inc. IV, da Lei nº 8.666, de 1993) possuem efeito ex nunc, competindo à administração, diante de contratos existentes, avaliar a imediata rescisão no caso concreto.

Orientação normativa nº 50/2014. Os acréscimos e as supressões do objeto contratual devem ser sempre calculados sobre o valor inicial do contrato atualizado, aplicando-se a estas alterações os limites percentuais previstos no art. 65, § 1º, da Lei nº 8.666, de 1993, sem qualquer compensação entre si.

Orientação normativa nº 51/2014. A garantia legal ou contratual do objeto tem prazo de vigência próprio e desvinculado daquele fixado no contrato, permitindo eventual aplicação de penalidades em caso de descumprimento de alguma de suas condições, mesmo depois de expirada a vigência contratual.

Orientação normativa nº 52/2014. As despesas ordinárias e rotineiras da Administração, já previstas no orçamento e destinadas à manutenção das ações governamentais preexistentes, dispensam as exigências previstas nos incisos I e II do art. 16 da Lei Complementar nº 101, de 2000.

Orientação normativa nº 53/2014. Somente é obrigatória a manifestação jurídica nas contratações de pequeno valor com fundamento no art. 24, I ou II, da Lei nº 8.666, de 21 de junho de 1993, quando houver minuta de contrato não padronizada ou haja, o administrador, suscitado dúvida jurídica sobre tal contratação. Aplica-se o mesmo entendimento às contratações fundadas no art. 25 da Lei nº 8.666, de 1993, desde que seus valores subsumam-se aos limites previstos nos incisos I e II do art. 24 da Lei nº 8.666, de 1993. A empresa que realize cessão ou locação de mão de obra, optante pelo simples nacional, que participe de licitação cujo objeto não esteja previsto no disposto no § 1º do art. 17 da Lei Complementar nº 123, de 2006, deverá apresentar planilha de formação de custos sem contemplar os benefícios do regime tributário diferenciado.

Orientação normativa nº 54/2014. Compete ao agente ou setor técnico da administração declarar que o objeto licitatório é de natureza comum para efeito de utilização da modalidade pregão e definir se o objeto corresponde a obra ou serviço de engenharia, sendo atribuição do órgão jurídico analisar o devido enquadramento da modalidade licitatória aplicável.

Orientação normativa nº 55/2014. I – Os processos que sejam objeto de manifestação jurídica referencial, isto é, aquela que analisa todas as questões jurídicas que envolvam matérias idênticas e recorrentes, estão dispensados de análise individualizada pelos órgãos consultivos, desde que a área técnica ateste, de forma expressa, que o caso concreto se amolda aos termos da citada manifestação. II – Para a elaboração de manifestação jurídica referencial devem ser observados os seguintes requisitos: a) o volume de processos em matérias idênticas e recorrentes impactar, justificadamente, a atuação do órgão consultivo ou a celeridade dos serviços administrativos; e b) a atividade jurídica exercida se restringir à verificação do atendimento das exigências legais a partir da simples conferência de documentos (referência: Parecer nº 004/ASMG/CGU/AGU/2014).

Orientação normativa nº 56/2018. Art. 1º As autoridades de segurança pública do Poder Executivo Federal que atuarem nas medidas necessárias e suficientes ao resguardo da ordem, segurança e impedimento de ocupação, obstrução ou quaisquer outras dificuldades relativas à trafegabilidade nas vias terrestres federais, inclusive nos seus acostamentos e entornos, poderão certificar os fatos que caracterizem violação à decisão proferida na ADPF 519, com no mínimo os seguintes elementos:

I - indicação da via ou entorno que esteja sendo afetado;

II - enumeração das pessoas responsáveis pela infração, se possível com qualificação, indicação dos veículos envolvidos, dia e hora;

III - indicação da relação estabelecida entre o condutor infrator e a empresa transportadora, se for o caso;

IV - identificação da(s) autoridade(s) que elaborou(aram) o relatório.

Art. 2º As autoridades referidas no art. 1º poderão encaminhar o documento elaborado para as Procuradorias Seccionais da União, Procuradorias da União e Procuradorias Regionais da União, conforme a proximidade ou facilidade de acesso.

ANEXO III

ENUNCIADOS DO FÓRUM PERMANENTE DE PROCESSUALISTAS CIVIS

Com o advento do Código de Processo Civil em 2015 e sua entrada em vigor em 2016, a formação de entendimentos consolidados em jurisprudência não será alcançada no curto prazo. Para suprir essa lacuna, a doutrina de direito processual tem envidado esforços para promover debates e alcançar alguns consensos a respeito do novo sistema processual.

Nesse sentido, o Fórum Permanente de Processualistas Civis – FPPC desempenha papel de destaque, pois congrega vários dos mais proeminentes processualistas do Brasil, que debatem pontos polêmicos e lançam luzes sobre sua correta interpretação.

Neste anexo, compilamos os enunciados editados pelo FPPC relacionados aos temas tratados ao longo do livro.

En. 164. (art. 496) A sentença arbitral contra a Fazenda Pública não está sujeita à remessa necessária.

En. 235. (arts. 7º, 9º e 10, CPC; arts. 6º, 7º e 12 da Lei 12.016/2009) Aplicam-se ao procedimento do mandado de segurança os arts. 7º, 9º e 10 do CPC.

En. 241. (art. 85, caput e § 11). Os honorários de sucumbência recursal serão somados aos honorários pela sucumbência em primeiro grau, observados os limites legais.

En. 242. (art. 85, § 11). Os honorários de sucumbência recursal são devidos em decisão unipessoal ou colegiada.

En. 243. (art. 85, § 11). No caso de provimento do recurso de apelação, o tribunal redistribuirá os honorários fixados em primeiro grau e arbitrará os honorários de sucumbência recursal.

En. 251. (art. 139, VI) O inciso VI do art. 139 do CPC aplica-se ao processo de improbidade administrativa.

En. 269. (art. 220) A suspensão de prazos de 20 de dezembro a 20 de janeiro é aplicável aos Juizados Especiais.

En. 291. (art. 331) Aplicam-se ao procedimento do mandado de segurança os arts. 331 e parágrafos e 332, § 3º do CPC.

En. 309. (art. 489) O disposto no § 1º do art. 489 do CPC é aplicável no âmbito dos Juizados Especiais.

En. 311. (arts. 496 e 1.046). A regra sobre remessa necessária é aquela vigente ao tempo da publicação em cartório ou disponibilização nos autos eletrônicos da sentença, de modo que a limitação de seu cabimento no CPC não prejudica os reexames estabelecidos no regime do art. 475 do CPC de 1973.

En. 312. (art. 496) O inciso IV do § 4º do art. 496 do CPC aplica-se ao procedimento do mandado de segurança.

En. 349. (arts. 982, § 5º e 988) Cabe reclamação para o tribunal que julgou o incidente de resolução de demandas repetitivas caso afrontada a autoridade dessa decisão.

En. 351. (arts. 1.009, § 1º, e 1.015) O regime da recorribilidade das interlocutórias do CPC aplica-se ao procedimento do mandado de segurança.

En. 357. (arts. 1.013, 1.014, 1.027, § 2º) Aplicam-se ao recurso ordinário os arts. 1.013 e 1.014.

En. 384. (art. 85, § 19) A lei regulamentadora não poderá suprimir a titularidade e o direito à percepção dos honorários de sucumbência dos advogados públicos.

En. 400. (art. 183) O art. 183 se aplica aos processos que tramitam em autos eletrônicos.

En. 401. (art. 183, § 1º) Para fins de contagem de prazo da Fazenda Pública nos processos que tramitam em autos eletrônicos, não se considera como intimação pessoal a publicação pelo Diário da Justiça Eletrônico.

En. 415. (arts. 212 e 219; Lei 9.099/1995, Lei 10.259/2001, Lei 12.153/2009) Os prazos processuais no sistema dos Juizados Especiais são contados em dias úteis.

En. 416. (art. 219) A contagem do prazo processual em dias úteis prevista no art. 219 aplica-se aos Juizados Especiais Cíveis, Federais e da Fazenda Pública.

En. 418. (arts. 294 a 311; Leis 9.099/1995, 10.259/2001 e 12.153/2009). As tutelas provisórias de urgência e de evidência são admissíveis no sistema dos Juizados Especiais.

En. 432. (art. 496, § 1º) A interposição de apelação parcial não impede a remessa necessária.

En. 433. (arts. 496, § 4º, IV, 6º, 927, § 5º) Cabe à Administração Pública dar publicidade às suas orientações vinculantes, preferencialmente pela rede mundial de computadores.

En. 439. (art. 503, §§ 1º e 2º) Nas causas contra a Fazenda Pública, além do preenchimento dos pressupostos previstos no art. 503, §§ 1º e 2º, a coisa julgada sobre a questão prejudicial incidental depende de remessa necessária, quando for o caso.

En. 464. (arts. 932 e 1.021; Lei 9.099/1995; Lei 10.259/2001; Lei 12.153/2009) A decisão unipessoal (monocrática) do relator em Turma Recursal é impugnável por agravo interno.

En. 465. (arts. 995, parágrafo único; 1.012, § 3º; Lei 9.099/1995, Lei 10.259/2001, Lei 12.153/2009) A concessão do efeito suspensivo ao recurso inominado cabe exclusivamente ao relator na turma recursal.

En. 469. (Art. 947). A "grande repercussão social", pressuposto para a instauração do incidente de assunção de competência, abrange, dentre outras, repercussão jurídica, econômica ou política.

En. 470. (art. 982, I) Aplica-se no âmbito dos juizados especiais a suspensão prevista no art. 982, I.

En. 474. (art. 1.010, § 3º, fine; art. 41 da Lei 9.099/1995) O recurso inominado interposto contra sentença proferida nos juizados especiais será remetido à respectiva turma recursal independentemente de juízo de admissibilidade.

En. 478. (art. 1.030, parágrafo único; art. 14 da Lei 10.259/2001; arts. 18 e 19 da Lei 12.153/2009) Os pedidos de uniformização previstos no art. 14 da Lei 10.259/2001 e nos arts. 18 e 19 da Lei 12.153/2009 formulados contra acórdão proferido pela Turma Recursal devem ser remetidos à Turma Nacional de Uniformização ou à Turma Regional de Uniformização respectiva independentemente de juízo de admissibilidade, aplicando-se por analogia a regra decorrente do art. 1.030, parágrafo único.

En. 480. (arts. 1.037, II, 928 e 985, I) Aplica-se no âmbito dos juizados especiais a suspensão dos processos em trâmite no território nacional, que versem sobre a questão submetida ao regime de julgamento de recursos especiais e extraordinários repetitivos, determinada com base no art. 1.037, II.

En. 482. (art. 1.040, I) Aplica-se o art. 1.040, I, aos recursos extraordinários interpostos nas turmas ou colégios recursais dos juizados especiais cíveis, federais e da fazenda pública.

En. 483. (art. 1.065; art. 50 da Lei 9.099/1995; Res. 12/2009 do STJ). Os embargos de declaração no sistema dos juizados especiais interrompem o prazo para a interposição de recursos e propositura de reclamação constitucional para o Superior Tribunal de Justiça.

En. 488. (art. 64, §§ 3º e 4º; art. 968, § 5º; art. 4º; Lei 12.016/2009) No mandado de segurança, havendo equivocada indicação da autoridade coatora, o impetrante deve ser intimado para emendar a petição inicial e, caso haja alteração de competência, o juiz remeterá os autos ao juízo competente.

En. 502. (art. 305, parágrafo único) Caso o juiz entenda que o pedido de tutela antecipada em caráter antecedente tenha natureza cautelar, observará o disposto no art. 305 e seguintes.

En. 503. (arts. 305-310; art. 4º da Lei 7347/1985; art. 16 da Lei 8.249/1992) O procedimento da tutela cautelar, requerida em caráter antecedente ou incidente, previsto no Código de Processo Civil é compatível com o microssistema do processo coletivo.

En. 507. (art. 332; Lei nº 9.099/1995) O art. 332 aplica-se ao sistema de Juizados Especiais.

En. 508. (art. 332, § 3º; Lei 9.099/1995; Lei 10.259/2001; Lei 12.153/2009) Interposto recurso inominado contra sentença que julga liminarmente improcedente o pedido, o juiz pode retratar-se em cinco dias.

En. 511. (art. 338, caput; art. 339; Lei n. 12.016/2009) A técnica processual prevista nos arts. 338 e 339 pode ser usada, no que couber, para possibilitar a correção da autoridade coatora, bem como da pessoa jurídica, no processo de mandado de segurança.

En. 520. (art. 485, § 7º; Lei 9.099/1995; Lei 12.153/2009) Interposto recurso inominado contra sentença sem resolução de mérito, o juiz pode se retratar em cinco dias.

En. 532. (art. 535, § 3º; art. 100, § 5º, Constituição Federal). A expedição do precatório ou da RPV depende do trânsito em julgado da decisão que rejeita as arguições da Fazenda Pública executada.

En. 537. (art. 774; Lei 6.830/1980). A conduta comissiva ou omissiva caracterizada como atentatória à dignidade da justiça no procedimento da execução fiscal enseja a aplicação da multa do parágrafo único do art. 774 do CPC/15.

En. 540. (art. 854; Lei n. 6.830/1980) A disciplina procedimental para penhora de dinheiro prevista no art. 854 é aplicável ao procedimento de execução fiscal.

En. 549. (art. 927; Lei nº 10.259/2001) – O rol do art. 927 e os precedentes da Turma Nacional de Uniformização dos Juizados Especiais Federais deverão ser observados no âmbito dos Juizados Especiais.

En. 552. (art. 942; Lei nº 9.099/1995) Não se aplica a técnica de ampliação do colegiado em caso de julgamento não unânime no âmbito dos Juizados Especiais.

En. 558. (art. 988, IV, § 1º; art. 927, III; art. 947, § 3º) Caberá reclamação contra decisão que contrarie acórdão proferido no julgamento dos incidentes de resolução de demandas repetitivas ou de assunção de competência para o tribunal cujo precedente foi desrespeitado, ainda que este não possua competência para julgar o recurso contra a decisão impugnada.

En. 571. (art. 1º, §§1º e 2º, da Lei 9.307/1996) A previsão no edital de licitação não é pressuposto para que a Administração Pública e o contratado celebrem convenção arbitral.

En. 572. (art. 1º, § 1º, da Lei 9.307/1996) A Administração Pública direta ou indireta pode submeter-se a uma arbitragem *ad hoc* ou institucional.

En. 573. (arts. 3º, §§2º e 3º; 334) As Fazendas Públicas devem dar publicidade às hipóteses em que seus órgãos de Advocacia Pública estão autorizados a aceitar autocomposição.

En. 578. (art. 183, §1º) Em razão da previsão especial do § 1º do art. 183, estabelecendo a intimação pessoal da Fazenda Pública por carga, remessa ou meio eletrônico, a ela não se aplica o disposto no § 1º do art. 269.

En. 582. (arts. 304, caput; 5º, caput e inciso XXXV, CF) Cabe estabilização da tutela antecipada antecedente contra a Fazenda Pública.

En. 617. (art. 3º, §2º; art. 36, §4º da Lei 13.140/2015; art. 17, §1º da Lei n.º 8.429/1992) A mediação e a conciliação são compatíveis com o processo judicial de improbidade administrativa.

En. 661. (arts. 988 e 85) É cabível a fixação de honorários advocatícios na reclamação, atendidos os critérios legais.

BIBLIOGRAFIA

ANDRADE, Flabia Cristina Moura de; PAVIONE, Lucas dos Santos. *Improbidade administrativa: Lei nº 8.429/1992.* Coleção Leis Especiais para Concursos, vol. 23. Salvador: Jus Podivm, 2010.

ARAÚJO FILHO, Luiz Paulo da Silva. *Assistência e intervenção da União.* Rio de Janeiro: Forense, 2006.

BARBOSA MOREIRA, José Carlos. *Comentários ao Código de Processo Civil.* Vol. V. 12ª ed. rev. e atual. Rio de Janeiro: Forense, 2005

BARROSO, Luís Roberto. *Interpretação e aplicação da Constituição.* 5ª ed., rev., atual. e ampl. São Paulo: Saraiva, 2003.

______. (coord.). *A nova interpretação constitucional: ponderação, direitos fundamentais e relações privadas.* Rio de Janeiro: Renovar: 2003.

BERALDO, Leonardo de Faria. *Curso de Arbitragem: nos termos da Lei no 9.307/96.* São Paulo: Atlas, 2014, p. 1-5

BUENO, Cassio Scarpinella. *O Poder Público em juízo.* 5ª edição, rev., atual., ampl. São Paulo: Saraiva, 2009.

______. *Amicus curiae no processo civil brasileiro: um terceiro enigmático.* São Paulo: Saraiva, 2006.

______. *Curso sistematizado de direito processual civil: procedimento comum: ordinário e sumário.* Vol. 2, t. I. 3ª ed. rev. e atual. São Paulo: Saraiva, 2009.

______.*Curso sistematizado de direito processual civil: direito processual coletivo e direito processual público.* Vol. 2, t. III. São Paulo: Saraiva, 2010.

______. *Curso sistematizado de direito processual civil: tutela jurisdicional executiva.* Vol. 3. 3ª ed. rev., atual. e ampl. São Paulo: Saraiva, 2010.

CÂMARA, Alexandre Freitas. *Lições de direito processual civil.* Vol. I. 19ª ed. inteiramente revista. Rio de Janeiro: Lumen Juris, 2009.

______. *Juizados especiais estaduais, federais e da Fazenda Pública.* 6ª edição, rev., atual. e ampl. Rio de Janeiro: Lumen Juris, 2010.

CARMONA, Carlos Alberto. *Arbitragem e Processo: um comentário à Lei nº 9.307/96.* 3ª ed. ver., atual. e ampl. – São Paulo: Atlas, 2009.

CARVALHO FILHO, José dos Santos. *Manual de direito administrativo.* 11ª edição, rev., ampl. e atual. Rio de Janeiro: Lumen Juris, 2004.

______. *Manual de direito administrativo.* 19ª ed. rev., ampl. e atual. Rio de Janeiro: Lumen Juris, 2008.

COLODETTI, Bruno; MADUREIRA, Cláudio Penedo. *Advocacia-Geral da União – AGU: ÇC nº 73/1993 e Lei nº 10.480/2002.* Coleção Leis Especiais para Concursos, vol. 8. Salvador: Jus Podivm, 2010.

CUNHA, Leonardo José Carneiro da. *A Fazenda Pública em juízo.* 5ª edição, rev., atual., ampl. São Paulo: Dialética, 2007.

______. *A Fazenda Pública em juízo.* 8ª edição, rev., atual., ampl. São Paulo: Dialética, 2010.

DIDIER JR., Fredie. *Curso de direito processual civil: teoria geral do processo e processo de conhecimento.* Vol. 1. 11ª ed. rev., ampl. e atual. Salvador: Jus Podivm, 2009.

______. *Curso de direito processual civil: introdução ao direito processual civil, parte geral e processo de conhecimento,* vol. 1. 17ª edição. Salvador: Juspodivm, 2015.

______; CUNHA, Leonardo José Carneiro da. *Curso de direito processual civil: meios de impugnação às decisões de judiciais e processo nos tribunais.* Vol. 3. 7ª ed., rev., ampl. e atual. Salvador: Jus Podivm, 2009.

______; ZANETI JR., Hermes. *Curso de direito processual civil: processo coletivo.* Vol. 4. 4ª ed., rev., ampl. e atual. Salvador: Jus Podivm, 2009.

______; CUNHA, Leonardo José Carneiro da; BRAGA, Paula Sarno; OLIVEIRA, Rafael. *Curso de direito processual civil: execução.* Vol. 5. Salvador: Jus Podivm, 2009.

______. Natureza jurídica das informações da autoridade coatora no mandado de segurança. In: BUENO, Cassio Scarpinella; ALVIM, Eduardo Arruda; WAMBIER, Teresa Arruda Alvim (coord.). *Aspectos polêmicos e atuais do mandado de segurança: 51 anos depois.* São Paulo: RT, pp. 367-377.

DINAMARCO, Cândido Rangel. *A reforma da reforma.* 6ª ed. rev. e atual. São Paulo: Malheiros, 2003.

______. *A nova era do processo civil.* São Paulo: Malheiros, 2003.

FERREIRA FILHO, Roberval Rocha; VIEIRA, Albino Carlos Martins. *Súmulas do Superior Tribunal de Justiça: organizadas por assunto, anotadas e comentadas.* Salvador: Jus Podivm, 2009.

______; ______; COSTA, Mauro José Gomes da. *Súmulas do Supremo Tribunal Federal: organizadas por assunto, anotadas e comentadas.* 2ª ed., rev., ampl. e atual. Salvador: Jus Podivm, 2009.

GRECO FILHO, Vicente. *Direito processual civil brasileiro. Vol. I.* 21ª ed. São Paulo: Saraiva, 2009.

GUEDES, Jefferson Carús; SOUZA, Luciane Moessa (coord.). *Advocacia de estado: questões institucionais para a construção de um estado de justiça.* Estudos em homenagem a Diogo de Figueiredo Moreira Neto e José Antonio Dias Toffoli. Belo Horizonte: Fórum, 2009.

GUERRA, Marcelo Lima. *Execução indireta.* São Paulo: RT, 2004.

LOPES, Mauro Luis Rocha. Processo judicial tributário: execução fiscal e ações tributárias. 3ª ed. rev., ampl. e atual. Rio de Janeiro: Lumen Juris, 2005.

MARINONI, Luiz Guilherme. *Técnica processual e tutela de direitos.* São Paulo: RT, 2004.

______; MITIDIERO, Daniel. *Código de Processo Civil: comentado artigo por artigo.* 2ª ed. rev., atual. e ampl. São Paulo: RT, 2010

______; ARENHART, Sérgio Cruz. *Manual do processo de conhecimento.* 4ª ed. rev., atual. e ampl. São Paulo: RT, 2005.

MEDINA, José Miguel Garcia; WAMBIER, Teresa Arruda Alvim. *Processo civil moderno: parte geral e processo de conhecimento.* Vol. 1.São Paulo: RT, 2009.

______. *Processo Civil Moderno: execução.* Vol. 3. São Paulo: RT, 2008.

______; ARAÚJO, Fábio Caldas de; GAJARDONI, Fernando da Fonseca. *Processo civil moderno: procedimentos cautelares e especiais.* Vol. 4. 2ª ed. rev., atual. e ampl. São Paulo: RT, 2010.

MEIRELLES, Hely Lopes; WALD, Arnoldo; MENDES, Gilmar Ferreira. *Mandado de segurança e ações constitucionais.* 32ª ed., atual. de acordo com a Lei nº 12.016/2009.

MIRANDA NETTO, Fernando Gama. *Ônus da prova no direito processual público.* Rio de Janeiro: Lumen Juris, 2009.

MITIDIERO, Daniel. *Colaboração no processo civil: pressupostos sociais, lógicos e éticos.* 3ª ed. São Paulo: RT, 2015.

MOREIRA, Egon Bockmann; GRUPENMACHER, Betina Treiger; KANAYAMA, Rodrigo Luís; AGOTTANI, Diogo Zelak. *Precatórios: o seu novo regime jurídico: a visão do direito financeiro, integrada ao direito tributário e ao direito econômico.* São Paulo: RT, 2017.

NEGREIROS, Teresa. *Teoria do contrato: novos paradigmas.* Rio de Janeiro: Renovar, 2002.

NERY JÚNIOR, Nelson; NERY, Rosa Maria de Andrade. *Código de Processo Civil comentado e legislação extravagante.* 9ª ed. rev., ampl. e atual. São Paulo: RT, 2006.

OTILIO, Roney Raimundo Leão. *A limitação da responsabilidade do advogado público aos casos de dolo ou fraude no Novo Código de Processo Civil e sua aplicação a processos administrativos,* Fórum Administrativo – FA, BeloHorizonte, ano 16, n. 179, p. 77-83, jan. 2016.

PEREIRA, Hélio do Valle. *Manual da Fazenda Pública em juízo.* 3ª edição, rev., atual., ampl. Rio de Janeiro: Renovar, 2008.

RODRIGUES, Marcelo Abelha. *Suspensão de segurança.* 2ª edição. São Paulo: RT, 2005.

SPADONI, Joaquim Felipe. *A multa na atuação das ordens judiciais.* In: SHIMURA, Sérgio; WAMBIER, Teresa Arruda Alvim. (coord.) *Processo de execução.* Série Processo de execução e assuntos afins, vol. 2. São Paulo: RT, 2001.

SUNDFELD, Carlos Ari; BUENO, Cassio Scarpinella. (coord.) *Direito processual público: a Fazenda Pública em juízo.* São Paulo: Malheiros, 2003.

TALAMINI, Eduardo. *Tutela relativa aos deveres de fazer e de não fazer: e sua extensão aos deveres de entrega de coisa (CPC, arts. 461 e 461-A, CDC, art. 84).* 2ª ed. revista, atualizada e ampliada. São Paulo: RT, 2003.

THEODORO JÚNIOR, Humberto. *Comentários ao novo Código Civil. Vol. III, tomo II.* Rio de Janeiro: Forense, 2003.

______. *Lei de execução fiscal: comentários e jurisprudência.* 11ª ed. São Paulo: Saraiva, 2009.

EDITORA JusPODIVM
www.editorajuspodivm.com.br

Impressão e Acabamento
Gráfica Santa Marta
Unidade São Bernardo do Campo - SP